24º Ano de Edição

O LIVRO DA
LUA 2023

Descubra a influência do astro no seu dia a dia
e a previsão anual para seu Signo

Marcia Mattos

Copyright © 2022, Marcia Mattos
Todos os direitos reservados à Astral Cultural e protegidos pela
Lei 9.610, de 19.2.1998.
É proibida a reprodução total ou parcial sem a expressa anuência da editora.
Este livro foi revisado segundo o Novo Acordo Ortográfico da Língua Portuguesa.

Aos colaboradores que contribuem anualmente com conhecimento, entusiasmo e profunda lealdade ao projeto. Devo a eles a inigualável alegria das parcerias:
Bárbara Basilio barbaracarolinabasilio@gmail.com
Fátima Carneiro fatbastos@gmail.com
Juliana Bocchese contato@julianabocchese.com.br
Lucianna Magalhães lucianna.m@globo.com
Maria Luísa de Oliveira Proença marialuisa.astroaura@gmail.com
Moraima Rangel moraima1968@gmail.com
Tatiana Magalhães oi@tatimagalhaes.com
Wilza Rosário rosariowilza68@gmail.com

Editora Natália Ortega
Produção editorial Esther Ferreira, Jaqueline Lopes, Renan Oliveira e Tâmizi Ribeiro
Preparação de texto Pauliane Coelho **Revisão de texto** Luisa Souza
Capa Agência MOV **Ilustrações** Shutterstock Images
Foto da autora Arquivo pessoal

Dados Internacionais de Catalogação na Publicação (CIP)
Angélica Ilacqua CRB-8/7057

M392L

    Mattos, Marcia
       O livro da lua 2023 : descubra a influência do astro no seu dia a dia e a previsão anual para seu signo / Marcia Mattos. — Bauru, SP : Astral Cultural, 2022.
       432 p.

    ISBN 978-65-5566-268-9

    1. Astrologia 2. Lua – Influência sobre o homem 3. Lua -Fases I. Título

22-4539   CDD 133.5

Índice para catálogo sistemático:
1. Astrologia

BAURU
Avenida Duque de Caxias, 11-70
8º andar
Vila Altinópolis
CEP 17012-151
Telefone: (14) 3879-3877

SÃO PAULO
Rua Major Quedinho, 111
Cj. 1910, 19º andar
Centro Histórico
CEP 01050-904
Telefone: (11) 3048-2900

E-mail: contato@astralcultural.com.br

SUMÁRIO

Para quem, para quê e como usar 5

Calendários para 2023 7
    Sobre os horários dos calendários 8
    Entrada do Sol nos Signos 2023 9
    Eclipses para 2023 11
    Movimento retrógrado dos planetas em 2023 12

O Céu em 2023 14
    A dança dos Signos 14
    Calendário dos ciclos planetários 28

O Céu do Brasil 32

Seu Signo em 2023 43
    ÁRIES 44
    TOURO 52
    GÊMEOS 60
    CÂNCER 67
    LEÃO 74
    VIRGEM 84
    LIBRA 92
    ESCORPIÃO 102
    SAGITÁRIO 113
    CAPRICÓRNIO 122
    AQUÁRIO 132
    PEIXES 144

Calendário das fases da Lua em 2023 155

As fases da Lua 157
    Lua Nova..157
    Lua Crescente 159
    Lua Cheia...161
    Lua Disseminadora..163
    Lua Minguante...164
    Lua Balsâmica 165

Lua e cirurgia... 168

Calendário da Lua fora de curso.................................... 170
Lua fora de curso 173

O Céu nos meses do ano 175
    Céu do mês de janeiro.......................................177
    Céu do mês de fevereiro.....................................198
    Céu do mês de março...217
    Céu do mês de abril 239
    Céu do mês de maio...258
    Céu do mês de junho 279
    Céu do mês de julho 299
    Céu do mês de agosto...320
    Céu do mês de setembro.....................................342
    Céu do mês de outubro 360
    Céu do mês de novembro....................................380
    Céu do mês de dezembro 400

Índice lunar de atividades... 420

Serviços profissionais da autora.................................... 430

Para quem

O Livro da Lua 2023 é um livro de Astrologia sobre o mais popular dos corpos celestes: a Lua. É um material de consulta para leigos.

Qualquer um que tenha a curiosidade de saber como está o dia — segundo as indicações do Céu — e orientar as suas decisões a partir dessas informações é um usuário deste livro.

Os estudiosos, os profissionais ou os amantes de Astrologia encontrarão alguns dados técnicos e algumas interpretações muito úteis para os seus estudos e aplicação nas consultas.

Ao contrário dos livros de Astrologia, que geralmente se baseiam nos Signos (solar, lunar, ascendente etc.) e têm um uso individual, *O Livro da Lua 2023* bem poderia chamar-se *O Céu é para todos*.

Na edição deste ano, minha equipe e eu nos empenhamos para destacar os efeitos das atividades planetárias responsáveis por um astral que afeta a todos, coletivamente.

Para quê

O Livro da Lua 2023 possui informações para serem usadas como um calendário-agenda.

A esfera de domínio da Lua se estende por várias áreas das atividades e do comportamento humano. Deve-se usar este livro como meio de consulta e orientação a respeito dos inúmeros assuntos que ela regula, tais como: fertilidade, partos, nutrição, dietas, estética, saúde, cirurgia, sono, cultivo, humores, emoções, vida sentimental, negócios, vida profissional e público.

Que melhor maneira de planejar nossas vidas senão de acordo com os ritmos e os ciclos espontâneos da natureza?

Como usar

O Livro da Lua 2023 é um livro de consulta frequente e diária.

Na primeira parte do livro, encontram-se:

• Calendário do ano;

• Previsões coletivas;

• O Céu em 2023 — *O que nos aguarda para este ano*;

• O Céu do Brasil em 2023 — *Previsão astrológica para o país*;

• Previsão para os Signos em 2023;

• Fases da Lua (tabela e texto de interpretação);

• Lua e cirurgia (indicações para procedimentos cirúrgicos);

• Lua fora de curso (tabela e texto de interpretação);

• Eclipses (datas e interpretação);

• Movimento retrógrado dos planetas (tabela e texto de interpretação);

• Índice lunar de atividades (indicações das atividades mais compatíveis com cada Signo e cada fase da Lua).

A segunda parte do livro trata das **Posições Diárias da Lua** em cada mês, informações *móveis* que variam dia a dia:

• Fase em que a Lua se encontra;

• Signo em que a Lua se encontra (com interpretação sucinta);

• Indicação do período em que a Lua fica fora de curso – hora do início e do término;

• Aspectos diários da Lua com outros planetas (com indicação da hora de entrada e saída e do momento em que se forma o aspecto exato) e interpretação completa de cada um deles.

Na entrada de cada mês, encontra-se, ainda, o **Calendário Lunar Mensal**, que oferece uma visualização completa do período.

Não deixe de consultar o **Índice Lunar de Atividades** para a escolha do melhor momento para: saúde, atividade física, compras e consumo, compras para o lar, serviços, casa, beleza, finanças e negócios, profissão, procedimentos, eventos, lazer, relacionamento, gestação, cultivo, plantio e natureza.

Um ótimo 2023!

CALENDÁRIOS PARA 2023

Janeiro

Seg	Ter	Qua	Qui	Sex	Sab	Dom
						1
2	3	4	5	6	7	8
9	10	11	12	13	14	15
16	17	18	19	20	21	22
23	24	25	26	27	28	29
30	31					

Fevereiro

Seg	Ter	Qua	Qui	Sex	Sab	Dom
		1	2	3	4	5
6	7	8	9	10	11	12
13	14	15	16	17	18	19
20	21	22	23	24	25	26
27	28					

Março

Seg	Ter	Qua	Qui	Sex	Sab	Dom
		1	2	3	4	5
6	7	8	9	10	11	12
13	14	15	16	17	18	19
20	21	22	23	24	25	26
27	28	29	30	31		

Abril

Seg	Ter	Qua	Qui	Sex	Sab	Dom
					1	2
3	4	5	6	7	8	9
10	11	12	13	14	15	16
17	18	19	20	21	22	23
24	25	26	27	28	29	30

Maio

Seg	Ter	Qua	Qui	Sex	Sab	Dom
1	2	3	4	5	6	7
8	9	10	11	12	13	14
15	16	17	18	19	20	21
22	23	24	25	26	27	28
29	30	31				

Junho

Seg	Ter	Qua	Qui	Sex	Sab	Dom
			1	2	3	4
5	6	7	8	9	10	11
12	13	14	15	16	17	18
19	20	21	22	23	24	25
26	27	28	29	30		

Julho

Seg	Ter	Qua	Qui	Sex	Sab	Dom
					1	2
3	4	5	6	7	8	9
10	11	12	13	14	15	16
17	18	19	20	21	22	23
24	25	26	27	28	29	30
31						

Agosto

Seg	Ter	Qua	Qui	Sex	Sab	Dom
	1	2	3	4	5	6
7	8	9	10	11	12	13
14	15	16	17	18	19	20
21	22	23	24	25	26	27
28	29	30	31			

Setembro

Seg	Ter	Qua	Qui	Sex	Sab	Dom
				1	2	3
4	5	6	7	8	9	10
11	12	13	14	15	16	17
18	19	20	21	22	23	24
25	26	27	28	29	30	

Outubro

Seg	Ter	Qua	Qui	Sex	Sab	Dom
						1
2	3	4	5	6	7	8
9	10	11	12	13	14	15
16	17	18	19	20	21	22
23	24	25	26	27	28	29
30	31					

Novembro

Seg	Ter	Qua	Qui	Sex	Sab	Dom
		1	2	3	4	5
6	7	8	9	10	11	12
13	14	15	16	17	18	19
20	21	22	23	24	25	26
27	28	29	30			

Dezembro

Seg	Ter	Qua	Qui	Sex	Sab	Dom
				1	2	3
4	5	6	7	8	9	10
11	12	13	14	15	16	17
18	19	20	21	22	23	24
25	26	27	28	29	30	31

SOBRE OS HORÁRIOS DOS CALENDÁRIOS

O Livro da Lua e o fuso horário

O Livro da Lua 2023 foi calculado levando em consideração o fuso horário de Brasília. Os territórios brasileiros localizados em fusos horários diferentes devem ajustar as tabelas do livro conforme o fuso horário local.

Acerto de horários para Portugal

Durante o horário de verão em Portugal, acrescentar quatro horas.

Acerto de horários para Uruguai e Argentina

O horário oficial no Brasil é o mesmo do Uruguai e da Argentina. Na Argentina, não existe horário de verão, ou seja, o horário permanece o mesmo durante todo o ano.

Acerto de horários para México

Durante o horário de verão do México, subtrair duas horas.

ENTRADA DO SOL NOS SIGNOS 2023

Sol em Aquário	20 janeiro 2023	05h29min21seg
Sol em Peixes	18 fevereiro 2023	19h34min06seg
Sol em Áries	20 março 2023	18h24min14seg * Equinócio da Primavera H. Norte – Equinócio de Outono H. Sul
Sol em Touro	20 abril 2023	05h13min25seg
Sol em Gêmeos	21 maio 2023	04h08min58seg
Sol em Câncer	21 junho 2023	11h57min37seg * Solstício de Verão H. Norte – Solstício de Inverno H. Sul
Sol em Leão	22 julho 2023	22h50min16seg
Sol em Virgem	23 agosto 2023	06h01min06seg
Sol em Libra	23 setembro 2023	03h49min47seg * Equinócio de Outono H. Norte – Equinócio de Primavera H. Sul
Sol em Escorpião	23 outubro 2023	13h20min40seg
Sol em Sagitário	22 novembro 2023	11h02min30seg
Sol em Capricórnio	22 dezembro 2023	00h27min09seg *Solstício de Inverno H. Norte – Solstício de Verão H. Sul

Equinócio

Quando o Sol entrar no grau zero do Signo de Áries, no dia 20 de março, às 18h24min14seg, se iniciará a primavera no Hemisfério Norte e o outono no Hemisfério Sul.

Quando o Sol entrar no grau zero do Signo de Libra, no dia 23 de setembro, às 03h49min47seg, marcará a entrada do outono no Hemisfério Norte e da primavera no Hemisfério Sul.

Essas duas estações são contempladas com temperaturas mais amenas e menores rigores da natureza.

A palavra Equinócio quer dizer noites iguais e distribui a mesma duração de horas entre noite e dia. Isso sugere uma volta de equilíbrio entre claro e escuro, sem predominância de nenhuma das partes do ciclo da luz.

A chegada dessas estações, tradicionalmente, sempre foi celebrada com inúmeros rituais que homenageavam e agradeciam o reequilíbrio das forças do dia e da noite.

Solstício

O início do verão será marcado pela entrada do Sol a zero grau do Signo de Câncer, em 21 de junho às 11h57min37seg para o Hemisfério Norte.

Essa mesma posição solar corresponderá no Hemisfério Sul à chegada do inverno.

O Sol, quando passar pelo zero grau do Signo de Capricórnio em 22 de dezembro, às 00h27min09seg, abrirá a estação do inverno no Hemisfério Norte e do verão do Hemisfério Sul. O Solstício é o nome que se dá a entrada dessas duas estações.

Durante o Solstício de verão, os dias são mais longos do que as noites e há uma predominância de luz na alternância claro-escuro dos ciclos da natureza.

A chegada do Solstício de verão era comemorada com muita alegria e renovação de vida. Muitos festivais e rituais foram criados para celebrar o retorno da luz.

O Solstício do inverno corresponde a dias mais curtos e noites mais longas, com visível predomínio do escuro, na alternância claro-escuro dos ciclos da natureza.

Em lugares onde o inverno é rigoroso e em épocas nas quais se contavam apenas com a luz do Sol, pode-se imaginar o impacto da chegada do Solstício. Levando e trazendo a luz.

ECLIPSES PARA 2023

NATUREZA DO ECLIPSE	DATA	HORA	GRAU E SIGNO
Eclipse Total	20/04/2023	01:18	29°50' de Áries
Eclipse Lunar Penumbral	05/05/2023	14:25	14°58' de Escorpião
Eclipse Anular Solar	14/10/2023	15:01	21°08' de Libra
Eclipse Lunar Parcial	28/10/2023	17:15	05°09' de Touro

Eclipses

Nunca devemos "estar por um fio", assoberbados ou sem espaço de manobra nas proximidades de um eclipse. O que estiver sob muita pressão irá transbordar ou se romper. Todo eclipse *decide* algo.

O melhor modo de se preparar para esse fenômeno é eliminar aquilo que não queremos que se mantenha, criando espaço para acontecimentos surpreendentes em todos os setores da nossa vida.

Eclipse Lunar

Ocorre na Lua Cheia, quando o Sol, a Lua e a Terra estão alinhados entre si com exatidão. O eclipse lunar provoca um confronto entre passado e futuro, mas é o futuro que deve vencer. Nesse caso, serão sacrificadas pessoas, circunstâncias, ideias e experiências que tenham fortes alianças com o passado.

O que não parecia possível se revela com uma força surpreendente. A sensação de "puxada de tapete" também é comum.

Eclipse Solar

Ocorre na Lua Nova, quando a Lua cobre o Sol enquanto o Sol, a Lua e a Terra estão alinhados. O eclipse solar provoca um confronto entre passado, presente e futuro, mas é o passado que deve vencer. É uma época de *revival*. É comum ressurgirem antigos relacionamentos, emoções e ideias. Devemos tomar cuidado para não recair em comportamentos, vícios e sentimentos que custaram a nos abandonar.

MOVIMENTO RETRÓGRADO DOS PLANETAS EM 2023

	Início	Término
Mercúrio	29 de dezembro de 2022 21 de abril de 2023 23 de agosto de 2023 13 de dezembro de 2023	18 de janeiro de 2023 15 de maio de 2023 15 de setembro de 2023 02 de janeiro de 2024
Vênus	22 de julho de 2023	03 de setembro de 2023
Marte	30 de outubro de 2022	12 de janeiro de 2024
Júpiter	04 de setembro de 2023	30 de dezembro de 2023
Saturno	17 de junho de 2023	04 de novembro de 2023
Urano	24 de agosto de 2022 28 de agosto de 2023	22 de janeiro de 2023 27 de janeiro de 2024
Netuno	30 de junho de 2023	06 de dezembro de 2023
Plutão	1º de maio de 2023	10 de outubro de 2023

O que significa Mercúrio Retrógrado

A cada três meses, **Mercúrio** entra em movimento **retrógrado**, permanecendo assim por três semanas. Quando **Mercúrio** está no seu movimento **retrógrado,** há uma interferência no funcionamento das áreas de comunicação, telefonia, telecomunicação, componentes eletrônicos, serviços de entrega, serviços de informação, correio, transportes, veículos, fretes, estradas e acessos.

Por isso, durante esses períodos, é indispensável ser mais rigoroso no uso ou na prestação de serviços que envolvam estas áreas:

• Faxes, telefones, veículos, equipamentos, máquinas e computadores apresentam mais defeitos;

• Veículos e máquinas comprados apresentam defeitos crônicos ou dificuldade de entrega;

• Fios, ligações, tubos e conexões podem falhar ou apresentar problemas de fabricação;

• Trânsito, acessos e redes estão prejudicados;

• Papéis, documentos, contratos e assinaturas apresentam problemas e devem ser copiados e revisados;

• Cláusulas de contratos e prazos estabelecidos, geralmente, são alterados e renegociados;

· Tarefas apresentam mais falhas e precisam ser refeitas;

· Cirurgias devem ser evitadas, já que a perícia está menos acentuada e erros podem ocorrer;

· Exames e diagnósticos devem ser reavaliados;

· Mudança de ideia ocorre para favorecer ou desfavorecer uma situação;

· Comunicação pessoal pode gerar mal-entendidos;

· Informações devem ser checadas, pois os dados podem estar alterados, errados ou incompletos;

· Obras em estradas, rodovias e viadutos apresentam atrasos.

Caso precise lidar com alguma situação relacionada a um desses tópicos, evite o período em que **Mercúrio** estiver **retrógrado**.

Os demais planetas retrógrados

Quando Vênus estiver retrógrado, evite:
· Transações financeiras de vulto, negociar salários e preços, abrir um negócio;
· Definir assuntos amorosos, casamento e noivado.

Quando Marte estiver retrógrado, evite:
· Cirurgias eletivas, não emergenciais.

Quando Júpiter estiver retrógrado, evite:
· Eventos de grande porte, principalmente esportivos e culturais, encaminhar processos na Justiça, esperar progresso e crescimento de negócios e projetos.

Quando Saturno estiver retrógrado, evite:
· Riscos e mudanças no emprego, pois o mercado de trabalho e de produção estará mais recessivo.

Quando Urano estiver retrógrado, evite:
· Pensar que algo interrompido não irá retornar e que algo iniciado não sofrerá várias alterações.

Quando Netuno estiver retrógrado, evite:
· Abandonar um assunto já encaminhado, achando que está bem entregue.

Quando Plutão estiver retrógrado, evite:
· Considerar algo definitivamente encerrado.

O CÉU EM 2023

A dança dos Signos

Movimento dos planetas lentos e nodos através dos graus dos Signos em 2023.

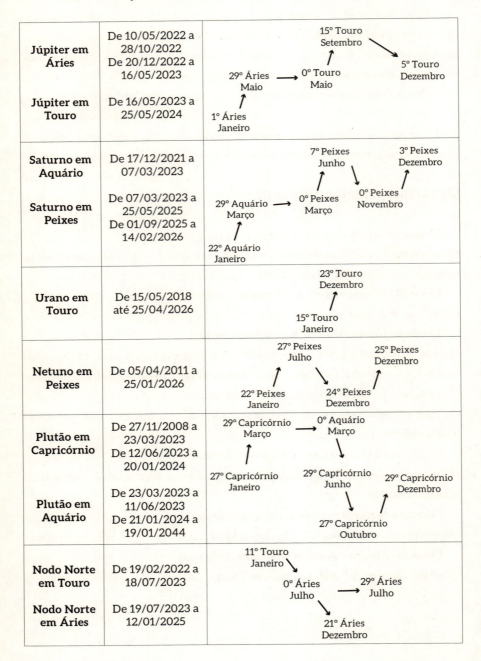

— JÚPITER EM ÁRIES —

De 10 de maio a 28 de outubro de 2022
De 20 de dezembro de 2022 a 16 de maio de 2023

O ciclo de Júpiter, desfilando pelo Signo de Áries, vem produzindo, desde o segundo semestre de 2022, oportunidades de crescimento que exigem um ritmo muito acelerado para aproveitá-las. Quem pegou, pegou... Quem demorou ou se atrasou, perdeu o trem.

Em sua faceta mais sombria, também deu muita corda e combustível para o espírito *El conquistador* que "baixou" em alguns líderes, ampliando seus anseios de demonstração de força e avanços territoriais. Reproduzo a seguir a interpretação que demos para este ciclo no *Livro da Lua 2022*.

A passagem de Júpiter pelo Signo de Áries traz um grande desenvolvimento e chances de êxito para atividades, condutas e qualidades associadas a esse Signo e, naturalmente, para os arianos. Todo crescimento acontecerá mais rapidamente e será facilitado quando a maneira de conduzi-lo for mais direta, sem rodeios e sem recuos. Esse ciclo promete grandes avanços para tudo o que representar negócios novos, pioneiros e de iniciativa própria. Favorece totalmente o espírito empreendedor e abre muitas chances para negócios próprios.

Veremos aqui uma ampliação da atitude de ir à luta, cavar oportunidades, traçar o próprio caminho, criar o próprio negócio que gere mais autonomia e que carregue essa natureza independente e audaciosa de Áries. Isso pode ser fruto desse longo período que amargamos pelos efeitos da pandemia. Será preferível explorar as oportunidades e abrir frentes que estejam sob a gestão do indivíduo do que ficar aguardando iniciativas que venham dos governos, das empresas, da melhoria do mercado de trabalho, das instituições, de incentivos, auxílios, de oferta de emprego etc. Em vez de estruturas mais complexas que dependam de um número grande de participantes, será melhor pensar em atividades que decorrem, em grande parte, da atuação da própria pessoa ou do que ela domine bem.

O perfil empreendedor, criativo, autônomo e pioneiro ganha destaque. Vamos contabilizar a abertura e o sucesso de inúmeras startups com seu fôlego criativo.

É aconselhável estarmos em posição competitiva. Assim, poderemos aproveitar os benefícios desse tipo de expansão que está a caminho, e não ficar acomodados ou abaixo da concorrência.

O segmento de esporte, que andou desacelerado nos últimos anos, voltou a funcionar a todo vapor, inclusive com um aumento expressivo de público.

Volte para o ponto de partida, para o ponto zero, caso precise ganhar impulso de crescimento em alguma área que estava estagnada ou busque ir além da posição em que se encontra.

Não se esqueça de que se trata de um mundo novo, que está sendo produzido depois do desmonte que vivemos nos dois últimos anos. Muitas oportunidades novas estão sendo criadas, pensadas e realizadas nesta forma inaugural.

As pessoas estarão dispostas a correr algum risco para crescerem. Não é um ciclo em que se obtenha crescimento só pela continuidade. Talvez estejamos no florescer da chamada "economia criativa", em que o indivíduo é seu próprio insumo e capital, e o crescimento decorre dessa profunda identificação de quem ele é com o que ele faz.

Progressos rápidos, desenvolvimento associado a atividades de pouca manutenção e retorno em curto prazo mostram um número expressivo de lançamento de produtos e serviços ao dinamismo desse ciclo.

Os avanços virão de respostas rápidas às oportunidades pelo aumento do ambiente competitivo, como também para os profissionais autônomos e para os que trabalham em empresas, mas que sejam altamente proativos. Todos esses efeitos serão vividos na área do mapa natal onde tivermos o Signo de Áries. Essa passagem favorece os nascidos nos Signos de Fogo.

— JÚPITER EM TOURO —

De 17 de maio de 2023 a 16 de maio de 2024

Já sabemos que quando Júpiter atravessa um Signo derrama suas bênçãos sobre as pessoas, qualidades, comportamentos, atividades e práticas associadas a esse Signo.

Touro é um Signo do elemento Terra e do ritmo Fixo. Está envolvido em tudo que promova estabilidade, continuidade, sustentação, segurança e permanência e que atenda às necessidades práticas, concretas e palpáveis.

Expansão, benefícios, crescimento e saltos virão para aqueles que perseve-raram, mantiveram seus negócios, atividades, empresas, relacionamentos, laços de família, vínculos em geral e patrimônio e não se desviaram por caminhos incertos, aventureiros ou passageiros. Os frutos virão ao acumularmos empenho, esforço e dedicação de forma constante, focada, permanente.

Esse ciclo beneficia mais quem se mantém leal a um propósito e atua de maneira a acumular resultados e não a diversificar iniciativas e direções, muito menos ainda a atuar na linha ganhou-gastou.

Pode significar aumento de concentração de renda, pois esse ciclo funciona sob a lei do acúmulo; acrescentando, somando ao que já se tem. Acredito, no entanto, que Júpiter em Touro traz a marca de geração de riqueza, portanto, de renda. É bastante favorável para poupar e guardar dinheiro ou para novas aquisições com o mínimo de endividamento. A economia produtiva volta a crescer, e a sustentabilidade regerá os negócios.

O consumo de supérfluos tende a cair em relação à aquisição de bens duráveis cujo valor tende a se manter e não sofrer uma importante depreciação ao longo do tempo. Podemos mesmo assistir a uma valorização de bens de segunda mão, desde que bem conservados.

O momento é de fixar, firmar, consolidar para que os resultados cresçam e os benefícios cheguem. A dica é continuar insistindo em áreas onde se está ganhando em vez de abrir novas frentes.

— SATURNO EM AQUÁRIO —
De 17 de dezembro de 2020 a 7 de março de 2023

Saturno faz seu primeiro ingresso no Signo de Aquário no primeiro trimestre de 2020, retorna para o Signo de Capricórnio por todo o segundo semestre e lá permanece até o final de 2020, dando uma conferida se deixou tudo bem organizado e definitivamente estruturado.

É bom informar que Saturno se encontra extremamente à vontade no Signo de Aquário. Um planeta de planejamento em um Signo de antecipação, isso quer dizer que bons presságios para criarmos um planejamento eficiente para o que está por vir.

Profissionais que atuam no segmento de antecipação de tendências, que de certa forma trabalham com o tema de projeção, revisão e áreas de prevenção em Economia, Saúde, Ciências Políticas e Sociais e Ciência terão bastante destaque.

É bem mais fácil acertar assim. Sob essa passagem, pensar em produção é pensar em automação, tecnologia, velocidade, agilidade e supressão de etapas. Muitas novidades tecnológicas e científicas, que pareciam ainda remotas, estarão prontas para fazer parte do processo mais básico de produção ao mais sofisticado, de forma regular e aplicada, vivenciadas em nosso dia a dia.

Energia solar, prédios inteligentes, fontes alternativas de energia, carros elétricos, robôs e transportes sem motorista vão invadir nossas estruturas de vida e tomar conta do mundo real.

Produzir com novas ferramentas e apresentar uma gestão diferenciada e descentralizada serão apostas sem chance de erro durante essa passagem. Afinal, o planeta da produção e da gestão está em um Signo distributivo e avesso à centralização e ao "personalismo". Atividades realizadas distantes da localização da empresa (supondo que ainda haja um local físico), dispensando a presença e o uso de matérias-primas e equipamentos inteligentes na produção e na construção, modificarão profundamente o trabalho.

Estruturas compartilhadas, tanto de espaços profissionais como de moradia com áreas comuns e áreas privadas, são efeitos prováveis desse ciclo.

Aquário sempre remete ao conceito do coletivo, distribuído e compartilhado, em vez do privilégio, do separado, do individual e da exclusão.

Notaremos, também, uma gestão inovadora e participativa, assim como estruturas de trabalho cujos participantes tenham qualificações, faixas etárias, formações e etnias diferentes.

Mais heterogeneidade do que homogeneidade, essa será a tendência de empresas e empregadores. A responsabilidade passa a ser compartilhada pelo trabalho em equipe, tirando o peso dos ombros de uma só pessoa. As pessoas passam a ter mais de uma alternativa de trabalho e deixam de colocar todos os ovos em um único cesto. A liberdade é trazida para as relações profissionais.

Atuar em um projeto e, depois, em uma nova área com outro produto é a tendência desses tempos. Finalmente, podemos pensar em um modelo de governo ou órgãos governamentais menos centralizadores, com participação de figuras de outros quadros, não necessariamente políticos, inclusive com parcerias mais constantes entre os setores público e privado para dar essa cara distributiva, heterogênea, própria do Signo de Aquário, no qual Saturno pretende alicerçar suas estruturas nos próximos anos.

— SATURNO EM PEIXES —

De 7 de março de 2023 a 25 de maio de 2025
De 1 de setembro de 2025 a 14 de fevereiro de 2026

A passagem de Saturno por Aquário teve como principal efeito uma quase imposição para que a sociedade desse lugar, em sua estrutura ao conceito de inclusão das diferenças etárias, de gênero e de raça, admitisse a pluralidade e a heterogeneidade em que as diferenças fossem reconhecidas e representadas. Temos agora com o ciclo de Saturno em Peixes uma tarefa ainda mais desafia-dora: fazer com que essas diferenças não fiquem estanques, entrincheiradas em suas tribos marcando e acentuando diferenças, mas que se promova uma permeabilidade entre elas. A cultura de Saturno em Peixes é para promover uma estrutura social de "miscigenação", de mistura. Esse é um passo além.

Possivelmente viveremos também um modelo híbrido de trabalhos, serviços e tarefas desempenhadas em parte digitalmente e em parte por pessoas. Uma mistura das duas coisas, uma síntese de dois mundos. Nessa mesma linha, teremos formatos híbridos de atuação, dos quais público e privado participam, ou uma fronteira menos rígida entre empregador e empregado tanto nas atribuições e nas responsabilidades quanto na geração e na participação de benefícios.

Os formatos de trabalho ou de contrato também devem ganhar linhas mais flexíveis, permitindo que o profissional transite por um número de horas, renda e dedicação, dependendo da flutuação da demanda e do faturamento, sem a exigência de dedicação exclusiva quando assim não for necessário.

Essa pode ser uma inovação, outra vez, um modelo híbrido de trabalho, misturando as condições de autônomo, empregado, prestador de serviços. Esse formato também poderá ser adotado na gestão pública com uma atuação em conjunto, uma fusão entre agentes públicos e representantes da sociedade, principalmente quando se tratar de temas que afetam a todos e permeiam a sociedade como um todo. Muitas barreiras estão para ser diluídas. Finalmente, o que se pretende é uma estrutura capaz de absorver e se estender a muitos. Essa é a árdua tarefa que temos pela frente com Saturno em Peixes.

Outra manifestação provável do ciclo de Saturno em Peixes será a construção ou adequação de edifícios com finalidades múltiplas, em que algumas unidades podem servir como moradia, outras como aluguel de temporada, abrigar quartos de hotel ou ainda para consultórios e espaços de trabalho. Com substituição do trabalho presencial pelo remoto em algumas atividades profissionais, os escritórios que ficaram ociosos serão readequados e darão lugar a uma diversidade de outros usos. Vem muita coisa diferente por aí.

— URANO EM TOURO —

De 15 de maio de 2018 a 25 de abril de 2026

Estaremos interessados nas mudanças com efeitos mais duradouros que atuem no lado prático da vida. As alterações mais importantes e criativas devem se dar no campo da produção e também no uso da terra em relação ao cultivo, à colheita, ao armazenamento, ao aproveitamento e à durabilidade do que foi cultivado. Por se tratar de um Signo de Terra Fixo, é muito afeito aos movimentos de manutenção e conservação, e não as perdas e deteriorações. Outro foco importante das práticas revolucionárias de Urano será em relação às formas de pagamento ou ao uso do dinheiro. Afinal, trata-se de um Signo que fala de matéria. Pode-se pensar em aceleração de novos sistemas de cobrança e pagamento, como as moedas virtuais, bitcoins, várias formas de permuta de serviços, mercadorias sem uso de dinheiro nas transações ou até situações em que o cliente sugere o valor da mercadoria.

Há muitas novidades nesta área: a economia ainda vai nos surpreender e nos mostrar como é possível reinventar suas práticas. Na linha da inversão típica de Urano, passando pelo Signo de Touro — afeito às posses e ao senso de propriedade —, poderemos ver a economia se beneficiar de modelos de negócios de uso temporário, em que se estabelece pagamento pelo uso, e não pela propriedade. É o caso das bicicletas de uso comum e, já em algumas capitais, o uso coletivo do automóvel por um determinado período.

Esse formato de "posse provisória" pode se estender a outros artigos, evitando a predisposição ao acúmulo de peças, bens e objetos que não estejam sendo usados pelo proprietário, o que abre a possibilidade para que outros usufruam mediante um valor previamente definido. Até a opção pela casa própria pode ser revista pelas gerações mais jovens, pois esse ciclo tende a privilegiar liquidez em vez de imobilização do capital.

Temos outros exemplos bem-sucedidos desse conceito de "despossuir", como aluguel de malas, Airbnb, troca de casa e o expressivo crescimento do mercado de segunda mão no negócio da moda e de objetos.

— NETUNO EM PEIXES —

De 5 de abril de 2011 a 25 de janeiro de 2026

A consciência de que estamos todos imersos no mesmo oceano e de que tudo cada vez mais afeta a todos, desde o início da era globalizante, fica ainda mais expressiva com Netuno, o planeta da dissolução de fronteiras, em seu próprio Signo. Sendo assim, é o ambiente ideal para desmanchar uma determinada ordem e reagrupá-la em uma nova síntese, incluindo elementos que estavam fora. Tudo remixado e miscigenado, agregando em uma mistura, antes improvável de raças, culturas, classes, idades e gêneros. Essa é a ideia de "fusion", que a gastronomia adotou tão bem quanto a música. Se nosso paladar e nossos ouvidos recebem tão bem esse conceito, por que não todo o resto? Marcar diferenças, separar, exilar, estabelecer limites muito delineados será quase impossível sob essa abrangente combinação. Inclusão é a palavra de ordem. A atitude mais recomendada e contemporânea será flexibilizar.

Tempos difíceis para rígidos e intolerantes. Fenômenos e comportamentos de massa estarão ainda mais presentes com ideias, modismos e expressões se espalhando mundo afora em prazos muito curtos. As últimas barreiras de resistências regionais, ou de grupos e culturas que pretendem se manter isolados, serão paulatinamente enfraquecidas. A tendência é que sejam absorvidas, como o movimento da água, que a passagem de Netuno em Peixes tão plasticamente reproduz.

A música e as artes visuais, principalmente o cinema — um mundo cada vez mais visual e sonoro —, viverão momentos de grande expressão. A água, como já se tem anunciado por toda esta década, torna-se cada vez mais um bem precioso. E as regiões que possuem reservas hídricas serão muito valorizadas. Por outro lado, o planeta que rege os mares, que não aprecia limites e bordas, transitando um Signo de Água, pode produzir efeitos indesejáveis, como enchentes, alagamentos e chuvas prolongadas. Quem mora nas proximidades de grandes concentrações de água pode sofrer os efeitos mais nocivos dessa passagem. Esse planeta também está associado à química, à indústria farmacêutica e ao acesso a medicamentos em escala cada vez maior. Quebra de patentes e crescimento acentuado dos genéricos são boas possibilidades. Esse astro ainda expande todo o arsenal de substâncias químicas que imitam, por algum tempo, a sensação de bem-estar ou nos fazem esquecer a falta dele, como um bom e eficiente anestésico. Também é atribuída a Netuno a regência sobre o petróleo e o gás. As reservas de óleo devem ficar progressivamente menos hegemônicas ou menos restritas a algumas áreas.

Descobertas de novas reservas em outros países, que passam a ser também produtores de petróleo, mudam um pouco a moeda de poder associada a esse valioso produto. Por sinal, Netuno em Peixes não é amigo de hegemonia, nem de restrição. É Netuno o responsável por nossa capacidade de encantamento. É ele que nos lembra, ao nos trazer uma tristeza na alma, que viver não é só uma equação material ou corporal, mesmo que essa equação esteja muito bem solucionada. Isso não garante uma alma plena ou alegre. A falta de encantamento nos torna vazios, robotizados, automáticos. Em Peixes, essa capacidade e essa necessidade se tornam ainda mais acentuadas. Surgem daí algumas alternativas: o romantismo no amor, a espiritualidade que dá sentido à existência, a arte, o contato com a natureza. A natureza, por sinal, nos lembra que tudo é imensamente perfeito. A busca por estados mais contemplativos, para repousar e equilibrar nosso vício pelo ritmo frenético, será mais frequente. Com a queda das utopias, vamos todos precisar mais de sonhos e de refúgios paradisíacos — agora mais do que nunca. Lugares que, de algum modo, sugerem a ideia de paraíso serão avidamente buscados. Floresce a percepção, agora muito mais difundida, quase corriqueira, de que tudo está conectado como um grande organismo, que só pulsa se todos os elementos pulsarem juntos ou de um sistema que só funciona se suas partes interligadas funcionarem. Soluções isoladas não resolvem mais questões tão complexas. Um só gesto afeta mil outras coisas, situações de uma natureza atraem outras semelhantes ao mesmo tempo e, ainda, o homem contém dentro de si partículas do universo.

Esses são os efeitos prováveis dessa passagem, que destaca, ainda, um pensar sistêmico e um ser humano mais sensível. Estudos interdisciplinares vão crescer cada vez mais, como se um conhecimento fosse complementar a outro.

— PLUTÃO EM CAPRICÓRNIO —
De 27 de novembro de 2008 a 23 de março de 2023
De 12 de junho de 2023 a 20 de janeiro de 2024

Um dos principais e mais visíveis efeitos dessa passagem é a crise financeira e a consequente recessão econômica em que estamos envolvidos desde a entrada de Plutão em Capricórnio, em novembro de 2008. Quebra-quebra de empresas e bancos, aumento do índice de desemprego, enxugamentos e gestão mais apertada das empresas são alguns dos reflexos.

Consumo consciente e toda uma reeducação econômica estão em vigor. Viver com menos e gastar com prudência, administrando melhor os próprios recursos, são as ordens do dia. Os 15 anos em que Plutão permanece em Capricórnio alertam para os graves efeitos que o ataque ao meio ambiente vem causando. A exacerbação desses efeitos será visível e eles poderão ser totalmente irreversíveis, caso as medidas preventivas e reparadoras não sejam tão radicais e tão urgentes quanto à proporção dos danos causados.

Cura ou destruição da Terra são as duas únicas opções. Esse imenso trabalho de recuperação, por sua vez, gerará novos empregos, novas indústrias e até novas profissões, aquecendo todos os setores da economia ligados a esse processo.

Na verdade, toda uma nova economia será gerada no rastro dessa tendência. Alguns exemplos: atividades de reciclagem, beneficiamento de lixo, reutilização de descartáveis, despoluição, reaproveitamento de fontes naturais etc. Já está em estudo o processo de reversão do lixo, em que este faz o seu caminho de volta e retorna à produção.

Esse é um dos sentidos mais profundos da economia de recursos, quando quase nada é jogado fora. Até porque, já há claros sinais de escassez de recursos e da iminente falta de alguns deles.

Uma das áreas críticas, que já começa a se evidenciar, é a produção de alimentos. De que forma alimentaremos toda a população mundial sem um controle radical da manutenção e da qualidade das terras cultivadas? O que fazer diante do cenário que sinaliza algumas delas se tornando áreas de produção de insumo para combustível?

Também sobressaem dessa passagem de Plutão pelo Signo de Capricórnio profundos reajustes da Terra, esse planeta vivo que de tempos em tempos sofre todos os tipos de abalos causados pelas forças da natureza, terremotos, inundações, vendavais etc.

O formato de trabalho que se conhece hoje será revogado, inclusive com um forte decréscimo do assistencialismo. Cada vez mais, a ideia de um governo "mãe", ou seja, protetor, que "cuida" dos seus cidadãos, ficará distante.

A crise na previdência social já ocorre em muitos países, causada pelo desequilíbrio entre o que o governo precisa desembolsar para assistir aos cidadãos e a contribuição dos indivíduos produtivos.

Essa crise deve se agravar agora, justamente pelo fato de Plutão se encontrar em Capricórnio, que é o Signo oposto a Câncer, no qual se encontrava no período em que tal modelo foi criado.

Trata-se, na realidade, de uma mudança radical de formato de trabalho, no qual o indivíduo vai encontrando outros meios mais garantidos e autossuficientes de se assegurar fora dos braços do Estado ou do empregador.

O prolongamento da vida e o consequente envelhecimento da população agravam ainda mais essa questão. O fato de as pessoas ganharem mais anos de vida faz com que se vejam obrigadas a permanecer mais tempo produzindo para que esse tempo excedente seja devidamente financiado. O conceito de aposentadoria precisa ser completamente repensado e alterado nessas condições.

A outra grande revolução se dará no campo político. Há uma forte tendência de predominância do Estado laico, superando a dos últimos anos (durante a passagem de Plutão em Sagitário), quando houve muitos casos de convergência entre Estado e religião, sendo esta, inclusive, usada como apelo político e força de sustentação de poder.

Essa era chegou ao fim. Até porque os desafios que encontraremos serão de natureza tão objetiva — como a sobrevivência do próprio planeta — que exigirão soluções e competências pragmáticas. Talvez por isso o braço da religião neste momento não seja um apoio tão tentador.

O cenário político sofrerá ainda outra importante transformação, com o poder sendo deslocado da esfera do simples usufruto de autoridade, do mando e do status para a esfera da competência, da realização e do trabalho. É como se ocorresse uma "profissionalização" do poder.

A política volta a ter sua função reguladora, administradora e gerenciadora, diante da gravidade dos problemas enfrentados, deixando de ser apenas um lugar gerador de privilégios, divorciado dos problemas estruturais da sociedade. Ou seja, um lugar de responsabilidades e soluções, não de discursos. Isso muda completamente a face dos dirigentes.

A autoridade estará diretamente ligada à competência. Assim, o Estado terá que se assemelhar mais a uma grande empresa ou a um grande gestor. O poder pertencerá a quem faz e sabe fazer. Pode-se observar também o aumento do controle ou do poder do Estado sobre a economia e o funcionamento da sociedade em geral. Já vimos isso acontecer em 2009 nos Estados Unidos, a mais liberal aos cidadãos e à contribuição dos indivíduos produtivos.

— PLUTÃO EM AQUÁRIO —

De 23 de março a 11 de junho de 2023
De 21 de janeiro de 2024 a 19 de janeiro de 2044

Esse é o ciclo mais importante dos próximos anos. Plutão fará uma breve entrada no Signo de Aquário em 2023, por apenas três meses, e logo reingressa ao Signo de Capricórnio. É em 2024 que ele faz sua entrada definitiva no Signo do Aguadeiro.

Vamos oferecer aqui algumas hipóteses prováveis como desdobramentos dessa longa jornada. A passagem de Plutão por Capricórnio acabou ressuscitando forças conservadoras e lhes dando bastante voz, como também ressuscitou uma onda de concentração de poder e de governos autoritários.

Isso de um lado, porque de outro desconstruiu e soterrou uma forma tradicional de se pensar e fazer economia, geração de empregos etc., devido ao crescente uso da tecnologia que derreteu a oferta de trabalho em alguns segmentos. E não foi só nesse âmbito. Houve um desmonte de alguns pilares, valores e conceitos que constituíam, formavam a argamassa, a estrutura sobre a qual a sociedade se erguia.

Sobrou pouco das referências e princípios que usávamos para guiar nossas crenças e condutas. De certa maneira, o mundo como conhecíamos ruiu.

A chegada de Plutão em Aquário tende a radicalizar, a aprofundar a distância entre o velho e o novo mundo. Não estamos somente em um mundo de transformação, mas de mutação. Completaremos a migração para o universo digital e sobrará quase nada do "mundo real".

O poder já é e será cada vez mais tecnológico de quem cria, vende e possui ferramentas tecnológicas. Esse universo não para de tomar novos territórios e ganhar novas manifestações e usos.

O metaverso é apenas uma das manifestações, assim como a simulação de um mundo real cada vez menos real, mundo esse do qual estamos nos despedindo e mergulhando de cabeça, fascinados pelo universo digital.

A distância entre a Terra e o Espaço diminuirá cada vez mais, e conquistas, viagens e colonização do Espaço não parecem mais ser ficção científica.

Finalmente, imagino que a radicalização e o aprofundamento das pautas de inclusão, absorvendo as diferenças etárias, de raça, gênero, etnias etc., fortalecida desde o início do ciclo Júpiter e Saturno em Aquário, se darão de forma inevitável.

Há uma tendência para a desconstrução da ideia de hegemonia, supremacia de raça, gênero, idade etc.

Haverá também uma intensificação de movimentos em direção à descentralização e à horizontalização sobre a verticalização, a centralização e privilégios de poucos para que possa caber a diversidade.

Outro mundo nos aguarda. Um mundo para muitos.

— NODO NORTE EM TOURO —

De 19 de fevereiro de 2022 a 17 de julho de 2023

O Nodo Norte acaba de deixar o Signo de Gêmeos, em que nos estimulou e nos orientou com informações, dados, discussões, depoimentos, lives com especialistas em várias áreas e cumpriu o seu papel de comunicar, informar e divulgar.

O percurso do Nodo Norte em Touro tem outra proposta para o próximo ano e meio. O foco central será voltado para a economia, a produção, o fazer, o concretizar e, principalmente, para a estabilização.

Quando o Nodo Norte atravessa um Signo, ele põe em destaque atividades, comportamentos e personalidades alinhadas com a natureza daquele Signo.

O fluxo das coisas está seguindo aquela direção.

Se quisermos estar dentro da onda, devemos nos orientar por essa sinalização. Complementando a passagem de Júpiter em Áries que segue uma linha mais acelerada, inaugural e audaciosa, a orientação do Nodo Norte em Touro pede um estilo de solidez, foco, perseverança, consolidação e pragmatismo.

Não é para ficar mudando de rota e pulando de galho em galho ou usando lente multifocal. É para pôr em prática, concretizar, em vez de ficar fazendo planos ou discursos. É o feito e quem faz que vão valer. Criar algum nível de segurança, firmeza no seu negócio, trabalho e atos vai abrir caminhos. Olhar com atenção para a parte material de um negócio, país, empresa e priorizá-la é a orientação do Nodo Norte em Touro.

Pessoas com um perfil mais estável de produção e que se mantêm na mesma posição apesar das ventanias e com propostas pragmáticas e exequíveis, geram um clima de segurança e, com isso, vão assumir lideranças. Queremos todos um pouco de conforto, sossego e menos crises, solavancos e, com certeza, muito menos perdas.

As questões ligadas à preservação ambiental vão direcionar decisões importantes nesse próximo ciclo. Foco na economia sustentável, valorização expressiva do cultivo, terras férteis e produtos orgânicos estão na mira dessa passagem.

A indústria que gera conforto, bem-estar e combate o estresse será muito bem-vista durante esse ciclo, assim como a busca crescente do contato com a natureza e a vida mais próxima do campo.

Pela óptica da passagem dos Nodos em Touro, as pessoas se guiarão pelo conceito de segurança e desaceleração. O "Slow business" deve ganhar destaque nesse período.

Os relacionamentos também tendem a seguir essa onda por busca de solidez, estabilidade e lealdade no lugar de situações experimentais e passageiras.

— NODO NORTE EM ÁRIES —
De 18 de julho de 2023 a 12 de janeiro de 2025

A partir de meados de 2023, a grande antena que aponta a direção da estrada ingressa no Signo de Áries e aí permanece por um ano e meio.

A travessia do Nodo Norte em um Signo sinaliza um movimento de subida, uma maré alta, uma abertura e, ainda, bússola e ponto de orientação para tudo que esteja sintonizado com as qualidades desse Signo: traços, condutas, pessoas, atividades e negócios.

Em Áries, a seta aponta na direção da autonomia, da individualidade, do espírito pioneiro e desbravador. Abre caminho para quem tiver coragem, capacidade de quebrar a inércia, partir do zero e inaugurar.

Traz uma maré alta para quem marcar a própria individualidade, do empreender e conquistar seu território, as suas próprias custas, sem esperar que entidades façam por nós o que podemos fazer, nem destino, nem circunstâncias, nem governantes: "eu caçador de mim".

Há de qualquer maneira um frescor, uma força, um impulso, um ponto de partida, um ciclo novo que se inicia, com essa posição do Nodo Norte em Áries. Estaremos menos cansados, menos desistidos, menos inertes e menos "viciados" no mesmo. Voltamos à luta.

CALENDÁRIO DOS CICLOS PLANETÁRIOS

Eventos geocósmicos de destaque em 2023

Janeiro de 2023	
Fevereiro de 2023	
Março de 2023	Saturno sextil Nodo Norte Plutão em Aquário quadrado Nodo Norte
Abril de 2023	Saturno sextil Nodo Norte Plutão em Aquário quadrado Nodo Norte
Maio de 2023	Júpiter conjunção Nodo Norte Júpiter sextil Saturno Saturno sextil Nodo Norte Plutão em Aquário quadrado Nodo Norte
Junho de 2023	Júpiter sextil Saturno Júpiter conjunção nodo Norte Plutão em Aquário quadrado Nodo Norte
Julho de 2023	Júpiter sextil Saturno Plutão em Capricórnio quadrado Nodo Norte
Agosto de 2023	Urano sextil Netuno Plutão em Capricórnio quadrado Nodo Norte
Setembro de 2023	Urano sextil Netuno Plutão em Capricórnio quadrado Nodo Norte
Outubro de 2023	Urano sextil Netuno Plutão em Capricórnio quadrado Nodo Norte
Novembro de 2023	Urano sextil Netuno
Dezembro de 2023	Júpiter sextil Saturno

— O CICLO SATURNO NODO NORTE (SEXTIL) —

Março a maio de 2023

Mais uma sinalização positiva para o segundo trimestre de 2023.

Agora é a vez de o estabilizador Saturno tomar as rédeas da direção das coisas. Há alguém prudente sentado ao volante. Há uma clara sinalização de que se tem mais estabilidade, controle, segurança para se dar um rumo, uma direção aos processos. O cenário é mais definido e previsível.

De certa maneira, os impasses e as encruzilhadas diante de questões mais importantes foram administradas e estão sob melhor gestão.

Há caminho, fluxo para competência, eficiência, pragmatismo direcionando soluções e medidas relacionadas a assuntos de impactos maiores.

Retomamos as rédeas, e as situações passam a ser administráveis.

Líderes, governantes, empreendedores com um perfil mais racional, sensato, experiente, competente ganham relevância e voz. Devemos estar com o ritmo de produção das indústrias e a cadeia de abastecimento normalizados.

— O CICLO JÚPITER NODOS (CONJUNÇÃO) —

Maio e junho 2023

A conjunção Júpiter Nodos no Signo de Touro prenuncia o início de um ciclo auspicioso. Costuma se manifestar como um período de bênçãos.

Há caminhos, aberturas e fluxos para que escoem por eles crescimento, expansão, prosperidade e abundância. Parece que as trincheiras foram abertas, e podemos transitar por estradas amplas e desobstruídas. O que estava bloqueado, impedindo possibilidades de avanço, desenvolvimento e fartura foi retirado, de modo que agora podem passar. Tudo aponta para uma melhoria no cenário internacional com uma vigorosa retomada do fluxo comercial entre os países.

Deve ocorrer também um expressivo aumento do número de viajantes deslocando-se pelo mundo, talvez devido à retomada dos asiáticos aos circuitos de viagens.

Líderes, governantes, empresários, empreendedores com cabeças mais globais, voltados para o crescimento e que estimulem geração de prosperidade ganharão grande destaque e protagonismo.

— O CICLO JÚPITER SATURNO (SEXTIL) —

Maio a julho de 2023
Dezembro de 2023 a abril de 2024

Essa é outra indicação de um ciclo que tende a promover crescimento e prosperidade, só que sob esse ciclo o crescimento e a prosperidade são estruturais e não uma onda passageira.

Crescimento sustentável, cujos efeitos se estendem em médio e longo prazo. É uma sinalização típica de investimentos em escala em infraestrutura.

Empresas, profissionais e empreendedores que andavam recolhidos, prudentes por conta da onda de turbulência dos últimos anos, e mesmo governos cujos gastos estavam sendo direcionados a despesas essenciais, saem da encolha, dão passos maiores em direção a engordar seus negócios. Há, inclusive, necessidade de se fazê-lo para atender a uma demanda em ascensão.

Investimentos feitos pelas empresas e por profissionais visando crescimento encontram sob essa dupla garantia e segurança de retorno. Sinal verde para avançar.

A inflação poderia estar mais controlada sob o comando dessa dupla.

Investir no próprio negócio ou na área em que já se atua com regularidade será mais proveitoso do que inovar e partir do zero em um novo empreendimento.

É um ciclo ideal para se pensar em investir em negócios cujos resultados serão colhidos durante um período prolongado, e não uma oportunidade que se esgota em um retorno imediato.

Essa dupla favorece especialmente o segmento imobiliário e de construção, com uma boa valorização desse mercado.

Quem montou uma empresa e a preparou com intenção de vendê-la à frente, encontra, sob Júpiter e Saturno, ótimas oportunidades.

Deve ocorrer também um aumento de demanda de trabalho, portanto de oferta de emprego.

— O CICLO PLUTÃO NODOS (QUADRATURA) —

Plutão em Aquário quadrado ao Nodo Norte em Touro
Abril a junho de 2023
Plutão em Capricórnio quadrado ao Nodo Norte em Áries
Julho a outubro de 2023

Esse mau encontro entre Plutão e os Nodos vem estragar a festa, e é praticamente a única assinatura desfavorável do ano, relacionada a um grande ciclo. Podemos pensar em algumas possibilidades de desdobramentos dessa passagem. Alguns incidentes geofísicos intensos são uma de suas manifestações possíveis. A saída de cena de um líder ou governante de peso, obrigando a uma mudança expressiva na direção e na condução de fatos relevantes, é outra. É possível também que disputas de poder e imposição de figuras autoritárias dificultem a saída de encruzilhadas em que já nos encontramos e forcem a mão na direção de uma radicalização.

Finalmente, ainda outra manifestação desse ciclo seria o imenso custo e desgaste de reconstrução de áreas atingidas pelos conflitos, por desastres naturais etc.

Há de qualquer maneira um cenário que esse ciclo expõe: estaremos ainda sob o luto, os prejuízos, a dor dos danos causados por um longo período de pandemia, seguido de um conflito que agravou ou estendeu esses danos. Não podemos perder mais nada.

Esse ciclo carrega uma marca de destruição. Há que se ter uma vigilância para se antecipar, evitar e coibir danos causados por essa marca, inclusive danos ambientais severos, destruição de florestas, rios etc. Não há caminho para reconstrução e recuperação – assim sinaliza esse ciclo.

— O CICLO URANO NETUNO (SEXTIL) —

Agosto a novembro de 2023

Embora essa ligação entre Urano e Netuno se dê de forma aproximada, já que não chegam a fazer o grau exato, seus efeitos devem ser comemorados. É um ciclo extremamente favorável para avanços sociais e para mudanças que facilitem a distribuição de benefícios sociais, removendo barreiras que dificultam a chegada deles a quem mais precisa.

Inclusão digital é provavelmente um dos efeitos mais diretos dessa passagem. Outro é a tecnologia se estendendo e irrigando ainda mais setores da sociedade e da economia.

A grande habilidade desse ciclo, no entanto, é a maior facilidade e rapidez em promover mudanças com um nível baixo de resistência em áreas e segmentos da sociedade ou pautas em que se costuma encontrar oposição.

Sob essa dupla podem-se dar saltos. Outra grande prova de maestria dessa aliança será diminuir a distância entre esquerda e direita, já que Urano, alinhado com os valores do capitalismo e das liberdades individuais, e Netuno, afinado com conceitos e práticas mais sociais e coletivas, estão de bem.

O CÉU DO BRASIL

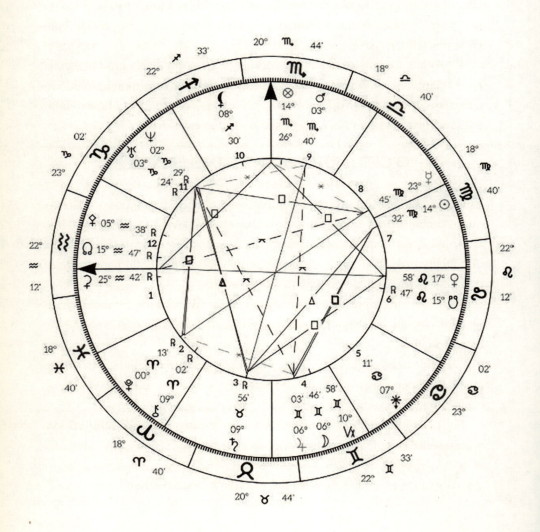

— NETUNO OPOSTO A MERCÚRIO —

Maio a setembro de 2021
Março a junho de 2022 e agosto a dezembro de 2022
Janeiro a abril de 2023 e novembro de 2022 a fevereiro de 2024

É um desafio arrumar a casa no que se refere à economia quando essa dupla planetária está em operação. O próximo ministro da Fazenda terá que enfrentar um grande desafio para organizar e disciplinar essas contas.

É muito fácil gerir mal e se equivocar em relação ao destino dos recursos sob essa nebulosa (e com alta tendência à corrupção, ao desvio de dinheiro etc.) aliança planetária.

Veja o que descrevemos sobre esse ciclo no *Livro da Lua 2022*:

Além de ser uma influência perniciosa para as contas públicas, no sentido de descontrole de gastos, mau uso de recursos, mau direcionamento e fiscalização, também é um ciclo por excelência associado a desvio de verbas.

Desinformação, informações ambíguas que criam um cenário de indefinição e especulação (ninguém sabe ao certo sobre nada), além de um aumento expressivo de golpes, cada vez mais bem idealizados, que lesam muitas pessoas, vítimas de sua própria credulidade, são efeitos dessa passagem. Esse não é um encontro planetário auspicioso para o Brasil.

Contas públicas descontroladas, má gestão dos recursos, investimentos mal projetados com desperdício de dinheiro público, contas que não fecham, dinheiro que sai, mas não entra, ou entra e sai sem esquentar, risco maior de inadimplência, no sentido de não se receber o que é devido ou o que foi emprestado, são os tipos de problemas que levam à chancela desse ciclo.

Precisaremos de gente boa e técnica para fazer conta e controlá-la. Perder-se em labirintos burocráticos é um dos efeitos colaterais dessa passagem, assim como promessas não cumpridas por serem impossíveis, desculpas e explicações que não convencem. Invasão de dados, gravações não autorizadas e hackeamento acontecem com mais frequência sob essa insidiosa dupla. Boatos, *fake news*, informações contraditórias e dados inconclusivos também fazem parte desse cenário.

— URANO QUADRADO NODOS —

De julho a outubro de 2021
Maio e junho de 2022
Novembro de 2022 a abril de 2023

Esse ciclo já se estende desde o segundo semestre de 2021. Não é à toa que vivemos sob um clima de turbulência nos últimos 15 meses. É uma passagem que anuncia mudanças de direção, o que mais fortemente poderia indicar uma probabilidade maior de que não haja uma tendência para reeleição do atual Presidente. Esse ciclo é mais chegado a rupturas e descontinuidade. Como esse ciclo se encerra a partir de maio deste ano, podemos deduzir que o período de turbulência tende a ceder.

Veja o que escrevemos sobre essa passagem no *Livro da Lua 2022*.

Novos fatos, inesperados e fora do contexto mudam a dinâmica do jogo, criam situações diferentes das imaginadas e modificam a rota. É uma energia que predispõe à ruptura e à descontinuidade do que estava em curso.

Essa combinação Urano-Nodos vem acrescentar eletricidade e turbulência ao período. Manobras bruscas são necessárias para fazer face às reviravoltas e às mudanças súbitas de direção. Acontecimentos inesperados forçam a alteração de planos e a busca de outros rumos, como um piloto que precisa mudar a rota quando se depara com um Céu turbulento, ou um capitão do barco, na travessia de um mar revolto. Apertem os cintos ou vistam o colete salva-vidas, teremos solavancos no caminho. Figuras proeminentes do cenário nacional que fazem parte da "equipe de bordo" podem ser substituídas ou desistir do percurso.

— URANO TRÍGONO SOL —
Abril, maio e dezembro de 2022 a abril de 2023

Essa é uma indicação favorável à renovação política e uma sinalização de que haveria espaço para o surgimento de nomes que representassem alternativas ao quadro tão polarizado nas eleições de 2022. De qualquer maneira, há uma clara orientação de alguma renovação para o cenário político.

Esse também é um marcador de alívio da pressão financeira sobre as contas públicas, possivelmente com entradas de novas fontes de receita ou melhoria da arrecadação, que desafogam um pouco o gargalo.

— SATURNO NA CASA 1 DO BRASIL —
Abril de 2022 a abril de 2024

Esse é um dos ciclos mais importantes que vêm ocorrendo sobre o mapa do Brasil. Há sempre um marco político de peso quando Saturno atravessa o Ascendente do país.

Podemos aguardar reformas políticas e administrativas relevantes sob o novo governo. Acredito que haverá uma grande mobilização do próximo governante para a execução dessas reformas.

Abaixo transcrevo o texto publicado no *Livro da Lua 2022* sobre esse ciclo:

Esse ciclo ocorre, aproximadamente, a cada 29 anos. A última vez em que se deu foi em 1993. Naquele ano, tivemos um plebiscito pelo qual se votaria sobre a forma e o sistema de governo em que funcionaria o Estado brasileiro. Saíram vitoriosos o presidencialismo e o regime republicano.

Não é improvável que possam ressurgir discussões sobre o sistema de governo, sobre redefinição do papel do Estado, suas prioridades e atribuições, além de questões sobre a eficiência do atual modelo.

O amadurecimento das instituições, um aprimoramento do desenho da distribuição de poderes e a avaliação de como as coisas têm funcionado nos últimos 30 anos e de como poderia funcionar melhor serão pautas importantes para o ano de 2022.

Saturno passando pelo Ascendente confere uma espécie de maioridade, alertando-nos de que não podemos continuar repetindo os mesmos erros juvenis. É um ciclo que propõe revisão, reavaliação e não apenas continuidade automática, sem reflexão.

No entanto, não é uma passagem que sugere inovação. Geralmente, preferimos caminhar em um território mais vezes trilhado e seguro, com nomes e rostos mais conhecidos e experientes. Queremos consertar as coisas, sim, mas estamos cautelosos e queremos evitar riscos quando estamos sob a chancela de Saturno.

É também um ciclo de enxugamento, sobriedade e economia de tudo o que estiver em excesso e com desperdício, este último, um pecado mortal para o austero Saturno.

Conduzida por mãos competentes, essa passagem possibilita uma reorganização do país para que ele caminhe de forma estruturada e estabilizada em direção a ótimos resultados de efeitos prolongados.

É, no entanto, se mal conduzida, uma energia que também tende à concentração, ao controle e às forças conservadoras. Isso vai depender, como em qualquer trânsito de Saturno, de quanto se aprendeu com a experiência e com os próprios erros.

De qualquer maneira, um ciclo novo está se abrindo e um novo capítulo de nossa história também.

— URANO QUADRADO VÊNUS —

Junho a dezembro de 2022
Abril e maio de 2023
Janeiro e fevereiro de 2024

Esse ciclo já está ativo no mapa do Brasil desde o segundo semestre de 2022.

Vênus é posicionada na casa 7 do mapa do Brasil, setor que rege as alianças e os acordos. Não é sem justificativa astrológica a dificuldade que foi encontrar consenso em torno de um nome que representasse a terceira via. Mesmo partidos com fortes candidatos à presidência podem ter encontrado consenso no apoio a candidatos para governadores, bancada no Congresso etc. Esse ciclo tende mais à desunião, à fragmentação do que à convergência.

A economia ainda sofre revezes e está sujeita a instabilidades. É difícil fazer previsões nessa área para o primeiro semestre do ano. Fatores com os quais não se contava podem interferir bastante no planejamento. Não é hora de se estar em investimentos de risco nem sem liquidez.

Leia abaixo o que escrevemos sobre essa passagem no *Livro da Lua 2022*.

Todo o segundo semestre será palco da atuação dessa dupla. Não é uma passagem fácil. Seu principal efeito se manifesta na economia, com instabilidade e mudança de programas. Podemos também ser afetados pelo cenário internacional, pois Vênus rege assuntos que são ligados ao exterior.

É de conhecimento que o Brasil pode sofrer prejuízos financeiros se não adequar sua política de meio ambiente e a condução de sua política externa.

Pode haver também pressão cambial sob essa dupla planetária. O Judiciário também estará na mira desse ciclo, sendo convocado a atuar em pautas tensas e sem trégua que surgirão no segundo semestre. É liminar para cá, liminar para lá, liminar cassada e assim por diante.

— SOL E MARTE PROGREDIDOS SEXTIL COM JÚPITER LUA —

Janeiro de 2023 a meados de 2024

Essa é uma prodigiosa aliança que promete gerar força, dinamismo e impulso para os setores agrícola, de construção e saneamento básico.

O mercado imobiliário deve responder muito bem a esse ciclo e provar que está aquecido. É um excelente momento para se lançar e acelerar programas para habitações populares. Devem ocorrer também um remanejamento da ocupação e um reaproveitamento de imóveis, não residenciais, que ficaram ociosos ou desocupados devido à disseminação do trabalho remoto. Outro fenômeno que pode ser estimulado por essa passagem planetária é o crescimento em direção à interiorização, em busca de melhor qualidade de vida e custos mais baixos. As pessoas migrando mais para o interior em vez de para os grandes centros. Isso geraria um aumento da ocupação de espaços menos habitados ou explorados, inclusive com expressivo crescimento de cidades pequenas e médias.

— PLUTÃO EM SEXTIL COM PLUTÃO —

Fevereiro a agosto de 2023
Dezembro de 2023 a maio de 2024

Esse é um ciclo muito bem-vindo logo nos primeiros meses do novo governo.

Essa passagem anuncia boas oportunidades para a recuperação da economia para quem souber aproveitá-las. Há também nessa força de recuperação uma sinalização de possibilidade de maior controle da inflação, pois esse ciclo pressagia uma menor queda do poder de compra e menor desvalorização da moeda.

Há também um clima favorável à governabilidade e ao poder de execução do Presidente, o que costuma indicar uma boa relação com o Congresso.

— NODO SUL CONJUNÇÃO MARTE —

Março a julho de 2023

A passagem do Nodo Sul sobre Marte do Mapa do Brasil, logo no segundo trimestre do ano, aponta para um desgaste do Poder Judiciário, que talvez esteja sendo chamado a atuar com maestria em muitas decisões e tendo que marcar posição em pautas importantes.

Esse ciclo também sugere desgaste e desaceleração de desempenho caso dependa do cenário internacional. Há que se tomar cuidado para não se travar embates mal-sucedidos que prejudicam as relações exteriores e a troca comercial com parceiros importantes.

— SATURNO SEXTIL URANO E NETUNO —

Março e abril, agosto a outubro e dezembro de 2023
Janeiro de 2024

Esse é um ciclo que favorece o bom desempenho do Legislativo. Há indicação de que deputados e senadores eleitos ou reeleitos estarão comprometidos com pautas mais sérias e estruturais, devido à presença de Saturno, sempre cobrando a responsabilidade que o cargo exige, aliado aos planetas que representam a casa legislativa, no mapa do Brasil. Há, sem sombra de dúvida, devido a essa passagem, uma inclinação de que o Legislativo possivelmente estará, neste próximo ano, sintonizado com o novo Presidente.

Esse ciclo não dá indícios de que o Presidente encontraria graves entraves com essa Casa.

— JÚPITER NA CASA 3 —
Março de 2023 a abril de 2024

A passagem de Júpiter pela Casa 3 do Mapa do Brasil favorece imensamente as atividades comerciais e promete um excelente desempenho para esse setor.

Também é um ciclo que favorece a atenção voltada para a melhoria do Ensino Fundamental. Um momento único para se fazer investimentos nesse setor, inclusive para levar um número maior de crianças para dentro da escola.

Como é uma área de comunicação, veremos também um crescimento de espaço e prestígio para os meios de comunicação e um avanço ainda maior das redes sociais.

Esse setor também rege meios de transporte, estradas, acessos, indústria automobilística, áreas que também estarão sob a proteção de Júpiter, portanto devem experimentar um período propício para expansão.

Ainda sob esse ciclo, devemos ser beneficiados por uma melhoria expressiva de nossa relação e intercâmbios promissores com os países vizinhos.

— SATURNO QUADRADO JÚPITER E LUA —
Abril a agosto de 2023

Essa é uma indicação de que medidas impopulares estão a caminho, possivelmente no intento de enxugar o orçamento, para fazer jus às despesas essenciais.

Alguns cortes de benefícios ou subsídios devem ser anunciados.

Também não é um ciclo que favoreça a produção agrícola ou que prenuncie supersafras.

Investimentos em infraestrutura também devem sofrer uma pausa. O setor imobiliário e de construção pode desacelerar sob essa dupla.

O déficit habitacional para a população carente e a falta de programas para atendimento às necessidades básicas dessa população estarão no limite, tal qual não poderão mais continuar a serem desprezados. Estaremos no gargalo. Há um forte sentimento de frustração e desatendimento por parte da população.

— MERCÚRIO PROGREDIDO SEXTIL SATURNO —

Abril de 2023 até início de 2024

Esse é um excelente ciclo para estimular a volta das crianças que evadiram das escolas, por meio de programas e acompanhamento eficientes.

É também uma indicação de que se pode estabelecer um melhor e mais vantajoso acordo com as *Big Techs*. Muitos países já estão fazendo isso.

Há um clima de menos polêmica e hostilidade por parte da mídia ou em relação à mídia.

Sob esse ciclo, é um pouco mais provável se conseguir filtrar ou reduzir a circulação de *fake news*.

— ECLIPSE SOLAR TOTAL CONJUNÇÃO MARTE DO BRASIL —

29º50' de Áries
20 de abril de 2023 às 01:18

Esse Eclipse de Lua Nova, perigosamente próximo ao grau do Marte do Mapa do Brasil, prenuncia um período de tensão e provocação no cenário internacional e nas relações com outros países.

É mais difícil de fechar acordos vantajosos com o mercado externo sob esse clima.

Pode haver também embates internos em relação à defesa de nossas fronteiras, sempre vulnerável a contrabando, tráfico de drogas, armas etc. O Judiciário também pode estar no centro desses embates calorosos. Essa instância é chamada a decidir questões relevantes e também se expõe ao risco de ultrapassar seu poder sempre que o Marte do Brasil está desafiado.

— URANO NA CASA 4 DO BRASIL —

Maio de 2023 a meados de 2024

A passagem de Urano pelo Fundo do Céu do Mapa do Brasil sacode literalmente as bases do país.

Se fôssemos um país sujeito a eventos como terremotos e erupções de vulcões, esse seria o cenário, mas, como não somos, podemos pensar em rompimentos de barragens, desmoronamentos e rupturas de estruturas que não estejam bem fundadas.

Os setores de produção agrícola e de construção podem passar por momentos instáveis, mas, sem sombra de dúvida, ventos de renovação sopram nessa direção.

O mais significativo desse ciclo, no entanto, será um movimento crescente de intolerância e demanda de mudanças por parte da população, que vê suas necessidades básicas insistentemente desatendidas.

— ECLIPSE LUNAR OPOSTO SATURNO DO BRASIL PRÓXIMO AO MEIO DO CÉU DO BRASIL —

14°58' de Escorpião
5 de maio de 2023 às 14:25

Esse Eclipse de Lua Cheia não chega a cair no grau exato, mas se aproxima do Saturno e do Meio do Céu do Brasil. Vale o alerta para a ocorrência de algum nível de teste de segurança e estabilidade e bom funcionamento de nossas instituições. Ainda devido aos efeitos do Eclipse, a imagem pública do governante pode sofrer alguns arranhões, assim como o desempenho das estatais.

— URANO QUADRADO AO ASCENDENTE —

Junho a dezembro de 2023

O segundo semestre do ano é marcado por turbulências. Situações inesperadas, que não estavam no radar, causadas por circunstâncias externas, obrigam a se fazer malabarismos, improvisos, tirar cartas da manga, mudar o plano inicial e reescalonar as prioridades. Devemos contar com o inesperado e não com condições de normalidade. Não é indicado, portanto, estar em situação de risco, "alavancado" e com empreendimentos nos quais apostamos todos os nossos recursos e fichas. É bom ter uma boa margem de segurança e fôlego.

— URANO TRÍGONO MERCÚRIO —

Julho a outubro de 2023

Essa é uma passagem auspiciosa. Traz um forte indício de um alívio das contas públicas, como se houvéssemos cancelado algumas despesas que estrangularam o orçamento. É também com certeza um sinal de que entrou dinheiro novo e atuais fontes de receita.

Algumas mudanças na política econômica devem estar contribuindo para isso.

— JÚPITER CONJUNÇÃO SATURNO —

Julho e novembro de 2023

Júpiter estará transitando na casa 3 do Mapa do Brasil ao longo de 2023 e, durante essa passagem, encosta em Saturno, posicionado nessa área.

São os melhores meses para se fechar acordos e propostas comerciais que terão, inclusive, vida longa. Educação, principalmente ligada ao Ensino Fundamental, também poderia receber ótimas políticas públicas e privadas particularmente nesses meses.

Ações ligadas a transportes públicos, estradas e acessos também podem produzir um excelente impacto sob esse ciclo.

— JÚPITER TRÍGONO SOL —
Agosto a novembro de 2023

Essa é mais uma boa carta que favorece a vida financeira. Deve-se estar com o saldo mais abundante e, de alguma maneira, se conseguiu recuperar alguma folga no orçamento. Esse ciclo também costuma beneficiar e melhorar o crédito e o prestígio do governante.

— LUA PROGREDIDA NA CASA 9 —
Agosto de 2023 até agosto de 2025

A passagem da Lua progredida pela casa 9 do Mapa do Brasil fertiliza o setor cultural e traz de volta um grande público para esse segmento e seus eventos.

Fertiliza, também, as viagens internacionais e o fluxo de turistas entrando e saindo do país. Estaremos com mais assiduidade inseridos no cenário internacional, estreitando vínculos com o mundo e nos distanciando de ações e políticas que poderiam nos levar ao isolamento.

O setor acadêmico, de pesquisas e ciência possivelmente estará sendo tratado com um cuidado especial e gerando bons frutos.

— ECLIPSE LUNAR SOBRE O EIXO MARTE/SATURNO —
05°09' de Touro
28 de outubro 17:15

Esse é um Eclipse de Lua Cheia e o último do ano. O que tem de especial nesse fenômeno é que ele cai sobre a oposição Marte-Saturno, nas casas 3 e 9 do Mapa do Brasil: um dos nossos calcanhares de Aquiles, o nosso eixo "karmico".

Setores como Justiça e Educação, em que essa oposição se encontra, não andam bem por aqui. Parece um nó que não desata. O mesmo acontece em relação ao cenário internacional. Há momentos em que somos reconhecidos e prestigiados, outros em que nos jogam de volta ao clube dos subdesenvolvidos ou sofremos sérias restrições comerciais às nossas exportações. Temos uma barreira por aí, sem falar no câmbio que às vezes nos massacra.

Pois bem, esse Eclipse vem mexer em todo esse caldeirão. Dessa forma, poderia ocorrer alguma "baixa" ou substituição nos quadros do Executivo: ministros, assessores, diretores de estatais. Ainda podemos mencionar o setor acadêmico, cultural, de pesquisa e da ciência, que vive momentos de avanço, investimento e florescimento, e em outros é o primeiro segmento que sofre corte de verbas.

Acaba que não passa de certo ponto. É bem a dinâmica Marte-Saturno.

SEU SIGNO EM 2023

As previsões a seguir são baseadas principalmente nos trânsitos de Júpiter, Saturno, Urano, Netuno e Plutão. Para analisar as influências para o ano de 2023, foi necessário olhar a relação de cada planeta citado acima com os 12 Signos do zodíaco. É assim que o leitor pode consultar através do seu Signo solar ou ascendente o que o ano lhe reserva.

Mas vale lembrar que estas previsões não substituem uma análise astrológica individual. A análise das próximas páginas levou em conta somente onde o Signo Solar estava no momento do seu nascimento, o que pode ser comparado a 5% de toda a informação que você teria em uma consulta individual. Uma análise completa das previsões do Mapa Natal não só falará do seu Signo Solar, como também da posição do Sol na sua vida, além de analisar Signos, posições e aspectos de todos os planetas natais. A análise do Mapa Natal é única, pois, além de falar da sua vida e de como você lida com suas potencialidades e obstáculos, poderá orientar suas ações, de acordo com o momento de vida pessoal.

De qualquer maneira, você verá que as previsões a seguir são uma ferramenta de fácil consulta e podem lhe dar uma boa orientação em questões relacionadas a carreira, finanças, relacionamentos, saúde e influências gerais referentes ao seu Signo.

Enquanto estiver lendo, você verá que algumas datas de nascimento serão mencionadas ou destacadas no texto, de acordo com os decanatos. Por isso, pessoas nascidas nesses decanatos estarão vivendo um momento especialmente significativo este ano. Essas datas são resultado da entrada ou do início de algum trânsito ou aspecto dos planetas citados no início deste texto.

Contudo, nem todas as datas terão relação exata com algum trânsito importante. Por isso, não fique chateado se não encontrar o período do seu aniversário destacado no texto. Se o seu grande dia não estiver lá, só significa que você viverá este trânsito em um outro momento, talvez no próximo ano.

OBS. 1: para uma análise completa e precisa de sua previsão anual, é aconselhável procurar a orientação de um astrólogo sério e profissional.

OBS. 2: as datas mencionadas nos textos podem ter uma variação de um ou dois dias de diferença. Isso vai depender sempre da hora e do ano de nascimento de uma pessoa.

ÁRIES (21/03 A 20/04)
REGENTE MARTE

Primeiro decanato: de 21/03 a 30/03
Segundo decanato: de 31/03 a 09/04
Terceiro decanato: de 10/04 a 20/04

Panorama geral:

Feliz 2023, ariano!

O ano começa sorridente e otimista para o ariano, prometendo oportunidades, favorecimentos e benefícios para todos os decanatos. Oportunidades de diversão, promoções, novas posições, premiações, encontros com pessoas interessantes e lugares distantes estarão à sua disposição em períodos específicos de 2023. Eles serão suficientes para turbinarem sua autoestima e abastecê-lo para lidar com os momentos mais desafiadores do ano. Esse período de sorte, otimismo e vitalidade deverá ser vivido plenamente. O objetivo é recarregar as energias e ampliar os horizontes, sejam eles intelectuais, emocionais, físicos ou, até mesmo, geográficos. Não os desperdice e aproveite para criar ao longo desse período uma reserva financeira, uma rede pessoal de apoio variada e uma reputação irretocável. Essas serão as melhores heranças desse ano, se você souber agir com generosidade e sabedoria.

O ariano deverá agir com tato e prudência durante os eclipses solares de abril e outubro deste ano. As suas atitudes e decisões podem deflagar rupturas e mudanças de rumo abruptas nesse período. Você poderá estar mais suscetível às suas reações mais instintivas e aos comportamentos apreendidos no passado. O mais prudente a fazer é evitar chegar a esses períodos com assuntos muito tensionados e sem espaço de manobra. Outro ponto importante de 2023 é que a partir do segundo semestre você poderá perceber que, aos poucos, os caminhos começarão a se abrir. A partir desse momento ficará mais claro, progressivamente, qual a melhor direção a seguir. Isso será mais nítido para os arianos do terceiro decanato, mas é um ponto a ser observado por todos. Esse é o ano para cultivar a iniciativa e a crença em seu próprio potencial.

O ariano do primeiro decanato (de 21/03 a 30/03) viverá os dias mais favoráveis do ano logo em seu início, entre os dias 01/01 e 25/02. Aproveite esses dias para relaxar e se divertir, indo além dos limites do seu cotidiano, explorando e aventurando-se em novas experiências. Busque conhecer novas culturas, lugares distantes, aprender diferentes línguas, encontrar novas pessoas e frequentar eventos grandes. Esse período foi feito sob medida para impulsionar a sua autoestima e sua confiança em si mesmo. Quando essa fase passar, você deverá sentir-se enriquecido e engrandecido. Essa será a melhor maneira de saber que usou bem esses dias. Ainda no primeiro semestre, entre os dias 23/03 e 11/06, você viverá um período de mudanças significativas e intensas. Você estará mais poderoso, mais carismático e mais decisivo. Esses dias marcarão o início de um novo ciclo que ganhará força no próximo ano. Embora promovam alterações profundas em sua vida, eles permitirão que o seu potencial se revele com maior força e intensidade.

Para o ariano nascido no segundo decanato (de 31/03 a 09/04), o ano promete ser mais gentil e sem grandes sobressaltos. Os dias de maior sorte se concentrarão entre 26/02 e 08/04. Serão dias de muita alegria, aventura, diversão e chances de expandir sua vida para além dos seus limites usuais. A sua alegria e seu otimismo serão reforçados, e isso ajudará a atrair mais favorecimentos e benefícios. Procure não desperdiçar as chances que surgirão nesse período. Use-o para ampliar seus horizontes, enriquecendo a sua vida de uma maneira mais ampla. No restante do ano, você poderá se dedicar aos seus objetivos com mais tranquilidade. Períodos assim são importantes tanto para revisar o que foi aprendido nos últimos ciclos quanto para rever seus objetivos e metas, reorganizando as suas prioridades para o futuro. Dessa forma, a casa estará em ordem para as novas oportunidades e desafios que surgirem mais adiante.

Já para o ariano do terceiro decanato (de 10/04 a 20/04), o ciclo de mudanças intensas e desafiadoras permanecerá ativo ao longo de 2023. Você poderá sentir mais fortemente os efeitos dele entre os dias 01/03 e 23/03, assim como entre 12/06 e 31/12. Esses serão dias em que você precisará manter-se atento e cuidadoso, agindo com estratégia e precisão, evitando conflitos com autoridades e pessoas em posição de poder. No caso de ser você a pessoa a exercer a autoridade, será necessário cuidar para não reagir às ações percebidas, como ataques com tirania e crueldade. Lembre-se de que há uma diferença enorme entre autoridade e autoritarismo, respeito e medo, entre força e fanfarronice. Aproveite os dias entre 01/01 e 07/03 para terminar de separar o que é estritamente necessário do que é supérfluo, agindo com disciplina e sobriedade. Será necessário continuar o exercício de desapego e de humildade ao longo de 2023. Os dias entre 09/04 e 16/05 trarão um respiro necessário e muito bem-vindo, além de muita sorte. Esses são dias excelentes para fortalecer a autoestima, a confiança, o otimismo e angariar aliados e apoiadores, pois você será notado por pessoas de destaque que o enxergarão com olhos benevolentes.

Esse é um ano para afiar o senso estratégico e aprender a escolher suas brigas com inteligência e serenidade.

Carreira e finanças:

O ariano poderá aproveitar os primeiros meses de 2023 para expandir seus horizontes profissionais, aprendendo novos conceitos e ampliando seus conhecimentos. Dê boas-vindas às novas ideias, novas culturas e aos contatos com pessoas importantes, respeitadas e influentes que possam cruzar o seu caminho até maio. Amplie seus contatos, invista em cursos de aprimoramento, especializações, procure conhecer novas culturas e línguas, explore novos mercados, frequente palestras e eventos dos setores que despertarem seu interesse. Fique atento, porém, para não desperdiçar as boas chances que aparecerem. É um erro achar que algo melhor poderá surgir mais adiante; fases como essa não se repetem com tanta frequência. Também será um equívoco dispersar os recursos financeiros adquiridos nesse momento, procure reforçar suas reservas econômicas. Outra recomendação importante para 2023 é cuidar para não prometer mais do que é capaz de cumprir, permitindo que a vaidade o faça perder a autocrítica. Fortaleça sua reputação e sua reserva financeira, assegurando maior estabilidade e vantagens para o futuro.

As Luas Novas dos meses de março, abril e maio serão interessantes para trabalhar os assuntos de ordem financeira e profissional. No entanto, os meses de abril e de outubro pedem mais cuidado, em função dos eclipses solares que acontecerão nesses meses. Evite situações de ultimato nesses períodos, pois as resoluções poderão não ser favoráveis a você. A partir de julho, com a mudança dos nodos lunares para o eixo Áries/Libra, o melhor caminho a seguir ficará progressivamente mais claro.

O ariano do primeiro decanato (21/03 a 30/03) sentirá os benefícios se acumularem e as propostas surgirem mais fortemente entre os dias 01/01 e 25/02. Nesses dias, promoções, reconhecimentos, premiações e entradas de recursos são possibilidades bastante palpáveis. Você captará a atenção das pessoas certas. Procure frequentar o máximo de lugares relacionados aos seus interesses profissionais, ampliando a sua área de atuação. Entre os dias 23/03 e 11/06, haverá uma nova onda de oportunidades de recuperação financeira, além da possibilidade de reaver cargos de autoridade e posições de destaque perdidas. No entanto, essa será de uma natureza menos expansiva e mais concentrada. Você será responsável por iniciar o movimento que resultará em benefícios e mudanças de status. Você estará mais carismático, mais competente e mais focado, capaz de causar impacto em seu ambiente de trabalho. Essa atuação poderá alçá-lo a posições de liderança e poder nas estruturas onde você se encontrar. Faça bom uso dos presentes dados pelos ciclos de 2023, avançando, consistentemente, em sua carreira e vida financeira.

O ariano do segundo decanato (31/03 a 09/04) perceberá que as oportunidades de progresso na carreira e nos estudos serão mais abundantes entre os dias 26/02 e 08/04. Esses serão dias de muita sorte, favorecimento, reconhecimento e possibilidades de ganhos financeiros. Fique atento para não desperdiçar as chances que surgirem nesse período. Amplie seus conhecimentos, expanda suas redes de contato, visite novos clientes, aceite convites profissionais, enfim, potencialize as oportunidades dessa fase para que os frutos sejam ainda mais abundantes.

Ao mesmo tempo, lembre-se de ser generoso, reconhecendo aqueles que o apoiaram e o ajudaram a alcançar essas metas. Seja cuidadoso com tudo o que você semear e iniciar agora, para manter o ciclo de crescimento produtivo. Use o restante do ano para reforçar e fortalecer o que conheceu e recebeu, ajustando seu planejamento, revendo suas metas e objetivos.

O ariano nascido no último decanato (10/04 e 20/04) deve aproveitar os dias entre 09/04 e 16/05 para contrabalançar as tensões e perdas provocadas pelos ciclos dos últimos anos. Essa será a fase de maior sorte e favorecimento do ano. Você terá a chance de atrair aliados e mentores que poderão ajudá-lo a navegar com maior maestria os momentos mais desafiadores do ano. O período entre o começo do ano e o dia 07/03 será o mais adequado para delinear, com disciplina e determinação, o que tem ou não potencial de crescimento. Esses dias também serão os melhores para estruturar seus recursos, cortar os supérfluos e sanar dívidas. O ano de 2023 continuará a produzir pressões, conflitos, perdas e desafios intensos, especialmente entre os dias 01/01 a 23/03 e entre 12/06 a 31/12, por isso, é bom estar preparado. Cuidado com confrontos com gestores, professores e clientes, pois as consequências poderão ser desagradáveis para você. Isso será verdade independentemente de quem tem razão ou se os resultados são ou não são justos.

É recomendável não colocar todos os seus investimentos em uma só área ou um só projeto. Quanto maior for a sua diversificação, mais fácil será reduzir os impactos e diluir a pressão. Evite, a todo custo, tornar-se obcecado com uma pessoa, um assunto, uma posição ou um problema. Isso só agravará a situação. Preste atenção aos sinais do seu ambiente profissional. Se perceber que o local não apresenta as condições de segurança desejáveis, busque novas oportunidades. Entretanto, procure fazer isso da maneira mais discreta possível para não sofrer com represálias. Cuidado também para não ser você a pessoa a exercer a autoridade de maneira impiedosa e intensa. Mantenha-se flexível e evite exposições desnecessárias, conflitos inúteis e disputas pelo poder. O momento agora é de depuração, de desapego, de abandonar o que se esgotou e o que não tem mais força vital.

Em geral, os melhores períodos para trabalho, dinheiro, negócios e aquisições são: 12/02 a 25/03; 06/06 a 22/06 e 05/12 a 12/12.

Os menos favoráveis são: 01/01 a 11/02; 26/03 a 05/06; 23/06 a 22/10; 09/11 a 04/12 e 13/12 a 31/12.

Relacionamentos:

O ano de 2023 traz a marca do otimismo e da alegria para o ariano. A autoestima elevada ajudará a aumentar o brilho pessoal e o poder de atração, criando muitas oportunidades de viver momentos felizes ao longo do ano. Aproveite bastante e esteja aberto às chances que podem surgir em locais de estudo, em viagens a lugares distantes, no contato com outras culturas e com pessoas de destaque. Observe bem as pessoas que surgirem em sua vida agora, pois elas poderão ser muito benéficas para você.

Caso seja comprometido, esse aspecto também poderá favorecer seus parceiros, fortalecendo e iluminando seu relacionamento. Divirta-se, frequente festas e eventos de celebração, espalhando sua alegria e energia abundantes. Seja generoso com a sua atenção, procurando sempre considerar as emoções das pessoas ao seu redor. Você irá brilhar e irradiar alegria. Esse é um excelente período para conhecer novas pessoas, assim como para iniciar e firmar compromissos.

As Luas Novas dos meses de março, abril, agosto e outubro são as mais interessantes para as questões ligadas aos assuntos da vida afetiva. Os meses de abril e, em especial, o de outubro exigem mais diplomacia e gentileza para evitar situações críticas, com risco de rupturas e decisões drásticas. A partir de julho, o seu brilho estará em ascensão, ajudando-o a atrair aquela pessoa especial. A partir desse mês, questões ligadas aos relacionamentos, às parcerias, aos compromissos, aos conflitos entre os desejos pessoais e à vontade dos outros estarão sob os holofotes.

Para o ariano do primeiro decanato (21/03 a 30/03), o reforço do charme pessoal será mais evidente entre os dias 01/01 e 25/02. Essa fase deve ser usada para ampliar seus contatos, frequentar eventos diversos, viajar e entrar em contato com culturas diferentes. Seu otimismo estará contagiante e será fácil espalhar encanto e simpatia por onde passar. Entre os dias 23/03 e 11/06, você se beneficiará bastante se escolher se aprofundar, dedicando seu tempo e energia para rever as relações da sua vida. Esse também é um ótimo período para ser sincero em relação ao que realmente deseja para sua vida emocional. Nessa fase, será muito vantajoso avaliar quais relações e pessoas são realmente significativas. Será muito transformador e proveitoso para seus relacionamentos implementar mudanças profundas, garantindo a sua renovação. É possível que, durante esses dias, relações rompidas e consideradas perdidas possam ser recuperadas e revitalizadas. Isso dependerá, no entanto, do potencial de vida que elas ainda prometem. O desejo somente não será suficiente. Será necessário que apresentem potencial real de transformação.

Já o ariano do segundo decanato (31/03 a 09/04) sentirá os benefícios da maré de sorte entre os dias 26/02 e 08/04. Nesses dias, sua alegria, seu charme e sua capacidade de encantar estarão em seu ápice. Brinque, divirta-se, viaje e amplie suas redes de conexões. Aceite os convites recebidos, principalmente se puderem colocá-lo em contato com outras culturas e paisagens distantes e desconhecidas. Essa é uma fase excelente para aventurar-se, enriquecendo seu conhecimento e repertório. Aproveite bem esses dias para fortalecer sua autoestima, reforçar seu valor e aprimorar os pontos mais brilhantes de sua personalidade. Assim, quando essa fase passar, você poderá aproveitar por bastante tempo os efeitos do período. O restante do ano poderá ser vivido com maior tranquilidade e autonomia, cultivando o que houver sido conquistado com a alegria e o otimismo do começo do ano.

O ariano do terceiro decanato (10/04 a 20/04) continuará a sua trajetória desafiadora dos últimos anos. Os períodos que demandarão maior cuidado e estratégia serão os dias entre 01/01 e 23/03 e os dias entre 12/06 e 31/12. Essa fase será um teste para que você possa aprender a discernir entre paixão e dominação, entre amor e posse. É um período tenso, em que disputas envolvendo ciúme, chantagens emocionais e retaliações podem ocorrer e elevar o drama. Evite as confrontações e os conflitos que podem resultar em situações explosivas. O importante é aprender a desapegar-se, a sair de cena sem acirrar a dor, a cortar os laços com o menor dano possível. Caso você deseje romper a relação atual, assegure-se que o outro não se sinta traído ou diminuído. Aja com sinceridade, firmeza e nobreza. Caso seja você a pessoa a ter que lidar com o final da relação, procure dispersar sua atenção, evitando transformar o objeto do seu desejo em uma obsessão. Pare de frequentar os mesmos lugares, evite os mesmos amigos e programas. O corte deverá ser total e discreto, assim você terá a oportunidade de se regenerar em paz. Caso esteja solteiro e conheça alguém, cuidado para que sua carência, seu desejo ou sua vulnerabilidade não o coloquem em rota de colisão com pessoas manipuladoras e problemáticas. Ao menor sinal de que seu novo interesse deseja cercear seu círculo de amigos e familiares, reduza o interesse, esfrie, distancie-se e interrompa a relação. Não valerá a pena. O período entre os dias 01/01 e 07/03 serão úteis para avaliar, com realismo, responsabilidade e objetividade, o que precisa de ajustes e o que falta para que sua vida afetiva adquira a estrutura que você deseja. O período entre os dias 09/04 e 16/05 será ótimo para recuperar o folego e o brilho. Mude de ares, conheça novas pessoas, viaje, divirta-se e permita-se sentir o otimismo e a alegria retornarem com força total. Os contatos estabelecidos nessa fase poderão ajudá-lo a se animar e ultrapassar o desgaste dos períodos mais tensos do ano. Preste atenção para identificar, com clareza, o que te vitaliza e o que rouba o seu brilho. Essa percepção servirá de guia, indicando o que precisa ser deixado para trás e o que deve ser mantido em sua vida.

Em geral, os melhores períodos para relações, encontros amorosos e colaboração são: 04/01 a 27/01; 01/03 a 25/03; 06/06 a 22/06; 30/12 a 31/12.

Os menos favoráveis são: 01/01 a 03/01; 26/03 a 05/06; 23/06 a 12/10; 09/11 a 04/12.

Saúde:

A vitalidade será um ponto forte do ano para o ariano. A saúde e o bem-estar estarão fortalecidos e o otimismo ajudará na recuperação dos problemas existentes. Essa dose extra de energia também será muito favorável para lidar com os desafios que o ano trará. Atenção apenas com o exagero, evitando correr riscos desnecessários e ultrapassar seus limites físicos e psicológicos. Cuidado, principalmente, com a tentação de satisfazer todos os desejos de uma só vez. Essa ânsia e desmedida poderá provocar a necessidade de enfrentar as consequências para a saúde de um desequilíbrio na balança. Procure trabalhar bem a ansiedade que advém da sensação de que há muito ainda por experimentar, fazer e descobrir. Caso deseje ou precise, haverá muitas oportunidades de conseguir consultas com especialistas relevantes para lhe ajudar a corrigir problemas antigos e/ou a encontrar o tratamento ideal para as suas necessidades. Aproveite bem essa fase para experimentar e ampliar suas rotinas de saúde, desfrutando ao máximo de todas as oportunidades que estarão ao seu alcance agora.

As Luas Novas dos meses de fevereiro, março, abril, setembro e novembro serão favoráveis para se dedicar a assuntos relacionados à saúde e ao bem-estar. Os meses de abril e outubro pedem mais cuidado com a sua saúde, porém, em função dos eclipses solares do período. Evite chegar a essas datas com situações críticas ou negligenciadas para não correr o risco de gerar crises de saúde graves. Cuide com atenção, principalmente, do sistema cardíaco e vascular nesse ano que se inicia.

O ariano do primeiro decanato (21/03 a 30/03) poderá aproveitar a fase entre o início do ano e o dia 25/03 para experimentar atividades físicas que estimulem o seu senso de aventura e o aprendizado de novas habilidades. Experimente atividades divertidas, que possam ser realizadas ao ar livre e/ou em grupos. Realize seus exames de rotina nesse período, pois será possível conseguir consultas com especialistas renomados na área do seu interesse. Caso seja detectado algum problema, os tratamentos iniciados nesse período têm grandes chances de ser solucionados a contento. Essa é uma fase ótima para realizar sessões de fisioterapia, exercícios de intensidade mais elevada ou competitivos, caminhadas, tudo o que puder ser feito com entusiasmo e energia. Use os dias entre 23/03 a 11/06 para se concentrar em tudo o que necessita de intervenções mais profundas e demandem dedicação para que a recuperação seja total. O período favorecerá a vitalidade e a renovação do organismo. Esse período também é recomendável para realizar terapias psicológicas, pois você acessará mais facilmente as emoções que podem estar na raiz de problemas físicos antigos, resolvendo a questão definitivamente.

Para o ariano nascido no segundo decanato (31/03 a 09/04), a fase de maior vitalidade e bem-estar está concentrada entre os dias 09/04 e 16/05. Esses dias deverão ser dedicados à realização de seus exames de rotina, facilitando a resolução positiva de qualquer problema detectado no período. Há chances de receber bons diagnósticos, assim como de poder contar com um reforço de otimismo e disposição para ajudá-lo no tratamento e na recuperação. Aproveite essa fase para experimentar atividades mais divertidas e que tenham um quê de aventura e competição, pois essas poderão revitalizar o organismo, favorecendo o bem-estar e melhorando ainda mais a sua autoestima. Não desconsidere os benefícios das atividades realizadas em grupo, pois poderão aumentar as chances de estimular você a alcançar aquela meta tão desejada.

Já para o ariano nascido no terceiro decanato (10/04 a 20/04), é interessante agendar para os primeiros meses do ano todos os exames de rotina. A ideia é aproveitar os dias entre 01/01 e 07/03 para monitorar detalhadamente a sua saúde hormonal e sexual, verificar o funcionamento dos sistemas reprodutivo e excretores, além dos efeitos que o estresse prolongado possa ter provocado em seu organismo. Nesse período será mais fácil para você encontrar a disciplina necessária para implementar os ajustes e cortes necessários para melhorar a sua saúde em geral. Entre os dias 09/04 e 16/05, a sua vitalidade estará no auge e você poderá incluir novas atividades, mais divertidas e gregárias, adicionando o bom humor necessário para ajudar a enfrentar as dificuldades que você possa estar, porventura, enfrentando. Procure se poupar e evitar atividades e comportamentos perigosos entre os dias 01/01 e 23/03, assim como entre os dias 12/06 e 31/12. Você estará mais vulnerável nesse período e sujeito ao agravamento de problemas preexistentes que possam demandar intervenções mais radicais. Portanto, seja cuidadoso com você, evite exposições e não deixe nada para depois. Os problemas devem ser encarados para que possam ser superados. Fique atento, em especial, a problemas de saúde do passado que possam ressurgir nesse ano. Procure formas de relaxar e amenizar a tensão.

Em geral, os períodos de maior energia, saúde, vigor e vitalidade são: 13/01 a 25/03; 21/05 a 10/07 e 25/11 a 31/12.

Os períodos menos favoráveis para cirurgia e vitalidade são: 01/01 a 12/01; 26/03 a 20/05 e 28/08 a 12/10.

Os melhores dias para tratamento estéticos: 04/01 a 27/01; 01/03 a 31/03; 12/04 a 07/05; 06/06 a 22/06; 04/09 a 09/10 e 30 a 31/12.

Períodos menos favorecidos para tratamentos e procedimentos estéticos: 08/05 a 05/06; 23/06 a 03/09 e 09/11 a 04/12.

TOURO (21/04 A 20/05)
REGENTE VÊNUS

Primeiro decanato: de 21/04 a 30/04
Segundo decanato: de 01/05 a 10/05
Terceiro decanato: de 11/05 a 20/05

Panorama geral:

Feliz 2023, taurino!

O ano de 2022 foi intenso. Muitas mudanças, muitas novidades, muitos obstáculos inesperados, resistências, mas, acima de tudo, pouco tempo para assimilar tudo o que tem ocorrido em sua vida. A busca pela estabilidade e segurança necessárias para os projetos criarem raízes e crescerem teve que ser deixada em segundo plano no ano que passou.

O ano que começa agora continua acelerado, exigindo desapego e flexibilidade do taurino de todos os decanatos. Em 2023, não haverá espaço para acomodação ou para hábitos que há muito perderam a sua razão de ser. É preciso renunciar às certezas obsoletas e permitir que as estruturas sejam sacudidas. Esse é o caminho para que se possa compreender o que realmente tem valor e o que só bloqueia o seu progresso. Um ponto de atenção válido para o taurino em 2023 são os dias que cercam os eclipses lunares, em maio e outubro. Como em todo eclipse, esses são épocas de revelações, rompantes e rupturas.

É aconselhável procurar reduzir as tensões das situações mais complicadas para que não cheguem a seus pontos críticos nesses dias. Sendo eclipses lunares, o principal cuidado é para não descartar relações, trabalhos, lugares e estruturas em geral, somente por estarem conectados ao passado. A pressão para avançar em direção ao futuro é forte nesses ciclos.

O taurino do primeiro decanato (21/04 a 30/04) terá um primeiro semestre mais desafiador, mas repleto de clareza quanto ao caminho a seguir. A partir do dia 08/03 e ao longo de todo o ano, você encontrará facilidade em usar a disciplina e a determinação a seu favor. Pessoas mais maduras e com maior experiência de vida estarão dispostas a ajudá-lo, provendo apoio e suporte nos momentos mais difíceis. Use a maturidade adquirida nos anos anteriores para estabelecer e sustentar seus projetos. Ao mesmo tempo, tenha cuidado com a rigidez e a teimosia, em especial entre os dias 24/03 e 11/06. Você poderá entrar no radar de pessoas em posição de mando, provocando oposições poderosas e situações desgastantes. Entre os dias 17/05 e 11/07 e, mais tarde, entre os dias 31/10 e 31/12, você terá excelentes oportunidades e chances verdadeiras de expandir seus horizontes e possibilidades. Aproveite também o primeiro semestre para tirar o melhor proveito da percepção de que o caminho está claro e aberto para você. Essa é uma fase muito positiva, confie, seja maduro, responsável e siga em frente.

Para o taurino do segundo decanato (01/05 a 10/05), o ano de 2023 será bastante estimulante, embora possa parecer se mover rápido demais. Ao longo de quase todo o ano, com um intervalo entre os dias 16/06 e 15/11, você se sentirá pressionado por um desejo poderoso de liberdade, independência e autonomia. Esse ano marca o início de um novo ciclo e, embora seja importante não resistir, é igualmente importante não seguir seus impulsos cegamente. Avance com cuidado, mas não use plenamente todas as chances que surgirem de ampliar seu mundo. Seja conhecendo novos lugares e culturas, seja avançando em seus conhecimentos, seja aventurando-se por ideias até agora inexploradas. Fique atento, principalmente para o período entre 12/07 e 30/10, quando a sua sorte estará em alta.

O taurino do terceiro decanato (11/05 a 20/05) sentirá o ano começando um pouco mais truncado e com mais obstáculos. Há uma sensação de constrição, de um peso excessivo das responsabilidades, de falta de apoio e um acúmulo de cansaço. Essa fase estará vigente até o dia 07/03. O importante é não desanimar, pois o ano também trará excelentes oportunidades de recuperar situações que você julgava perdidas, de restaurar a vitalidade e de, com um pouco de esforço, encontrar inspiração para sonhar mais alto e transcender o aspecto mais áspero da realidade. Fique atento ao período entre os dias 01/01 e 23/03, assim como entre os dias 12/06 e 31/12. Esses serão dias em que você se sentirá mais focado e estará mais competente para realizar mudanças profundas em sua vida. Ao longo do segundo semestre, em especial entre os dias 16/06 e 15/11, o impulso por derrubar as amarras e viver o que deseja será irresistível. Siga em frente, mas reduza a velocidade, assim a empolgação não o levará a quebrar o que deveria ser mantido. Esse é um ano para sonhos reais, aqueles que têm potencial para se transformar em realidade.

Carreira e finanças:

O taurino terá ótimas oportunidades no ano de 2023, desde que entenda que nada está garantido e que a realidade é algo em constante mutação. O momento pede que você saiba equilibrar autenticidade, intuição, desapego e inspiração com competência, dedicação e discernimento. As mudanças podem ser provocadas por você ou poderão surgir de repente, mas tanto faz. O fato é que as mudanças ocorrerão. Sendo assim, é bom assegurar alguma retaguarda para que tenha bastante espaço de manobra. Aproveite as Luas Novas dos meses de janeiro, maio, junho, outubro e dezembro para cuidar das questões profissionais e financeiras. Também é importante atentar para os períodos dos eclipses lunares, em maio e outubro, para não gerar rupturas em estruturas importantes para a sua sustentação.

Para o taurino do primeiro decanato (21/04 a 30/04), a sensação de ter encontrado o caminho certo será muito forte, principalmente no primeiro semestre. Pise macio, porém, entre os dias 24/03 e 11/06. É recomendável evitar o confronto com figuras poderosas nesse período, para que não venham a ameaçar seus ganhos e avanços. Cuidado também para possíveis perdas financeiras que possam ocorrer nessa fase. Não se arrisque desnecessariamente e tenha muito cuidado com seus pertences. Os dias de 17/05 a 11/07 e de 31/10 a 31/12 são os mais favoráveis, tanto para descobrir novas oportunidades, quanto para colher os benefícios dos novos rumos tomados. Será possível melhorar a situação financeira, ampliar seus conhecimentos e atrair a atenção e proteção de pessoas influentes. Evite, no entanto, confundir generosidade com desperdício e fuja dos exageros. Com esforço e disciplina, discrição e tato, será possível consolidar posições de maior responsabilidade e autoridade com ótimas chances de bons rendimentos.

O taurino do segundo decanato (01/05 a 10/05) terá que lidar, ao longo do ano e com maior intensidade entre os dias 01/01 e 15/06 e, depois, entre os dias 15/11 e 31/12, com o enorme impulso de mudar tudo, sem considerar as consequências e o impacto de suas decisões. O desejo de viver com maior independência e autonomia cresce e parece tomar conta de todas as suas horas. É preciso ter prudência e moderar o impulso. Por outro lado, se você resistir às mudanças, apegando-se ao que é seguro e conhecido, poderá vivê-las por meio de outras pessoas, de forma imprevisível. O melhor a fazer, então, é lidar com essa fase experimentando com cautela, fazendo pequenos ensaios criativos. Assim, haverá espaço para o novo em sua vida sem que precise se lançar no vazio. Da mesma forma, haverá espaço para o recuo, caso perceba que não era bem o que esperava. Aproveite intensamente o período entre os dias 12/07 e 30/10, pois ele trará excelentes oportunidades de ganhos, favorecimentos e avanços profissionais e financeiros. Cuide para estabelecer uma retaguarda com o que receber e conquistar nesses dias. Faça questão também de praticar o reconhecimento generoso com todos que o ajudarem. Aja, mantendo o equilíbrio entre a ousadia e a prudência e poderá ter grandes resultados em 2023.

O taurino nascido no último decanato (11/05 a 20/05) poderá vivenciar maiores dificuldades no início do ano, principalmente entre os dias 01/01 e

07/03. Nesse período, os obstáculos e a sobrecarga de trabalho poderão ser maiores, e o cansaço também. Essa poderá ser uma fase de recursos escassos e de falta de oportunidades. Você poderá estar excessivamente focado em suas falhas ou pode estar subordinado a pessoas muito rigorosas, conservadoras e críticas. Não desanime, mesmo que se sinta isolado e sem perspectiva. Mantenha-se firme em sua trajetória, dedicando-se com responsabilidade e diligência, ainda que não haja reconhecimento. Entre os dias 01/01 e 23/03 e, mais tarde, entre os dias 12/06 e 31/12, seu foco, carisma e eficiência serão notados por pessoas que têm o poder de alterar a sua situação. Nesse período, surgirão possibilidades tanto para a recuperação de cargos quanto para ocupar cargos de liderança. Essas novidades poderão ajudá-lo a restaurar as finanças. Abra mão das ilusões e identifique os sonhos que devem receber sua dedicação e energia. Entre os dias 16/06 e 15/11, o clima muda e a vontade de romper com o que o limita e seguir em busca de sua independência será muito forte. Essas mudanças também poderão ser ocasionadas por terceiros. Se esse for o caso, é natural sentir-se ansioso. O melhor a se fazer nessa fase é tentar relaxar um pouco, manter-se focado e buscar reter a cautela e a experimentação equilibradas. Essa atitude permitirá que evolua com todo o aprendizado que virá dos erros e dos acertos vividos neste ano.

Em geral, os melhores períodos para trabalho, dinheiro, negócios e aquisições são: 28/01 a 11/02; 03/03 a 19/03; 04/04 a 11/04; 16/05 a 20/05 e 23/10 a 24/11.

Os menos favoráveis são: 01/01 a 18/01; 21/04 a 15/05; 06/06 a 09/10; 05/12 a 31/12.

Relacionamentos:

Em 2023, o taurino terá muitas chances de ampliar seus contatos e conhecer pessoas influentes e interessantes. Viagens diferentes, cursos inusitados, qualquer oportunidade de expandir seus horizontes, fugindo da rotina, poderá trazer aquela pessoa bacana ou reavivar aquele relacionamento que perdeu a faísca. Esteja preparado, porém, para experimentar mudanças bruscas de direção nos relacionamentos, pois o desejo por espaço, independência e liberdade pode ser forte demais para resistir. Em vez de se apegar e se acomodar ao cotidiano seguro, mas insosso, experimente soltar um pouco o laço. Talvez seja esse o caminho para que a emoção volte a crescer e a brilhar. O pulo do gato será fazer isso sem desrespeitar e destruir os compromissos assumidos e testados pelo tempo. Evite agir impulsivamente. Use as Luas Novas de maio, setembro e novembro para afinar as questões ligadas a relacionamentos, parcerias e romance.

O taurino do primeiro decanato (21/04 a 30/04) terá um primeiro semestre do ano mais intenso. O ano começará com a certeza de se estar seguindo na direção certa, porém, o período entre os dias 24/03 e 11/06 traz crises intensas, dificuldades de lidar com temas relacionados ao ciúme, ao sentimento de posse, à confiança e à dinâmica de poder na relação. Essa fase o colocará à prova, testando suas convicções e posicionamentos. Mesmo assim, com a chegada do dia 17/05 e até o dia 11/07, a sensação de otimismo, de alegria e de autoconfiança será mais forte e o levará a seguir em frente. Essa onda de sorte e autoconfiança retornará novamente entre os dias 31/10 e 31/12. Cuidado apenas para não acreditar que só o charme e a alegria serão suficientes para garantir o que você deseja. Será necessário um esforço consciente, assim como discrição, comprometimento e sinceridade profunda para que as situações se resolvam com o menor dano e o melhor resultado possíveis.

Para o taurino do segundo decanato (01/05 a 10/05), o ano de 2023 traz muitas mudanças e agitação. O primeiro semestre é marcado por um desejo irresistível de experimentar algo totalmente novo, de viver mais livremente, sem tantas amarras e obrigações. Para aqueles mais apegados aos seus hábitos e rotinas, esse período poderá sinalizar um despertar brusco. De repente, aquilo que parecia garantido, já não o é mais. O ideal será abrir espaço para a experimentação e a criatividade, deixando o ar circular entre você e quem você ama ou deseja. Faça tudo isso suavemente, pouco a pouco. Se você está em busca de novas oportunidades, experimente procurar um divertimento novo, um cenário novo, uma experiência nova, em vez de frequentar os mesmos lugares e fazer as mesmas coisas, sempre com as mesmas pessoas. Pense se não é o caso de mudar o visual para refletir a mudança que há em você. O segundo semestre trará uma nova onda de mudanças após o dia 16/11. Já a fase entre os dias 12/07 e 30/10 será maravilhosa, repleta de chances interessantes e momentos felizes. Não deixe a preguiça o impedir de conhecer pessoas, frequentar eventos divertidos e de aumentar sua autoestima. Nesse ano, a recomendação será para avançar devagar, mas seguindo sempre em frente.

Já o taurino do terceiro decanato (11/05 a 20/05) terá diante de si um começo de ano mais difícil, mais solitário e cansativo. O período entre 01/01 e 07/03 exigirá de você mais esforço e resiliência para lidar com frustrações e obstáculos. Respire fundo e mantenha-se firme. O momento pedirá determinação, tanto para desapegar-se daquilo que já perdeu a sua vitalidade quanto para recuperar aquilo que acredita ainda valer a pena. O segredo para ser capaz de discernir um do outro é refletir sobre a realidade dos fatos. Pense no futuro e abandone as ilusões e idealizações. Agindo dessa forma, você poderá escolher os sonhos que merecem sua atenção e cuidado. Não desanime, pois o segundo semestre trará a inspiração e o lampejo necessários para dar aquela virada inesperada, romper com aquele padrão limitante e viver novas experiências revitalizadoras. Vá no seu ritmo, não acelere demais e não deixe que a ansiedade tome as decisões por vocês. Mantendo esse cuidado em mente, siga em frente.

Em geral, os melhores períodos para relações, encontros amorosos e colaboração são: 01/02 a 28/02; 26/03 a 11/04 e 08/05 a 20/05.

Os menos favoráveis são: 04/01 a 27/01; 06/06 a 09/10 e 05/12 a 29/12.

Saúde:

Em 2023, o taurino experimentará uma sensação de bem-estar e de vitalidade que os ajudará a enfrentar alguns dos momentos mais difíceis do começo do ano. Os meses de janeiro a março, em especial, pedem mais atenção e cuidados com a saúde. Ansiedade, preocupações e o acúmulo de tensão podem afetar o sistema cardíaco e cobrar um preço alto se não forem tratados com a devida disciplina. Para esse ano, será importante não se deixar levar pela autoindulgência e pela sensação de poder dar conta de tudo, respeitando seus limites e ter que lidar com um desequilíbrio indesejado da balança. Deve-se evitar a tendência à rebeldia e à impaciência, evitando correr riscos desnecessários e acidentes perigosos. As Luas Novas de março, abril, maio, outubro e dezembro são as mais propícias para se tratar de assuntos relacionados à saúde física e à mental.

O taurino do primeiro decanato (21/04 a 30/04) deve ficar ainda mais atento aos problemas crônicos e preexistentes que possam, porventura, terem sido negligenciados. Eles poderão criar problemas mais sérios este ano, principalmente entre os dias 24/03 e 11/06. Faça o esforço consciente e disciplinado de investigar o que for preciso e tomar as medidas recomendadas para evitar aborrecimentos. Cuidem com maior atenção dos órgãos reprodutores, dos sistemas excretores, das questões envolvendo tireoide e hormônios. Não hesite em remover o que for necessário para assegurar que a sua saúde estará em ordem.

É uma fase em que a vitalidade estará mais comprometida, daí a disciplina e a dedicação às rotinas de saúde serem tão relevantes. Há uma ótima chance de você perceber qual a direção correta a seguir e ver os problemas diminuírem entre os dias 17/05 e 11/07 e, também, entre os dias 31/10 e 31/12. Mesmo assim, é preciso não deixar que o otimismo desmedido e a teimosia o levem a negligenciar os riscos. Cuide-se com dedicação e não deixe nada para depois.

O taurino do segundo decanato (01/05 a 10/05) estará a mil por hora em 2023. São tantas coisas acontecendo ao mesmo tempo, tanta novidade para digerir, que pode ser difícil lidar com a ansiedade. Esse ritmo inesperado poderá lhe surpreender, atrapalhando o descanso e a sua atenção com a rotina dos cuidados com a saúde. Por isso, é recomendável fazer atividades que ajudem na concentração e na respiração para acalmar a mente. Também é muito importante verificar a saúde do sistema vascular e cardíaco. Assim, será fácil assegurar que o corpo dará conta de tantas emoções, e você poderá evitar surpresas desagradáveis. Fique atento para não se atropelar, correndo riscos desnecessários.

Entre os dias 12/07 e 30/10, aproveite o pique de energia, vitalidade e bom humor para realizar consultas com especialistas renomados da área, pois você terá sorte em encontrar tratamentos, remédios e terapias ainda não experimentadas por você que poderão trazer um impacto muito positivo. Siga o seu ritmo e crie espaços para relaxar de tempos em tempos. Por último, cuide bastante da alimentação para não perder a mão e ter que lutar contra o desequilíbrio da balança mais tarde.

Já para o taurino do terceiro decanato (11/05 a 20/05), o ano foi feito sob medida para que você possa revisitar aqueles probleminhas que sempre ficaram para depois. Entre os dias 01/01 e 07/03, você poderá sentir uma queda significativa no ânimo e na vitalidade. Problemas relacionados aos ossos, aos dentes, às articulações, assim como ao sistema cardíaco poderão sinalizar que área precisará de mais atenção. Qualquer sentimento mais prolongado de melancolia e ansiedade também precisará ser endereçado e não deverá ser ignorado. Excesso de rigidez e de ansiedade pode causar problemas crônicos. A boa notícia é que uma investigação atenta e profunda, distante dos tratamentos milagrosos e das soluções mágicas, poderá elevar bastante as chances de recuperação e regeneração profunda. Os melhores períodos para se realizar tratamentos que envolvam medidas mais radicais, inexploradas ou que demandem maior intensidade são 12/06 a 31/12. Cuide-se bem.

Em geral, os períodos de maior energia, saúde, vigor e vitalidade são: 26/03 a 20/05 e 11/07 a 27/08.

Os períodos menos favoráveis para cirurgia e vitalidade são: 01/01 a 12/01; 21/05 a 11/07 e 13/10 a 24/11.

Os melhores dias para tratamento estéticos: 01/01 a 03/01; 28/01 a 28/02; 01/04 a 11/04; 08/05 a 05/06 e 10/10 a 08/11.

Períodos menos favorecidos para tratamentos e procedimentos estéticos: 04/01 a 27/01; 06/06 a 09/10 e 05/12 a 29/12.

GÊMEOS (21/05 A 20/06) REGENTE MERCÚRIO

Primeiro decanato: de 21/05 a 30/05
Segundo decanato: de 31/05 a 09/06
Terceiro decanato: de 10/06 a 20/06

Panorama geral:

Feliz 2023, geminiano!

Preparado? Esse é um ano que oferecerá muitas oportunidades àqueles que, além estarem atentos, demonstrarem capacidade de suportar frustrações e estiverem dispostos a trabalhar um pouco mais para alcançar seus objetivos. Com dedicação, disciplina e sentidos apurados, será possível separar as ilusões perigosas das possibilidades reais de crescimento.

O geminiano do primeiro decanato (21/05 a 30/05) terá as melhores oportunidades entre os dias 01/01 e 25/02. Nesse período, você deverá comunicar seus objetivos claramente para o maior número possível de pessoas. Amplie suas conexões, frequente lugares relacionados aos seus interesses, expanda seus conhecimentos, visite lugares distantes, de culturas diferentes. Procure estar atento às pequenas sincronicidades que ocorrerem nesses contatos. Os esforços realizados entre o final de março e a primeira quinzena de junho poderão trazer resultados surpreendentes, possibilitando a recuperação de situações que pareciam perdidas para sempre.

A partir do dia 08/03, 2023 exigirá de você resiliência e paciência. Obstáculos, sobrecarga e impedimentos poderão trazer cansaço e desânimo. É importante preparar-se bem, estruturando sua rotina e usando de disciplina e determinação, pois você precisa assumir a responsabilidade pela superação das dificuldades.

O ano de 2023 será bem mais tranquilo para o geminiano do segundo decanato (31/05 a 09/06). Entre os dias 26/02 e 08/04, fique atento às oportunidades que surgirão por meio de pequenas coincidências e sincronicidades. Será recomendável dedicar esse período para expandir seus horizontes, ampliando sua rede de contatos. As suas conexões poderão apontar o caminho e os meios para que você possa obter o que deseja. Porém, se você não estiver em alerta, usando a sua inteligência e curiosidade, elas poderão não ser percebidas. A habilidade para transformá-las em resultados concretos terá de ser desenvolvida por você. Utilize esse ano para organizar seu cotidiano, avaliar suas estruturas e dissecar suas despesas. Elimine o que não for realmente necessário, estabeleça rotinas disciplinadas para a saúde, encontre maneiras de aumentar sua produtividade e construa uma retaguarda financeira que lhe traga mais segurança.

O geminiano do terceiro decanato (10/06 a 20/06) precisará exercitar a dúvida saudável ao longo de todo o ano, da mesma maneira que em 2022. A situação continua enevoada, indefinida e sujeita a enganos, confusões e ilusões. A tensão resultante do esforço constante para separar o joio do trigo poderá deixá-lo exausto. E é aqui que mora o perigo deste ano, pois, na busca por uma saída milagrosa para as dificuldades ou distraído pelo cansaço, você poderá encontrar mais problemas. A melhor conduta para 2023 é entender que é preciso manter a análise rigorosa e um compromisso inabalável com a realidade. Mantenha os pés no chão e desconfie do que parecer bom demais para ser verdade. O início do ano, entre os dias 01/01 e 07/03, será um excelente período para aplicar um olhar mais rigoroso à sua realidade. Nessa fase, realizar os ajustes será muito mais fácil, e você terá o incentivo e o apoio de pessoas maduras e experientes. Entre os dias 09/04 e 16/05, faça um esforço dirigido e dedique-se a comunicar seus objetivos aos seus contatos. Nesse período, as melhores oportunidades virão das conexões inesperadas. Por isso, quanto mais ampla for sua rede e mais diversa, você buscará ampliar seus conhecimentos e maiores serão suas chances de encontrar soluções e oportunidades perfeitas para você. O primeiro semestre promete oferecer recompensas e benefícios àqueles que se dedicarem a essa tarefa com sobriedade, disciplina e esforço.

Carreira e finanças:

O ano de 2023 apresenta cenários diferentes para cada decanato quando os assuntos são carreira e finanças. Em geral, os geminianos terão que agir de maneira consciente e refletida para ativar as oportunidades que estarão disponíveis aos nascidos sob esse Signo. As oportunidades existem, mas não serão entregues de bandeja, precisarão ser buscadas e ativadas pelo contato e com sabedoria. As Luas Novas dos meses de fevereiro, junho, julho e novembro são especialmente favoráveis para os assuntos ligados à carreira, à profissão e às finanças. Aproveite bem esses períodos.

Para o geminiano do primeiro decanato (21/05 a 30/05), o primeiro bimestre do ano será o melhor para as atividades relacionadas às finanças e à carreira. É importante aproveitar esse período para ativar os contatos, ampliar os conhecimentos que possam o ajudar a avançar na profissão e aumentar seus ganhos. Pessoas influentes, que ocupam cargos de destaque e de respeito em suas áreas poderão ajudá-lo a alcançar seus objetivos, especialmente entre os dias 01/01 e 25/02. Será necessário agir durante esses dias, pois os benefícios só estarão disponíveis para aqueles que estiverem dispostos a trabalhar por eles. A partir de março e ao longo de todo o ano, será necessário o uso de disciplina, dedicação e determinação para enfrentar os obstáculos que se apresentarão. As coisas precisarão de tempo para acontecer, e a impaciência não agilizará a resolução dos problemas. Fiquem atentos e evitem os atalhos, pois será necessário cumprir todas as etapas dos trabalhos para garantir que não haverá necessidade de refazê-los. Não conte com a ajuda dos outros e assegure pelo menos alguma reserva financeira para atravessar essa fase. No entanto, não desanime. Entre o final de março e a primeira quinzena de junho, a persistência e a correção serão recompensadas com possibilidades de recuperação de situações que pareciam estar perdidas de vez. Para tanto, será necessário se aprofundar nas mudanças, identificando o que precisa ser eliminado e o que deverá ser transformado radicalmente. Esse trabalho não será em vão, por isso dedique-se com sinceridade e afinco.

O geminiano do segundo decanato (31/05 a 09/06) terá um ano mais tranquilo, com menos desafios, mas também sem tantas oportunidades. Por isso, é muito importante aproveitar o período entre os dias 26/02 e 08/04. Durante esses dias, é recomendável intensificar os seus contatos, em especial com pessoas que ocupem cargos de destaque e que sejam reconhecidas em suas áreas. Também é um período positivo para esforços ligados aos investimentos e à ampliação dos seus recursos. Busque atividades que ampliem sua rede de conexões e, também, os seus conhecimentos. Isso poderá aumentar as suas chances de encontrar ligações sutis que resultem em soluções interessantes para você. Não assuma riscos desnecessários, considere essa fase como um momento de ajustes, revisões e de aumentar as reservas. Dessa forma, você poderá enfrentar os desafios do próximo ano com mais tranquilidade.

O geminiano nascido no último decanato (10/06 a 20/06), diferente dos outros geminianos, terá um ano bastante equilibrado, com oportunidades e desafios de igual tamanho. Enfrente com inteligência e atenção as suas ilusões. Se algo parece ser bom demais para ser verdade, provavelmente é. Idealizações, pensamentos mágicos e escapismos serão os principais obstáculos em 2023. Você deve evitar se ausentar das suas responsabilidades, permanecendo profundamente atento aos detalhes dos seus contratos e seus projetos. Não delegue assuntos importantes e supervisione suas tarefas atentamente. Cuide da sua imagem e da sua reputação profissional com muito zelo e atenção. É possível que você sofra com traições, enganos e segredos. Todos os contratos e propostas que pareçam estar acima de qualquer suspeita, principalmente se envolverem situações que obedeçam ao modelo vítima e/ou de salvador, devem ser vistos com muita cautela. Esse cuidado também se aplica à sua imagem e à sua reputação. Procure ser transparente, revise todas as informações, confirme as informações e as instruções recebidas e leia todas as letras minúsculas dos seus acordos. Os dois primeiros meses do ano serão muito bons para realizar essa revisão e também para identificar o que pode ser reduzido, eliminando desperdícios e perdas de eficiência, produtividade e rendimentos. O mês de abril e a primeira quinzena de maio serão ótimos para encontrar oportunidades se você se dedicar a expandir seus contatos, ampliando as suas oportunidades financeiras e de carreira. Procure, ativamente, mentores entre as pessoas que considera influentes, sábias e relevantes em suas áreas de conhecimento. Elas poderão demonstrar interesse em seus assuntos e favorecer o surgimento de oportunidades relevantes para você.

Em geral, os melhores períodos para trabalho, dinheiro, negócios e aquisições são: 01/03 a 25/03; 12/06 a 22/06 e 11/11 a 04/12.

Os menos favoráveis são: 01 a 18/01; 28/01 a 28/02; 03/03 a 19/03; 21/04 a 15/05; 23/06 a 03/09; 16/09 a 08/11 e 13/12 a 31/12.

Relacionamentos:

Geminianos de todos os decanatos terão ótimas oportunidades de estabelecer relacionamentos interessantes e favoráveis ao longo de 2023. É bom lembrar, porém, que as oportunidades precisarão ser buscadas ativamente, pois nada virá de graça. As possibilidades serão sutis e precisarão de um olhar atento.

Será necessário refletir sobre o que se deseja e ampliar os seus horizontes além dos conhecidos para encontrar as oportunidades. Esse também é um ano favorável para firmar e reforçar as suas parcerias. Aproveite as Luas Novas dos meses de junho, outubro e dezembro para se dedicar aos assuntos ligados a relacionamentos e parcerias.

O geminiano do primeiro decanato (21/05 a 30/05) poderá conhecer pessoas muito interessantes no primeiro bimestre do ano. Esses encontros surgirão por meio das suas conexões, por isso concentre-se em expandir seus contatos, ampliando as chances de indicações e apresentações. Durante esse período, você estará mais capacitado a julgar as situações com mais imparcialidade, favorecendo a mediação. Não hesite em buscar orientação e conselho de pessoas mais sábias para resolver as situações que pareçam mais complexas.

A partir do mês de março, o clima muda, trazendo mais dificuldades e obstáculos. Será necessário esforço e dedicação para conseguir superá-los. Não conte com colaborações, pois a parte mais pesada será da sua responsabilidade. Talvez esse venha a ser um período mais solitário e melancólico. Não permita que essa fase mais chata o desanime. Procure aproveitar o período mais positivo entre o final de março e a primeira quinzena de junho, pois ele promete recompensar a sua determinação se você decidir que vale a pena enfrentar o desafio. Situações que pareciam impossíveis de serem recuperadas são regeneradas, revelando todo o seu potencial. Durante esses dias, também será mais fácil cortar e eliminar o que não fizer mais sentido para você. De uma forma ou de outra, embora esse ano prometa algumas dificuldades, ele também poderá trazer muitas alegrias se você mantiver o foco e a determinação.

Para o geminiano do segundo decanato (31/05 a 09/06), o ano de 2023 promete muitos encontros promissores e possibilidades de estabelecer parcerias vantajosas, especialmente entre os dias 26/02 e 08/04. A chave para que isso aconteça estará nas ligações que vocês estabeleceram até o momento, assim como na ampliação das suas redes de contato ao longo do ano. As oportunidades estarão em todas as partes, mas não serão óbvias. Para que elas se realizem, no entanto, será necessário prestar atenção aos sinais mais sutis e no potencial que os encontros trazem. Um ano muito bom para confirmar os namoros, realizar casamentos e apostar nas promessas oferecidas pelas parcerias. O principal objetivo para esse ano deverá ser fortalecer suas relações e estabelecer estruturas sólidas em seus relacionamentos. O geminiano do terceiro decanato (10/06 a 20/06) terá que enfrentar no ano que se inicia a tarefa difícil de navegar entre as ilusões e as idealizações. Somente assim será possível aproveitar, verdadeiramente, as excelentes oportunidades que o ano trará. As chances estarão disponíveis, mas não virão sem esforço. Será preciso ativar suas conexões, ampliar seus contatos e expandir seus horizontes para que elas aconteçam. Todo o esforço, porém, será válido, pois serão encontros, relacionamentos e parcerias que podem trazer muitos benefícios e favorecimentos. Isso também é válido para os que já estiverem comprometidos. Se esse for o seu caso, se usar esse período para se dedicar a criar circunstâncias que celebrem seus parceiros, vocês poderão viver momentos muito felizes juntos. Aproveite bem o primeiro trimestre para examinar quais são seus valores, o que considera mais importante e, principalmente, se suas escolhas estão alinhadas com suas prioridades. Sabendo o que quer e o que é melhor para você, será muito mais fácil aproveitar os benefícios que surgirão. Essa é a melhor atitude para evitar perder tempo com mentiras doces que só trazem enganos e traições.

Em geral, os melhores períodos para relações, encontros amorosos e colaboração são: 04/01 a 27/01; 01/03 a 25/03; 06/06 a 22/06; 04/09 a 09/10; 25/11 a 04/12 e 30/12 a 31/12.

Os menos favoráveis são: 01/01 a 12/01; 23/06 a 03/09; 10/10 a 08/11 e 05/12 a 29/12.

Saúde:

Para os geminianos, o ano de 2023 traz muitas situações favoráveis para o fortalecimento da vitalidade, além de chances de encontrar boas soluções para seus problemas. No entanto, para que os benefícios sejam aproveitados ao máximo, será necessário que os geminianos façam bom uso de seus contatos e ampliem seus conhecimentos. As oportunidades estarão disponíveis principalmente para aqueles que se mantiverem atentos e forem capazes de perceber as conexões mais sutis. Aproveite as Luas Novas de maio, junho e novembro para cuidar com mais afinco das questões relacionadas à saúde e ao bem-estar.

Para o geminiano do primeiro decanato (21/05 a 30/05), as maiores oportunidades de encontrar os profissionais mais preparados para orientá-los em relação a tratamentos e medicamentos mais adequados se concentram em janeiro e fevereiro. Use esse período para realizar todos os exames de rotina e estabelecer novos hábitos mais saudáveis. Isso será muito importante, pois, a partir do dia 08/03, os obstáculos poderão parecer maiores, exigir maior energia e causar mais cansaço e desânimo. Mesmo assim, é recomendável persistir, entre o final de março e a primeira quinzena de junho, com disciplina e determinação, por mais árduo que possa parecer. As chances de recuperação, inclusive para situações mais complexas, pode apresentar reviravoltas impressionantes.

O geminiano do segundo decanato (31/05 a 09/06) deverá aproveitar o ano de 2023 para colocar a saúde em dia, fortalecendo seu bem-estar. Esteja especialmente atento ao período entre o final de fevereiro e o começo de abril. Esses dias trarão a possibilidade de encontros com pessoas capazes de solucionarem e/ou ampliarem seus conhecimentos sobre as melhores maneiras de fortalecer a sua saúde. Para obter o máximo proveito desse período, será necessário que você amplie seus contatos e preste a atenção às circunstâncias que podem levá-lo a alcançar seus objetivos.

O geminiano nascido no terceiro decanato (10/06 a 20/06) precisará ficar atento ao longo de todo o ano para não acreditar em saídas fáceis e soluções mágicas para seus problemas de saúde. Seguir esse caminho trará mais enganos que resoluções. É um período difícil e confuso para diagnósticos e para a detecção das causas reais que estarão por trás da queda da imunidade e da sensação de baixa vitalidade. Não negligencie nenhum sintoma e persista, diligentemente, até descobrir a razão para seu incômodo. É possível, também, vivenciar essa experiência por meio de pessoas que representem figuras de autoridade, por isso é importante acompanhá-los de perto. Atenção aos limites saudáveis para exercer esse cuidado, procure estabelecer uma rede de apoio que lhe permita também descansar e cuidar de si. Vigie, ao longo deste ano, para não deixar a depressão se instalar de mansinho.

O primeiro trimestre do ano será excelente para estruturar uma rotina de hábitos saudáveis que devem ser mantidos com disciplina e seriedade. Esse esforço o ajudará a criar uma base sólida para combater qualquer mal-estar indefinido que possa aparecer.

Em geral, os períodos de maior energia, saúde, vigor e vitalidade são: 13/01 a 25/03; 21/05 a 10/07; 28/08 a 12/10 e 25/11 a 31/12.

Os períodos menos favoráveis para cirurgia e vitalidade são: 01/01 a 12/01 e 11/07 a 27/08.

Os melhores dias para tratamento estéticos: 04/01 a 27/01; 12/04 a 07/05; 06/06 a 22/06; 04/09 a 09/10; 09/11 a 04/12 e 30 e 31/12.

Períodos menos favorecidos para tratamentos e procedimentos estéticos: 23/06 a 03/09 e 10/10 a 08/11.

CÂNCER (21/06 A 22/07)
REGENTE LUA

Primeiro decanato: de 21/06 a 30/06
Segundo decanato: de 01/07 a 10/07
Terceiro decanato: de 11/07 a 22/07

Panorama geral:

Feliz 2023, canceriano!

Este é um ano de travessia para todos os cancerianos, com muitas mudanças e oportunidades que precisarão de um olhar atento para serem aproveitadas ao máximo. Essas características serão comuns a todos os cancerianos, porém os do terceiro decanato (11/07 a 22/07) terão ainda uma boa dose de desafios somados às outras tônicas deste ano que começa.

Entre revoluções discretas, oportunidades sutis, responsabilidades, inspirações e pressões constantes, 2023 exigirá desse signo concentração e flexibilidade, resiliência e firmeza, curiosidade e discernimento. Esse ano é pleno de possibilidades e alternativas, assim como de sustos e algumas armadilhas. Não se deixe levar pela vaidade e evite o orgulho, especialmente entre janeiro e maio, principalmente se for canceriano do último decanato (11/07 a 22/07). A tentação de afirmar seu poder e influência sobre o seu território particular provocará mais oposições do que seria necessário para realizar a transformação que esse ano pede de todos os cancerianos.

Ao longo de 2023, será preciso prestar atenção não somente àqueles que fazem parte do seu círculo mais íntimo, mas também aos que possam vir a fazer parte de um conceito mais abrangente de família. Amplie seus laços, expanda suas raízes, acolha o novo com carinho. É sempre bom lembrar que o que hoje é familiar no início era desconhecido. Foi necessário cultivá-lo com um amor cuidadoso, a aceitação divertida diante das estranhezas e a paciência para lidar com as frustrações e dificuldades. Um sonho não nasce pronto, ele se faz aos poucos, com muita dedicação, disciplina e a certeza de que o esforço realizado valerá a pena.

Carreira e finanças:

Os cancerianos terão muitas oportunidades em 2023 para avançarem em suas carreiras e melhorarem a sua situação financeira. Será necessário, porém, buscá-las de forma ativa e atenta, pois nada se apresentará de maneira óbvia. Os cancerianos de todos os decanatos precisarão realizar um esforço consciente para ampliar sua rede de contatos, expandindo suas relações para além do seu círculo mais familiar.

Aproveite as Luas Novas de março, abril, julho, agosto e dezembro para se dedicar aos assuntos ligados às áreas financeiras e à profissão. Atenção, porém, aos eclipses solares de abril e outubro, pois situações do passado podem retornar, atrapalhando o seu progresso. Fique atento, também, aos eclipses lunares de maio e outubro, para perceber com maior clareza o caminho que levará ao futuro. É recomendável estar preparado para não chegar aos eclipses com situações desgastadas e próximas dos pontos de ebulição. Resolva as pendências e apague os pavios antes dessas datas mais delicadas.

Neste ano que se inicia, compartilhe as suas buscas com um leque maior de pessoas, especialmente com aquelas que ocuparem posições de destaque e que sejam reconhecidas em suas áreas de conhecimento. A sabedoria e a generosidade dessas pessoas poderão lhe beneficiar. Por vezes, inclusive, a informação poderá não ser direcionada a você. No entanto, se prestar atenção, poderá encontrar nela exatamente o que está precisando para que suas ideais decolem. Por isso, saia de suas conchas e afine suas antenas para poder aproveitar essa maré de boas chances.

Os primeiros meses de 2023, podem dar a impressão de que o ano começou com o pé esquerdo. Você poderá sentir uma insatisfação generalizada e uma frustração crescente. Nesse período, é muito comum achar que o local onde se está, a função que exerce, os planos para o futuro, o tamanho da conta bancária, enfim, tudo aparenta ser pequeno demais. O desejo é grande, mas as oportunidades parecem estreitas demais para cabê-lo. O orgulho infla a percepção de si e cria uma sensação difusa de injustiça. É muito possível, nesse período, se deixar cegar pela vaidade e pela arrogância. É muito comum, também, essa insatisfação acabar por levá-lo a conflitar com autoridades, criando problemas desnecessários. Evite essa armadilha. O melhor é usar essa sensação para identificar o que lhe incomoda e o que você gostaria de mudar nas esferas da sua vida profissional e na sua prosperidade financeira. Dessa forma, quando o clima mudar, você terá a possibilidade de alterar o que incomoda. Outra possibilidade dessa fase é você perder a capacidade de priorizar e achar que dará conta de tudo, desperdiçando oportunidades, recursos e talentos.

Os cancerianos do primeiro decanato (21/06 a 30/06) sentirão essa insatisfação nos primeiros dois meses do ano. A partir de março, você poderá mudar o cenário. Para isso, será necessário atuar com dedicação, disciplina e determinação para alcançar seus objetivos. Comece por identificar quais são os pontos que geraram a insatisfação com a sua situação atual. A partir desses pontos, estabeleça um plano concreto com metas claras e mensuráveis. Parece simples, mas não é. É preciso esforço e constância para construir uma estrutura sólida que ajude a chegar aos seus objetivos. Use o primeiro semestre para revisar, aprender e inventariar suas experiências, selecionando as mais úteis para a execução dos seus projetos. Da segunda quinzena de maio até a primeira quinzena de julho, mantenha os olhos abertos, amplie as suas redes de contato e procure pessoas que possam atuar como seus mentores nesse novo caminho. As chances de encontrar boas oportunidades e favorecimentos são grandes.

Para o canceriano do segundo decanato (01/07 a 10/07), o ano começa com um desejo muito grande de mudar tudo e, de preferência, agora. Aliás, essa será uma marca de 2023, a aceleração. Mudanças repentinas e inesperadas permitem que situações que pareciam impossíveis fiquem, de repente, ao alcance das mãos. Você se sentirá mais ágil, aprendendo com maior velocidade e será mais capaz de responder aos desafios com ousadia. Cuidado, porém, com o período entre final de fevereiro e começo de abril. Nessa fase, a impaciência e uma sensação generalizada de que você poderia conquistar mais se o mundo fosse mais justo poderão levá-lo a ter atitudes arrogantes. Em vez de ajudá-lo, essa vaidade exacerbada pode boicotar as suas chances. Isso também vale para as finanças, pois exageros e uma generosidade equivocada podem botar a perder muitos dos seus avanços. Espere o segundo semestre e use os meses de maio a julho para intensificar seus contatos, buscar mentores experientes e ampliar suas oportunidades. O final do ano voltará a acelerar o ritmo das mudanças e será excelente se você estiver preparado para aproveitá-las quando o momento certo chegar.

O canceriano nascido no terceiro decanato (11/07 a 22/07) terá um ano bastante dinâmico e intenso. As pressões e os conflitos permanecem, fazendo com que a sensação de frustração com as circunstâncias que os cerca atinja o seu auge. Serão necessários muito jogo de cintura, autocontrole e muita reflexão para evitar arriscar sua carreira, causando desequilíbrios sérios à sua vida financeira. Evite, ao máximo, conflitos com autoridades e pessoas de destaque e fique atento também com atitudes arrogantes e vaidosas. Cuidado com a repetição de modelos e padrões de resposta do passado, pois poderá dificultar o seu avanço. Por outro lado, diferente de outros momentos, a sensibilidade estará mais apurada e afinada. Isso o ajudará a perceber o seu entorno com mais facilidade, abrindo espaço para que a intuição sirva de guia durante os momentos mais desafiadores. Esse aspecto dará mais tranquilidade para contornar as dificuldades e suavizar o caminho. Mais calmo, será possível perceber e aproveitar as mudanças inesperadas e positivas que ocorrerão, surpreendendo e alterando o cenário financeiro e profissional. Fique atento e aproveite as chances que surgirão a partir de suas novas conexões e da ampliação da sua rede de contatos.

Em geral, os melhores períodos para trabalho, dinheiro, negócios e aquisições são: 04/04 a 20/04; 16/05 a 05/06; 23/10 a 08/11 e 05 a 29/12.

Os menos favoráveis são: 01/01 a 11/02; 01/03 a 03/04; 21/04 a 15/05; 23/06 a 03/09; 09/11 a 04/12 e 13 a 31/12.

Relacionamentos:

O ano de 2023 promete ser movimentado para os cancerianos de todos os decanatos. Logo no início do ano, você poderá sentir uma frustração generalizada em relação aos romances e às suas parcerias. Talvez sinta que não está sendo devidamente apreciado, talvez ache que seu relacionamento ficou pequeno demais para você, que tudo ficou sem brilho. Aquilo que até há pouco tempo parecia seguro e importante pode parecer sem graça. A vontade de ter seu valor reconhecido pode levá-lo a procurar novas aventuras e experiências, possivelmente de forma exagerada. Você poderá, inclusive, deixar a vaidade e a arrogância falarem mais alto, prejudicando a imagem que gostaria tanto de elevar. Será difícil, mas, em vez de procurar soluções em variedades rasas, em elogios baratos e em espelhos falsos, que tal usar essa insatisfação para identificar, com sinceridade e clareza, os reais motivos para seu descontentamento? O que você precisa mudar em você, em seu entorno, em sua aparência, em sua rotina, em seu conhecimento para se tornar a pessoa que deseja ser?

Esse ponto de partida será a experiência compartilhada entre os cancerianos, independentemente do decanato ao qual pertençam. A partir dessa vivência, cada decanato continuará trilhando o caminho sugerido pelo ano com facilidades e desafios diferentes. Aproveite as Luas Novas de julho e novembro para desembaralhar e se dedicar às questões relacionadas as parcerias, romances e relacionamentos. Será importante se atentar também para os meses de maio e outubro, quando ocorrerão dois eclipses lunares. Lembre-se de que um eclipse é sempre um momento de decisão, de transbordamento e de definição. Portanto, é recomendável não chegar a esses períodos com situações em seu limite extremo.

Os eclipses lunares marcam momentos em que o que prevalece é o futuro. Nesses casos, o que sempre fez parte do caminho pode ser bruscamente abandonado.

O canceriano nascido no primeiro decanato (21/06 a 30/06) começa o ano com um olhar de insatisfação com si mesmo e com a sua vida afetiva em geral. Nada parece ser bom o bastante ou estar à altura das suas ambições e autopercepção. Essa sensação estará mais forte e atuante entre os dias 01/01 e 25/02. Depois desse período, a insatisfação diminui, mas, dependendo de como você agir nessa fase, se desconsiderou os sentimentos alheios ou os compromissos assumidos, será possível que tenha que trabalhar um pouco mais duro para consertar o que quebrou. Se, em vez disso, você conseguiu utilizar essa sensação desconfortável para identificar o que precisa ser mudado, poderá aproveitar ainda mais a energia de estruturação, responsabilidade e seriedade que virá na sequência, a partir do dia 08/03, e que permanecerá atuante até o final do ano. Durante esse período, você estará disposto a realizar os ajustes necessários em sua pessoa e nos seus relacionamentos que lhe permitirá construir novas bases para as suas vidas amorosas e suas sociedades. Aproveite bem as chances e as oportunidades que surgirão, por meio da ampliação e da ativação dos seus contatos e conexões, principalmente entre os dias 17/05 e 11/07. Elas poderão ser muito benéficas e favoráveis, por isso abra bem os olhos, seja generoso e sutil.

O canceriano nascido no segundo decanato (01/07 a 10/07) sentirá, com mais intensidade, uma inquietação e um desejo de mostrar ao mundo o seu valor, mesmo que de maneira equivocada e fanfarrona, entre os dias 26/02 e 08/04. O ano começará agitado, com muitas coisas acontecendo ao mesmo tempo, com muita variedade e uma vontade enorme de fazer valer a sua individualidade e a sua originalidade. Entre os dias 02/01 até o dia 26/02, a reação das pessoas à sua presença, às trocas realizadas poderá ser muito positiva, trazendo mudanças inesperadas e pessoas diferentes para a sua vida. Depois, entre os dias 26/02 e o dia 15/06, o ritmo frenético se juntará a uma nova onda de insatisfação. Essa combinação poderá ser danosa à sua imagem e aos seus relacionamentos se não for administrada com sabedoria e maturidade. Você poderá desenvolver e fazer bom uso da expansão de sua rede de conexões entre os dias 12/07 e o dia 30/10. Cultive com alegria e generosidade as suas relações nesse período, pois essa atitude poderá gerar possibilidades e benefícios. Esses favorecimentos poderão passar despercebidos, caso você não esteja atento. Essa atitude o preparará para a nova onda de mudanças inesperadas e benéficas que virá a partir de novembro.

Já para o canceriano do terceiro decanato (11/07 a 22/07), o ano novo trará uma quantidade maior de desafios e obstáculos. As pressões e os conflitos serão mais intensos entre os dias 01/01 e 23/03. Essa é uma fase em que problemas relacionados à disputa de poder e à manipulação emocional podem se intensificar. Cuide para não se deixar levar por provocações e gatilhos que o façam repetir, obsessivamente, padrões de comportamento do passado. Os eclipses solares de abril e de outubro podem acirrar as crises, sendo assim, é muito importante não chegar a essas datas com as situações por um triz. Depois do dia 23/03, haverá um respiro nas tensões, e você poderá relaxar um pouco. Tome cuidado, no entanto, para que toda essa tensão não aumente a insatisfação com os seus relacionamentos e com si mesmo.

Do início de abril até a primeira quinzena de maio, é possível ocorrer exageros e arroubos. Na tentativa de provar o seu valor, você poderá ser arrogante e vaidoso. Nessa vontade de sair da mesmice do dia a dia, você poderá acreditar que quantidade é sinônimo de qualidade. O melhor a fazer é ajustar as lentes da autocrítica e avaliar se está sendo tudo o que você pode realmente ser. Esse ajuste poderá levá-lo a aproveitar melhor as mudanças surpreendentes e positivas que acontecerão a partir do dia 16/06. De repente, pessoas interessantes e inusitadas, assim como situações que pareciam inalcançáveis, se tornam acessíveis. Essa maré de boa sorte estará vigente até a primeira quinzena de novembro. Será muito bom contar com essas novidades inesperadas e favoráveis para contrabalancear a nova onda de conflitos, que voltará a se intensificar a partir do dia 12/06. Todos esses desafios serão temperados, porém, por uma sensibilidade mais afinada, uma habilidade maior em mediar conflitos, um refinamento das emoções e um aumento da criatividade ao longo de todo 2023. O ano termina mais leve, e você poderá aproveitar o último bimestre para ampliar seus contatos e expandir suas conexões. Se permanecer atento aos sinais sutis que surgirão, oportunidades muito favoráveis estarão prontas para serem colhidas e trabalhadas por você.

Em geral, os melhores períodos para relações, encontros amorosos e colaboração são: 28/01 a 28/02; 01/04 a 11/04 e 13/10 a 08/11.

Os menos favoráveis são: 01/01 a 12/01; 01/03 a 31/03; 23/06 a 03/09 e 09/11 a 04/12.

Saúde:

O ano de 2023 pede muito discernimento dos cancerianos e algo que parecerá muito difícil: renunciar. A verdade é que não será possível dar conta de fazer tudo o que se quer, comer e beber tudo o que tiver vontade, ir a todos os lugares, trabalhar tudo o que se imagina poder. O ano requer que se façam escolhas e que se estabeleçam prioridades, selecionando o que será deixado de lado até uma próxima vez. É muito importante colocar limites para que você não fique mobilizado pela ansiedade, exausto pelo desperdício de energias e acabe por prejudicar a saúde. Moderação é a palavra-chave para 2023. Aproveite as Luas Novas de janeiro, junho, julho e dezembro para se dedicar às questões relacionadas à saúde e ao seu bem-estar. É interessante também dar uma atenção especial aos eclipses lunares que ocorrerão nos meses de maio e outubro. Lembre-se de que os eclipses trazem descobertas inesperadas, rupturas e mudanças bruscas, por isso é importante não arrastar as situações até o limite ao se aproximarem dessas datas. Nos eclipses lunares, o que prevalece são as situações novas e os hábitos antigos terão que ser abandonados.

O canceriano do primeiro decanato (21/06 a 30/06) iniciará o ano achando que é capaz de lidar com todas as demandas e todas as resoluções do ano novo de uma vez só. O período ente 01/01 e 25/02 traz muita ansiedade e estresse como consequência dessa postura. O melhor caminho para evitar os danos e a exaustão é estruturar as suas rotinas, estabelecendo novos hábitos e fazendo, diligentemente, todos os exames para avaliar o estado geral da sua saúde. Esse esforço o ajudará a construir uma base saudável para a sua vida. Entre os dias 17/05 e 11/07, busque, ativamente, compartilhar com seus contatos o que você está almejando e do que precisa. As oportunidades e as soluções para os seus problemas poderão vir justamente das suas conexões.

Para o canceriano do segundo decanato (01/07 a 10/07), o ano de 2023 começa aceleradíssimo, com muitas mudanças e viradas inesperadas alterando a sua rotina. O bom é saber que essas serão mudanças muito positivas para você. A ansiedade de tentar dar conta de tantas coisas ao mesmo tempo pode, porém, cobrar o seu preço, esgotando a sua energia, principalmente entre o final de fevereiro e o início de abril. Modere o seu ritmo, faça as melhores escolhas e priorize. Use o período entre a segunda quinzena de julho e o final de outubro para procurar especialistas de renome e destaque em suas áreas, buscando recomendações entre seus contatos, ampliando seu conhecimento e pesquisando sobre os assuntos que te preocupam. O final do ano trará uma nova onda de mudanças bacanas para você e será ótimo se elas puderem te encontrar com a saúde equilibrada, pronto para aproveitá-las.

O canceriano nascido no último decanato (11/07 a 22/07) terá que estar atento à saúde ao longo de 2023. É possível que a tensão gerada pelo acúmulo de pressões e conflitos dos últimos tempos o tenha deixado desgastado. Problemas antigos persistem e atrapalham o bem-estar. Para enfrentá-los, será necessário ir fundo nas mudanças, eliminando, definitivamente, qualquer coisa que esteja obsoleta e que atrapalhe a sua recuperação. Mesmo que isso signifique abandonar um hábito arraigado, querido tanto pela tradição quanto pelo conforto que ele traz. É muito importante não se deixar iludir pela ideia de que você será capaz de lidar com tudo sozinho ou que sabe mais sobre o que está acontecendo contigo do que as autoridades e especialistas na área. É preciso ceder, renunciar e reconhecer que, somente limitando as suas escolhas, poderá encontrar o melhor caminho para superar as dificuldades. Os eclipses solares dos meses de abril e outubro poderão ser momentos de recaída, por isso cuide bem de você, evitando chegar a esses meses com situações mal resolvidas e acúmulo de problemas. Conte com a inspiração, a sensibilidade e a criatividade para ultrapassar os momentos mais críticos. E não desanime, pois o ano também traz, a partir do dia 16/06, a chance de reviravoltas inesperadas e muito positivas.

Em geral, os períodos de maior energia, saúde, vigor e vitalidade são: 26/03 a 20/05; 11/07 a 27/08 e 13/10 a 24/11.

Os períodos menos favoráveis para cirurgia e vitalidade são: 01/01 a 12/01 e 28/08 a 12/10.

Os melhores dias para tratamento estéticos: 28/01 a 28/02; 01/04 a 11/04; 08/05 a 05/06; 10/10 a 08/11; 05/12 a 29/12.

Períodos menos favorecidos para tratamentos e procedimentos estéticos: 01/01 a 03/01;01/03 a 31/03; 23/06 a 03/09 e 09/11 a 04/12.

LEÃO (23/07 A 22/08)
REGENTE SOL

Primeiro decanato: de 23/07 a 31/07
Segundo decanato: de 01/08 a 11/08
Terceiro decanato: de 12/08 a 22/08

Panorama geral:
Feliz 2023, leonino!

O ano de 2023 começará sorridente e cheio de otimismo e alegria. Aos poucos, à medida que ele progride, o clima muda, testando a autoestima leonina.

Para lidar com as contrariedades, os conflitos, as restrições e os aborrecimentos, será necessário alternar entre a vontade individual e a autoridade dos outros, entre as certezas pessoais e a necessidade de ceder diante das mudanças que se impõem e alteram o mundo num piscar de olhos.

Uma característica desse ano que se inicia é que a origem da maioria dos conflitos estará vinculada à teimosia e ao orgulho. Você poderá se sentir inclinado a subestimar, menosprezar ou minimizar a resistência com que outras pessoas reagirão ao charme dos seus argumentos ou à demonstração do seu talento. Essa resistência e essa cegueira dificultarão a percepção do que poderia ser ajustado, poderia ter diminuído a tensão. Também é possível que os impasses apresentados pelo ano provoque em você o desejo de compensar, exagerando nos prazeres, independentemente de isso ser adequado ou não. Moderação é uma boa palavra para tatuar na mente em 2023.

Pode ser que a força que ilumina e aquece o coração dos leoninos seja posta à prova pelos desafios de 2023. Lembre-se, porém, de que o objetivo de períodos assim é reforçar e aprimorar tudo aquilo o que o faz único e precioso. A melhor atitude para vivenciar essa fase é não resistir. Antes de se opor, observe as circunstâncias, leve em consideração a perspectiva dos outros. Independentemente do fato desse outro ou de essa circunstância parecer cansativo, bizarro, entediante ou autoritário. A flexibilidade em conceitos, ideias, agendas, hábitos e gostos dará a você o espaço necessário para manobrar e evitar desgastes mais intensos. Após esse período, o seu carisma poderá até ter sofrido alguns arranhões, mas estará mais amadurecido, trabalhado, depurado e transformado, iluminando tudo ao redor com muito mais brilho e calor.

O leonino do primeiro decanato (23/07 a 31/07) deve aproveitar ao máximo os meses janeiro e fevereiro para identificar e usufruir das oportunidades, viagens, favorecimentos, vitalidade, sorte e benesses que estarão à sua disposição. Esse é um momento de boa sorte e deve ser aproveitado para ampliar os seus horizontes, sejam eles profissionais, físicos, intelectuais ou emocionais. É importante espalhar os benefícios que você receber nesse período. Cuidado para que, após essa data, a vaidade não fale mais alto. O risco é, em vez de se sentir grato pelos benefícios recebidos, você comece a acreditar que o mundo te deve algo. Esse comportamento poderá provocar uma oposição crescente aos seus desejos, a qual tenderá a aumentar à medida que você insistir no caminho escolhido. Confrontos geram confrontos maiores, nem sempre tão visíveis, levando-os a situações-limite. Comportamentos de risco, que visem a afirmação da sua independência e individualidade, podem gerar problemas desnecessários e levá-lo ao isolamento. Evite essas rotas de colisões previsíveis, mantendo a vaidade e a arrogância sob controle. Ouça os conselhos e as vozes dos outros com atenção, negocie, pergunte e aprenda a ceder. Delegar o poder e a liderança das situações poderá ajudá-lo a contornar os desafios com muito mais facilidade.

O leonino nascido no segundo decanato (01/08 a 11/08) poderá sentir que o ano começou acelerado e cheio de sustos e surpresas. Por mais que você tente controlar as mudanças e manter a ordem estabelecida, a realidade parecerá ignorar suas tentativas, impondo seu próprio ritmo e direção. Você poderá ter que administrar crises advindas de choques entre o que precisa ser mudado e o seu desejo intenso em manter tudo como está. Haverá muita instabilidade entre os meses de janeiro até a primeira quinzena de junho, com um alívio da pressão depois desse período. Aproveite esse intervalo para descontrair e relaxar. Após a segunda quinzena de novembro, a turbulência retornará. Por isso, é muito importante aproveitar bem todas as boas oportunidades e a proteção que você receberá a partir do final de fevereiro até o começo de abril. Essa será uma fase de muita sorte, benefícios, vitalidade e favorecimentos. Viva esse período com muita sabedoria e generosidade. A partir do mês de julho e até o final de outubro, a tentação de se deixar levar pela vaidade e pela arrogância é muito grande. Evite essa armadilha, mantenha em mente que a sua insatisfação deverá ser direcionada para identificar o que precisa ser aprimorado em você para que possa merecer o reconhecimento que deseja. Quanto mais rápido aprender essa lição, mais suave ficará o caminho.

O leonino do terceiro decanato (12/08 a 22/08) começará o ano se sentindo um pouco desgastado pela sensação de receber menos apoio do que precisa. Os obstáculos parecerão maiores, e o andamento dos seus projetos talvez seja mais lento do que gostaria. Entre os dias 01/01 e 07/03, essa sensação poderá deixá-lo com a vitalidade mais baixa. Procure descansar bastante, não se sobrecarregue e seja bastante seletivo quanto ao foco da sua energia. É comum, nessa fase, ser alvo de críticas e sobrecargas. O melhor a se fazer é ser responsável e rigoroso, evitando a rigidez. É importante ser gentil consigo nessa fase. Não desanime, pois logo a seguir uma fase bem mais bacana e alegre terá início. Do início de abril até o final da primeira quinzena de maio, o clima mudará bastante, trazendo muitas oportunidades, sorte e benefícios. O seu otimismo será renovado nesse período. A partir da segunda quinzena de junho e até o final da segunda quinzena de novembro, é melhor não contar com nada do que estava programado, pois esse será um período muito imprevisível. Crie espaços livres na sua agenda, nos seus planos, nos seus relacionamentos. Essa atitude o ajudará a navegar os imprevistos que surgirão. Quanto maior for o desejo de controlar, maior será a chance de enfrentar rupturas, rebeldia e motins. Procure relaxar e recuar, entenda que as mudanças serão sucedidas por outras mudanças e que levará um tempo até que o cenário definitivo se apresente. Flexibilidade e paciência são qualidades que deverão ser cultivadas em 2023.

Carreira e finanças:

O ano de 2023 será repleto de desafios para os leoninos. É um tempo para aprender a ser flexível, a delegar o poder, a restringir as despesas e entender o seu real valor. Reduza a velocidade, evite ultimatos e aprenda a hora certa de sair de cena, por mais que deseje e acredite merecer estar sob o holofote. O momento pede uma avaliação sincera de si mesmo, temperada pelas avaliações recebidas dos seus clientes, público, colaboradores, assim como das figuras de autoridade da sua vida. Você poderá se apresentar bastante instável, exigente, autoritário e difícil de agradar e entender nesse período. Tenha muita paciência para evitar que a carreira e as finanças sofram revezes desnecessários.

Na área financeira, as despesas inesperadas, os gastos excessivos motivados pela ansiedade e pelo desejo de provar ao mundo a sua importância poderão ocorrer. A melhor maneira de lidar com essas dificuldades é ter uma reserva financeira e, principalmente, rever todas as suas despesas para assegurar que estarão compatíveis com as suas receitas. Isso poderá ser um exercício desconfortável, mas os resultados serão benéficos. Outra atitude recomendável é evitar comprometer-se com dívidas de longo prazo, pois circunstâncias inesperadas ou pressões insustentáveis podem torná-las uma dor de cabeça.

Haverá períodos de bonança e de possibilidade de ganhos financeiros ao longo do ano, trazendo alegria e otimismo para 2023. O segredo será usar essa fase de maior sorte e abundância para construir o melhor pé de meia possível. As Luas Novas de maio, agosto e setembro serão as mais interessantes para as questões financeiras e às ligadas à profissão.

O leonino nascido no primeiro decanato (23/07 a 31/07) tem o período de maior favorecimento logo no começo do ano, entre os dias 01/01 e 25/02. Oportunidades interessantes, os ganhos inesperados, benefícios e bônus, assim como as chances de ser notado por pessoas relevantes poderão ocorrer nesse período. Isso abrirá portas para novos empregos, dividendos e contatos valiosos. Aproveite essa fase para reforçar suas reservas e suas conexões profissionais. O período entre 24/03 e 11/06 será mais tenso, e você poderá ter que lidar com oposições poderosas ao seu progresso, assim como despesas persistentes e difíceis de equacionar. Evite disputas de poder, atitudes questionáveis, negociações suspeitas e atitudes autoritárias para não fomentar um cenário propício a consequências desagradáveis. Essa pressão intensa poderá levá-lo a uma frustração crescente, acreditando que seu valor não está sendo devidamente reconhecido. Evite essa atitude, pois o orgulho, a teimosia e a vaidade serão a raiz dos problemas mais sérios do ano. Use as crises para identificar o que deverá ser alterado para colocá-lo na direção dos seus objetivos.

Para o leonino do segundo decanato (01/08 a 11/08), as melhores oportunidades devem surgir entre os dias 28/02 e 08/04. Esse será um período próspero, com chances de injeções de recursos e de bons retornos para os investimentos. Cultive e amplie seus contatos profissionais nesses dias, não deixe de responder aos convites e ouça os conselhos dados por pessoas de destaque em suas áreas profissionais. Durante essa fase, você poderá encontrar novas posições profissionais interessantes ou receber alguma promoção favorável para sua carreira. Esse período poderá amenizar a ansiedade trazida pela instabilidade do início do ano. Rupturas, reviravoltas e instabilidade que inaugurarão o ano permanecerão atuantes até o dia 15/06, retornando após o dia 16/11. A melhor atitude a tomar é evitar trabalhar com prazos muito apertados, agendas superlotadas e carteira de clientes muito restrita. Ultimatos e pressão não serão eficientes nessa fase. Deixe muito espaço e área de manobra entre as etapas dos seus projetos para que os imprevistos não comprometam, significativamente, os resultados. É importante permanecer vigilante à vaidade entre os dias 11/07 e 30/10. Uma atitude arrogante poderá prejudicar o que foi conquistado anteriormente. Mantenha-se humilde, colabore e ceda o lugar sob o holofote, a sua hora chegará.

Já o leonino do terceiro decanato (12/08 a 22/08) viverá um ano com ritmo semelhante às montanhas-russas. Ele começará com uma sensação mais pesada, com muitas contrariedades, atrasos no progresso dos projetos e a sensação de estar sobrecarregado. Essa fase mais chata começa no dia 01/01 e seguirá comprometendo seu otimismo até 07/03. Nessa fase, seja diligente, perseverante e dedicado, ainda que as críticas sejam intensas e os elogios, escassos. O mesmo valerá para as finanças. Faça cortes, reduza despesas, mantendo somente o que for absolutamente essencial.

Não é um bom momento para adquirir dívidas ou fazer investimentos arriscados. Você aprenderá que precisa de muito menos do que imaginava. Esses dias mais difíceis serão seguidos por uma maré de boa sorte. A partir do dia 09/04 até o dia 16/05, faça o todo o possível para ativar seus contatos, vá aos lugares frequentados por pessoas de destaque, amplie seus conhecimentos com cursos e estudos. Não desperdice as chances e os favorecimentos que surgirem e aproveite para ser generoso, mantendo uma medida justa, com aqueles que estejam, porventura, precisando. Essa boa sorte ajudará a relaxar, aumentar o otimismo e preparar você para um período de maior instabilidade e mudanças inesperadas que se iniciará em 16/06 e seguirá ativo até o dia 15/11. O recomendável nesse período é evitar a ansiedade, tentando manter o controle total sobre as coisas diante de tantos imprevistos. Para lidar melhor com essa fase, procure não saturar a sua agenda com compromissos demasiados, nem estabeleça prazos apertados para as suas entregas. Evite ultimatos que poderão levar a rupturas bruscas e desnecessárias. Mantenha a calma e use esse período para experimentar diferentes cenários, sem o compromisso de se fixar em nenhum deles.

Em geral, os melhores períodos para trabalho, dinheiro, negócios e aquisições são: 04/03 a 25/03; 12/06 a 22/06; 06/10 a 09/10 e 01/12 a 04/12.

Os menos favoráveis são: 01/01 a 27/01; 12/02 a 02/03; 01/04 a 11/06; 23/06 a 03/09; 13/10 a 24/11 e 05/12 a 31/12.

Relacionamentos:

O ano de 2023 desafiará os leoninos a cederem o protagonismo em seus relacionamentos. Será um ano para exercitar a modéstia sincera, para rever seus conceitos sobre si mesmos, para experimentar e dar liberdade. Generosidade, humildade, discrição, responsabilidade e sinceridade são ótimos atributos a serem desenvolvidos em 2023. Evitem as disputas por poder, os ultimatos, as manipulações e as chantagens emocionais. Fujam também dos arroubos de vaidade, teimosia e orgulho. Essas atitudes serão as principais responsáveis pelas contrariedades que esse ano poderá apresentar.

Os desafios poderão ser muitos, mas o ano de 2023 também promete muita alegria e excelentes chances de encontrar aquela pessoa especial. Para que isso aconteça, será necessário ficar atento às oportunidades que surgirão, ampliando as suas conexões, frequentando novos lugares, compartilhando alegria por onde for. Evite confundir quantidade com qualidade e resista aos jogos de ciúme. Por fim, procure dar bastante espaço para seus parceiros para aumentar as chances de sucesso.

Preste atenção às tensões presentes nos períodos dos eclipses solares e lunares. Os eclipses trazem definições e revelações surpreendentes, por isso, procure assegurar que os assuntos mais espinhosos estejam resolvidos antes das datas críticas de abril, maio e outubro.

No período dos eclipses solares, fique atento às situações do passado que ressurgirem e que podem levá-lo a repetir padrões de comportamento que já perderam a sua validade. Já na época dos eclipses lunares, é o futuro que acena com possibilidades tentadoras. Nesse caso, cuidado para não sacrificar relações preciosas em nome de desejos passageiros. As Luas Novas de janeiro, agosto e dezembro marcam os períodos que demandarão mais atenção aos seus relacionamentos e suas parcerias.

Para o leonino do primeiro decanato (23/07 a 31/07), o ano começa cheio de alegria, possibilidades e excelentes oportunidades de conhecer pessoas interessantes e viver momentos bastante agradáveis. Entre os dias 01/01 e 25/02, o bem-estar e a autoestima estarão elevados e você estará radiante. Aproveite essa fase para ampliar seus contatos, para se divertir e viajar. A partir do dia 24/03, é recomendável abaixar um pouco o tom das suas participações, procurando evitar a exposição excessiva. Esse cuidado será vantajoso, ajudando-o a despistar a atenção de pessoas que poderão causar aborrecimentos e conflitos desnecessários. Esse período seguirá até o dia 11/06, por isso evite o ciúme e as tentativas de controlar os outros por meio de jogos emocionais. Entre os dias 16/05 e 10/07 e, novamente, nos últimos dias do ano, você poderá se equivocar e fazer uma avaliação exagerada do seu próprio valor. Essa percepção inflada poderá fazer com que acredite estar sendo tratado com menor atenção do que merece, abandonando relações importantes em nome de outras que usarão a sua vaidade para seduzi-lo. O orgulho e a teimosia também poderão atrapalhar bastante nesse período. Lembre-se de que a generosidade desinteressada e a humildade autêntica são as melhores maneiras de fazer o seu valor ser reconhecido.

O leonino do segundo decanato (01/08 a 11/08) terá um ano bastante movimentado. Logo no início, 2023 já anuncia uma sequência de mudanças, rupturas e desassossegos inesperados, provocando instabilidade e ansiedade, apesar disso, procure relaxar. A dica para viver essa fase que segue até o dia 15/06 é aprender a dar bastante espaço e liberdade nas suas relações. Não exija de você mesmo nem dos outros compromissos e contratos nesse momento. O que for acordado agora poderá mudar no próximo momento e nada estará garantido. Espere, dê um tempo e não pressione. Aproveite o período entre os dias 26/02 e 08/04 para experimentar conhecer novas pessoas e ampliar os seus contatos. O seu brilho estará mais intenso nesses dias, e você não encontrará dificuldades para encantar. Depois de um período de maior tranquilidade, a instabilidade retornará após o dia 16/11. Apesar de estarem sofrendo com os efeitos de tantas mudanças repentinas, evite usar a arrogância para se defender, pois os resultados podem ser exatamente o oposto do que gostaria de obter. Use essa fase para entender o que é necessário para sentir-se querido e o que precisa modificar para receber o que deseja. Experimente adotar outra perspectiva e dar espaço para que todos possam crescer e evoluir.

O leonino nascido no terceiro decanato (12/08 a 22/08) pode achar que o ano novo não começou verdadeiramente até o dia 07/03. O ano inicia com um ritmo arrastado, chato, desanimado, sobrecarregado e/ou solitário. Não desanime, porém, pois, a partir do dia 09/04 e até o dia 16/05, a maré muda totalmente. Você recuperará o brilho e sentirá a alegria voltar a iluminar tudo. Aproveite esses dias para conhecer mais pessoas, mais lugares e se divertir mais. Você poderá, inclusive, chamar a atenção de figuras de destaque e viver momentos bastante agradáveis. Relaxe e curta muito esse período de sorte e favorecimento. A partir do dia 16/06 até o dia 15/11, será a vez de aprender a renunciar ao controle e perceber que as mudanças são inevitáveis e, muitas vezes, imprevisíveis. Esse será um período turbulento, cheio de reviravoltas, o que poderá provocar ansiedade e insegurança. A melhor maneira de viver esse momento é não exigir nem esperar nenhum comprometimento. Tudo estará instável demais, e querer definições só trará o oposto do que se deseja. Abra espaço e cultive seus próprios interesses, quando for o momento propício, o que tiver força criará raiz.

Em geral, os melhores períodos para relações, encontros amorosos e colaboração são: 04/01 a 27/01; 01/03 a 25/03; 06/06 a 22/06; 01/10 a 09/10; 09/11 a 04/12 e 30/12 a 31/12.

Os menos favoráveis são: 01/04 a 11/04; 23/06 a 03/09; 13/10 a 24/11 e 05/12 a 29/12.

Saúde:

O ano de 2023 tem um pouco de tudo para os leoninos no que se refere à saúde e ao bem-estar. A chave para evitar as armadilhas e aproveitar as oportunidades desse ano é usar de moderação e não pular os exames de rotina. O ano poderá tentá-los a ultrapassar seus limites e ignorar regras e recomendações das pessoas que detêm a autoridade nesses assuntos. Esse, porém, é o caminho para tropeçar em dificuldades que poderão ter consequências mais sérias se não forem cuidadas a tempo.

Não deixe que problemas antigos passem despercebidos e entenda que as situações podem mudar de um momento para o outro. O corpo tem fronteiras claras, bem-definidas e precisam ser respeitadas. Isso também é verdade em relação às emoções e aos efeitos que elas podem causar quando se acumulam e não encontram uma forma saudável de se expressar. Ao longo de todo o ano, você se beneficiará se ficar atento à conexão entre o que sente e as reações do seu organismo.

O ano também oferecerá excelentes oportunidades para descobrir profissionais que o ajudarão a encontrar soluções para suas dificuldades. Os eclipses solares em abril e outubro são períodos delicados e que devem ser ultrapassados com atenção, evitando que velhos padrões de comportamento atrapalhem seus progressos. Por outro lado, os eclipses lunares de maio e outubro apresentam o risco de vocês abandonarem hábitos saudáveis em nome da vontade de experimentar novidades irrelevantes. As Luas Novas dos meses de fevereiro, julho e agosto são propícias para dar maior atenção aos assuntos ligados à saúde e ao bem-estar.

O leonino do primeiro decanato (23/07 a 31/07) deve aproveitar os dias entre 01/01 e 25/02 para buscar especialistas, assim como realizar os exames de rotina que o ajudarão a estabelecer a melhor conduta para o ano. As chances de encontrar ótimos profissionais e tratamentos favoráveis nessa fase são altas. Durante esses dias, você se sentirá protegido, bem-disposto e cheio de vitalidade. A partir do dia 24/03 até o dia 11/06 é importante permanecer alerta a sinais discretos relacionados aos órgãos reprodutores, à produção hormonal, ao funcionamento glandular, à tireoide e aos aparelhos excretores. Problemas ignorados poderão ressurgir trazendo situações que precisarão ser enfrentadas. Fique atento, pois, entre os dias 16/05 e 10/07 e entre 31/10 e 31/12, você poderá se deixar levar pela teimosia, acirrando situações sem necessidade.

Já o leonino do segundo decanato (01/08 a 11/08) começa o ano com a possibilidade de ser surpreendido por acontecimentos inesperados que têm o potencial de aumentar a ansiedade e a insegurança. Atente especialmente para questões ligadas à circulação e ao sistema cardíaco. Faça os exames necessários, mesmo que nunca tenha tido qualquer sinal ou histórico de problemas nessas áreas. Até o dia 15/06, fique atento para que o ritmo frenético não o leve a abusar da velocidade ou cause distrações que podem levar a acidentes evitáveis. Meditação, intervalos mais longos, mudanças de rotina e tempo livre serão ótimos aliados em 2023. Use o período entre o dia 26/02 e 08/04 para buscar especialistas, tratamentos, iniciar rotinas ou, simplesmente, realizar atividades prazerosas que ajudem a aumentar a vitalidade. Evite, entre os dias 11/07 e 30/10, a tentação de achar que já fez tudo e que não é mais necessário seguir as orientações médicas. Indulgências poderão deixá-lo mais vulnerável durante a nova onda de turbulências que se iniciará em 16/11. Em 2023, procure relaxar sempre que possível.

O leonino nascido no terceiro decanato (12/08 a 22/08) pode começar o ano se sentindo desanimado e sobrecarregado por problemas antigos que sabotam a sua vitalidade. Problemas relacionados aos sistemas cardíaco, ósseo, aos dentes e às articulações, assim como sentimentos depressivos, podem roubar a alegria entre os dias 01/01 e 25/02. Não desanime, entretanto, e persevere em seus tratamentos e rotinas, por mais entediantes e sacrificantes que possam ser. A partir do dia 09/04, você perceberá uma mudança para melhor na sua saúde e no seu bem-estar. No período compreendido entre o dia 09/04 ao dia 16/05, você terá muitas chances de encontrar soluções, tratamentos e profissionais que melhorarão a sua situação. Curta bastante esses dias, reforçando a imunidade e a alegria.

Dessa maneira, estará mais fortalecido para lidar com as surpresas inesperadas e os imprevistos que poderão surgir entre 16/06 e 15/11. Para lidar com o aumento de ansiedade e a dificuldade de concentração dessa fase, é muito importante não se sobrecarregar com uma rotina frenética de atividades e compromissos. Procure deixar muitos espaços livres entre as suas responsabilidades e não acelere o ritmo desnecessariamente. A pressa, nesses dias, será uma inimiga. Essa instabilidade poderá afetar o seu sistema cardiológico e nervoso. Portanto, faça seus exames e não insista em seguir adiante quando o corpo e a mente disserem que é para parar. Respeite-se e atravessará melhor essa fase.

Em geral, os períodos de maior energia, saúde, vigor e vitalidade são: 13/01 a 25/03; 21/05 a 10/07; 28/08 a 12/10 e 01/12 a 31/12.

Os períodos menos favoráveis para cirurgia e vitalidade são: 01/01 a 12/01 e 13/10 a 24/11.

Os melhores dias para tratamento estéticos: 04/01 a 27/01; 01/03 a 31/03; 12/04 a 07/05; 06/06 a 22/06; 04/09 a 09/10; 09/11 a 04/12 e 30/12 a 31/12.

Períodos menos favorecidos para tratamentos e procedimentos estéticos: 01/01 a 11/04; 23/06 a 03/09 e 05/12 a 29/12.

VIRGEM (23/08 A 22/09) REGENTE MERCÚRIO

Primeiro decanato: de 23/08 a 01/09
Segundo decanato: de 02/09 a 11/09
Terceiro decanato: de 12/09 a 22/09

Panorama geral:

Feliz 2023, virginiano!

Esse é um ano que promete períodos de muita sorte e benefícios. São fases em que as coisas acontecem sem esforço, sem luta e sem desgaste. Momentos como esses precisam ser vividos ao máximo, pois são responsáveis por abastecer a vida de alegria e energia positiva. Viagens, encontros, diversão, expansão de contatos e conhecimento, entrada de recursos, crescimento profissional, aumento da vitalidade, enfim, são muitas as possibilidades para reacender o otimismo e a esperança.

Mesmo com essas facilidades, o ano também apresenta desafios e armadilhas com que você deve permanecer atento. Evite, no entanto, deixar que dificuldades, decepções ou atrasos comprometam os benefícios que o ano traz. Às vezes, por distração ou por desconfiança, é possível deixar passar oportunidades importantes, não dando o devido valor às pequenas bênçãos que chegam à porta. Outra possibilidade de desperdício é perder tempo com a comparação entre o real e o imaginário, entre o que está diante de si e o que se idealizou. Quando se acorda do sonho é que se percebe o que se deixou escapar.

Portanto, virginiano, esse é um ano para ser grato e atento, usufruindo de todos os momentos mais leves para realizarem as mudanças necessárias em suas vidas, com prudência, claro, mas também com coragem, audácia e desapego. Esse é um ano que, se for bem vivido, poderá fazê-lo sentir-se enriquecido quando ele terminar.

O virginiano do primeiro decanato (23/08 a 01/09) terá seu momento de maior favorecimento entre os dias 17/05 e 11/07, com direito a uma segunda onda de benefícios entre 31/10 e 31/12. Esses dias deverão ser usados para fortalecê-lo e aumentar a sua cota de otimismo e confiança em suas potencialidades. Isso é importante porque, a partir do dia 08/03 até o final do ano, haverá uma corrente de obstáculos que pode lhe dar a sensação de estar correndo ladeira acima. Tenha paciência e persevere. Não abandone as suas responsabilidades, por mais entediantes, solitárias e cansativas que possam parecer. Uma sugestão para lidar melhor com essa oposição é usar a generosidade, cuidando das necessidades alheias com o mesmo zelo que atende aos seus interesses. O grupo, as autoridades, as pessoas mais idosas poderão exigir bastante de você, aumentando o peso dos dias. Mesmo assim, entenda que esse é um período de amadurecimento e que poderá ser aliviado pelos momentos de alegria e disposição que o ano também promete.

Para o virginiano do segundo decanato (02/09 a 11/09), o ano convida a mudar seu ponto de vista, maneira de lidar com o mundo e de expressar sua personalidade. É um convite, porém, não é um mandato, nem uma obrigação. E isso significa que a escolha será sua. Você poderá aproveitar e realizar todas aquelas mudanças que pareciam tão assustadoras antes ou poderá ignorar o convite e deixar passar esse momento especial. Entre os dias 01/01 e 15/06 e, novamente, entre os dias 16/11 e 31/12, o mundo oferecerá tantas maneiras diferentes de fazer o que você sempre fez que será um desperdício ignorá-las. Além desse clima de revolução mansa que paira no ar de 2023, você também terá um período de sorte mais intensa entre os dias 12/07 e 30/10. Esse poderá ser um momento bastante interessante para ampliar seus horizontes, visitando lugares de culturas diferentes, fazendo cursos que aumentem seu conhecimento, assim como para alargar as suas redes de conexões, incluindo novas e interessantes pessoas.

Já para o virginiano do terceiro decanato (12/09 a 22/09), o ano pede abertura para o novo e favorece as mudanças profundas e radicais. Em vez do que costuma ocorrer nesses momentos, o ano traz a possibilidade de realizar essa transição de maneira suave e cooperativa. Será mais fácil identificar o que precisa ser eliminado, o que deve ser experimentado e o que deve ser restaurado e recuperado. O principal ponto de atenção desse ano é a tendência a se deixar iludir, confundir e fantasiar. Você poderá se sentir disperso e sonhador, tornando-se alvo fácil para pessoas que possam tirar proveito da sua credulidade. Desconfie e fique atento às situações que possam envolvê-lo na dinâmica vítima/salvador, mártir/algoz. Também preste muita atenção aos detalhes e às entrelinhas para não terminar envolvido em negócios pouco claros ou ter prejuízos desnecessários. Mantenha os pés fincados no chão e não se fie em pensamentos mágicos, causas grandiosas e pessoas milagrosas.

Carreira e finanças:

O ano de 2023 traz ótimas oportunidades de avanços e transformações para os virginianos, especialmente para os nascidos no segundo decanato (02/09 a 11/09). Embora os virginianos nascidos no primeiro e no terceiro decanato tenham que enfrentar alguns obstáculos e armadilhas, mesmo assim, o ano promete chances de melhorar e mudar suas situações financeiras e promover o avanço profissional. Para usufruir do melhor desse ano, é necessário não desperdiçar as ofertas que surgirem e não deixar que o cansaço, o medo ou o idealismo equivocado atrapalhe suas decisões. As Luas Novas dos meses de janeiro, junho, setembro e outubro são bons momentos para se dedicar aos assuntos profissionais e financeiros.

O virginiano nascido no primeiro decanato (23/08 a 01/09) poderá ter um pouco mais de dificuldades esse ano, a partir de 08/03. Figuras de autoridade poderão se opor, tratando-o com mais rigor e severidade do que você achará suportável. Por vezes, poderá se sentir sobrecarregado, achar que não está recebendo o devido reconhecimento ou que suas necessidades não estão sendo consideradas. É possível que tenha que trabalhar em prol do benefício do grupo e que sejam exigidos dedicação e esforço adicionais. Isso também é válido para as questões financeiras. Você poderá ter que economizar e realizar cortes de despesas mais severas para resolver problemas que, ainda que não tenham sido causados por você, passará a estar sob sua responsabilidade. Não deixe que essa circunstância o desanime. Seja diligente, sóbrio, discreto e exigente. Realize suas tarefas sem hesitação e sem fanfarras. Faça seu trabalho dentro do melhor possível, simplesmente porque é o correto a ser feito. Aproveite essa fase mais árida para fortalecer e estruturar a vida financeira e a ética de trabalho. Enquanto atua dessa maneira, haverá períodos em que seus esforços serão notados por pessoas influentes e/ou generosas, ainda que possam não ocupar a posição de chefia direta. Entre os dias 17/05 e 11/07 e depois, entre 31/10 e 31/12, a sorte lhe sorrirá. Poderá receber promoções, ofertas de emprego e chances de evoluir em seus conhecimentos de tal maneira que suas carreiras deslancharão. Seus talentos e esforços serão reconhecidos por pessoas e empresas que veem em você possibilidade e futuro. Entradas inesperadas de recursos podem trazer alívio às dificuldades vividas até então. Não deixe esses momentos passarem despercebidos e aceite de bom grado os presentes que o ano lhe oferecer.

Já o virginiano do segundo decanato (02/09 a 11/09) terá um ano mais leve e repleto de oportunidades de avanços, de abertura para áreas de conhecimento e para a ampliação de contatos que não seria possível imaginar antes. As mudanças serão velozes a partir do dia 01/01 e permanecerão aceleradas até o dia 15/06. Depois de um pequeno intervalo, elas retornarão a pleno vapor a partir do dia 16/11, permanecendo ativas até o final do ano. A sensação é de alívio, pois o que o estava prendendo, bloqueando e atrapalhando seu progresso foi suspenso. De repente, os caminhos estarão totalmente abertos. Siga o desejo de se aventurar no novo, de aprender novas técnicas e se atualizar no que há de mais vanguarda em suas áreas. Será possível encontrar novas formas de gerar recursos ou de prescindir de despesas que antes pareciam inevitáveis. Será muito mais fácil realizar mudanças ousadas esse ano, revolucionando sua vida sem tantos riscos. Tudo estará mais claro e o entendimento do que é preciso fazer para chegar aonde quer virá em instantes. Entre os dias 12/07 e 30/10, você será brindado com um reforço a esse momento positivo. Pessoas importantes e de destaque em suas áreas notarão sua presença, facilitando a ascensão profissional e a elevação da situação financeira. Golpes de sorte, sincronicidades felizes, favorecimentos e benefícios são situações que podem ser esperadas nesse período. Esse é um ano para ser aproveitado ao máximo e para ajudá-lo a construir um lastro mais sólido de prosperidade para o futuro.

O virginiano nascido no terceiro decanato (12/09 a 22/09) terá diante de si um ano muito interessante, repleto de oportunidades de mudar a direção de suas carreiras e reconstruir a vida financeira. Entre os dias 01/01 e 23/03, o foco deverá ser avaliar com profundidade, coragem e intensidade todas as questões que o impedem de avançar profissionalmente e materialmente. Tudo o que precisar ser eliminado e restaurado poderá ser realizado nesse período com mais facilidade. Condições de poder perdidas serão recuperadas nesse período, fortalecendo a sua posição. A cilada que deve ser evitada a todo custo ao longo do ano é a de se deixar levar por ilusões e miragens. Não se engane, nem se afaste da realidade. Desconfie e se acautele caso perceba estar sendo levado a ocupar a posição de salvador da pátria. Atalhos, facilidades que o desviam das regras, desatenções e distrações, assim como o excesso de confiança em pessoas que não merecem, podem prejudicar sua imagem profissional e conta bancária. A partir do segundo semestre, dia 12/06, será mais fácil perceber onde estarão as armadilhas. Até lá, siga devagar e com cuidado. Também no segundo semestre, logo após o dia 16/06 e até o dia 15/11, a velocidade aumenta e será o momento perfeito para revolucionar a carreira e a vida financeira. Problemas, obstáculos, impedimentos são removidos inesperadamente. Siga em frente, aprendendo novas tecnologias, conhecendo pessoas interessantes e inusitadas que irão destravar o seu progresso. Aproveite essa onda, sem perder de vista os seus objetivos e o senso de realidade sobre quem é e o mundo que o cerca.

Em geral, os melhores períodos para trabalho, dinheiro, negócios e aquisições são: 01/04 a 20/04; 16/05 a 31/05; 01/06 a 11/06 e 16/09 a 10/11.

Os menos favoráveis são: 01/01 a 19/03; 21/04 a 15/05; 12/06 a 03/09 e 11/11 a 31/12.

Relacionamentos:

Os virginianos serão convidados a mudar suas vidas amorosa e afetiva em 2023. Essas não serão mudanças superficiais, mas significativas e profundas. Se o ano for vivido em toda a sua potencialidade, você chegará a 2024 transformado para melhor. Cada decanato terá a sua cota de obstáculos e de benefícios, é claro. No entanto, a tônica do ano tende a ser mais positiva e a favorecer a solução de problemas crônicos, além de trazer novos ares e novas oportunidades. As Luas Novas de fevereiro e setembro serão as mais indicadas para se dedicar às questões relativas aos relacionamentos e às parcerias.

O virginiano do primeiro decanato (23/08 a 01/09) começa o ano sentindo um peso e um cansaço persistentes em relação à sua vida afetiva. Não deixe que o desânimo roube a cor e a alegria. Essa sombra poderá ser sentida ao longo de todo o ano e, por isso mesmo, deverá ser entendida e combatida. Essa é uma atitude-chave para que você possa atravessar esse período sem perder as incríveis oportunidades que o ano também trará. Será possível entender o que se passa em seu íntimo, descobrindo o motivo de encontrar tanta resistência, assim como as razões que fazem com que se sinta preso ou inibido. É um trabalho difícil e árduo, mas será profundamente recompensador se for feito com seriedade e serenidade. Para contrabalancear essa fase mais difícil, o ano trará também momentos de muita sorte, alegria, encontros felizes, divertimentos e de alto-astral. Entre os dias 17/05 e 11/07 e depois, novamente, entre os dias 31/10 e 31/12, você se sentirá confiante e otimista. O mundo ao seu redor responderá ao seu carisma e lhe dará mais motivos para sentir-se bem. Portanto, persevere e siga com esperança, pois melhores dias estão a caminho.

Para o virginiano do segundo decanato (02/09 a 11/09), o ano promete muitas oportunidades para se divertir e se sentir o favorito da sorte. Novas oportunidades, novos caminhos, novas experiências, novas alternativas lhe chamam para viver a vida de maneira acelerada e fluida. De repente, os caminhos parecem estar completamente abertos, e o que estava impedindo sua alegria ficará claro e poderá ser descartado com muito mais facilidade. Essa sensação abre o ano e permanece ativa até o dia 15/06, retornando, após um pequeno intervalo, no dia 16/11, permanecendo até o final de 2023. Um dos pontos altos poderá ser vivido entre os dias 12/07 e 30/10. Aproveite para viajar, festejar e abrir-se para conhecer novas pessoas, novos lugares, novas culturas. As chances de chamar a atenção de pessoas interessantes e de destaque serão altas. Aproveite o ano que se inicia para se abastecer de alegria e transformar sua vida para melhor.

O virginiano do último decanato (12/09 a 22/09) viverá um ano intenso, de muitas mudanças e transformações. Logo no início do ano, você perceberá que será muito mais fácil realizar as transformações profundas que até então pareciam dolorosas demais para encarar. Você encontrará a coragem necessária para restaurar situações que pareciam perdidas ou para dizer adeus às situações que há muito já perderam sua razão de ser. Essa força estará à sua disposição entre os dias 01/01 até o dia 23/03, retornando após o dia 12/06 e permanecendo ativa até o dia 31/12. Ao mesmo tempo, você estará suscetível a se deixar levar por cantos de sereia, por ilusões e enganos doces. Essa vontade de acreditar em histórias inconsistentes, esse desejo de crer estar vivendo uma situação especial, um drama particular protagonizado por mocinhos e mocinhas incompreendidos, é a melhor forma de assegurar a traição e a desilusão. Essa é uma tendência que deve ser combatida com toda a força, com muita clareza e uma dose reforçada de realidade. Se os atos não correspondem às palavras, se o invólucro é bonito, mas o presente faz com que você se sinta triste, é hora de cortar os laços e quebrar o feitiço. Entre os dias 16/06 e 15/11, você terá mais facilidade de realizar essa tarefa. Novas possibilidades, novas perspectivas, novas pessoas e novas vivências renovam a atmosfera, levantando a bruma e trazendo o desejo de viver aventuras e experimentar outros caminhos. Mude seu comportamento, mantenha os olhos bem abertos e siga em direção a dias mais estimulantes e felizes.

Em geral, os melhores períodos para relações, encontros amorosos e colaboração são: 01/04 a 11/04; 08/05 a 05/06 e 10/10 a 24/11.

Os menos favoráveis são: 01/01 a 25/03; 12/04 a 07/05; 23/06 a 03/09 e 25/11 a 31/12.

Saúde:

O ano que se inicia traz excelentes oportunidades para os virginianos mudarem hábitos arraigados que prejudicam sua saúde, boicotam sua vitalidade e atrapalham a sua recuperação. Você encontrará ajudas preciosas, coragem, curiosidade e abertura para experimentar novas tecnologias, técnicas e ideias que tragam soluções definitivas para problemas antigos. Para tanto, precisará cultivar a esperança e o otimismo, combater o desânimo e evitar, de todas as formas, a tentação de buscar atalhos em soluções milagrosas, gurus suspeitos e pensamentos mágicos. Dessa maneira, será possível alcançar avanços consideráveis nessa área da sua vida. Aproveite as Luas Novas de janeiro, março, abril, agosto e setembro para se dedicar à saúde e à vitalidade.

O virginiano do primeiro decanato (23/08 a 01/09) precisará lutar contra o desânimo e o cansaço que pode lhe perturbar em 2023. Problemas crônicos, restrições de movimento, dificuldades ligadas a dentes, ossos ou articulações, preocupações com o sistema cardíaco e uma tendência depressiva serão as maiores dificuldades do ano. Há, porém, excelentes oportunidades de encontrar soluções para os problemas que o preocupam. Entre os dias 17/05 e 11/07 e, mais tarde, após o dia 31/10 até o final do ano, você se sentirá bem-disposto e revitalizado, otimista e esperançoso. Será um excelente período para descobrir especialistas competentes e de destaques em suas especialidades, perfeitos para o ajudar a superar e ultrapassar qualquer dificuldade que possa comprometer o bom andamento do ano. Por isso, persista em seus tratamentos e dietas. As recompensas valerão o sacrifício.

Já o virginiano do segundo decanato (02/09 a 11/09) terá um ano recheado de novidades e boas notícias. Você se sentirá impulsionado a experimentar novas terapias, tratamentos alternativos e técnicas avançadas para solucionar o que estiver, porventura, atrapalhando o seu bem-estar. Situações que pareciam intransponíveis ou inatingíveis podem, de repente, se resolver, liberando a energia vital e trazendo uma sensação de leveza e bem-estar. Entre os dias 12/07 e 30/10, a vitalidade estará em alta, assim como o ânimo e a alegria. Nesse período, será fácil encontrar o especialista mais adequado, o remédio com o melhor resultado, o tratamento certo, enfim, as melhores soluções para o que quer que possa estar te preocupando. Não deixe de explorar essa fase em todo o seu potencial.

Para o virginiano do terceiro decanato (12/09 a 22/09), será importante cuidar da imunidade, ficar atento aos esquecimentos e às confusões, assim como cuidar para que a distração constante não cause acidentes. Atente para efeitos adversos de medicações e reações paradoxais às anestesias. Esses serão riscos reais que estarão presentes durante todo o ano de 2023.

Sentimentos e emoções mal trabalhados e inconscientes, além de problemas com o sono, podem lhe afligir ao longo do ano. Trabalhos terapêuticos sérios, previamente testados e comprovados, serão um ótimo antídoto à tendência de querer maquiar a realidade com pensamentos mágicos. É importante também combater a crença equivocada de que é melhor sacrificar-se em nome da tranquilidade do grupo. Fique atento a essas armadilhas, e o ano poderá proporcionar excelentes oportunidades de revolucionar e mudar definitiva-mente seus hábitos.

O ano começa com uma capacidade intensa de realizar mudanças profundas em seu cotidiano e na maneira como você encara as questões ligadas ao seu bem-estar. Você se sentirá capacitado a realizar cortes, eliminando da sua vida tudo o que lhe prejudica, restaurando a sua saúde de maneira notável. A partir do dia 16/06 e até o dia 15/11, ao lado da coragem para mudar, você também terá a seu favor a oportunidade de conhecer novas tecnologias, tratamentos avançados, profissionais de ponta e habilidosos, derrubando os impedimentos à solução dos problemas que têm se arrastado indefinidamente. Mantendo os pés no chão e abrindo espaço para o novo, você poderá mudar definitivamente questões antigas e persistentes de saúde.

Em geral, os períodos de maior energia, saúde, vigor e vitalidade são: 26/03 a 20/05; 11/07 a 27/08 e 13/10 a 24/11.

Os períodos menos favoráveis para cirurgia e vitalidade são: 01/01 a 25/03 e 25/11 a 31/12.

Os melhores dias para tratamento estéticos: 01/01 a 03/01; 01/04 a 11/04; 08/05 a 05/06; 10/10 a 08/11 e 05/12 a 29/12.

Períodos menos favorecidos para tratamentos e procedimentos estéticos: 28/01 a 28/02; 12/04 a 07/05; 23/06 a 03/09 e 30/12 a 31/12.

LIBRA (23/09 A 22/10)
REGENTE VÊNUS
Primeiro decanato: de 23/09 a 02/10
Segundo decanato: de 03/10 a 12/10
Terceiro decanato: de 13/10 a 22/10

Panorama geral:

Feliz 2023, libriano!

O ano traz um sinal de alerta: é importante não confundir autoconfiança com arrogância. É fundamental ter fé em si mesmo e acreditar em seu potencial, assim como é crucial ser capaz de defender suas crenças e batalhar pelos seus sonhos. Também é justo e legítimo querer comemorar, em alto e bom som, as conquistas que foram alcançadas à custa de muito sacrifício, afinal, todo mundo merece um momento de celebração intensa. A questão é que, em algum lugar do caminho, você poderá perder a mão. E é aí que mora a armadilha deste ano, à qual você deve estar atento para não se atrapalhar e criar dissabores para você.

Esse ano lhe dará a oportunidade de ir além e alcançar aquilo que há tanto tempo queria, e isso é maravilhoso. O risco que você corre, porém, é extrapolar a medida, acreditando que pode mais, que merece mais, que sabe mais. Nesse afã de expansão, autoridades poderão ser desrespeitadas, parceiros poderão ser atropelados, limites tenderão a ser ignorados e amigos desconsiderados. Depois que a maré de grandeza passa, tudo o que foi deixado de lado cobrará o seu preço. Nessa hora, você poderá entender que talvez não seja tão fácil consertar o que foi danificado. Será recomendável ficar atento aos eclipses solares de abril e outubro, pois poderá reagir instintivamente, revertendo a comportamentos e relacionamentos que já não corresponderão às necessidades do momento.

Sendo assim, mantenha o orgulho e a vaidade sob controle. Seus desejos e sonhos precisam incluir as pessoas mais próximas a você para que o sucesso seja verdadeiro e duradouro. Na realidade, para que possa viver esse ciclo da melhor maneira, o ideal será buscar um equilíbrio dinâmico, construindo o sonho juntos. Para tanto, será preciso ceder, negociar e ajustar as ambições às necessidades e aos desejos de cada um. Em 2023, outra boa dica é usar todo esse desejo de expansão para o aprimoramento interior, para a revisão e o fortalecimento de suas crenças, para a prática de atitudes que tragam um crescimento real e significativo para a personalidade. Essa é uma meta que valerá a pena desenvolver neste ano.

O libriano do primeiro decanato (23/09 a 02/10) começará 2023 pronto para brilhar. Do dia 01/01 ao dia 25/02, os limites parecerão irrelevantes, e você se sentirá capaz de alcançar tudo o que deseja e que acredita merecer. Para não perder o tom e correr o risco de estragar esse momento, tenha cuidado com atitudes egoístas e soberbas. Se você conseguir manter a vaidade e o orgulho em cheque, incluindo e respeitando as pessoas próximas na elaboração dos seus sonhos, terá uma chance maior de tirar o máximo proveito dessa fase. A partir do dia 23/03 até o dia 11/06, você terá mais uma oportunidade de transformar 2023 em um ano muito especial. Durante esse período, situações que pareciam perdidas para sempre podem ser retomadas, restauradas e revitalizadas de maneira surpreendente. Você poderá também realizar mudanças profundas, identificando, por meio de um mergulho intenso e honesto em si mesmo, o que necessita ser eliminado e o que precisará ser transmutado para continuar fazendo parte de sua vida.

O libriano nascido no segundo decanato (03/10 a 12/10) terá um ano mais livre para se dedicar aos temas e objetivos que considerar mais interessantes. Esses períodos de maior calmaria são excelentes para organizar os pensamentos e revisitar planejamento, metas e objetivos para os próximos anos. Dessa maneira, quando o momento certo chegar, você estará preparado para agir e aproveitar o que o futuro oferecer, assim como se proteger de qualquer dificuldade que ele possa trazer. Há apenas um ciclo de maior destaque nesse ano ao qual você deverá permanecer atento para usufruir sem cair nas suas ciladas mais óbvias. Entre os dias 26/02 e 08/04, você poderá se sentir cheio de energia e sorte. Embora esse seja um período em que estará sob a crença de que não há nada que possa fazer de errado, é importante saber que essa é uma crença falsa. O excesso de autoconfiança poderá levá-lo a agir de maneira desrespeitosa e deselegante. Essa atitude poderá alijar as pessoas mais importantes, deixando-as ressentidas ou irritadas com você. Depois que essa fase passar, você poderá ter que lidar com consequências desagradáveis, caso não tenha sido capaz de manter a vaidade e o orgulho em rédea curta. Sabendo dessa possibilidade, fique atento para incluir as pessoas mais próximas na construção de seus projetos, fazendo questão de dividir o pódio e reconhecer as suas contribuições. Isso, somado a um reconhecimento saudável dos seus limites físicos e sociais, te ajudará a usufruir somente o que há de melhor nesse período.

Já para o libriano do terceiro decanato (13/10 a 22/10), o ano será bastante movimentado com boas oportunidades e desafios importantes. As palavras-chave para você serão disciplina e temperança. Nos momentos de sucesso, assim como nos momentos mais desafiadores, seja discreto, evite demonstrações de poder e confrontos com pessoas que ocupam posições de autoridade, mesmo que você tenha dificuldade de reconhecer a posição que elas ocupam. Vaidade, teimosia, orgulho e atitudes extremadas devem ser evitados. No início do ano, entre os dias 01/03 e 07/03, será mais fácil seguir uma linha de conduta mais prática, séria, concentrada e hábil social-mente, independentemente das pressões e provocações recebidas ao longo desse período. A partir do dia 08/03, porém, a paciência poderá diminuir, e você poderá acreditar que precisará responder às contestações à altura. Evite, pois você poderá se encontrar envolvido em um conflito sem hora para acabar e com consequências potencialmente desastrosas. Entre os dias 09/04 e 16/05, no entanto, você poderá se sentir como se o pior já tivesse passado e como se houvesse chegado, finalmente, a sua vez. Essa será uma fase de boas conquistas e vitórias, com certeza, o problema estará no otimismo exagerado. Sob essa influência, você poderá se comportar de forma insolente e desatenta com as necessidades e as posições dos outros. Caso não atente aos seus limites e aos limites dos outros, poderá se defrontar com ataques inesperados e potentes de pessoas poderosas e/ou importantes para você. Fique especialmente atento aos períodos dos eclipses solares de abril e outubro, evitando chegar a essas datas com situações por um triz. A tendência nesses períodos é responder de maneira intensa e drástica, tendendo a reverter a padrões de comportamento antigos e há muito ultrapassados. Aliás, questões relacionadas ao exercício de poder serão uma constante ao longo deste ano. No entanto, a saída para os embates constantes não está no passado, mas sim em novas atitudes relacionadas a liderança, autoestima e respeito à individualidade de todos. Lembre-se: temperança, discrição, respeito, desapego e generosidade são as melhores qualidades para se cultivar neste ano. Praticando-as, você terá mais chances de usufruir e aproveitar as oportunidades que 2023 trará.

Carreira e finanças:

Os librianos de todos os decanatos terão que lidar com o desafio da vaidade em 2023. Talvez seja mais difícil perceber quando a vaidade estiver no comando das suas ações e ambições, entretanto, vale a pena ficar atento. É possível que sinta um desejo forte de ser reconhecido e queira, acima de tudo, ver as suas ambições se realizarem. De preferência, todas elas e todas agora. Este ano traz em si uma grande chance de ter, enfim, a oportunidade de chegar aos seus objetivos. Isso será muito bom, claro, porém a questão é o que fará a partir dessas conquistas.

É importante se atentar para o fato de que nem tudo estará pronto e disponível, somente porque você acredita que merece. A ganância, aquela insatisfação contínua com o que se tem, aquela certeza de que há algo melhor mais adiante, pode minar o reconhecimento das suas conquistas, roubando o brilho dos momentos de vitória.

Outra armadilha à qual os librianos precisarão estar atentos é a propensão a ser desrespeitoso com as lideranças, com as pessoas às quais estão subordinados, com seus colegas de equipe e com seus colaboradores. Um excesso de autoconfiança poderá levá-lo a acreditar que é bom demais para estar onde está e que os sucessos obtidos são consequência, exclusivamente, dos seus esforços e talentos. Da mesma maneira, é fácil e tentador acreditar que o erro cometido nunca é seu ou, se for, que não são tão graves, já que a intenção era a melhor possível. Essa atitude poderá arranhar a imagem profissional de vocês, dando-lhes o rótulo indesejável de arrogante.

Por último, um ponto em comum entre os librianos neste ano é a dificuldade em renunciar e priorizar. Novamente, o desejo de dar conta de fazer tudo o que interessa, a vontade de ser reconhecido pelo desempenho, poderá levá-lo a prometer mais do que têm a condição de cumprir. Aprenda a priorizar, a reconhecer que, para fazer o melhor, algo precisará ser abandonado, algo precisará ceder. Cuidado para que o orgulho, a teimosia e a sensação de onipotência não te impeçam de fazer as escolhas necessárias.

Para que a sua carreira e suas finanças não sofram em 2023 e para que você possa aproveitar as oportunidades que surgirão ao longo do ano, será necessário aprender que o sucesso duradouro vem do trabalho em equipe, da generosidade em reconhecer a colaboração das outras pessoas e em ceder espaço para que outros também possam brilhar. Precisará assegurar que está sendo ético, respeitando a dignidade das pessoas ao seu redor, tanto quanto a de vocês.

E, por fim, entender a importância de estabelecer metas e definir prioridades, compreendendo que para cada escolha será necessário realizar uma renúncia. E que essa é a melhor maneira de construir algo verdadeiramente valoroso e uma reputação digna de orgulho. As Luas Novas dos meses de fevereiro, julho, outubro e novembro serão as mais relevantes para assuntos ligados à carreira e às finanças. Cuide para que situações tensas não alcancem seu pico crítico no período dos eclipses solares de abril e outubro.

O libriano do primeiro decanato (23/09 a 02/10) deverá prestar atenção entre os dias 01/01 e 25/02, ao desejo irresistível de abraçar o mundo e tentar atingir todos os seus objetivos de uma só vez. Esse será um período em que você poderá ser tentado a gastar mais do que pode e a ignorar o saldo bancário, apenas para satisfazer o desejo de mostrar ao mundo tudo o que acredita ser. Essa tendência poderá se refletir também no ambiente do trabalho, fazendo com que você afirme ser capaz de dar conta de mais atividades do que realmente pode, terminando por deixar seus empregadores, clientes ou colaboradores decepcionados. Atenção ao planejamento das metas e orçamento anual para que não seja excessivamente otimista e impossível de executar. Por mais que sinta o desejo de afirmar seus talentos e conquistas ao mundo, por mais que queira provar seu valor àqueles que teimam em não os reconhecer, resista. Todo exagero será notado, e o efeito poderá ser o inverso do que desejava alcançar. Procure, ao contrário, ser generoso na justa medida, reconhecendo a contribuição e a importância de quem trabalha para e com você. Da mesma maneira, elenque as prioridades nas despesas e evite riscos desnecessários em seus investimentos. Essas atitudes o protegerá das consequências negativas que os excessos poderão produzir. A partir do dia 24/03, seguindo até o dia 11/06, você terá a excelente oportunidade de realizar mudanças profundas e radicais em suas vidas profissional e financeira. Posições de poder e cargos de liderança perdidos poderão ser recuperados, e situações financeiras difíceis poderão ser revitalizadas e transformadas. Para tanto, você deverá enfrentar com coragem e profundidade tudo o que estiver atrapalhando e comprometendo o sucesso desejado, eliminando o que precisa ser descartado e restaurando o que parecia estar perdido.

Para o libriano do segundo decanato (03/10 a 12/10), o período que demandará mais atenção estará concentrado entre os dias 26/02 e 08/04. Durante esse período, fique bastante atento ao desejo de expandir seus negócios e/ou suas áreas de influência para além do que poderia alcançar realisticamente.

Um excesso de otimismo e uma vontade de brilhar e mostrar ao mundo todas as suas competências e talentos poderão levá-lo a um cenário desfavorável. Da mesma forma, cuide para que, na busca por alcançar seus objetivos, você não atropele outras pessoas, desconsiderando seus gestores, seus pares e seus colaboradores. A consequência dessa atitude poderá ser uma imagem arranhada pela percepção da arrogância, da teimosia e do egoísmo. Sem mencionar a possibilidade de seus esforços caírem em descrédito. O antídoto contra isso é trabalhar em time, com generosidade e respeito, levando em consideração a participação e a necessidade de todos. A ambição é necessária, mas a ganância será contraproducente. Cuide, também,, para que a conta bancária não sofra com delírios de grandeza. Não conte com recursos que ainda não estão concretamente depositados, evitando dívidas desnecessárias e preocupantes. Contornando esses percalços, 2023 lhe proporcionará autonomia para se organizar e estabelecer seu planejamento para os próximos anos, sem maiores pressões e tensões.

Já o libriano nascido no terceiro decanato (13/10 a 22/10) terá um ano mais intenso e com maiores desafios. Em 2023, será necessário praticar disciplina, humildade e discrição. Essas qualidades serão mais facilmente exercidas nos primeiros meses do ano, entre os dias 01/03 e 07/03. Cuide do seu trabalho diligentemente, pois será mais fácil suportar o peso das responsabilidades e das cobranças intensas nesse período. O ano começa tenso e permanecerá assim até o dia 23/03, quando haverá um período de alívio na pressão. Porém, a tensão retornará a partir do dia 12/06 e permanecerá ativa até o final do ano. Mantenha um perfil discreto e não aceite provocações, pois há a possibilidade de atrair oposições poderosas, nem sempre declaradas. Os períodos dos eclipses solares são especialmente importantes neste ano para você. Nesses dias, poderá sentir que tudo está por um triz. Tente dispersar a energia concentrada, evitando se dedicar obsessivamente a qualquer coisa. Evite, ao máximo, os conflitos nesses períodos. Também é recomendável manter uma reserva financeira, mesmo que pequena, para amortecer possíveis despesas ou prejuízos imprevistos que porventura possam ocorrer. A partir do dia 09/04 até o dia 16/05, você poderá sentir uma mudança de ritmo, tendo a possibilidade de realizar alguns dos seus objetivos. Isso será excelente para a sua autoestima, porém há um risco de ser arrastado pelo excesso de otimismo, gastando mais do que pode e agindo de maneira arrogante em relação a seus colegas de trabalho e seus gestores. Evite essas atitudes a todo o custo para não provocar retaliações que possam comprometer os seus avanços. Esse é um ano que cobrará do libriano do terceiro decanato coragem, foco no autoconhecimento e capacidade de realizar mudanças profundas, abandonando padrões repetitivos de comportamento para poder alcançar suas ambições. O caminho mais favorável e o que trará melhores resultados demandará a capacidade de entender que o seu sucesso será mais fácil se incluir o sucesso dos outros também. Humildade, moderação, renúncia, discrição e generosidade serão essenciais para que possa contornar os momentos mais críticos deste ano.

Em geral, os melhores períodos para trabalho, dinheiro, negócios e aquisições são: 12/02 a 28/02; 12/06 a 22/06; 04/09 a 12/10 e 11/11 a 04/12.

Os menos favoráveis são: 01/01 a 11/02; 01/03 a 05/06; 23/06 a 03/09 e 13/12 a 31/12.

Relacionamentos:

Os librianos de todos os decanatos deverão lidar com alguns aspectos mais difíceis de suas personalidades para que possam ter uma vida amorosa mais plena e feliz em 2023. Ao longo do ano, circunstâncias surgirão e colocarão em evidência questões envolvendo egoísmo, vaidade, orgulho e teimosia. Apesar de se sentir tentado a atribuir essas falhas aos outros, o fato é que será necessário assumir que, talvez, o problema esteja com você. Será necessário um olhar crítico, capaz de estabelecer o seu real valor, sem exageros ou diminuições para poder conhecer a exata medida das suas possibilidades.

Será muito importante em 2023 entender que não é possível ter tudo ao mesmo tempo ou sempre do seu jeito. Será necessário renunciar a algo para se obter o que realmente tem valor e que merece a sua dedicação. Definitivamente, quantidade não será qualidade em 2023. Cuidado, principalmente com os exageros, as promessas não cumpridas, o desejo de ser o centro das atenções. Essas atitudes poderão colocar a perder o que foi construído e o que se pretende conquistar.

Ao mesmo tempo, uma atitude verdadeiramente generosa, sinceramente dedicada à elaboração de um plano a dois, que considere o bem-estar e os desejos de seu parceiro, poderá ser a maneira de transformar a situação completamente para melhor. Os relacionamentos demandam trabalho e habilidade de estabelecer um equilíbrio dinâmico e sincero entre você e o outro. As Luas Novas de janeiro, março, abril e outubro serão as mais críticas, mas também propícias para cuidar dos assuntos relacionados aos romances e às parcerias.

Atenção redobrada aos meses de abril e outubro para não ser surpreendido por crises nos períodos dos eclipses solares.

O libriano do primeiro decanato (23/09 a 02/10) começará o ano com a autoestima lá em cima, pronto para conquistar o mundo com seu charme e encanto. E, embora essa seja uma sensação maravilhosa, você poderá exagerar e perder a noção de proporção. A tentação de querer experimentar tudo o que o mundo tem a oferecer poderá causar muitos dissabores. Em vez de causar boa impressão, você poderá ser considerado excessivamente vaidoso, perdendo oportunidades excelentes de encontrar pessoas interessantes. Essa energia estará ativa até o dia 25/02, por isso fique atento durante esse período para não atropelar seus parceiros, não quebrar suas promessas ou desconsiderar as emoções e os sentimentos das pessoas ao seu redor. A partir do dia 24/03 até o dia 11/06, você estará mais centrado e mais capaz de identificar o que precisa ser transformado ou eliminado completamente para que possa, enfim, construir relações mais profundas em suas vidas. Nesse período, situações que pareciam perdidas poderão ser recuperadas e vitalizadas se forem, de fato, significativas para você.

O libriano do segundo decanato (03/10 a 12/10) terá um ano mais tranquilo e sem grandes sobressaltos em 2023. O ponto mais agitado serão os dias entre 26/02 e 08/04. Nesse período, você se sentirá no auge, pronto para tomar o mundo de assalto, certo de que não receberá um "não" como resposta. É claro que, apesar de alimentar a autoestima, essa é uma sensação perigosa. Com ela, vem a perda dos limites e a impressão de que tudo é permitido e possível. Isso poderá levá-lo a dispersar seus encantos por todas as partes, dando, ao final, a impressão de que não se importa verdadeiramente com os sentimentos dos outros. Fique atento, pois os exageros e a quebra das promessas causarão problemas difíceis de serem superados e que poderiam ser evitados. Procure ser mais generoso e sensível aos outros nesse período para poder aproveitar melhor essa fase.

Para o libriano do terceiro decanato (13/10 a 22/10), o ano promete mais desafios. O objetivo principal desses percalços é ajudá-lo a reconsiderar atitudes, hábitos e crenças que estão impedindo-o de viver uma vida plena e feliz. Durante essa fase, você será cobrado e questionado intensamente. Por mais que isso seja difícil, se acolher as críticas, terá uma excelente oportunidade de aprender mais sobre si. Ouvir com generosidade as pessoas amadas, exercitar a discrição e a modéstia sincera fará com que o seu charme e brilho se tornem muito mais interessantes. Caso resista, as chances de desgastes aumentam consideravelmente. Há uma tensão constante entre os dias 01/01 e 23/03 e, depois, entre os dias 12/06 e 31/12. Serão necessárias mudanças profundas que eliminem tudo o que estiver causando estagnação ou tiver perdido a sua razão de ser. Você precisará atentar para todos os padrões de comportamento repetitivos que, apesar de lhes dar conforto pela familiaridade, são responsáveis por esgotar as possibilidades de encontros e relacionamentos felizes. Esse alerta é especialmente importante para os períodos dos eclipses solares em abril e outubro. Não se acomode e enfrente seus medos com muita sinceridade e tato. Fuja dos jogos de poder, das manipulações emocionais e das jogadas por debaixo do pano. Entre os dias 01/01 e 07/03, você terá mais facilidade para lidar com as pressões, encontrando em si a disciplina, a sobriedade e a seriedade necessárias para lidar com elas. Entre os dias 09/04 e 16/05, haverá uma mudança de clima, com um aumento considerável na autoestima e no otimismo. O risco aqui é o exagero e a sensação de que não precisa se comprometer com as promessas feitas. Isso poderá causar muito ressentimento e distanciamento em seus relacionamentos, assim como pode afastar quem você está interessado em conquistar. Considere experimentar, neste ano, colocar o outro no centro do palco. Você verá que os aplausos serão para você.

Em geral, os melhores períodos para relações, encontros amorosos e colaboração são: 13 a 27/01; 06/06 a 22/06; 04/09 a 12/10; 09/11 a 04/12 e 30/12 a 31/12.

Os menos favoráveis são: 01/01 a 12/01; 01/03 a 31/03; 01/04 a 05/06 e 23/06 e 03/09.

Saúde:

O ano de 2023 pede de todos os librianos algo que será bem difícil de atender: moderação. Os librianos de todos os decanatos sentirão, em períodos diferentes do ano, o desejo de expandirem-se para além de seus limites. Isso poderá abarcar várias atitudes diferentes, desde o fascínio por práticas esportivas competitivas de alto risco até ignorar as recomendações médicas por acreditar saber mais sobre si mesmo do que os especialistas. Essa atitude impulsiva e intempestiva pode levá-lo a correr perigo desnecessariamente.

Esse é um ano para cuidar do sistema circulatório e do cardíaco, assim como será importante trabalhar a ansiedade. O desejo de fazer tudo, de experimentar tudo, poderá levá-lo a ter dificuldades em relaxar, sobrecarregando o sistema nervoso. É necessário que evite a tendência ao exagero e à autoindulgência, pois ela poderá ajudar a desequilibrar a balança, trazendo problemas futuros para a saúde e o bem-estar. As Luas Novas dos meses de fevereiro, maio, setembro e outubro serão ideais para focar as questões relacionadas à saúde.

O libriano do primeiro decanato (23/09 a 02/10) precisará permanecer atento à tendência ao exagero nos primeiros dois meses do ano. Nessa fase, procure relaxar e não se sobrecarregar tentando cumprir, de uma só vez, todas as metas estabelecidas para o ano. Estabeleça prioridades e foque uma de cada vez, dessa maneira terá mais chances de conseguir os resultados que deseja. Cuide para não extrapolar na alimentação, acarretando sobrecarga para o fígado e problemas relacionados ao sobrepeso. A partir do dia 24/03 até o dia 11/06, você viverá uma fase intensa e muito positiva para a saúde. Nesse período, você poderá ter a oportunidade de rever os problemas crônicos que estavam te atrapalhando, descobrindo suas raízes e eliminando-as radicalmente. Essa é uma ótima fase para recuperar o vigor e a energia que julgava ter perdido, recuperando e restaurando o seu bem-estar. Valerá a pena verificar, além dos sistemas cardíacos e circulatórios, todos os assuntos relacionados aos sistemas reprodutores, excretores e glandulares. A tireoide e os hormônios também merecem um olhar mais detalhado.

Já o libriano nascido no segundo decanato (03/10 a 12/10) precisará permanecer atento aos exageros entre os dias 26/02 e 08/04. Nesse período, você estará propenso a desenvolver problemas ligados ao desrespeito aos seus limites. Cuide-se para não se exercitar ou comer além da conta. Os extremos serão seus inimigos neste ano e o quanto mais conseguir se manter no meio termo, melhor será para a sua saúde. Procure não fugir dos exames de rotina, especialmente dos que investigarem os sistemas circulatório e cardíaco. Também pode ser uma fase interessante para trabalhar em parceria com nutricionistas e nutrólogos especializados no bem-estar e avessos às dietas da moda.

O libriano do terceiro decanato deve cuidar da sua saúde bem de perto no ano que se inicia. Não ignore os sinais dados pelo corpo de que algo não se encontra bem. Eles poderão ser pouco óbvios e demandarem uma investigação mais ativa e profunda para que qualquer problema seja detectado no início. Será importante observar de perto as funções hormonais, reprodutivas e excretoras, assim como as questões cardiológicas e circulatórias. Doenças de origem psicológicas, ligadas aos sentimentos reprimidos e às ideias obsessivas, podem estar na base dos problemas que impactam o seu bem-estar neste ano. Esse trânsito estará bastante ativo entre os dias 01/01 e 23/03, retornando após o dia 12/06 e permanecendo ativo até o final do ano. Essa configuração faz de 2023 um ótimo ano para iniciar e/ou retomar um trabalho psicológico, mesmo que pareça ser difícil e até um pouco doloroso no início. Com o tempo, coragem e determinação, você terá a chance de ultrapassar obstáculos que há muito atrapalhavam o seu desenvolvimento e afetavam a saúde. Logo no começo do ano, entre os dias 01/01 e 07/03, será mais fácil de realizar todas as tarefas que demandarem disciplina, seriedade e dedicação. Aproveite esse período para estabelecer uma rotina de vida saudável e moderada. Entre os dias 09/04 e 16/05, evite os exageros alimentares e de atividade, cuidado com riscos desnecessários e respeite seus limites ao máximo. Apesar de achar que nada poderá te atrapalhar nessa fase, um excesso de otimismo poderá acarretar problemas que demandarão tempo e poderão atrapalhar a sua vitalidade. Identifique os hábitos antigos que são prejudiciais à saúde e elimine-os, mesmo que exija uma dose de sacrifício e renúncia de vocês. Por último, busque chegar aos períodos dos eclipses solares sem grandes pendências ou problemas acumulados. Essas serão fases tensas em que conteúdos emocionais poderão surgir com muita força, afetando a sua vitalidade. Distensione e disperse a energia, evitando concentrar-se totalmente em um só assunto. Essa tática ajudará a navegar os momentos mais críticos do ano.

Em geral, os períodos de maior energia, saúde, vigor e vitalidade são: 13/01 a 25/03; 21/05 a 10/07; 28/08 a 12/10; 25/11 a 31/12.

Os períodos menos favoráveis para cirurgia e vitalidade são: 01/01 a 12/01 e 26/03 a 20/05.

Os melhores dias para tratamento estéticos: 04/01 a 27/01; 12/04 a 07/05; 06 a 22/06; 04/09 a 09/10; 09/11 a 04/12 e 30/12 a 31/12.

Períodos menos favorecidos para tratamentos e procedimentos estéticos: 01/01 a 03/01; 01/03 a 31/03; 08/05 a 05/06 e 23/06 a 03/09.

ESCORPIÃO (23/10 A 21/11)
REGENTE PLUTÃO

Primeiro decanato: de 23/10 a 01/11
Segundo decanato: de 02/11 a 11/11
Terceiro decanato: de 12/11 a 21/11

Panorama geral:

Feliz 2023, escorpiano!

O ano de 2023 pede dos nascidos sob o Signo da profundidade e das mutações, habilidade para lidar com situações antagônicas, contraditórias e, por vezes, conflitantes. É preciso abrir espaço para o novo, para a experimentação, para o erro e para os recomeços. Tudo isso demandará flexibilidade, renúncia ao controle total e capacidade de compartilhar o poder com os outros. Não somente o poder precisará ser compartilhado neste ano para que as mudanças necessárias ocorram, também será necessário praticar uma generosidade desinteressada, compartilhando com o grupo um pouco dos seus talentos ocultos. Todas essas atitudes são recomendáveis para que seja possível atravessar os desafios propostos pelo novo ano, realizando a transformação profunda que ele pede.

Questões relacionadas a apegos e padrões de comportamento reforçados ao longo da vida virão à tona, convidando o escorpiano a reexaminar e a descartar tudo o que o protege, mas, ao mesmo tempo, o impede de crescer e evoluir em seu caminho. O ano de 2023 convida a trocar de pele, deixando a antiga e querida casca para trás. A sensação de insegurança poderá incomodar, e a tentação de se defender, se escondendo atrás do que já conhece, poderá ser grande. Resista a esse impulso, pois essa será uma chance rara de experimentar uma percepção nova do mundo, uma que poderá complementar e enriquecer a sua realidade. O ano atuará sobre as ideias, as emoções, as crenças e os hábitos fixos e enraizados, provocando e desestabilizando. Por mais desconfortável que isso possa ser, mantenha em seu coração a certeza de que é melhor abraçar a mudança, alternando os ritmos e as perspectivas ao longo do ano.

O escorpiano do primeiro decanato (23/10 a 01/11) precisará manejar, principalmente, a teimosia e o orgulho, pois serão duas atitudes que o desviarão da direção que o ano pede. Esses comportamentos também poderão colocá-lo em rota de colisão com os pontos mais delicados de 2023. Entre os dias 24/03 e 11/06, você poderá estar sob a mira de pessoas decididas a subjugá-los por se perceberem ameaçados. Perdas de poder ou econômicas são possibilidades nesse período. O ideal para combater e se proteger dessa situação mais perigosa é diversificar, dispersando a sua concentração, evitando elencar um objetivo como o único importante para você. Dessa maneira, conseguirá diluir o clima intenso do período. Outra atitude recomendável é sair de cena, não antagonizar, não conflitar ou aceitar o convite para o embate, principalmente onde falta clareza. Entre os dias 17/05 e 11/06 e, depois, novamente, entre 31/10 e 31/12, há um aumento considerável da autoestima, um desejo de expandir seus limites, de provar seu valor, de viver tudo e experimentar tudo de uma só vez. Se, por um lado, essa sensação poderá trazer muita energia e até certa euforia, por outro, poderá levá-lo a correr riscos desnecessários. Entre eles, estará a possibilidade de desconsiderar o limite da sua conta bancária, das fronteiras sociais, físicas e dos seus relacionamentos. É importante aqui entender e praticar o significado da palavra humildade. Para ajudá-lo a navegar as turbulências do ano, entre os dias 08/03 e 31/12, você poderá poder contar com o apoio de pessoas mais sábias e experientes. Nesse período, você contará também com uma reserva grande de autodisciplina e perseverança. Isso o ajudará a realizar as mudanças e os ajustes de conduta necessários. O ano de 2023 também pede de você que reveja padrões de comportamento arraigados e instintivos, que, embora tragam segurança, o paralisam e impedem de continuar progredindo e amadurecendo. Fique atento ao eclipse lunar de outubro. Evite entrar nesse período com pendências emocionais, pois poderá chegar aos seus limites nesse momento.

Para o escorpiano do segundo decanato (02/11 a 11/11), os desafios serão de outra natureza, mas a recomendação permanece a mesma: cuide para manter a teimosia, a vaidade e o orgulho sob controle. Isso será ainda mais necessário entre os dias 12/07 e 30/10, por isso preste muita atenção para não se deixar levar por um otimismo e por uma sensação de onipotência nesse período. Nada está garantido em 2023, somente a certeza das mudanças. E esse é o motivo para que o escorpiano desse decanato tenha em mente o seguinte: que o ano demandará de você será, principalmente, flexibilidade e resiliência, além da capacidade de se adaptar às constantes alterações de rota. Elas serão mais intensas entre os dias 01/01 e 15/06 e se farão sentir, novamente, entre os dias 16/11 e 31/12. Durante essa fase, o individualismo extremo poderá atrapalhar bastante o seu crescimento e dificultar o seu amadurecimento. Se souber usar de flexibilidade e maleabilidade, poderá vivenciar um período de intensa criatividade.

O escorpiano do terceiro decanato (12/11 a 21/11) também passará por turbulências tão intensas quanto, principalmente entre os dias 16/06 e 15/11. No entanto, ele terá a seu favor a possibilidade de contar com o auxílio de uma imaginação inspiradíssima que o ajudará a identificar alternativas, potenciais e conexões em lugares pouco visíveis. Essa sintonia fina será útil para indicar caminhos mais suaves para atravessar a fase de contrariedades e imprevistos. Não se deixe levar, porém, pelo desânimo e pelo cansaço que poderá sentir logo no começo do ano, entre os dias 01/01 e 07/03. As restrições, as tarefas cansativas e as obrigações parecem se acumular indefinidamente. Para esses dias, o melhor antídoto é buscar descansar o máximo possível, respeitando os limites do corpo, encontrando prazer nas pequenas coisas, renunciando ao perfeccionismo e se desapegando de tudo o que não for estritamente necessário. Cuide de você com muito carinho nessa fase. Fique atento, porém, pois, ao mesmo tempo em que as coisas parecerem tão áridas, você poderá acessar, com um pequeno esforço, reservas intelectuais, afetivas e de poder pessoal inesperadas. Se souber manejá-las com sabedoria, sem impor suas vontades e ideias aos outros, poderá contar com colaborações poderosas. Essas possibilidades estarão à sua disposição entre os dias 01/01 e 23/03 e mais tarde no ano, a partir do dia 12/06 até o final do ano.

Carreira e finanças:

Em 2023, os escorpianos viverão um ano de muitos aprendizados, por vezes frustrantes ou assustadores, mas muito enriquecedores. A chave para tirar o melhor proveito do ano é aprender a abrir mão, voluntariamente, do controle. Há momentos em que será impossível se preparar para o que virá. Imprevistos, oposições e resistência são testes para verificar sua capacidade de adaptação.

Outra característica do ano é a necessidade de reconhecer seus limites, estabelecer prioridades e aprender a renunciar. Às vezes, é necessário aprender a perder para entender que era preciso restaurar as forças, se recuperar e se capacitar mais para continuar avançando. Fique atento aos eclipses lunares dos meses de maio e outubro. Nesses períodos, você poderá se deparar com situações-limite, por isso é importante tentar diminuir as tensões antes de se aproximar dessas datas. Nos eclipses lunares, caso esteja apegado ao passado, com suas formas de pensar e escolhas que não mais fazem sentido, poderá ter revelações bruscas e descobrir que as coisas às quais estava tão apegado não existem mais. As Luas Novas dos meses de março, abril, agosto, novembro e dezembro são as mais propícias para assuntos relacionados à carreira e às finanças.

O escorpiano do primeiro decanato (23/10 a 01/11) terá que enfrentar oposições pesadas entre 24/03 e 11/06. Gerentes e concorrentes poderão torná-lo alvo de disputas de poder. Convicções arraigadas, ideologias, conflitos entre o tradicional e o novo poderão assumir posição de destaque na área de trabalho. A forma discreta, reservada e desconfiada com que você geralmente realiza suas tarefas pode vir a ser questionada e poderá se encontrar sob escrutínio dos seus motivos e modo de conduzir suas responsabilidades. Para contornar toda essa pressão e evitar danos maiores, a melhor maneira de atuar é evitar a disputa. Desapegue-se do que estiver sendo disputado, ceda espaço, procure compreender profundamente os motivos que estão gerando oposições tão intensas. Você tem possibilitado que outros se expressem livremente? Há espaço para o erro? Ninguém é capaz de realizar todo o potencial criativo se está imerso em um ambiente controlador, onde não há confiança e espaço para tentativas, erros e aprendizados. Procure realizar uma análise profunda e destemida da carreira, dos seus talentos e seu desempenho. Inicie as mudanças profundas e radicais que o momento demanda. É necessário evitar sobrecarregar os assuntos tensionados com sentimentos de injustiça ou traição. É bastante recomendável ter outros interesses, outros objetivos e projetos. Em relação às questões financeiras, as perdas são comuns nessa fase e provavelmente estarão relacionadas aos símbolos de status e recursos que sustentam a sensação de controle. Durante os meses de maio a julho e, novamente, de outubro a dezembro, os desafios estarão ligados à dinâmica entre a vontade de acumular e a necessidade de se desapegar. Você poderá vivenciar um período em que o trabalho incansável parecerá a solução para recuperar o que foi perdido e prosperar. Isso poderá levar ao esgotamento dos recursos e de energia, agravando a crise. Para ajudá-lo a lidar melhor com a transformação radical que o ano demanda, você poderá contar com o apoio e o suporte emocional de pessoas mais experientes e sábias. Você também contará com a disciplina emocional necessária para lidar com os desafios do ano. Prudência, responsabilidade, desapego e uma dedicação sincera à transformação poderão ser as chaves para 2023. Não desperdice essas oportunidades, pois as mudanças que realizar agora ajudarão a construir alicerces sólidos para o futuro.

O escorpiano do segundo decanato (02/11 a 11/11) terá um ano bastante turbulento em 2023. Não é o momento de fazer planos de longo prazo relacionados à carreira, nem assumir dívidas, sejam elas pequenas ou grandes. Do dia 01/01 ao dia 15/06, assim como do dia 16/11 ao dia 31/12, conte com o inesperado. As situações mudarão de configuração tantas vezes ao longo desse período que será difícil compreender, com clareza, para onde elas se dirigirão. Portanto, para evitar dificuldades e dissabores, mantenha uma postura flexível. Essa é uma fase de experimentação, de tentativa e erro, de criatividade, e não necessariamente de resultados seguros e imediatos. Maneiras não convencionais de realizar os trabalhos, novos mercados, novos segmentos, novos chefes, novos perfis de colaboradores serão testados, mas nem todos permanecerão ou se mostrarão dignos do esforço realizado. As mudanças não serão sutis, nem anunciadas, por isso mesmo demandarão de você muita flexibilidade e renúncia ao controle absoluto das situações, além do desenvolvimento da habilidade de improvisar. Apesar de tenso, esse é um período riquíssimo em percepções-relâmpago, que clareiam obstáculos que até então não eram vistos por você. Esses clarões ajudarão a entender o que você precisa fazer e mudar para conseguir expressar, com mais liberdade, seus talentos. Outro ponto importante de atenção neste ano é o período entre os dias 12/07 e 30/10. Nesses dias, você poderá se sentir extremamente confiante em suas capacidades produtivas, assim como em sua capacidade de avaliar, pragmaticamente, uma situação. Isso poderá ser uma armadilha complicada, pois, ao se deixar levar por essa onda otimista de autoconfiança, você poderá exagerar nas despesas, nos investimentos, nas horas dedicadas ao trabalho. Também poderá assumir mais peso do que poderá suportar, esgotando recursos e capacidade produtiva. Não se deixe levar pela teimosia querendo alcançar as metas estabelecidas a qualquer preço. Se for necessário, dê um passo para trás e renegocie prazos e metas para que se ajustem aos cenários em constante mutação.

Já para o escorpiano do terceiro decanato (12/11 a 21/11), esse será um ano que começará lento e desanimador, parecendo não oferecer grandes perspectivas de crescimento e melhora financeira. Entre os dias 01/01 e 07/03, você poderá se sentir bastante sobrecarregado. Persista em suas tarefas e buscas, com disciplina e determinação, mas sem forçar seus limites. Se for possível, diminua o ritmo, procurando descansar o máximo possível. Isso será bastante útil, já que não será muito fácil contar com a ajuda e a compreensão dos outros nessa fase. Procure aproveitar os dias 01/01 a 23/03 para se sintonizar com ideias, conhecimentos, técnicas, pessoas, grupos, organizações e mercados ainda não explorados, mais sutis e menos óbvios. Esses caminhos poderão levá-lo a oportunidades interessantes e inexploradas, além de novas maneiras de aumentar sua produtividade sem se sobrecarregar. Exercer tarefas em grupos poderá ensiná-lo a exercitar o controle e o seu poder pessoal de maneira muito mais criativa e produtiva. No entanto, será necessário buscar ativamente essas oportunidades, fazendo-se valer de pesquisas, voluntariados e conexões. Essa janela de oportunidade se abrirá novamente, após o dia 12/06, e permanecerá ativa até o final do ano. Aproveite bastante esse presente, o esforço valerá a pena. Ele será especialmente útil durante o período mais turbulento do ano, entre os dias 15/06 e 15/11. Nesse período, tudo mudará rápido demais, de forma bastante inesperada e instável. Evite fazer planos, pois essa é uma fase de experimentação. Portanto, mantenha-se frugal, prepare-se para despesas inesperadas, mantendo alguma reserva financeira, evitando dívidas.

O momento pede flexibilidade, velocidade, curiosidade e capacidade de adaptação. Há mais uma ajuda para os nascidos nesse período e que estará disponível durante todo o ano de 2023: a facilidade com que você poderá acessar a sua imaginação, dando às suas produções uma dose extra de criatividade e inspiração. Essa sensibilidade também poderá ajudá-lo a entender as necessidades de seus clientes, compreendendo-os em níveis não verbais. Disponha dessa criatividade para fazer seus recursos renderem, usando da criatividade e da inspiração para lidar com as demandas materiais. Cuidado para não se perder em devaneios. Será mais interessante e útil usar essa habilidade para o trabalho voluntário em instituições e em grupos voltados para quem mais precisa.

Em geral, os melhores períodos para trabalho, dinheiro, negócios e aquisições são: 28/01 a 31/01; 01/02 a 11/02; 03/03 a 19/03; 10/10 a 24/11 e 05/12 a 29/12.

Os menos favoráveis são: 01/01 a 27/01; 01/03 a 02/03; 01/04 a 09/10 e 13/12 a 31/12.

Relacionamentos:

O ano de 2023 traz muitos desafios para os escorpianos, mas também oferece a chance de realizar mudanças profundas e significativas em suas vidas. Esse será um ano em que questões sobre posse, poder, controle, capacidade de se abrir para o novo e experimentar caminhos diferentes, assim como a necessidade de equilibrar as questões emocionais e físicas, ocuparão muito dos seus dias.

Neste ano é essencial compreender que você não terá muito espaço para impor suas vontades e desejos aos outros. Insistir nessa direção poderá levá-lo a desfechos inesperados e/ou indesejados. Esse é o ano para entender que o outro não é responsável pela sua felicidade, nem pela sua infelicidade. Esse papel é seu somente, e é chegada a hora de assumi-lo. Ultimatos, chantagens emocionais, manobras silenciosas e pressões trarão dissabores e poucos resultados. Os conteúdos emocionais que ficaram relegados ao segundo plano pedirão passagem e, quanto mais negados forem, mais insistentes e impossíveis de se controlar serão. Segredos não devem ser favorecidos neste ano.

No entanto, não é necessário se assustar, pois há uma maneira de evitar os efeitos mais complicados deste ano. O segredo está em se antecipar e iniciar as mudanças profundas e radicais em você mesmo, antes que os seus parceiros ou as circunstâncias as imponham. Desapegue-se, abra espaço para o novo, permita-se experimentar outros pontos de vista, outras perspectivas, e evite os confrontos. Não deixe que as emoções não trabalhadas entrem em erupção e se transformem em obsessões. Essa será uma forma pouco interessante de viver o potencial revolucionário deste ano. Trabalhe para que padrões de comportamento repetitivos do passado não o façam perder oportunidades e sabotem relacionamentos que são relevantes para você. Os eclipses lunares de maio e outubro serão momentos mais delicados e precisam ser tratados com tato e cuidado para evitar que rompimentos bruscos ocorram. Essas datas também servirão para revelar com clareza os padrões de comportamento que estão atrapalhando o seu crescimento emocional. Será preciso considerar os desejos e as necessidades do outro verdadeiramente, de maneira igualitária, valorizando suas individualidades, sem que com isso precise anular seus desejos e suas necessidades. Essa negociação, para funcionar, deverá ser sincera, aberta e feita com paciência e liberdade. As Luas Novas de fevereiro, maio e novembro serão bastante favoráveis para se dedicar a esses assuntos.

O escorpiano do primeiro decanato (23/10 a 01/11) precisará lidar com questões emocionais bastante intensas e desafiadoras entre os dias 24/03 e 11/06. Ciúme, posse, apego, atitudes e relacionamentos compulsivos serão a tônica desse período. Será necessário lidar com as paixões e os sentimentos mal resolvidos. O fato é que não será mais possível negar os problemas que existem, e as tentativas de mantê-los sob controle tenderão a acirrar os ânimos e atrapalhar a solução. Aproveite que você poderá contar, a partir do dia 08/03 e ao longo de todo o ano, com o apoio de pessoas sérias e experientes.

No entanto, é importante ressaltar que o trabalho será seu. Reconhecer seus erros e motivações, buscar ajuda, promover mudanças internas necessárias é o caminho mais favorável para transformar as crises vividas em aprendizados significativos. Fique atento também à tendência de querer considerar o problema já resolvido, assumindo uma postura pragmática para a avaliação dos relacionamentos. Nem sempre as respostas dos sentidos dão conta de tudo e, na maioria das vezes, quantidade não compensa qualidade. A tentação será grande, principalmente no período entre 17/05 e 11/07, assim como entre 31/10 e 31/12. Resista e não abdique da necessidade de realizar mudanças mais profundas e radicais. A persistência trará resultados bem mais gratificantes.

Para o escorpiano do segundo decanato (02/11 a 11/11), o ano de 2023 promete muitas emoções e turbilhões. Entre os dias 01/01 e 15/06 e entre os dias 16/11 e 31/12, a mudança será a única constante. Será um ano de muita instabilidade e reviravoltas. A necessidade de segurança precisará ser deixada de lado, mesmo que temporariamente, para evitar acirrar crises desnecessariamente. Esse é o ano da experimentação e das descobertas. Do que você realmente precisa para se sentir vivo nos relacionamentos? O que o anima e motiva? O que você gostaria de viver? Você ou seu parceiro estará profundamente inquieto e desejoso de explorar essa inquietação tão indefinida quanto impossível de ignorar. O melhor a se fazer é não colocar obstáculos, nem tentar controlar excessivamente esse momento. Não há como assegurar a durabilidade dos relacionamentos, é claro, mas é possível permitir que a criatividade renove as relações significativas. Ao mesmo tempo, é muito importante ficar atento para que não corte os laços impulsivamente, movido por um desejo indefinido de experimentar o novo. Quando essa onda de inquietude passar, é possível que se perceba que houve muita precipitação. Por isso, procure ser, principalmente, flexível e adaptável neste ano, sem perder de vista quem é e o que deseja. Entre os dias 12/07 e 30/10, você estará mais suscetível a acreditar que tem tudo resolvido e ceder a uma vontade enorme de satisfazer seus sentidos. Um excesso de autoestima e uma teimosia insistente poderão levá-lo a impasses evitáveis. Tome cuidado e reduza a velocidade das decisões ao longo de 2023, dessa forma, poderá aproveitar melhor a montanha-russa de emoções que o ano tem para oferecer.

O escorpiano do terceiro decanato (12/11 a 21/11) começará o ano se sentindo solitário, desvalorizado e desanimado. Uma sensação persistente de que tudo permanece igual será bastante forte entre os dias 01/01 e 07/03. Essa é uma fase em que você deverá cuidar para não deixar a tristeza tomar conta dos seus dias. Saiba que essa fase passará e que o ano ganhará contornos bem mais interessantes à medida que ele progredir. Tente sintonizar-se mais na busca pelas oportunidades de desenvolvimento emocional, renovação e revitalização de conexões que estarão disponíveis para você, embora de uma forma bem mais sutil do que o costume. Amplie seu círculo e inclua a participação em grupos de interesses diferentes e ainda não explorados por você. Essas janelas de oportunidade estarão abertas ao longo do ano entre os dias

01/01 e 23/03 e, novamente, entre os dias 12/06 e 31/12. Para ajudá-lo um pouco mais nessa busca e aliviar as tensões do ano, você poderá contar com uma sensibilidade bem mais apurada, que facilitará bastante a capacidade de sonho, empatia e doação tão importantes para revitalizar as suas relações e renovar os seus sentimentos. Evite apenas a tentação de viver nesse mundo idealizado. A realidade chamará sua atenção e precisará da sua presença para funcionar. Essa presença será fundamental, principalmente entre os dias 15/06 e 15/11. Durante esse período, as mudanças acontecerão sucessivamente, sem trégua, nem descanso. Uma inquietação imensa e o desejo de mudar tudo poderão provocar crises e reviravoltas. O importante aqui é abrir espaço para a criatividade e para o novo em suas vidas e, especialmente, na vida do seu parceiro. Ultimatos, pressões por garantias, seguranças, confirmações e contratos poderão trazer resultados contrários do que se espera. Também é importante evitar a desvalorização do outro no relacionamento. Atitudes egoístas e extremamente individualistas poderão prejudicá-lo. É importante considerar o equilíbrio dinâmico entre as suas necessidades e a dos outros, levando em consideração que durante essa fase ninguém saberá ao certo o que quer. E isso não precisará ser um problema. Se você considerar esse momento como um período de exploração do que o impede de ser verdadeiramente quem é, essa poderá ser uma fase muito rica e excitante para você.

Em geral, os melhores períodos para relações, encontros amorosos e colaboração são: 28/01 a 28/02; 26/03 a 31/03; 08/05 a 20/05; 10/10 a 08/11 e 05/12 a 29/12.

Os menos favoráveis são: 01/01 a 27/01; 01/04 a 11/04 e 21/05 a 09/10.

Saúde:

Em 2023, os escorpianos deverão cuidar de questões relacionadas aos limites do corpo e da mente, ao relaxamento e à redução do estresse, assim como à flexibilidade corporal e à somatização, para que possam ter um ano mais saudável. O fato é que este é um ano que traz muitos desafios, pressões e contrariedades, o que termina por sobrecarregar a alma e o corpo. Esse ano estabelece que o limite foi atingido e que é necessário mudar já. Por mais confiante que seja em suas capacidades de controlar e restaurar suas aptidões físicas, há momentos em que os problemas não processados se acumulam e explodem. Esse ano trará o risco de problemas de saúde ocasionados por situações mal resolvidas ou administradas com rigor excessivo e cuidado de menos. As emoções terão um papel determinante para a saúde e precisarão ser consideradas e trabalhadas intensamente para que não provoquem crises desnecessárias. Os períodos dos eclipses lunares, em maio e outubro, serão bastante delicados e evidenciarão comportamentos antigos que colaboram para a debilitação da saúde em geral. Como costumam ser períodos que marcam limites, é recomendável cuidar para não chegar a esses dias com situações por um fio. Durante essas datas, romper com o passado e abraçar o futuro serão atitudes imperativas. Ao longo de 2023, as Luas Novas de março, abril, junho, outubro e novembro evidenciarão questões de saúde.

O escorpiano do primeiro decanato (23/10 a 01/11) deverá ficar atento ao bom funcionamento dos seus órgãos reprodutores e excretores, da mesma forma em que deve prestar atenção ao funcionamento dos seus hormônios e tireoide. Problemas nessas áreas poderão afetar seu bem-estar, equilíbrio emocional e uma vida sexual equilibrada. Emoções reprimidas atrapalham o bom funcionamento da saúde e precisarão de ajuda para serem reveladas e trazidas à luz. Isso será mais intensamente observado entre os dias 24/03 e 11/06. É importante não lutar contra as opiniões dos especialistas na área, também é recomendável tratar dos assuntos com uma equipe de saúde em vez de somente um médico. Ao longo do ano, em especial no período compreendido entre 17/05 e 11/07 e de 31/10 a 31/12, você poderá exagerar, seja na atividade física, seja na indulgência aos sentidos, contribuindo para o prolongamento do problema e para o acirramento da crise mais adiante. Não desconsidere a relevância de hábitos e condutas moderadas, além do estabelecimento de uma rotina disciplinada para a superação dos problemas de saúde ao longo de 2023.

Para o escorpiano do segundo decanato (02/11 a 11/11), o ano pede que se estabeleçam limites para as suas atividades, assim como para a vontade de atender aos seus desejos e a satisfazer seus sentidos, indiscriminadamente. A renúncia, o estabelecimento de prioridades e a seleção do que é melhor para o cultivo de seu bem-estar estarão entre as melhores atitudes a se tomar para a manutenção do equilíbrio ao longo de 2023. A importância de respeitar os limites estará mais evidenciada no período entre o dia 12/07 e 30/10. Os sistemas cardíaco e circulatório precisarão ser monitorados de perto, e é muito importante assegurar que os exames de rotina estejam em dia ao longo de todo o ano, pois situações imprevistas poderão ocorrer. Por último, o ano de 2023 exigirá de vocês muita habilidade para lidar com a ansiedade e a insegurança gerada pelas mudanças constantes. Procure técnicas inovadoras de relaxamento.

Essas questões estarão em evidência entre os dias 01/01 e 15/06, retornando com força após o dia 16/11 e permanecendo em vigor até o final do ano.

O escorpiano do terceiro decanato (12/11 a 21/11) terá um começo do ano mais difícil, sentindo-se com a vitalidade em baixa. Articulações, problemas crônicos e hereditários, entupimentos e enrijecimento do sistema circulatório, uma sensação de peso e sobrecarga poderão afetar negativamente sua saúde entre os dias 01/01 e 07/03. Durante essa fase, não menospreze a importância de uma boa higiene do sono. Terapias que envolvam imaginação ativa, meditações e energias mais sutis poderão trazer benefícios sistêmicos. Fique atento entre os dias 15/06 e 15/11 às questões ligadas ao sistema cardíaco e circulatório. Pesquise formas diferentes para lidar com o estresse e a insegurança do período. As oportunidades estarão mais acessíveis entre os dias 01/01 e 23/03 e, novamente, entre os dias 12/06 e 31/12.

Em geral, os períodos de maior energia, saúde, vigor e vitalidade são: 26/03 a 20/05; 11/07 a 27/07 e 13/10 a 24/11.

Os períodos menos favoráveis para cirurgia e vitalidade são: 01/01 a 12/01 e 21/05 a 10/07.

Os melhores dias para tratamento estéticos: 01/01 a 03/01; 28/01 a 28/02; 08/05 a 05/06; 10/10 a 08/11 e 05/12 a 29/12.

Períodos menos favorecidos para tratamentos e procedimentos estéticos: 01/04 a 11/04 e 06/06 a 09/10.

SAGITÁRIO (22/11 A 21/12)
REGENTE JÚPITER

Primeiro decanato: de 22/11 a 01/12
Segundo decanato: de 02/12 a 11/12
Terceiro decanato: de 12/12 a 21/12

Panorama geral:

Feliz 2023, sagitariano!

O novo ano traz uma dose adicional de otimismo, alegria, vitalidade e esperança. Essa é uma excelente notícia depois de tantos dias difíceis. Ao longo do ano, será fácil sentir que o melhor a fazer é relaxar e aproveitar as horas boas. No entanto, essa não é a melhor maneira de viver e aproveitar os ventos de sorte que sopram a seu favor agora. Pelo contrário, esse é um tempo que deverá ser dedicado à expansão mental, social, emocional e financeira.

Por mais tentador que seja aproveitar esse momento para investir financeiramente em bens materiais e em experiências sensoriais que lhe trarão muito prazer, este ano também deverá ser dedicado à ampliação dos seus horizontes culturais e intelectuais. Viaje sempre que possível, conheça e vivencie outras realidades sociais. Esse caminho será responsável por trazer riquezas e oportunidades ainda mais duradouras para as suas vidas. Os dois pontos a serem evitados neste ano são o desperdício das oportunidades por achar que esse momento durará para sempre e o excesso de autoconfiança que poderá terminar por trazer problemas facilmente evitáveis.

O sagitariano do primeiro decanato (22/11 a 01/12) começará o ano com muito entusiasmo, vitalidade e sorte. Aproveite bem o período entre os dias 01/01 e 25/02 para ampliar sua rede de relacionamentos, seus conhecimentos de novos lugares e culturas e para realizar algum dos seus sonhos. Esse é o melhor momento para conseguir apoio e suporte financeiro para eles. A partir do dia 08/03, você terá que enfrentar muita resistência aos seus projetos e à implementação das suas ideias.

Será necessário desenvolver estratégias e usar a paciência, a resiliência, a disciplina e a perseverança para obter os resultados que o ano prometeu logo no início. Você precisará ser capaz de reconhecer quais lutas deverão ser compradas e quais deverão ser contornadas ou mesmo postergadas. Pessoas mais conservadoras, mais velhas e/ou que exercem papéis de autoridade em suas vidas poderão ser mais difíceis de lidar. No entanto, com calma, tato, prudência e diplomacia, você encontrará formas de transformar obstáculos em aliados. O ideal é manter uma condução firme e constante, sem ser combativo durante esse período. Perceba que os testes apresentados nesse momento servirão para pôr à prova seus projetos e sonhos concebidos há algum tempo.

Entre os dias 24/03 e 11/06, novas oportunidades de encontrar apoio e auxílio para seus desejos estarão disponíveis para vocês, mas, nesse caso, será necessário realizar um esforço adicional para detectá-las, pois não estarão tão disponíveis. Elas requererão curiosidade e disponibilidade em realizar mudanças criativas em suas vidas. O trabalho pacientemente desenvolvido junto às figuras de poder da sua vida poderá render frutos nesse período. Fique atento àquelas que não estão tão em destaque, mas que detêm o verdadeiro poder e liderança sobre os demais.

Para o sagitariano nascido no segundo decanato (02/12 a 11/12), 2023 será um ano mais tranquilo, no qual poderá se mover e se organizar com mais autonomia. Esse é um ótimo momento para fazer suas estratégias de longo prazo, realizar os ajustes de rumo e os pequenos consertos e revisões que são sempre postergados em períodos de crises. Como um presente, o período entre os dias 26/02 e 08/04 oferecem momentos de muita alegria, sorte e bem-estar. O ideal é aproveitar as benesses desses dias para relaxar, conhecer novas culturas e lugares, fazer um curso que amplie seus contatos e seus conhecimentos, além de concretizar aquele sonho que precisava de um alívio financeiro para ser realizado. Não deixe de usar os favorecimentos desses dias para criar reservas de recursos e pessoais que deverão ser cultivadas para ampará-lo em momentos mais difíceis.

Já o sagitariano nascido no terceiro decanato (12/12 a 21/12) terá que atentar para a possibilidade de enfrentar um período de muita confusão e incertezas ao longo de 2023. Situações e projetos que pareciam sólidos poderão apresentar fissuras e trazer desilusões e decepções. Isso poderá deixá-los temporariamente desnorteados e desamparados. O importante é compreender que o momento pede que reajam e revejam o caminho que o trouxe até aqui. É muito possível que você estivesse investindo a energia em coisas que não refletem, verdadeiramente, quem é ou o que deseja. Essa é a lição por trás desses tropeços. Não tenha medo de questionar e não afaste as pessoas que te convoquem à realidade.

Negar os fatos não o levará a nenhum lugar em que valha a pena estar. Mesmo que se sinta paralisado e inseguro, procure seguir lentamente em frente, mantendo os pés bem fincados no chão. Resista aos gurus de plantão e às soluções milagrosas, essas não são as saídas para os problemas que se apresentam este ano. Você estará vulnerável o suficiente para se enredar em situações difíceis de resolver, por isso seja muito seletivo e cuidadoso. Para ajudá-lo e fortalecê-lo, o período que se inicia em 01/01 até o dia 07/03 oferece chances de encontrar pessoas sensatas e experientes, assim como estabelecer estruturas mais sólidas, que poderão lhe ajudar a sair do nevoeiro.

No entanto, é muito importante ressaltar que essa ajuda não virá sem esforço. Será necessário ter disciplina, determinação e dedicação para aproveitar essas chances. Logo depois, entre os dias 09/04 e 16/05, você viverá um momento de bastante sorte, otimismo, favorecimentos e alegria. Aproveite essa fase para reabastecer a energia e o bom humor, recuperando suas reservas financeiras e de vitalidade para poder atravessar melhor o segundo semestre do ano.

Carreira e finanças:

O ano novo traz janelas de oportunidades excelentes para os sagitarianos. Para aproveitá-las ao máximo, será necessário ter em mente quais são seus objetivos e estar disposto a ampliar os seus horizontes com otimismo e confiança. Durante esses períodos de sorte, você poderá receber ajudas generosas, ver sua situação financeira melhorar e encontrar soluções para as dificuldades de seus projetos. No entanto, essas fases poderão ser ainda mais bem-aproveitadas se você buscar ampliar seus círculos de contatos profissionais para além dos limites conhecidos, adquirindo novos conhecimentos, frequentando lugares e palestras onde os líderes e influenciadores das suas áreas de interesse estão. Também é bastante recomendável separar um valor para dar início a uma reserva financeira e separar outro tanto para ajudar os que estão atravessando momentos mais difíceis ou para apoiar causas que façam sentido para você. Esse comportamento fará com que esse período favorável renda benefícios por muito mais tempo. Aproveite e seja generoso também com o que aprender, espalhando cordialidade e simpatia. As Luas Novas de maio, setembro e dezembro serão as mais interessantes para se dedicar mais de perto aos assuntos ligados à sua carreira e vida financeira.

O sagitariano do primeiro decanato (22/11 a 01/12) terá os seus melhores dias para as finanças e para assuntos profissionais logo no início do ano, entre os dias 01/01 e 25/02. Será um excelente momento para começar suas tarefas com o pé direito, no qual seus projetos, contatos e iniciativas podem encontrar uma boa recepção. Investimentos feitos nesse período tendem a trazer bons resultados. O importante aqui é não considerar que tudo está resolvido e terminar por desperdiçar essa janela de oportunidade. Tempere o otimismo com prudência para ter melhores chances de fazer essa fase render por mais tempo. Isso será importante, pois você terá que lidar com obstáculos e resistências a partir do dia 08/03 até o final do ano. Não desanime ou paralise, pelo contrário, considere essas dificuldades como testes. São elas que o ajudarão a verificar quais pontos dos seus planos e expectativas precisam ser aprimorados, assegurando que resistirão ao tempo e à realidade. Entre os dias 24/03 e 11/06, se você se dedicar, perceberá o que é necessário realizar para desarmar as bombas que podem atrapalhar as suas ambições. Também sentirá que tem em si o que é necessário para virar o jogo e transformar as situações de maneira favorável para você. Porém, nada disso será entregue sem que haja um esforço consciente, uma busca inteligente e, principalmente, sincera da sua parte. Essa busca poderá levá-lo a posições de liderança nas quais terá o seu talento trabalhado, desafiado e aprimorado. Ao longo de 2023, será preciso persistir sem confrontar, evitando gastar tempo, recursos e energia com teimosias. Fique atento às reações de gestores e membros mais velhos e experientes das suas equipes e ambientes de trabalho. Eles lhes darão muito trabalho e será melhor admitir e considerar os seus pontos de vista para que você tenha a chance de transformá-los em aliados. Escolha suas brigas e seja responsável, sério, diligente e caprichoso. Verifique se todos os pontos foram revistos antes de apresentar seus projetos e também se o orçamento é realista. Atenção ao impacto que seus projetos terão para o grupo e a sociedade em geral, pois esse será um ponto a ser considerado. Pense que, para avançar esse ano, será necessário trabalhar duro e dedicadamente, pois, embora o carisma e o entusiasmo possam abrir as portas, será o esforço contínuo e a determinação que os levará adiante.

Para o sagitariano do segundo decanato (02/12 a 11/12), o ano que se inicia lhe dará um pouco mais de trégua e tranquilidade para refazer suas forças. Quando isso ocorre, é recomendável usar esse tempo para rever seus planos, metas e atualizar suas ambições, considerando tudo o que aprendeu até aqui. Reveja quais são os pontos das suas formações profissionais que podem ser aprimoradas e/ou o que pode ser feito para melhorar sua vida financeira. Essa revisão e esses ajustes poderão ajudá-lo a tirar o maior proveito possível da maré de sorte que começará no dia 26/02 e permanecerá ativa até o dia 08/04. Nesse período, você será percebido de maneira bastante favorável, facilitando negociações, promoções, aprovações, entradas de recursos e benefícios de todos os tipos. Essa onda aumentará a autoestima e seu carisma, facilitando o seu crescimento pessoal. Aproveite esse período ao máximo, ampliando seus horizontes, seus contatos e seus conhecimentos. Se for possível, comece novos cursos que o ajudem a conhecer novas línguas e culturas. Tudo isso o ajudará a fazer esse período frutificar por muito mais tempo.

O sagitariano do terceiro decanato (12/12 a 21/12) terá que se preocupar em aprender como lidar com a confusão que se instalou ao seu redor ao longo de todo 2023. Investimentos que pareciam sólidos e que foram tão bem recomendados apresentam furos e trazem prejuízos, e negócios que pareciam certos e promissores se revelam irreais. Você poderá sentir-se perdido e desiludido, sem saber em quem confiar e com quem contar. O que precisa ser aprendido neste ano é assumir a responsabilidade, integralmente, pela sua carreira e pela sua vida financeira. Nesse caminho, será necessário deixar de acreditar em soluções mágicas e em delegar o poder sobre o que é seu e sobre o seu futuro. Um passo depois do outro, vagarosamente, com muito empenho e trabalho, levando em consideração a realidade em cada etapa, você conseguirá ultrapassar essa fase mais dura. Durante os dias 01/01 a 07/03 será muito benéfico realizar o difícil trabalho de destrinchar seus problemas e colocá-los em ordem.

Nesse período, você terá mais facilidade para encontrar a supervisão de pessoas mais experientes que serão rigorosas e exigentes na justa medida para mostrar o caminho para a saída. Não se iluda, porém, pois o trabalho e os sacrifícios a serem feitos terão que ser seus. Não se ausente, não escape e não abandone a realidade. Segure firme e atravesse esse período mais árduo com fé, pois dias melhores virão após o trabalho feito. Entre os dias 09/04 e 16/05, você terá um intervalo nas tensões e poderá aproveitar um período de muita sorte e benefício. Use esses dias estrategicamente, aumentando as suas reservas financeiras, ampliando seus contatos, aproximando-se das pessoas relevantes em suas áreas de trabalho. Elas poderão ser bastante generosas com vocês nessa fase, apresentando-os às pessoas-chave em áreas do seu interesse. Esse é um período que deve ser usado ao máximo e com muita sabedoria. Aproveite bem.

Em geral, os melhores períodos para trabalho, dinheiro, negócios e aquisições são: 26/03 a 03/04 e 09/11 a 12/12.

Os menos favoráveis são: 01/01 a 25/03; 12/04 a 15/05; 12/06 a 03/09 e 13/12 a 31/12.

Relacionamentos:

O ano que se inicia promete momentos de muita alegria, relaxamento e diversão. Serão fases excelentes para viajar, conhecer novas culturas e lugares distantes, encontrar pessoas especiais e viver situações felizes com quem se quer bem. Abra as portas para conhecer pessoas novas, para experimentar outras aventuras, sozinho ou bem-acompanhado. Serão épocas muito boas para exercitar o charme e espalhar alegria. Em meio a tantas possibilidades, aprenda a identificar e valorizar o que realmente importa para você. Preste atenção para retribuir, generosamente, os benefícios que receberá nesses períodos. Agindo assim, você garantirá que os privilégios nesses dias frutificarão em mais alegrias no futuro. As Luas Novas de março, abril, junho e dezembro serão especialmente favoráveis para cuidar das questões ligadas aos relacionamentos e às parcerias.

O sagitariano do primeiro decanato (22/11 a 01/12) começará o ano com a energia em alta, sentindo que o mundo lhe pertence e que a sorte lhe sorri. E estará certo em sentir-se assim. Do dia 01/01 ao dia 25/02, você terá ótimas chances de alcançar o que deseja e de atrair a atenção das pessoas mais interessantes com seu charme e carisma. Não deixe esse período passar em branco e aproveite para se divertir, viajar e celebrar a vida. Aventure-se, mas não deixe de valorizar seus compromissos, caso existam. Essa é uma boa dica, pois, a partir do dia 08/03, o ano apresenta outro tom, mais árido e trabalhoso. Durante essa fase, você precisará demonstrar seriedade e dedicação se quiser que suas relações prosperem. Poderá sentir-se solitário e sem brilho, mas, na realidade, estará apenas sendo testado em sua consistência. Precisará aprender a lidar com limites e a renunciar a prazeres mais imediatos em nome de objetivos duradouros. É um período de ajustes, responsabilidades e contrariedades. Pessoas mais velhas e/ou que exerçam papéis conservadores e de autoridade em suas vidas poderão dar mais trabalho e precisar de mais tempo para serem convencidas de suas intenções e propósitos. Persista com paciência e sobriedade, exercitando a autocrítica e lapidando o que precisar ser corrigido. Entre os dias 24/03 e 11/06, caso se disponha a realizar as mudanças mais profundas, com sinceridade e coragem, descobrirá as áreas em que todo o esforço foi justificado e recompensado.

Para os sagitarianos do segundo decanato (02/12 a 11/12), o ano de 2023 será mais tranquilo e fácil de navegar. Você poderá escolher com mais autonomia onde deseja investir seu tempo e energia, sem ser assaltado por crises e mudanças súbitas de rumo. Há um período no ano, no entanto, perfeito para que você possa ampliar suas chances de conhecer pessoas interessantes e/ou de construir memórias bonitas e felizes com quem você ama. Entre os dias 26/02 e 08/04, aproveite para viajar, celebrar e aventurar-se. Durante essa fase, você terá ótimas oportunidades de reforçar a sua autoestima e aumentar suas reservas de alegria e bem-estar. Aproveite para viajar e conhecer novas culturas e lugares e curtir muito a vida.

Já os sagitarianos do terceiro decanato (12/12 a 21/12) viverão um ciclo mais difícil e confuso. Ao longo do ano, você poderá perceber que depositou sua confiança em quem não devia ou que apostou em algo que, na realidade, não existia. Essa descoberta será dura e poderá causar períodos de tristeza e desilusão. Por mais difícil que seja, não ceda à tentação de voltar a dar votos de confiança a situações que prometem demais e não entregam nada. Não acredite em mudanças milagrosas, em redenções, em sacrificar o seu tempo, sua energia e sua alegria para salvar outra pessoa. Da mesma maneira, não espere ser salvo. Em 2023, terá mais chances de viver uma alegria genuína se entender que você é seu herói. Entre os dias 01/01 e 07/03, você poderá contar com o apoio de pessoas mais experientes para ajudá-lo a mostrar o que precisa ser consertado e corrigido para que volte a viver relações mais estruturadas e seguras. Os dias entre 09/04 e 16/05 poderão mostrar como esses esforços valeram a pena. Serão dias de muitas alegrias, chances de se divertir e conhecer novas pessoas, ampliando as oportunidades de encontros felizes. Aproveite bastante e lembre-se de não se apressar em ir atrás de sonhos. O caminho precisa ser trilhado passo a passo, com muita atenção à realidade, para que você possa chegar a um lugar mais iluminado e feliz.

Em geral, os melhores períodos para relações, encontros amorosos e colaboração são: 06/06 a 22/06; 04/09 a 09/10 e 09/11 a 31/12.

Os menos favoráveis são: 01/01 a 25/03; 12/04 a 07/05 e 23/06 e 03/09.

Saúde:

O ano de 2023 trará para os sagitarianos dias de muita vitalidade e bem-estar. Corpo e mente se beneficiarão com o reforço do sistema imunológico e o aumento do otimismo e da alegria. Durante esses períodos, você poderá ter melhores desempenhos esportivos, alcançar novos patamares de energia e resistência. Também será possível encontrar especialistas que poderão ajudar a melhorar a sua saúde. Será importante aproveitar esses dias para relaxar das tensões e estabelecer uma nova rotina, com hábitos mais saudáveis que o ajudarão a manter os níveis de bem-estar em alta, mesmo depois que essa fase passar. As Luas Novas de maio, julho, novembro e dezembro serão especialmente favoráveis para que você se dedique aos assuntos relacionados à saúde.

Para os sagitarianos do primeiro decanato (22/11 a 01/12), o ano começará com muito vigor e bom humor. Você se sentirá capaz de realizar atividades mais desafiadoras e ultrapassar limites anteriores. Caso esteja lutando contra alguma dificuldade física ou psicológica, o período entre os dias 01/01 e 25/02 será ótimo para encontrar soluções, especialistas, tratamentos e remédios que atuarão com maior eficácia, oferecendo maiores chances de recuperação. Use esse período para recuperar suas forças e para viver novas aventuras que o farão sentir-se renovado e cheio de energia. O mais importante é lembrar que, por mais fortalecido que se sinta, não deve negligenciar os exames de rotina nem abandonar as boas rotinas de saúde. O ano novo também apresentará obstáculos que precisarão da força acumulada no início de 2023. A partir do dia 08/03 até o final do ano, você precisará encarar seus limites, deixando de lado atividades que não são adequadas ao que pode realizar nesse momento. Outras responsabilidades, assim como o cuidado com pessoas mais velhas, poderão se impor, gerando maior cansaço e dificuldade em manter o ritmo do início do ano. Você deverá prestar atenção principalmente a problemas hereditários, crônicos ou recorrentes que poderão retornar neste ano. O sistema cardíaco, ossos, dentes e articulações deverão receber atenção redobrada. Para manter a saúde em bom funcionamento, será necessário manter a disciplina e usar de paciência e persistência para superar as adversidades. Entre os dias 24/03 e 11/06, será vantajoso ir um pouco além, procurando ativamente profissionais que realizem trabalhos mais intensivos; também será benéfico concentrar os esforços que demandem mais vontade e energia nesse período. As chances de trazer melhores resultados serão maiores. Para os outros períodos do ano, além da disciplina, será importante manter a hidratação e o descanso em dia. Cuide da rotina e estabeleça limites claros para não se sobrecarregar.

Os sagitarianos do segundo decanato (02/12 a 11/12) terão um ano tranquilo e sem grandes chances de viver situações de maior desgaste. Esse é um ano excelente para estabelecer novas metas e testar novas rotinas, aumentando a resistência do corpo e a capacidade de relaxar mesmo quando sob pressão. Entre os dias 26/02 e 08/04, você poderá experimentar dias de muita energia e bem-estar. Caso esteja planejando realizar alguma atividade física que demande maior desempenho, esses dias são os mais indicados para obter os melhores resultados. No mais, use essa fase para relaxar descontrair e se abastecer de alegria e vitalidade.

Já os sagitarianos do terceiro decanato (12/12 a 21/12) terão boas chances de resolver problemas de saúde, sejam físicos ou psicológicos em 2023. Para conseguir isso, porém, precisará desistir dos tratamentos que prometem curas milagrosas sem esforço, terapias sem comprovações científicas ou diagnósticos rápidos e simples dados por gurus pouco confiáveis. A espiritualidade pode ser um ótimo esteio, mas não será o caminho para atingir a melhora da situação atual. Será necessário agir com muita cautela, paciência, seriedade e dedicação se quiser realmente modificar o quadro em que se encontra. Não falte às consultas, não adie os exames, não deixe de tomar os medicamentos de acordo com a bula e a receita médica. Ao longo deste ano, o sistema imunológico estará mais fragilizado e é possível haver problemas com intoxicações alimentares, anestesias e resultantes do uso de drogas de todos os tipos. Portanto, não se arrisque. O começo do ano, em especial entre os dias 01/03 e 07/03, será muito bom para se dedicar a eliminar os excessos e a corrigir os hábitos que o trouxeram até aqui. Não será fácil, mas com determinação os resultados virão. Entre os dias 09/04 e 16/05, a vitalidade estará fortalecida e você se sentirá cheio de ânimo e energia. Isso será excelente para o seu bem-estar e deverá ser utilizado para reforçar a continuação das práticas adotadas de rigor e disciplina. Mantenha-se firme, dedicado e você chegará ao final do ano bem mais fortalecido.

Em geral, os períodos de maior energia, saúde, vigor e vitalidade são: 21/05 a 10/07; 28/08 a 12/10; 25/11 a 31/12.

Os períodos menos favoráveis para cirurgia e vitalidade são: 01/01 a 28/02; 11/07 a 27/08.

Os melhores dias para tratamento estéticos: 04/01 a 27/01; 01/03 a 31/03; 06/06 a 22/06; 04/09 a 09/10; 09/11 a 04/12 e 30/12 a 31/12.

Períodos menos favorecidos para tratamentos e procedimentos estéticos: 12/04 a 07/05; 23/06 a 03/09 e 10/10 a 08/11.

CAPRICÓRNIO (22/12 A 20/01) REGENTE SATURNO

Primeiro decanato: de 22/12 a 31/12
Segundo decanato: de 01/01 a 10/01
Terceiro decanato: de 11/01 a 20/01

Panorama geral:

Feliz 2023, capricorniano!

O ano novo promete muitas emoções e mudanças. Após um começo onde será preciso ficar atento para não errar o tom, a intensidade das ações é ajustada e será possível realizar transformações significativas em sua vida. Para tanto, capricorniano, você precisará prestar atenção às oportunidades que surgirão abundantemente, evitando a arrogância e a desconfiança injustificada. Será um ano para aprender a relaxar o controle, deixando que o novo se manifeste em sua vida e aceitando o convite do ano para mudar pensamentos, atitudes e perspectivas. O ano de 2023 traz muitas chances de receber boas notícias e viver momentos alegres. Por isso, procure viver esse ano ao máximo, com generosidade e otimismo, equilibrando as suas atividades para que os benefícios se espalhem por todas as áreas de sua vida.

Os capricornianos do primeiro decanato (22/12 a 31/12) começam o ano um pouco fora do tom. Entre os dias 01/01 e 25/02, será muito fácil errar a mão, acreditando que os benefícios que está vivendo agora são decorrentes de seus méritos somente, e não da colaboração de todos ao seu redor e das circunstâncias também. É claro que suas conquistas são o resultado obtido com seus esforços, mas é muito importante lembrar que nada acontece sem que haja algum apoio da sua retaguarda e uma boa dose de sorte também. Se você não for atento, poderá atropelar os outros, transformando uma fase bem bacana em motivo de arrependimento depois. Cuide para não ir com muito afã às coisas e não queira experimentar tudo de uma só vez para não ultrapassar os seus limites e o das pessoas que estão ao seu redor. Ambição pode não ser um problema, mas a ganância com certeza é.

Após esse período mais difícil de coordenar, você terá a possibilidade de colocar as coisas em seus devidos lugares. Entre os dias 08/03 e permanecendo até o final do ano, você terá a sorte de contra com uma disposição maior à temperança e à disciplina, inclusive emocional, favorecendo o seu crescimento de maneira mais estruturada e produtiva. Isso será ótimo para você, pois logo mais no ano, entre os dias 17/05 e 11/07, assim como entre os dias 31/10 e 31/12, você terá uma nova janela de chances e oportunidades altamente favoráveis e poderá aproveitar essa nova maré de sorte para poder expandir seus ganhos e espalhar benefícios.

Para os capricornianos nascidos no segundo decanato (01/01 a 10/01), o ano começa bem mais agitado e permanecerá revolucionando suas estruturas ao longo de todo o ano. Os períodos compreendidos entre 01/01 e 15/06 e, mais tarde, entre os dias 17/11 e 31/12 serão os mais tumultuados, porém toda essa agitação não será algo negativo. Essas são mudanças necessárias para que tenha maior mobilidade, flexibilidade e para que sinta um maior fluxo de vida em seus dias. Para lidar bem e fazer o melhor proveito desse período, será necessário driblar a ansiedade de não saber exatamente o que irá acontecer. Deixe muito espaço entre os seus compromissos para que os imprevistos gerem oportunidades de conhecer algo novo, em vez de gerar aborrecimentos. Todas essas mudanças podem levá-lo a extrapolar seus limites entre os dias 26/02 e 08/04. Nesse período, você poderá se sentir tentado a fazer muito de tudo e tudo de uma só vez. Tenha cuidado, pois essa atitude, além de alienar as pessoas queridas e de aborrecer as quem exerce papéis de autoridade em suas vidas, pode prejudicar sua saúde. Depois dessa fase de destempero, você acertará o passo e terá a possibilidade de viver momentos excelentes entre os dias 12/07 e 30/10. Nessa fase, a sorte estará a seu favor, e os acontecimentos da sua vida o deixarão com um sorriso feliz no rosto. Aproveite!

Já os capricornianos do terceiro decanato (11/01 a 20/01) terão um ano bastante intenso pela frente, e temperar o ritmo e as ações com sensibilidade será um fator importante para assegurar o sucesso. O ano trará profundas mudanças para a sua vida, e você estará bastante dedicado a transformar suas ambições em realidade. Por vezes, esse foco ficará tão direcionado que poderá se tornar algo obsessivo, não medindo esforços ou consequências para as ações tomadas na direção de suas metas. É aqui que a bandeira vermelha se levanta e pede as suas atenções. Esse é um ano no qual, para avançar, será necessário descartar o que está obsoleto e o que não trouxer mais energia para o seu caminho. Ao longo de 2023, você será provavelmente o condutor dessas transmutações necessárias. O segredo está em entender que suas metas e ambições devem servir não somente aos seus desejos, mas também para o benefício do contexto no qual você vive. Planos e projetos egoístas enfrentarão oposições tão poderosas que poderão deixá-lo exausto e frustrado. Essa energia intensa estará mais perceptível entre os dias 01/01 e 23/03 e, novamente, ativa entre os dias 12/06 e 31/12. Será preciso tomar um cuidado especial com a vaidade e a arrogância entre os dias 09/04 e 16/05.

Nesses dias será muito fácil achar que já conquistou o que queria e será difícil resistir ao desejo de exibir e mostrar aos que duvidaram de você o que alcançou. Essa é uma atitude que poderá atrapalhar bastante o seu caminho e minar muitas de suas conquistas. Evite se expor e lembre-se de ser generoso tanto com quem te apoiou quanto com quem te ofereceu oposição. Cada um tem um papel importante em suas caminhadas. A partir do dia 16/06 até o dia 16/11, reviravoltas e conquistas inesperadas poderão acontecer, surpre-endendo-o positivamente. Para ajudá-lo a sintonizar melhor suas emoções e desejos com os seus entornos, você poderá contar ao longo do ano com uma habilidade de perceber as mudanças e variações sutis de clima ao seu redor. Porém, essa sensibilidade não virá de graça; será necessário desenvolver a atenção, refinar suas antenas e estar sinceramente conectado com o que se passa ao seu redor. Empatia será uma ótima aliada no ano que se inicia, mas precisará ser trabalhada para não o sobrecarregar.

Carreira e finanças:

Assuntos ligados à carreira e às finanças serão proeminentes em 2023 para os capricornianos. Você estará interessado em ampliar sua renda, em crescer no ambiente profissional, em ser reconhecido e recompensado. A forma de realizar esse desejo variará de acordo com o decanato em que nasceu. No entanto, será importante compreender bem os significados das palavras generosidade e moderação. Não será recomendado, ao longo de 2023, esquecer ou deixar de lado quem o ajudou e apoiou para que chegasse aonde queria. Tampouco será aconselhável ultrapassar as suas fronteiras financeiras e físicas para atingir seus objetivos ou para celebrar as suas conquistas. Mantendo esses dois pontos em mente, você poderá aproveitar bastante muitas das oportunidades dadas pelo ano que se inicia. As Luas Novas de janeiro, junho e outubro são as mais indicadas para se concentrar nesses assuntos.

Para os capricornianos do primeiro decanato (22/12 a 31/12), o risco maior de exagerar e perder a justa medida das coisas está concentrado entre os dias 01/01 e 25/02. Nesse período, evite gastar mais do que é prudente apenas para mostrar ao mundo e àqueles que duvidaram do seu potencial aonde chegou. Evite também desconsiderar toda a contribuição que sua equipe deu e que foi essencial para chegar onde está. Fuja da tentação de acreditar que todas as suas vitórias são méritos exclusivamente seus. Outra atitude que deve ser evitada nessa fase é se deixar levar pela certeza de que está certo e que tem a solução para tudo e que a única coisa que o impede de ter sucesso é a visão tacanha de seus gestores. Esse comportamento poderá trazer dissabores mais adiante, quando essa fase de excesso de otimismo passar. Se conseguir resistir ao exagero desses dias, poderá contar com uma mentoria de pessoas mais experientes e responsáveis a partir do dia 08/03 e por todo o ano que se segue. A partir dessa data, atitudes de ponderação, disciplina e dedicação virão mais facilmente para você. Poupar também será mais fácil, embora os ganhos não sejam estrondosos, eles serão contínuos e seguros. Mantendo-se nesse curso, você ainda poderá contar com mais duas excelentes janelas de oportunidades entre os dias 17/05 e 11/07 e, mais tarde, entre os dias 31/10 e 31/12.

Os capricornianos do segundo decanato (01/01 a 10/10) terão que trabalhar bem a ansiedade que uma onda de mudanças e restruturações na área profissional e financeira trará. Entre os dias 01/01 e 15/06 e os dias 17/11 e 31/12, mudanças de gestão, de área de atuação, de empresa e de equipe demandarão muita flexibilidade e capacidade de adaptar ao novo. Por mais que mudanças possam deixá-lo inseguro, elas serão majoritariamente positivas, mesmo que sejam inesperadas. Portanto, para poder tirar o melhor proveito dessas revoluções inevitáveis e imprevisíveis, evite sobrecarregar-se de tarefas e trabalhe compreendendo que o curso será modificado muitas vezes e que imprevistos ocorrerão sucessivamente. Quanto mais flexível for, mais chances terá de observar as oportunidades trazidas pelas mudanças. Inclusive de ganhos financeiros que podem se traduzir em novas tecnologias, uso de recursos e em produtividade das equipes. Evite assumir um comportamento arrogante entre os dias 09/04 e 16/05. É possível que a dificuldade de lidar com tantas alterações ou, até mesmo, o surgimento de uma promoção provoque o desejo de se exibir para assegurar o seu valor. Isso poderá se manifestar tanto em aquisições mais vultuosas quanto em atitudes que desconsideram a contribuição das pessoas ao seu redor, das lideranças passadas e da gestão atual. Fique atento e não deixe que nem o medo nem o sucesso suba à sua cabeça. Entenda que tudo faz parte de um círculo e que é necessário assegurar que todos sejam tradados com respeito e consideração. Mantenha os pés no chão e seja generoso, tratando os outros com a mesma reverência com que gostaria de se tratado e poderá aproveitar com maior benefício a nova maré de oportunidades que estará disponível para você entre os dias 12/07 e 30/10.

Os capricornianos do terceiro decanato (11/01 a 20/01) estarão determinados a alcançar seus objetivos e metas a qualquer custo neste ano que se inicia. Do dia 01/01 ao dia 23/03 e, mais tarde, após o dia 12/06 e até o final do ano, você terá a sensação de que nada pode ou deve ficar em seus caminhos. Tanta intensidade e foco devem realmente ajudá-lo a cumprir suas ambições. No entanto, é importante ressaltar que será contraproducente usar essa força de maneira egoísta. Seu sucesso será mais facilmente obtido se você estabelecer metas que favoreçam a empresa, a equipe, seus gestores, enfim, todo o grupo social no qual você está inserido. Você será capaz de liderar mudanças profundas em toda a estrutura da qual faz parte, trazendo alterações estruturais bastante significativas, assim como podendo identificar fontes de recurso até então escondidas. Isso será mais viável se contar com a colaboração e a participação das pessoas e não com a oposição feroz delas. Para tanto, fique muito atento aos seus comportamentos entre os dias 09/04 e 16/05, pois nessa fase sua obstinação e o foco em seus objetivos poderá levá-lo à obsessão e a acreditar que você é o único que pode resolver tudo. Essa forma de pensar e agir provocará antagonismo das lideranças, gastos excessivos e desperdício, além de afastar seus aliados e colaboradores, gerando ressentimento e arranhando sua imagem. Aproveite que estará, ao longo de todo o ano, capacitado a usar da sensibilidade para perceber as mudanças mais sutis de clima, assim como para identificar onde sua ajuda será mais benéfica e quem precisará de mais apoio e empatia. Essa ferramenta não será acessada gratuitamente, será necessário afiná-la e se dedicar a ela para que funcione vantajosamente. Ajustando, permanecendo atento a esses pontos para não incorrer em exageros, mantendo-se flexível e mostrando que é capaz de se adaptar, você poderá aproveitar ao máximo a onda de mudanças inesperadas e surpreendentes que ocorrerão a partir do dia 16/06 e que ficará ativa até 16/11. Esse será um período de muita instabilidade e ansiedade, mas também eletrizante em possibilidades e cenários alternativos que trarão resultados muito positivos. Mantenha a mente aberta e siga em frente.

Em geral, os melhores períodos para trabalho, dinheiro, negócios e aquisições são: 19/01 a 31/01; 28/01 a 11/02; 06/06 a 11/06 e 23/10 a 08/11.

Os menos favoráveis são: 01/01 a 18/01; 01/03 a 05/06; 28/06 a 22/10; 09/11 a 04/12 e 13/12 a 31/12.

Relacionamentos:

O ano novo convida os capricornianos a expandirem seus horizontes e ampliarem suas conexões. Essa mudança de cenário e postura, com a possibilidade de vivenciar o mundo com mais otimismo e generosidade, será responsável por dias de muita alegria e bom humor. Explore novas culturas, viaje para lugares mais distantes, divirta-se e veja a quantidade de possibilidades e encontros que a vida tem para oferecer. O ano de 2023 poderá ser um ano muito feliz se você souber usufruir dele. A chave para tirar o melhor proveito dos dias iluminados que esse ano traz é assegurar que você está considerando os outros em todos os seus planos. E isso não significa apenas convidá-los para acompanhá-lo em suas aventuras, mas fazer com que os seus sonhos também façam parte do que estão desenhando para você. Quando seu parceiro, seja ele o atual ou pretendente, perceber que você realmente se importa com o que ele deseja, sente e pensa, a alegria será multiplicada e os benefícios também. Cuide para evitar a tentação de confundir quantidade com qualidade e mantenha-se firme em só prometer o que poderão cumprir e vocês poderão ser muito felizes neste ano. As Luas Novas de maio e julho são as mais indicadas para dar atenção aos assuntos ligados aos encontros e às parcerias.

Os capricornianos nascidos no primeiro decanato (22/12 a 31/12) poderão errar na medida da diversão no começo desse ano. Entre os dias 01/01 e 25/02, levado pelo desejo de aproveitar a vida ao máximo, você poderá prometer muito mais do que poderá cumprir. Essa atitude poderá magoar e afastar as pessoas que depositaram confiança em você. Outro erro possível dessa fase é deixar que o excesso de autoestima o cegue para os danos que a vaidade exagerada poderá causar à sua reputação. A sorte é que, a partir do dia 08/03, se estendendo até o final do ano, você terá a possibilidade de perceber o erro das suas escolhas e começar a corrigir suas atitudes e comportamentos. Seriedade e compromisso com suas escolhas, assim como generosidade e consideração com os sentimentos alheios, serão suas melhores apostas para aproveitar o que o ano tem de melhor a oferecer. Se conseguir fazer as correções de rota necessárias até o dia 17/05, poderá aproveitar ainda mais as duas novas janelas de oportunidade que ocorrerão entre os dias 17/05 e 11/07 e, mais uma vez, entre os dias 31/10 e 31/12. Nesses períodos, os favorecimentos serão abundantes e você terá muitos motivos para sorrir e esbanjar carisma e alegria.

Os capricornianos nascidos no segundo decanato (01/01 a 10/08) começam o ano em grande velocidade. Do dia 01/01 ao dia 15/06 e, novamente, entre os dias 17/11 e 31/12, as mudanças se atropelarão e se sucederão vertiginosamente. Mesmo assim, com a possível ansiedade e insegurança que tantas mudanças juntas trazem, o saldo será bastante positivo. Você deve aproveitar essa oportunidade de experimentar novas realidades e perspectivas para frequentar lugares inusitados, fora das suas rotinas habituais. Grupos e associações envolvidos com experiências de lazer diferentes, ferramentas tecnológicas que ajudam a conectar pessoas, todos são terrenos férteis para aumentar as chances de você encontrar novos parceiros ou rejuvenescer o seu relacionamento atual. Seja flexível e esteja disponível para adaptar-se às novidades que surgirem e poderá realizar mudanças muito interessantes em sua vida. O período em que você deve ficar atento para não se perder e errar o tom está concentrado entre os dias 26/02 e 08/04.

Nesses dias, o excesso de autoconfiança e de autoestima poderá fazê-lo acreditar que é irresistível. Essa crença pode fazer com que se envolva em mais compromissos do que pode administrar, prometer mais do que pode cumprir e achar muito difícil escolher. O problema é que, ao se comportar assim, arranharão a sua imagem, causando mais rejeição do que admiração. Por isso, é importante manter a vaidade sob controle e considerar os sentimentos dos outros antes de agir e espalhar seu charme e seu carisma. Aprendendo essa lição, o ano lhe dará uma segunda chance para criar ótimas lembranças e histórias. Entre os dias 12/07 e 30/10, você estará radiante e bem-humorado, e isso será notado por pessoas muito interessantes. Convites para eventos, viagens divertidas, festas, encontros com amigos, enfim, uma vida social agitada e divertida proporcionará muitas oportunidades de viver momentos felizes e agradáveis.

Para os capricornianos nascidos no último decanato (11/01 a 20/01), o ano traz uma intensidade e um potencial de transformações profundas. Entre os dias 01/01 e o dia 23/03 e depois entre os dias 12/06 e 31/12, você não se deixará deter diante de nenhum obstáculo para conseguir o que deseja. No entanto, tanta intensidade poderá atuar de maneira contrária. Controle, ciúme e posse não são as melhores qualidades para o desenvolvimento de relacionamentos duradouros e saudáveis. Essa intensidade mal direcionada poderá contribuir para um excesso de autoestima e uma dificuldade em controlar a arrogância, especialmente entre os dias 09/04 e 16/05. A melhor forma de evitar danos às suas relações e de afastar quem gostaria de aproximar, é inverter o foco. Em vez de se tornar obsessivamente fixado nos seus relacionamentos ou em outras pessoas, volte-se para você mesmo. O que pode ser mudado, abandonado, transformado para que o mundo possa ver o que tem de melhor? O que precisa morrer em você para que tenha chance de viver o relacionamento que sempre sonhou ter? Use a energia poderosa desse período para realizar essas transformações e verá que será muito mais fácil alcançar seus objetivos. Fique aberto à possibilidade de, ao realizar esse exame profundo e essa metamorfose completa, seus desejos também mudem. As descobertas que virão entre os dias 16/06 e 16/11 poderão trazer revelações inesperadas e positivas, tornando suas metas obsoletas rapidamente. Seja flexível e mantenha-se aberto, pois o que virá poderá não ser duradouro, mas será muito interessante. Para te guiar em meio a tantos tumultos e revoluções, você poderá contar com o auxílio de uma sensibilidade muito refinada e capaz de captar as variações mais sutis de clima, permitindo realizar os ajustes mais finos. Essa sensibilidade não será um presente, precisará ser trabalhada e estimulada. Mesmo assim, será de grande valia para completar o percurso desse ano que se inicia.

Em geral, os melhores períodos para relações, encontros amorosos e colaboração são: 28/01 a 28/02; 10/10 a 08/11 e 05/12 a 29/12.

Os menos favoráveis são: 01/03 a 05/06; 23/06 a 03/09 e 09/11 a 04/12.

Saúde:

O ano de 2023 trará períodos de muito ânimo, vigor e vitalidade que deverão ser aproveitados sabiamente, visando à melhora geral da saúde e do bem-estar dos capricornianos. Durantes essa fase, será recomendável exercer atividades físicas, especialmente as que possam ser realizadas em espaços abertos ou que incorporem a sabedoria e o conhecimento de outras culturas. Cuidar dos sentidos, das variações de humor, dos sistemas circulatório e cardíaco, do equilíbrio do peso e do bom funcionamento do fígado é recomendável. As Luas Novas de julho, agosto e dezembro poderão ser benéficas para a investigação de questões relacionadas à saúde.

Porém, talvez o mais importante seja aprender e praticar a palavra moderação. Durante os momentos mais difíceis, mas também nos momentos mais felizes, é fácil esquecer que há um amanhã depois dos excessos de hoje. Em meio a tantas ofertas de experiências prazerosas, pode ser difícil renunciar e escolher uma só coisa. Essa moderação será a chave para que você possa aproveitar esse ano plenamente. E será também uma atitude que fará com que os benefícios desses períodos se multipliquem por muito mais tempo.

Os capricornianos do primeiro decanato (22/12 a 31/12) poder desrespeitar seus limites logo no começo do ano ou terá que lidar com os abusos realizados no ano anterior. Entre os dias 01/01 e 25/02, será mais prudente evitar os excessos, por mais tentadores que sejam as ofertas disponíveis. Essa atitude será decisiva para evitar comprometer a sua saúde desnecessariamente. Cuide, nesse período, principalmente, de manter o peso em equilíbrio, assim como não sobrecarregar seus sistemas circulatório e cardíaco, agindo como se não houvesse amanhã. Depois dessa fase, a partir do dia 08/03, você encontrará ajuda de profissionais sérios e confiáveis para realizar as correções necessárias para restabelecer os bons resultados nos exames. Também encontrarão mais facilidade para realizar as mudanças de hábito necessárias para melhorar o bem-estar. Aproveite bastante os períodos entre os dias 17/05 e 11/07 e entre os dias 31/10 e 31/12 para realizar consultas com especialistas e ampliar as práticas físicas que reforçarão a sua vitalidade e o seu vigor.

Os capricornianos nascidos no segundo decanato (01/01 a 10/01) poderão experimentar muitas alterações nas suas rotinas e nos seus cotidianos ao longo de 2023, principalmente entre os dias 01/01 a 15/06 e 17/11 a 31/12. Essas mudanças, apesar de positivas, trarão insegurança e ansiedade e será importante encontrar formas saudáveis de conviver com elas. A boa notícia é que, durante esses períodos, isso não será difícil. Pelo contrário, você poderá encontrar alternativas que considerará muito interessantes e estimulantes. Mantenha-se bastante flexível, curioso e experimente bastante. Esse é um ano propício à experimentação. Tome cuidado, porém, com a tendência a exagerar e ignorar os sinais do corpo de que seus limites estão sendo desrespeitados. Entre os dias 26/02 e 08/04, será muito fácil se empolgar e acreditar que podem fazer tudo sem que haja consequências para os seus atos. Durante essa fase, você poderá comprometer não apenas o equilíbrio da balança, mas também sobrecarregar seus sistemas cardiovasculares. Fique atento e seja moderado. Dessa maneira, poderá aproveitar a excelente fase que ocorrerá entre os dias 12/07 e 30/10. Esses serão dias de muito vigor, bom humor, alegria e vitalidade. Aproveite para fazer seus exames e realizar as mudanças de rotina necessárias para prolongar o bem-estar desse período por mais tempo.

Para os capricornianos do terceiro decanato (11/01 a 20/01), o ano pede que se dedique intensamente a realizar mudanças profundas na maneira como lidam com a sua saúde e com as questões de bem-estar físico e emocional. Entre os dias 01/01 e 23/03 e, mais tarde, entre os dias 12/06 até o final do ano, você terá acesso a uma reserva imensa de energia para efetuar transformações radicais, eliminando hábitos e comportamentos antigos e nocivos à sua saúde e longevidade. Faça exames minuciosos e completos nesses dias, não deixe passar nenhum detalhe, nem se satisfaça com diagnósticos superficiais. Dê atenção especial aos sistemas reprodutores e excretores, assim como ao funcionamento hormonal e dos sistemas cardíacos e circulatórios. Tudo o que for detectado agora terá uma chance grande de ser trabalhado com foco e de maneira definitiva.

Evite as armadilhas de se considerar conhecedor mais experiente que os especialistas, aceite os conselhos e as recomendações para moderar seus hábitos e estabelecer limites para seus gostos e atividades. Todo exagero deverá ser evitado, especialmente entre os dias 09/04 e 16/05. Será muito útil e transformador considerar a possibilidade de praticar análise e outras terapias psicológicas que facilitem o entendimento das motivações existentes por detrás de comportamentos que prejudicam o seu bem-estar. Experimente, com terapias alternativas, diferentes daquelas com as quais está acostumado a praticar, assim como atividades em grupo. Os dias compreendidos entre 16/06 e 16/11 trarão ótimos resultados se você se permitir ser mais flexível e criativo. O mais importante, porém, é assegurar que não deixe o ano de 2023 passar em branco e o aproveite para realizar todas aquelas mudanças essenciais que ficaram esquecidas por tanto tempo. A sua saúde com certeza agradecerá.

Em geral, os períodos de maior energia, saúde, vigor e vitalidade são: 11/07 a 27/08 e 13/10 a 24/11.

Os períodos menos favoráveis para cirurgia e vitalidade são: 26/03 a 20/05 e 28/08 a 12/10.

Os melhores dias para tratamento estéticos: 01/01 a 03/01; 28/01 a 28/02; 01/04 a 11/04; 10/10 a 08/11 e 05/12 a 29/12.

Períodos menos favorecidos para tratamentos e procedimentos estéticos: 01/03 a 31/03; 08/05 a 05/06; 23/06 a 03/09 e 09/11 a 04/12.

AQUÁRIO (21/01 A 19/02)
REGENTE URANO

Primeiro decanato: de 21/01 a 30/01
Segundo decanato: de 31/01 a 09/02
Terceiro decanato: de 10/02 a 19/02

Panorama geral:

Feliz 2023, aquariano!

O ano que se inicia oferecerá um pouco de tudo, mas tudo em proporções generosas. Você enfrentará desafios importantes e também receberá benefícios consideráveis. E isso resume um pouco a essência do ano de 2023 para os aquarianos: como lidar com as grandes viradas da vida? Ao longo deste ano, você será colocado à prova e testará conceitos, escolhas, relacionamentos, autoimagem, amizades, enfim, todas as áreas realmente relevantes da vida.

É claro que fases assim costumam gerar ansiedade e tensão, por isso será importante manter uma boa rotina de saúde mental e física para sustentá-lo nos momentos que demandarem mais resistência. Será um ano também em que terá a chance de ser reconhecido pelos seus talentos e pelas suas contribuições. Nesse caso, o desafio será perceber o uso que você fará dos presentes recebidos. Talvez, o mais importante para esse ano seja manter a capacidade de se observar atentamente, evitando ser arrastado pelas circunstâncias e pelas emoções vividas. Será um ano que te ajudará a definir com maior clareza quem é, em que acredita e a que veio. O novo ano trará aprendizados e de crescimento, avance firme, atento, confiante e centrado para que possa tirar o melhor proveito de 2023.

Os aquarianos do primeiro decanato (21/01 a 30/01) começam o ano de maneira muito auspiciosa. Entre os dias 01/01 e 25/02, você estará muito animado, alegre, carismático e de ótimo humor. O mundo, por sua vez, parecerá colaborar para mantê-lo nesse clima. Serão dias de sorte, favorecimentos, boas propostas, convites interessantes, entradas de recursos que trarão alegria e conforto. Tudo isso deverá ser muito bem aproveitado e vivido plenamente. Em momentos como esse, é aconselhável compartilhar a boa sorte e os benefícios recebidos, com generosidade, mas sem desperdícios. Essa atitude ajudará a plantar sementes de boa vontade que poderão trazer bons resultados mais adiante. Também é recomendável separar uma parte do recebido para formar uma reserva para momentos em que possa ser necessário. A partir do dia 23/03 até o dia 11/06, você experimentará o desejo intenso de realizar mudanças profundas que lhe permita ser quem é em todas as suas dimensões e potencialidades. Essa será uma época de muita intensidade, energia e poder e será necessário agir. Não delegue ou espere que o mundo mude, a responsabilidade de realizar a ação estará com você. A sensação de poder pessoal é capaz de ser tão grande que você poderá errar o tom, acreditando ser capaz de realizar mais do que realmente é. Cuide para que a vaidade e a arrogância não atrapalhem e comprometam todo o avanço realizado até aqui. Os períodos mais suscetíveis a esses tropeços serão de 17/05 a 11/07 e, novamente, entre 31/10 e 31/12. Moderação e temperança deverão ser qualidades estimuladas e praticadas, diariamente, durante esse período.

Para os aquarianos nascidos no segundo decanato (31/01 a 09/02), 2023 se apresentará mais desafiador. Entre os dias 01/01 e 15/06 e de 17/11 a 31/12, a sensação vigente é que as circunstâncias foram desenhadas especificamente para testar as suas convicções, suas crenças e seus propósitos. Será inevitável usar essa fase para reexaminar suas posições, conferindo e assegurando que o que te move é verdadeiro e sólido e não apenas uma repetição ultrapassada do que aprendeu ou acreditou ser a verdade até agora. Mudanças imprevisíveis e súbitas abalam suas estruturas e desmontam sua rotina. Outra possibilidade desse período é você se perceber inquieto, impaciente e rebelde, não suportando qualquer limitação ou frustração. O importante durante essa fase é adotar uma atitude flexível e adaptável, porém autêntica. Não é aconselhável se opor às autoridades estabelecidas, simplesmente porque estão tolhidas. Tampouco é aconselhável você jogar tudo o que construiu até agora, impulsivamente, por estar se sentindo entediado. Da mesma maneira, é preciso sustentar a sua individualidade, evitando ceder à pressão do entorno, só porque o grupo assim o determinou. É preciso abrir espaço para o novo e para a experimentação, mas sem ser irresponsável. Não é preciso dizer que serão períodos que exigirão habilidade para lidar, criativamente, com a ansiedade e a tensão. Aproveite o período entre os dias 26/02 e 08/04 para se abastecer de otimismo e autoconfiança. Esses serão dias de muita sorte e favorecimentos. Você será percebido e apoiado pelos seus talentos e habilidades, recebendo benefícios, promoções, recursos e apoio de pessoas proeminentes do seu convívio social e profissional. Serão dias de muita alegria, vitalidade e bom humor. Evite apenas deixar que a vaidade e o orgulho assumam proporções desmedidas e atrapalhem o que foi conquistado. Entre os dias 12/07 e 30/10, você estará suscetível a perder a noção dos limites, agindo de maneira esbanjadora e arrogante, arranhando a sua imagem e reputação. Mantenha os pés no chão, seja prudente, ao mesmo tempo em que aproveita as vantagens recebidas. Mantenha-se atento para não desrespeitar seu entorno, mas sem deixar de ser quem é. Esse é, resumidamente, o desafio do novo ano: equilibrar o desejo de avançar por novos caminhos com a necessidade de tratar as fronteiras com respeito e consideração.

Já para os aquarianos do terceiro decanato (10/02 a 19/02), 2023 começa em um tom mais sóbrio e circunspecto, ainda refletindo e amadurecendo todas as lições mais duras que os últimos anos trouxeram. Talvez você se sinta triste e um pouco isolado entre o início do ano e o dia 25/03. Será uma fase na qual você estará com a atenção mais voltada para as suas falhas e dificuldades do que para o que tem de único e precioso. Momentos assim são difíceis, porém necessários. Vivendo as frustrações e as limitações do mundo real, é possível descobrir onde moram a sua força e a sua integridade. Cuide, porém, para não permitir que a autocensura não se transforme em algo injusto com você. É importante se responsabilizar também pelo seu bem-estar, cuidando com atenção e carinho de si mesmo. A partir do dia 09/04 até o dia 16/05, tudo muda para melhor. Uma maré de sorte trará boas notícias, benefícios, oportunidades, aumento considerável da vitalidade e a aproximação de pessoas agradáveis, favorecendo a vivência de dias muito alegres e divertidos. Aproveite bastante essa fase. O segundo semestre trará outro tipo de desafio e demandará outro tipo de estratégia para obter os melhores resultados possíveis. Entre os dias 16/06 e 16/11, mudanças bruscas e imprevisíveis testarão a sua paciência e exigirão de você muita flexibilidade e capacidade de adaptação. Circunstâncias poderão criar a sensação de tolhimento e opressão. É possível que, depois de uma fase tão árida como a que viveu, você esteja com o estoque de paciência em baixa e ávido por viver a vida como acredita que ela deva ser. A recomendação para esse período, porém, é usar a maturidade desenvolvida nos últimos tempos para saber discernir o que deve ser tolerado, mesmo que temporariamente, e o que deve ser enfrentado separando o que deve ser rompido e o que deve ser mantido por representar a solidez e a estrutura necessárias para a construção do futuro que vocês querem para si.

Carreira e finanças:

O novo ano traz muitos desafios e oportunidades para os assuntos relacionados à carreira, aos negócios e à vida financeira dos aquarianos. Será preciso usar de muita sabedoria e discernimento para que possam identificar quando será o momento de se espalhar e quando a melhor tática será a contenção. O ano demanda a capacidade de estabelecer um equilíbrio dinâmico entre os polos opostos, sem cair no exagero nem no desperdício. As Luas Novas de janeiro, fevereiro, julho e novembro são propícias para trabalhar os assuntos ligados a vida profissional e financeira.

Durante todo o ano, será necessário considerar a colaboração dos membros das suas equipes e dos seus pares na construção dos seus sucessos. A prática da generosidade genuína, a que considera aquilo que o outro definir como necessário, será a melhor atitude a ser adotada. Ela ajudará a neutralizar algumas das armadilhas possíveis de 2023. Afinal, esse será um ano em que todos os aquarianos experimentarão períodos de muita bonança, reconhecimento e valorização. A sorte o favorecerá e o deixará em posições bastante confortáveis, se souber aproveitar bem os períodos de abundância. O problema estará em acreditar que essa fase se estenderá para sempre ou que o sucesso obtido é resultado apenas dos seus méritos. Se esse for o caminho seguido, você poderá ter que pagar o preço da arrogância e do comportamento esbanjador. Contudo, ao evitar atitudes vaidosas, orgulhosas e egocêntricas, ao manter a prudência, você poderá evitar os riscos dessas fases.

Os aquarianos do primeiro decanato (21/01 a 30/01) começarão o ano em excelente fase. A partir do dia 01/01 até o dia 25/02, as portas se abrirão sem que precisem se esforçar para bater. A entrada de recursos maiores do que os imaginados contribui para a sensação de sucesso, pelo otimismo e pelo aumento na autoestima e na autoconfiança. Você será reconhecido pelos seus talentos e pelo potencial, podendo obter posições de destaque e de liderança em seu segmento. É recomendável buscar a expansão de mercados, a ampliação de contatos profissionais, a convivência bem-humorada com figuras proeminentes das suas áreas e clientes de vulto. Também é muito favorável aproveitar esse período para ampliar seus conhecimentos de outras culturas e outras línguas, assim como aprimorar conhecimentos técnicos, iniciando cursos de especialização. O que for iniciado sob esse trânsito tende a trazer bons resultados. Portanto, é uma fase para distribuir benefícios, compartilhando com generosidade os recebidos, contribuindo para a elevação e o reconhecimento de seu parceiro, superiores e colaboradores. Entre os dias 23/03 e 11/06, você estará profundamente dedicado a liderar profundas modificações em seu ambiente de trabalho, em sua carreira e na maneira como realiza suas metas. Esse será um período de muita força, de muito foco e de muita potência, uma fase dedicada a transformar suas ambições em realidade, independentemente do tamanho e da dificuldade que elas possam apresentar. Você acredita nas suas competências e está disposto a empregar seu tempo, talento e recursos para realizá-las. Essa é uma fase excelente para isso, porém, é preciso ficar muito atento para não transformar um objetivo em uma obsessão. Esse cuidado será importante para que não construam um muro de oposições poderosas ao seu redor. Na sequência, será crítico não se deixar levar pelo sucesso de seus empreendimentos, acreditando que são indispensáveis ou que tudo o que foi alcançado foi resultado apenas dos seus esforços e dos seus méritos. Atente para não prometer mais do que pode entregar, a energia de realização também é finita. Cuidado, portanto, para não desperdiçar os recursos adquiridos anteriormente, tendo mais do que precisa e/ou investindo sem uma análise criteriosa. A confiança de que tudo dará certo não é um motivo sólido para arriscar-se financeiramente, mesmo que tenha dado certo em outro momento. Esses impulsos estarão mais fortes entre os dias 17/05 e 11/07 e, novamente, entre os dias 31/10 e 31/12. Aja com prudência nessa fase para a que a arrogância não ponha a perder o que conquistou.

Os aquarianos nascidos no segundo decanato (31/01 a 09/02) precisarão ser muito prudentes em 2023. O risco de serem impulsivos e darem saltos maiores do que pode sustentar é grande. Você estará bastante irrequieto, insatisfeito e desejoso de alçar voos mais autônomos e/ou de ocupar posições onde possa ser mais livre e criativo. Quer produzir sem se sentir tão constrangido por regras e regulamentos que parecerão a você obsoletos e rígidos demais. Essa postura poderá causar problemas sérios com seus gestores, criando ambientes onde rupturas súbitas podem ocorrer. Outra possibilidade é estar satisfeito com sua posição e ser surpreendido por mudanças bruscas e inesperadas que transformam o ambiente de trabalho e as desestruturam. Despesas inesperadas e inevitáveis também podem ocorrer, e você poderá ver uma situação financeira estável sofrer um revés considerável. Essas turbulências e terremotos serão mais frequentes entre os dias 01/01 e 15/06 e, mais tarde no ano, entre os dias 17/11 e 31/12. O segredo para atravessar essa fase com o menor dano possível é se precaver.

Faça reservas financeiras, descubra a liberdade que existe em ter as despesas menores que as receitas, evite dívidas de longo prazo, quite empréstimos adquiridos. O importante aqui é deixar bastante espaço livre para a ocorrência de imprevistos, evitando estar muito pressionado nesse período. Isso também vale para a carreira, evite ultimatos, procure ser flexível e encontre formas de se adaptar ao seu entorno, à sua equipe e ao estilo de liderança ao qual responde. Procure projetos em que possa exercer seus talentos e individualidade criativamente para que sirva de escape para os momentos de impaciência. Será crítico este ano se você não for capaz de resistir aos impulsos e analisar com calma e maturidade do que pode, realmente, abrir mão e o que deve ser suportado com responsabilidade por ser crucial para o seu futuro. Aproveite o respiro que o período iniciado no dia 26/02 trará. Essa será uma fase de muita sorte e favorecimentos e durará até o dia 08/04.

Nesses dias, vocês terão muito mais facilidade de ver suas ideias serem aceitas e contará com o apoio de pessoas importantes. Poderá receber premiações, promoções ou conseguir aquela vaga que desejava, mas achava ser difícil de alcançar. Lembre-se bem de todos os que o ajudaram a viver esse momento tão único e faça questão de reconhecê-los generosamente. Aproveite os recursos inesperados para criar uma reserva estratégica que lhe garantirá mais espaço de manobra em momentos críticos. Principalmente, fique atento para que as vitórias desses dias não o deixem arrogante, acreditando que é insubstituível ou que alcançou essas posições somente pelos seus méritos. Tal comportamento não será bem-visto e poderá atrapalhar bastante o seu crescimento. Entenda o sucesso como uma construção feita tanto pelo esforço pessoal, quanto pela colaboração de muitos e também pela participação da sorte. Esse pensamento o ajudará a manter-se com os pés mais no chão entre os dias 12/07 e 30/10, quando a tentação de desperdiçar energia e recursos para provar que estava certo for muito grande.

Já para os aquarianos do terceiro decanato (10/02 a 19/02), o momento de maior realização virá um pouco mais tarde. O ano de 2023 demora a engrenar e, até o dia 07/03, poderá parecer que o ano anterior se recusa a partir. Obstáculos, empecilhos, cobranças e sobrecarga de trabalho e preocupações poderão deixá-lo desanimado e desencorajado. Não fique, o ano ainda trará ótimas notícias. Use esse tempo mais difícil para aprender o que é verdadeiramente essencial e com o que você pode viver sem. Isso vale tanto para as questões financeiras quanto para as profissionais. Não seja excessivamente rigoroso consigo, tampouco acredite não ser capaz de lidar com o volume de trabalho que precisa dar conta para ultrapassar essas barreiras. Siga em frente com a maturidade e a disciplina que esse período mais árduo lhe ensinou. As lições aprendidas agora farão uma grande diferença mais adiante. A partir do dia 09/04, a maré virará e você poderá respirar bem mais aliviado. Oportunidades novas, cenários favoráveis, promoções e vagas inéditas surgirão, e você terá, finalmente, a chance de brilhar. Recursos inesperados entrarão, ajudando a aliviar o peso dos últimos tempos. Aproveite tudo o que aprender e faça uma reserva para momentos mais difíceis, mas não deixe de aproveitar essa fase para investir em você e para celebrar o bom momento. Essa janela de boas chances permanecerá ativa até o dia 16/05.

Mais tarde, a partir do dia 16/06 até o dia 16/11, será o momento de praticar todo o jogo de cintura que desenvolveu ao longo dos últimos anos. Mudanças inesperadas nas circunstâncias poderão ameaçar a estabilidade que você construiu. Evite agir sob impulso e/ou reagir com teimosia às demandas que receber. É uma época de mudanças bruscas, e a melhor maneira de lidar com elas é criativamente, deixando muito espaço para que os imprevistos ocorram e se acomodem. O momento pedirá flexibilidade, adaptabilidade e a capacidade de encontrar formas inusitadas para lidar com as turbulências. Depois de tantos testes, você estará pronto para implementar as suas marcas no mundo com independência e maturidade.

Em geral, os melhores períodos para trabalho, dinheiro, negócios e aquisições são: 12/02 a 25/03 e 25/11 a 04/12.

Os menos favoráveis são: 01/01 a 18/01; 01/04 a 24/11; 05/12 a 31/12.

Relacionamentos:

Esse será um ano de muitas boas oportunidades para os aquarianos viverem momentos muito felizes ao lado das pessoas importantes para suas vidas. Para os aquarianos solteiros em busca de companhia, 2023 proporcionará muitas chances de encontros com pessoas carismáticas e charmosas que poderão evoluir para outro patamar, caso assim desejem. É uma fase excelente para firmar namoros e formalizar compromissos. Fora isso, haverá também espaço para diversões, festas, viagens e para a possibilidade de ampliar o círculo de amizades e de interesses.

Para poder aproveitar e tirar o máximo de benefícios desse ano, você precisará permanecer atento à tendência de perder a mão e exagerar, permitindo que a vaidade o leve a acreditar que é preciso viver tudo de uma só vez. Essa atitude poderá fazer com que prometa mais do que poderá cumprir, desconsiderando o impacto de seus comportamentos sobre os sentimentos dos outros ao seu redor. O orgulho e o egocentrismo poderão comprometer o bom desenvolvimento dos seus relacionamentos. Para evitar que isso ocorra, o caminho precisará passar, necessariamente, pela renúncia e pela escolha. Uma vez feita a decisão, dedique-se a incluir as pessoas escolhidas em seus sonhos e planos, fazendo-as se sentirem especiais e únicas, da mesma maneira como gosta de se sentir. As Luas Novas de janeiro, junho e agosto são as mais proveitosas para tratar dos assuntos relacionados aos relacionamentos e às parcerias.

Os aquarianos do primeiro decanato (21/01 a 30/01) começarão o ano em estado de glória. Alegrias, diversões, festas, encontros, viagens, tudo parecerá conspirar para aumentar a sua autoestima e o seu brilho. Nesse período, seu bom humor será contagiante, e isso atrairá pessoas interessantes para o seu convívio. Essa fase gostosa e divertida dura até o dia 25/02. Aproveite o período para ampliar suas conexões, conhecer outras culturas e lugares distantes dos quais você costuma frequentar. Valorize as amizades e os romances iniciados nesse período, pois tendem a ser bastante benéficos para você.

A partir do dia 23/03 até o dia 11/06, as paixões se intensificam e podem se tornar obsessões, se você não souber lidar com suas emoções mais profundas. Concentre-se em realizar as mudanças internas profundas necessárias para que sua vida emocional seja transformada inteira e definitivamente. Esse será um período excelente para isso. Entre os dias 17/05 e 11/07 e, mais tarde, entre 31/10 e 31/12, não permita que um excesso de orgulho e/ou de arrogância atrapalhe e esfrie o que tem trazido tanta alegria. Evite a tentação de acreditar que seus desejos e vontades têm prioridade sobre o bem-estar dos demais, lembre-se de que quantidade, na maioria das vezes, não se traduz em qualidade.

Para os aquarianos do segundo decanato (31/01 a 09/02), o ano começa bem mais tumultuado, com muitas mudanças inesperadas de rumo e muita inquietação. Entre os dias 01/01 e 15/06 e de 17/11 a 31/12, a vontade de ser livre e de viver sem regras, sem ter que dar satisfação de nada nem a ninguém, poderá ser uma força poderosa a te mover. Procure entender o que está provocando o tédio e a insatisfação, mas evite agir por impulso. Movimentos bruscos, irrefletidos, poderão causar remorsos difíceis de consertar. Talvez seja o caso de tentar alternativas mais criativas, antes de decidir qualquer coisa. Todos precisam de um pouco de espaço e outro tanto de liberdade para serem felizes, porém, por vezes, o problema não está nas relações, mas na forma como nos relacionamos. A partir do dia 26/02, uma maré de bom humor e boa sorte poderá trazer um sopro de renovação para a sua vida. A partir desse dia e até o dia 08/04, você terá a oportunidade de conhecer novas e interessantes pessoas, de visitar lugares distantes e conhecer culturas diferentes, ampliando as suas redes de contato. Essa fase deverá ser aproveitada intensamente e deverá lhe ajudar a reduzir a tensão que estava sentindo. Tenha cuidado apenas para não extrapolar e acreditar que você é o centro do universo. Essa atitude de vaidade exagerada poderá fazer com que você perca muito da simpatia angariada e poderá terminar por afastar as pessoas mais queridas por você. Procure ser menos impulsivo, pense antes de agir e terá mais chances de aproveitar o melhor que o ano terá a oferecer.

Os aquarianos do último decanato (10/02 a 19/02) começarão o ano mais tristonhos e desanimados. Há uma sensação de isolamento, de desânimo que pode fazer com que os dias entre o dia 01/01 e o dia 07/03 pareçam mais cinzentos. Procure usar esse período para descansar e cuidar de você com carinho e atenção. Não se force a fazer nada que não se sinta disposto a fazer nessa fase. Explique que precisa de tempo e paciência. As pessoas queridas poderão ter dificuldades de entender o que se passa com você ou pode ser que obrigações sociais exijam de vocês uma dedicação maior. O importante é respeitar os seus limites sem permitir que a melancolia se instale. Não cultive pensamentos negativos a seu respeito e entenda que ninguém é perfeito, por mais que possam parecer na superfície. Principalmente, mantenha a esperança, pois dias melhores virão. E chegarão rápido em 2023, pois, a partir do dia 09/04, o clima muda e você sentirá a alegria voltar ao seu coração. Abra as janelas e as portas para que toda a sorte dessa fase possa entrar, iluminando cada canto da sua alma. Saia, conheça novas pessoas. Frequente lugares distantes, viaje, aceite os convites que receber, mesmo que não conheça ninguém. Até o dia 17/05, o momento pede abertura, aventura e ampliação dos horizontes. Deixe no passado o que o entristecia e se permita redescobrir a vida e a diversão. Entre os dias 16/06 e o dia 16/11, mudanças inesperadas e surpresas imprevisíveis podem acontecer, e você precisará ter jogo de cintura e muita flexibilidade para se adaptar a tantas reviravoltas. Você estará desejoso de experimentar a liberdade e viver a vida sem fazer quaisquer concessões. Depois do período difícil que viveu, isso é bastante compreensível, porém evite agir por impulso. Em vez de tomar decisões radicais, rompendo com tudo e todos, ou de obrigar seu parceiro a assumir compromissos para os quais não está preparado, aja diferente. Enfrente o medo de viver momentos de insegurança e abrace a instabilidade. Use esse período para desenvolver a criatividade e a adaptabilidade aos cenários que mudam a cada dia. Essa será uma forma interessante de aprender mais sobre quem você verdadeiramente é e saber quais são seus limites quando decide ouvir a si mesmo, em vez de todas as regras aprendidas até agora.

Em geral, os melhores períodos para relações, encontros amorosos e colaboração são: 04/01 a 27/01; 01/03 a 25/03; 25/11 a 04/12; 30/12 a 31/12.

Os menos favoráveis são: 01/04 a 11/04; 21/05 a 09/10; 10/10 a 24/11 e 05/12 a 29/12.

Saúde:

Os aquarianos terão excelentes oportunidades de aumentar a vitalidade e fortalecer a saúde em 2023. Serão períodos de muita sorte e bom humor, nos quais você poderá encontrar os especialistas e os tratamentos certos para o que o preocupa.

Será necessário, no entanto, ficar atento para não exagerar, trazendo consequências para a balança e para o equilíbrio dos seus organismos. É importante, também, não ignorar as orientações médicas recebidas, simplesmente porque está se sentindo ótimo. Essa atitude será bastante prejudicial e poderá colocá-lo em perigo. Isso também vale para quem ama aventuras e busca ampliar seus recordes. Tome muito cuidado para não ultrapassar seus limites, pois poderão trazer consequências bastante desagradáveis. Será necessário, ao longo de 2023, compreender a necessidade de priorizar e escolher um ponto de atenção para ser trabalhado por vez. As Luas Novas de janeiro, julho e setembro serão relevantes para questões ligadas à saúde e ao bem-estar.

Aquarianos do primeiro decanato (21/01 a 30/01) começarão o ano sentin-do-se no auge, com o vigor e a animação em alta. Isso será excelente e deve ser aproveitado ao máximo. A alegria e o bom humor ajudam a reforçar a saúde e torna os tratamentos mais fáceis. Esse é um bom período para encontrar aquele especialista renomado que nunca tinha disponibilidade ou para conseguir um atendimento acessível. Não desperdice as chances de experimentar atividades ao ar livre e que possam ser realizadas em grupos. Companhia será um excelente remédio também durante esse período que se estenderá até o dia 25/02. A partir do dia 23/03 até o dia 11/06, é chegado o momento de iniciar os tratamentos que demandem intervenções mais profundas e mais radicais. Vocês estarão capacitados a realizar transformações reais e definitivas em suas vidas agora. Cuidem de todas as questões envolvendo hormônios, sistemas reprodutores, excretores, assim como aqueles relacionados a tiroide ou que envolvam o bom funcionamento da sua sexualidade. Esse também é um período relevante para trabalhar emoções profundas e mal resolvidas que podem estar na raiz de outros males físicos e psicológicos. Coragem e foco não faltarão. A partir do dia 12/07 até o dia 30/10, não se descuide de todas as questões envolvendo seus sistemas cardíaco e respiratório. Acautele-se para que a arrogância e o orgulho não o façam acreditar que pode ir além do que o seu corpo está dizendo. Esse, definitivamente, não é um período para desrespeitar os seus limites. Cuide-se bem e poderá terminar tão bem quanto começou.

Os aquarianos do segundo decanato (31/01 a 09/02) precisarão aprender a lidar com a impaciência e os atos impulsivos, pois essas atitudes poderão expô-los a situações de risco e causarão acidentes desnecessários. Se está em tratamento, permaneça neles, não decida de repente que quer experimentar alguma novidade por conta própria. Da mesma maneira, talvez seja necessário fazer ajustes e adaptações na forma como conduz suas rotinas fixas devido a imprevistos e situações inesperadas. Tenha cuidado e mantenha-se flexível para lidar o melhor possível com esse período turbulento que irá do dia 01/01 ao dia 15/06 e que retornará a ser crítico entre 17/11 e 31/12. É fundamental fazer uma avaliação médica completa e detalhada de seus sistemas cardiológico e circulatório para não ser surpreendido por problemas súbitos nessas áreas. Aqui, todo cuidado é pouco. Aproveite o período entre 26/02 e 08/04 para relaxar e fazer atividades que reforcem a sua saúde e o seu bem-estar. Nesse período, problemas que estavam atrapalhando saem de cena e o vigor aumenta, estimulando o otimismo e a energia para persistir no caminho em direção a práticas que fortalecem seu organismo e aliviam o estresse emocional vivido em função das instabilidades do ano. É muito importante não se descuidar, acreditando que tudo está resolvido e superado. A partir de 12/07 até 30/10, atitudes que desconsiderem seus limites e as recomendações médicas recebidas causarão atrasos e complicações, além de problemas que poderão ser sérios. Novamente, é essencial ter moderação, cuidar do sistema cardiovascular, controlar os níveis de ansiedade, assim como a tendência a querer satisfazer a todos os desejos e impulsos sem limite. Praticando a temperança, você poderá evitar os principais obstáculos à sua saúde neste ano.

Já para os aquarianos do terceiro decanato (10/02 a 19/02), o primeiro desafio do ano será superar a tendência depressiva que atrapalhará o seu bem-estar até o dia 07/03. Nesse período, é fundamental descansar bastante, hidratar-se, adotar uma higiene do sono, rotinas de saúde que lhes permita o contato com a natureza e que não provoquem nenhum desgaste adicional. Cuide com cuidado e carinho do sistema ósseo, das articulações e dos dentes e atente para qualquer sinal de doenças hereditárias e/ou relacionadas à arteriosclerose. Esses cuidados o ajudarão a atravessar essa fase e você será recompensado com um período de muita vitalidade, energia e bom humor a partir de 09/04.

Esse período se estenderá até o dia 16/05 e deverá ser aproveitado ao máximo para levá-lo a outro patamar de fortalecimento físico e psicológico. Aproveite para consultar especialistas e aprender mais sobre seu organismo, pois poderá encontrar excelentes médicos, tratamentos e remédios que o ajudarão a restaurar a saúde e o seu bem-estar. Procure realizar atividades ao ar livre e, preferencialmente, em grupos e que tenham a diversão como principal chamariz. Elas serão excelentes para turbinar a sua vitalidade.

A partir do dia 16/06 até o dia 16/11, não deixe que a impaciência, o estresse e a impulsividade atrapalhe todos os excelentes resultados alcançados até agora. Procure adaptar e ser flexível com as rotinas estabelecidas para não se entediar e para poder acomodar as situações imprevisíveis que tumultuarão essa fase. Faça questão de monitorar seus sistemas cardíaco e vascular, pois durante esse período você pode ser surpreendido por problemas nessa área. Pratique atividades que o ajudem a relaxar e faça seus afazeres com calma e tempo, pois a velocidade e a desatenção o deixarão predisposto a acidentes. Parando para respirar, evitando acumular as atividades e saturar as agendas, você terá boas chances de lidar com a turbulência do período.

Em geral, os períodos de maior energia, saúde, vigor e vitalidade são: 13/01 a 25/03; 28/08 a 12/10; 25/11 a 31/12.

Os períodos menos favoráveis para cirurgia e vitalidade são: 01/01 a 12/01; 21/05 a 27/08; 13/10 a 24/11.

Os melhores dias para tratamento estéticos: 04/01 a 27/01; 01/03 a 31/03; 12/04 a 07/05; 09/11 a 04/12 e 30/12 a 31/12.

Períodos menos favorecidos para tratamentos e procedimentos estéticos: 01/04 a 11/04; 23/06 a 08/11 e 05/12 a 29/12.

PEIXES (20/02 A 20/03)
REGENTE NETUNO

Primeiro decanato: de 20/02 a 29/02
Segundo decanato: de 01/03 a 10/03
Terceiro decanato: de 11/03 a 20/03

Panorama geral:

Feliz 2023, pisciano!

O ano novo trará muitas oportunidades de avanços e chances de alterar o rumo da sua vida, caso se dedique a encontrá-las e a implementá-las ativamente. O que 2023 pedirá de você, pisciano, é garra e trabalho. Mantendo os pés firmemente ancorados no chão e a mente focada no que deseja, será mais fácil obter do ano o melhor que ele tem a oferecer. Seus maiores inimigos neste ano serão a inércia, o conformismo, o pessimismo e, também, o idealismo. Com dedicação, atenção, flexibilidade e adaptabilidade, você poderá avançar consideravelmente.

Os piscianos do primeiro decanato (20/02 a 29/02) viverão, a partir do dia 08/03, o encontro com o que plantou aproximadamente 30 anos atrás. Para aqueles que se aproximarão dessa idade em 2023, esse ano marca o primeiro acerto de contas e a entrada para a maturidade. Esse é um período que cobrará uma avaliação profunda do que foi realizado até agora e o olhar deverá ser crítico e realista. Em que pé se encontram seus sonhos? Quais frutificaram e quais não trouxeram o retorno esperado? As áreas de sua vida, nas quais você teve um bom desempenho até agora, poderão, neste ano, solicitar a sua atenção para assegurar que a conclusão será à altura do esforço. Aquelas que até agora não trouxeram as recompensas prometidas deverão ser estudadas criteriosamente à luz da experiência acumulada até agora. O mais importante, pisciano, é compreender que esse não é um ano de iniciar um projeto novo e sim de se concentrar em concluir o que você havia se proposto a realizar. É tempo de trabalhar o terreno, seja garantindo a colheita, seja ceifando o que não floresceu. O importante é concretizar, materializar e concluir tudo o que esteve em andamento até agora. E isso deverá ser feito sem pressa, com disciplina, diligência, responsabilidade e rigor. Mesmo que essas tarefas venham a reduzir a espontaneidade, roubando um pouco da alegria dos seus dias, será importante para o seu bem-estar, tanto o físico quanto o emocional, que você se esforce para ampliar a sua rede de contatos e para incluir momentos de diversão em seus dias. Esse esforço trará ótimas oportunidades de conseguir ajuda, apoio, reconhecimento e leveza para os seus dias. Essa é uma excelente notícia, pois será uma forma de contrabalancear os momentos mais árduos do ano. Procure concentrar seus esforços nos períodos entre 17/05 e 11/07 e de 31/10 a 31/12.

Para os piscianos nascidos no segundo decanato (01/03 e 10/03), o ano já começa com muitas oportunidades para melhorar sua vida e de viver momentos muito estimulantes. A chave para usufruir do melhor que 2023 terá a oferecer é ficar atento às manifestações mais sutis dos seus dias. As vantagens, as chances mais promissoras e os contatos mais interessantes não se apresentaram de maneira óbvia, nem intensa. Elas surgirão de conexões e encontros realizados por meio dos amigos e dos conhecidos, nos momentos em que você estiver se divertindo e/ou se expressando com maior autenticidade. Como serão aberturas pequenas, mais sugestões que convites, se você não estiver atento e não se esforçar para realizar a conexão entre os pontos, elas poderão passar despercebidas. O período em que essas oportunidades ficarão mais acessíveis será entre os dias 12/07 e 30/10. Portanto, esse é um ano para afinar as antenas, ampliar a rede de conexões, mudar as rotinas, incluindo novos hábitos, lugares e interesses que até agora não haviam sido experimentados. Não será necessário realizar nenhum gesto radical, as pequenas mudanças serão suficientes para dar início aos movimentos. O que deverá ser evitado a todo custo em 2023 são a inércia e a desatenção. Aceite os convites, visite os lugares, acorde mais cedo, pegue o caminho mais longo, faça festas. Será uma pena desperdiçar o potencial de alegria e benefícios que o ano trará.

Já os piscianos do terceiro decanato (11/03 a 20/03) precisarão, antes de qualquer coisa, da maneira que escolher, escapar da realidade e buscar a transcendência. Existem múltiplas maneiras de aliviar o peso do dia a dia, desde as mais saudáveis e aceitas socialmente, até as mais perigosas e que podem afastá-lo definitivamente daquilo que ama. A escolha precisará ser pautada pela consciência de que é o caminho mais rápido para a negação do que é real. Não há nada de errado em sonhar, em buscar o belo, em se inspirar e em refinar a sensibilidade, pelo contrário, essas são maneiras excelentes de lidar com o ano que se inicia. No entanto, para que seja possível transformar a realidade em algo mais belo, mais inspirador e mais gentil, é preciso partir de um olhar realista, enxergando o potencial que a situação apresenta, avaliando as possibilidades de transformação e usando a criatividade para efetuar a mudança. O bom é saber que todas essas possibilidades estarão disponíveis para vocês ao longo de 2023. Fiquem atentos para o período entre o começo do ano e o dia 23/03, assim como entre os dias 12/06 e 31/12. Nesses dias, com um pouco de esforço, você poderá enxergar através da névoa que distorce e disfarça as situações ao seu redor. São períodos de maior profundidade e intensidade. Preste atenção especialmente para os dias entre 16/06 e 16/11, pois nessa fase, você poderá perceber conexões inesperadas e oportunidades de alterar a realidade a partir dos pequenos imprevistos, mudanças de roteiro e de cenário. Com os pés no chão, mas mantendo o coração inspirado, a mente aberta e o olhar atento, será possível aproveitar muito mais os bons presentes que o ano tem a oferecer.

Carreira e finanças:

O ano que começa exigirá dos piscianos muita atenção para que possam realizar o potencial que ele oferece. Caso permitam que a inércia, a preguiça ou a ilusão se instalem, muito do que poderia ser aproveitado se perderá. Portanto, pisciano, firme seus pés na realidade, por mais que possa parecer sem graça, pois, com certeza, uma avaliação mais aproximada mostrará que nada poderia estar mais distante da verdade. Esse é um ano para ampliar seus contatos profissionais, frequentar ambientes diferentes ou espaços onde especialistas das áreas que lhe interessa costumam frequentar. Aprenda novas tecnologias, técnicas ou línguas, independente dos seus objetivos. O importante é abrir um pouco mais o seu leque de opções e permitir que algo novo, interessante ou inusitado possa ser experimentado. Essas atitudes lhe permitirão ativar muitas das oportunidades que o ano promete. As Luas Novas dos meses de fevereiro, março, abril, agosto e dezembro são as mais propícias para os assuntos ligados à carreira e à vida financeira.

Para os piscianos do primeiro decanato (20/02 a 29/02) o ano traz desafios mais intensos, os quais exigirão muita disciplina e a capacidade de lidar com os aspectos mais difíceis da realidade. A partir do dia 08/03 até o final do ano, você precisará de foco, dedicação e muita disciplina. Esse é um período em que seus conceitos, desempenhos, projetos, objetivos e negócios serão testados. O que importará são os resultados. O que trouxe resultados? Onde houve negligência? Não será possível delegar a responsabilidade pelas consequências de seus atos ou omissões.

Esse é o período da colheita, da conclusão e da finalização dos trabalhos. Mesmo que você esteja colhendo os louros de um período de muito empenho, ainda não será o momento da celebração, pois você precisará finalizar os detalhes para que o trabalho possa ser entregue com louvor. Por isso, é importante que você fique bastante atento e concentrado para que essa finalização esteja à altura do esforço e dos sacrifícios feitos até agora. Essa também pode ser uma fase de términos para que outros começos possam existir. Caso você precise deixar suas posições nesse ano, assegure-se de que o que precisava ser aprendido seja compreendido realmente antes de virar a página e seguir para algo novo. Seja cauteloso e comedido com as despesas neste ano, pois não será um ano para desperdícios, exageros e frivolidades.

O ano de 2023 pede o essencial, o estritamente necessário, o foco completo e a dedicação total. Os recursos deverão ser usados para quitar dívidas e fazer reservas, não é recomendável assumir dívidas nesse ano. Haverá momentos melhores para realizar investimentos ou aquisições que visem somente atender aos impulsos descompromissados. Há períodos ao longo do ano, porém, que concentram as chances de boas oportunidades de negócios, reconhecimento, aprendizado e de entradas de recursos ao quais você deverá ficar atento para aproveitar. Entre os dias 17/05 e 11/07 e entre 31/10 a 31/12, por meio de viagens, cursos, indicações de amigos e colegas, você poderá receber dicas e ter chances de melhorar a situação profissional e financeira. Entretanto, elas não virão de graça, será necessário ampliar as suas conexões, deixar claro o que está procurando e mostrar que está disposto a fazer o esforço necessário para alcançar seus objetivos. Acima de tudo, é preciso não desanimar, pois tudo o que for concluído nesse período construirá uma experiência preciosa para os anos que virão.

Os piscianos do segundo decanato (01/03 a 10/03) poderão usar o ano para realizar mudanças em seus projetos e direções profissionais. O ano pede que você procure dedicar a sua energia em encontrar atividades nas quais possa se expressar verdadeiramente, desenvolvendo o que houver de mais original em você. Isso será sentido mais fortemente entre os dias 01/01 e 15/06 e entre 17/11 e 31/12. Para ativar todo o potencial desses períodos, você precisará agir conscientemente nessa direção. Não permita que a inércia e a desatenção o façam desperdiçar as oportunidades interessantes que poderão se revelar por meio dos pequenos imprevistos ou das sutis mudanças de rumo que suas atividades habituais possam sofrer. Novos gestores, clientes, colaboradores, mercados e áreas de estudo poderão apresentar novos destinos bastante proveitosos e inexplorados para vocês. Durante os dias 12/07 e 30/10, dedique-se a ampliar seus horizontes, frequentando mais lugares ligados a áreas do seu interesse, aceitando convites para eventos, conhecendo novas culturas e ambientes. Todos esses esforços feitos de maneira atenta, bem-humorada e curiosa podem render bons dividendos. Aproveite bem as chances inusitadas que esse ano oferecerá.

Os piscianos do terceiro decano (11/03 a 20/03) terão muitas oportunidades de inovar seus caminhos profissionais e também de aprofundar seu conhecimento em áreas inexploradas, identificando potenciais de ganhos ainda não analisados pelos concorrentes ao longo de 2023. O único senão que poderá atrapalhar bastante o caminho é a tendência a não querer ver os defeitos, riscos, erros e dificuldades que possam estar presentes em sua realidade. Quanto mais próximo, mais identificado você estiver de seus propósitos, maior será o risco de idealizá-los e subestimar problemas e armadilhas potencialmente perigosas. Para evitar desilusões, perdas financeiras devido a fraudes, erros contratuais e votos de confiança mal concedidos, é recomendável procurar analisar as situações com o maior realismo possível. Não é um ano recomendável para delegar tarefas de alta responsabilidade e/ou acreditar que alguém poderá desempenhar além de suas competências.

Não conte com os resultados antes deles se concretizarem. Mantendo os pés firmes no chão, será possível aproveitar as boas oportunidades do ano. Entre os dias 01/01 e 23/03 e 12/06 e 31/12, vocês poderão conquistar posições de destaque e de liderança em seus trabalhos. Você terá a possibilidade de trabalhar com maior perspicácia e eficiência, podendo implementar mudanças criativas em sua carreira e ambientes de trabalho. É um ótimo período para investir em aproximações com figuras de autoridade e de poder. Entre os dias 16/06 e 16/11, será bastante vantajoso investir em soluções inovadoras e criativa, experimentando novas abordagens para velhos paradigmas, estudando novas tecnologias e envolvendo-se em grupos de interesse bastante diferentes dos seus usuais que poderão trazer renovação e abertura para seus processos mentais e para a maneira que encara sua trajetória profissional.

Em geral, os melhores períodos para trabalho, dinheiro, negócios e aquisições são: 26/03 a 11/04; 16/05 a 05/06 e 09/11 a 10/11.

Os menos favoráveis são: 01/01 a 25/03; 12/04 a 15/05; 12/06 a 08/11; 11/11 a 31/12.

Relacionamentos:

O ano de 2023 oferece várias chances para mudar a vida romântica dos piscianos, só que, para essa promessa acontecer, será necessário que você invista tempo e esforço. Não será um ano de acontecimentos mágicos, surgidos do nada. Ao contrário, será um ano em que você precisará se lançar, ficar atento, estar disponível e flexível. Se assumir essas atitudes, será impressionante o que 2023 poderá proporcionar. As Luas Novas de fevereiro, julho e setembro serão as mais interessantes para assuntos ligados aos relacionamentos e parcerias.

Os piscianos do primeiro decanato (20/02 a 29/02) precisarão de um esforço adicional esse ano para ultrapassar a sensação de desânimo e de cansaço que marcará o ano a partir do dia 08/03. Esse é um ano de conclusões, e nem sempre elas serão coroações de um romance. Por vezes, é possível que compreenda que o que construiu até aqui não tem a profundidade, a estrutura necessária, para ser continuado. E o tempo poderá não ser um certificado automático de segurança e estabilidade. Chegar a essa realização nunca é simples ou fácil e poderá roubar muito do seu brilho. Para alguns piscianos, esse período coincidirá com a descoberta de que, para levar a relação a outro patamar, será necessário um trabalho intenso e difícil, implicando renunciar à espontaneidade para dar foco à seriedade e ao compromisso.

Esse poderá ser um ajuste difícil. Outros poderão atravessar uma fase em que seu parceiro demande cuidados ou que suas vidas apresentem tantos desafios que pode ser difícil ter a leveza necessária para animar o relacionamento. Por último, alguns piscianos podem se deixar abater por uma tristeza indefinida, trazida pela constatação que os sonhos não correspondem às suas realidades. Qualquer que seja o caso, é importante que entenda que essa é uma fase, um ritual de passagem, um momento em que a vida pedirá uma abordagem mais prática, mais responsável. E que, como toda fase, se for vivida plenamente dentro de seus limites e exigências, você emergirá delas mais sólido e mais capaz de viver um amor real, maduro, capaz de oferecer muito companheirismo, apoio e com a incrível habilidade de melhorar com o tempo.

Por isso, não desanime, nem se isole, pois isso não os ajudará a realizar o que esse tempo demanda e somente prolongará a tristeza desnecessariamente. Mesmo que não se sinta em uma fase gregária, vista-se, arrume-se e aceite os convites dos amigos que poderão surgir entre os dias 17/05 e 11/07, assim como entre os dias 31/10 e 31/12. Abra-se para vivenciar momentos de lazer, visitando lugares mais distantes, conhecendo outras culturas e pessoas. Ao compartilhar suas histórias e ao permitir que seus amigos o ajudem, novas oportunidades surgirão que poderão contrabalancear os momentos mais áridos do ano.

Os piscianos do segundo decanato (01/03 a 10/03) poderão se surpreender com as viradas e mudanças de rumo que suas vidas afetivas tendem a tomar neste ano. Do primeiro dia de 2023 ao dia 15/06 e, novamente, do dia 17/11 a 31/12, você deve ficar atento a imprevistos, mudanças de planos, variações de rotina. Eles poderão ser discretos e passarem despercebidos, porém, caso permita que isso aconteça, você perderá excelentes oportunidades de arejar e renovar seus relacionamentos atuais. Esses acontecimentos inesperados deverão ser bem-vindos e considerados como janelas de oportunidades potenciais tanto para as relações atuais quanto para a possibilidade de conhecer pessoas diferentes e interessantes. O mais importante é que esse período irá proporcionar a você chances de conhecer lados seus que até então não havia tido possibilidade de se expressar e isso poderá ser muito bom.

Outro período que merece mais atenção e a sua energia acontecerá é entre os dias 12/07 e 30/10. Use esses dias para ampliar as suas conexões, proporcionar encontros que busquem, por exemplo, unir e aproximar pessoas de culturas diferentes ou que tenham o aprendizado como tema, programar viagens a lugares distantes e aceitar convites para eventos e palestras que normalmente não frequentaria. Essas atitudes poderão trazer oportunidades de encontros muito benéficos para você, assim como poderão criar momentos muito felizes para aqueles que estiverem comprometidos.

Já os piscianos do terceiro decanato (11/03 a 20/03) terão que fazer um esforço consciente de remover os óculos cor-de-rosa que têm utilizado para viver suas vidas afetivas. A principal armadilha de 2023 para você é a idealização. Mentiras, enganos, traições, tanto as praticadas quanto as sofridas por você são as consequências possíveis se decidir persistir no caminho da ilusão. Você estará extremamente sensível, e isso poderá abrir seus olhos ao sofrimento que o cerca, aumentando a sua empatia. Isso, por si só, não é um problema, pelo contrário, é uma oportunidade incrível de ampliar o seu potencial amoroso.

O problema reside em quando começa a acreditar que há uma vítima, ou que o amor verdadeiro demanda que exista um mártir e um salvador. Tome muito cuidado com essa crença, pois, além de irreal, cria bases muito pouco saudáveis para a construção de um relacionamento amoroso.

É possível ser sensível, ser dedicado e fazer renúncias sem que seja necessário desconsiderar suas necessidades e seus desejos. Isso vale também para o caso de você se perceber na posição da vítima que busca um salvador. Além de não ser justo com seu parceiro, também estabelece um relacionamento em que o crescimento e o amadurecimento não têm lugar. Há maneiras mais criativas e interessantes de lidar com essa sensibilidade extremada; você pode usá-la para aumentar a sua conexão com a pessoa amada ou para expressar e vivenciar seus desejos por meio das manifestações artísticas. Música, dança, poesia e cinema serão excelentes veículos de expressão para você nessa fase.

Aproveite os dias 16/06 ao dia 16/11 para ficar atento e procurar ativamente oportunidades de mudança de rotina. Imprevistos, impulsos, percepções agudas e inusitadas devem ser acolhidos e trabalhados, pois proporcionarão chances de viver e expressar essas sensações de tal forma que a sua originalidade possa ter lugar.

Ao longo do ano, você também poderá contar com uma percepção mais profunda e aguda das situações em que vive. Para tanto, necessitará ter coragem e se dispor a mergulhar em si mesmo, encarando com sinceridade seus defeitos e desejos inconfessáveis e os dos seu parceiro. Essa disponibilidade e essa coragem estarão ao seu dispor entre os dias 01/01 e 23/03, até os dias 12/06 e 31/12.

Nessa fase, considere a possibilidade de realizar terapias de casal e pesquise outras técnicas milenares de vivenciar e desenvolver a sexualidade, estando ou não acompanhado. Esses mergulhos podem revelar ótimas surpresas e revitalizar suas relações.

Em geral, os melhores períodos para relações, encontros amorosos e colaboração são: 01/04 a 11/04 e 08/05 a 05/06.

Os menos favoráveis são: 01/01 a 25/03; 12/04 a 07/05 e 23/06 a 31/12.

Saúde:

O bem-estar dos piscianos estará dependente da sua disponibilidade em buscar uma gestão mais atenta e ativa sobre a sua saúde. Você terá, ao longo do ano, muitas oportunidades de iniciar novos tratamentos, conhecer novas tecnologias para monitorar seu organismo e melhorar seus desempenhos, iniciar novas rotinas que aprimorem sua saúde, assim como poderá conhecer especialistas renomados para cuidar de problemas crônicos ou que venham a surgir neste ano. Porém, para que o potencial do ano possa se realizar, será necessário que você busque essas oportunidades. Ao procurar por possibilidades e soluções, não considere fazer isso sozinho. Os resultados virão por meio de suas conexões. Por isso, você precisará ampliar, significativamente, seus contatos, avisando a amigos, colegas, conhecidos e familiares que se mostrarem interessados em te ajudar quais são seus objetivos. Caso contrário, é possível que essas oportunidades se percam. As Luas Novas de janeiro, fevereiro, agosto e outubro são favoráveis à dedicação aos assuntos ligados à saúde e ao bem-estar físico e emocional.

Os piscianos do primeiro decanato (20/02 a 29/02) precisarão dedicar tempo e carinho para si a partir de 08/03. Você poderá vivenciar limitações e restrições advindas de problemas ósseos, articulares e dentários, assim como crises ligadas ao sistema cardíaco. É possível que perceba uma queda significativa de vigor e de vitalidade e poderá vivenciar essas fases como sinais de envelhecimento. O ponto mais importante, porém, será cuidar do seu estado emocional, pois os problemas enfrentados poderão ocasionar uma melancolia persistente e a possibilidade de ter que lidar com a depressão. Para contornar e amenizar essa temporada, preserve suas rotinas de saúde, independente de sentir o desejo de abandoná-las por acreditar que não fazem diferença. Elas trarão, mas precisarão da sua adesão e da sua disciplina. Procure apoio psicológico caso perceba que aquela tristeza se recusa a ir embora e que as coisas que lhe davam prazer começaram a perder a cor. Também é essencial neste ano considerar o período de descanso sagrado. Seja rigoroso com a sua higiene do sono, descanse sempre que puder e mantenha-se hidratado.

O ano também lhe oferecerá oportunidades de encontrar momentos de relaxamento, distração e opções de tratamento que lhe permitirão aumentar bastante a qualidade de vida. Durante os dias 17/05 a 11/07 e 31/10 a 31/12, procure alternativas de tratamento e participe de todas as atividades que sejam destinadas a promover a saúde e fortalecer seu organismo. Fale com seus conhecidos e médicos sobre o que está sentido e não se isole. Esses contatos proporcionarão ótimas chances de melhorar a sua energia e ajudarão a superar os momentos mais difíceis do ano.

Para os piscianos do segundo decanato (01/03 a 10/03), oportunidades de experimentar alternativas para melhorar seu bem-estar e a sua saúde em geral poderão ser perdidas se você não ficar atento. Entre os dias 01/01 e 15/06 e, mais próximo ao final do ano, entre os dias 17/11 e 31/12, você se beneficiará caso aceite mudar suas rotinas e experimentar outras possibilidades de tratamento. Situações imprevistas deverão ser aproveitadas, pois poderão proporcionar oportunidades de encontrar profissionais, remédios e tratamentos que te ajudem a lidar com suas questões de saúde de maneira inovadora e promissora. Ative seus contatos e mantenha a mente curiosa e flexível para os sinais que se apresentarão ao longo desses dias. Isso será ainda mais válido entre os dias 12/07 e 30/10 quando poderá receber dicas preciosas por indicação de amigos mais conectados. Por isso, amplie suas conexões, leia mais e procure conhecer também práticas de saúde de outras culturas. Essas atitudes têm grandes chances de trazer bons resultados.

Os piscianos do terceiro decanato (11/03 a 20/03) poderão se deparar com situações de difícil diagnóstico. Os exames confundem, e os médicos parecem ter dificuldade em descobrir a origem de um cansaço e uma letargia indeterminada e contínua.

O sistema imunológico poderá estar enfraquecido e é preciso tomar cuidado com o uso de medicações, álcool e outras drogas, assim como a alimentação. Nesse período, a possibilidade de reações adversas e de contaminações aumenta, por isso, atenção. Evite se deixar levar pelo desejo de ignorar, de usar o pensamento mágico ou tratamentos sem comprovação científica para não confrontar e aturar os problemas de saúde neste ano, sejam eles de ordem física ou emocional. Abandone qualquer noção de que deve renunciar a cuidar de sua saúde em prol de diminuir o sofrimento alheio.

Será necessário se dedicar e encontrar formas criativas de realizar os dois, se esse for o caso. O bom é que o ano também oferece a chance de encontrar formas de acessar fontes potentes de energia regenerativa, tratamentos transformadores e métodos de investigação profunda, caso você se disponha a procurar por eles. Seus contatos poderão ser de grande valia neste ano, e você não deve deixar de acessá-los, especialmente entre os dias 01/01 e 23/03, assim como entre os dias 12/06 e 31/12. Fique também atento para não desperdiçar as oportunidades que se apresentarão de forma sutil e inesperada entre os dias 16/06 e 16/11. Esse período favorecerá o encontro de soluções inovadoras e criativas, assim como o uso de tecnologias avançadas, que poderão ser muito úteis na restauração do seu bem-estar físico e psicológico.

Em geral, os períodos de maior energia, saúde, vigor e vitalidade são: 26/03 a 20/05 e 13/10 a 24/11.

Os períodos menos favoráveis para cirurgia e vitalidade são: 01/01 a 25/03; 11/07 a 27/08 e 25/11 a 31/12.

Os melhores dias para tratamento estéticos: 01/01 a 03/01; 28/01 a 28/02; 01/04 a 11/04; 08/05 a 05/06 e 05/11 a 29/12.

Períodos menos favorecidos para tratamentos e procedimentos estéticos: 12/04 a 07/05; 23/06 a 03/09 e 30 a 31/12.

CALENDÁRIO DAS FASES DA LUA EM 2023

Janeiro

Cheia	06/01	20:06	16°21' de Câncer
Minguante	14/01	23:09	24°38' de Libra
Nova	21/01	17:52	01°32' de Aquário
Crescente	28/01	12:17	08°25' de Touro

Fevereiro

Cheia	05/02	15:28	16°40' de Leão
Minguante	13/02	12:59	24°40 de Escorpião
Nova	20/02	04:05	01°22' de Peixes
Crescente	27/02	05:04	08°27' de Gêmeos

Março

Cheia	07/03	09:40	16°40' de Virgem
Minguante	14/03	23:08	24°13' de Sagitário
Nova	21/03	14:23	00°49' de Áries
Crescente	28/03	23:32	08°08 de Câncer

Abril

Cheia	06/04	01:34	16°07' de Libra
Minguante	13/04	06:11	23°11' de Capricórnio
Nova	20/04	01:12	29°50' de Áries
Crescente	27/04	18:19	07°21' de Leão

Maio

Cheia	05/05	14:34	14°58' de Escorpião
Minguante	12/05	11:28	21°36' de Aquário
Nova	19/05	12:53	28°25' de Touro
Crescente	27/05	12:22	06°05' de Virgem

Junho

Cheia	04/06	00:41	13°18' de Sagitário
Minguante	10/06	16:31	19°40' de Peixes
Nova	18/06	01:37	26°43' de Gêmeos
Crescente	26/06	04:50	04°29' de Libra

Julho

Cheia	03/07	08:38	11°18' de Capricórnio
Minguante	09/07	22:47	17°35 de Áries
Nova	17/07	15:31	24°56 de Câncer
Crescente	25/07	19:06	02°42' de Escorpião

Agosto

Cheia	01/08	15:31	09°15' de Aquário
Minguante	08/08	07:28	15°31' de Touro
Nova	16/08	06:38	23°17' de Leão
Crescente	24/08	06:57	01°00' de Sagitário
Cheia	30/08	22:35	07°25' de Peixes

Setembro

Minguante	06/09	19:20	14°03' de Gêmeos
Nova	14/09	22:39	21°58' de Virgem
Crescente	22/09	16:31	29°32' de Sagitário
Cheia	29/09	06:57	06°00' de Áries

Outubro

Minguante	06/10	10:47	13°02' de Câncer
Nova	14/10	14:55	21°07' de Libra
Crescente	22/10	00:29	28°28' de Capricórnio
Cheia	28/10	17:24	05°09´de Touro

Novembro

Minguante	05/11	05:36	12°39' de Leão
Nova	13/11	06:27	20°43' de Escorpião
Crescente	20/11	07:49	27°50' de Aquário
Cheia	27/11	06:16	04°51' de Gêmeos

Dezembro

Minguante	05/12	02:49	12°48' de Virgem
Nova	12/12	20:32	20°40' de Sagitário
Crescente	19/12	15:39	27°35' de Peixes
Cheia	26/12	21:33	04°58' de Câncer

AS FASES DA LUA

LUA NOVA

Essa fase ocorre quando o Sol e a Lua estão em conjunção, isto é, no mesmo Signo, em graus exatos ou muito próximos. A luz refletida da Lua é menor do que em qualquer outra fase do seu ciclo. A atração gravitacional da Lua sobre a Terra é a mais forte e pode ser comparada apenas com a fase da Lua Cheia. Nesse momento, a Lua nasce e se põe junto com o Sol e, ofuscada pela proximidade deste, fica invisível.

Considera-se esse como um período de ponto de partida, já que o Sol e a Lua estão unidos no mesmo grau. Novos começos, projetos e ideias estão em plena germinação.

Um alívio ou liberação das pressões do mês anterior nos dá a sensação de estarmos quites com o que passou e disponíveis para começar algo novo em folha. Não vamos trazer nada da fase anterior para este momento — o que era importante e nos envolvia perdeu a força. Estamos aliviados e descarregados, e qualquer direção pode nos atrair.

Todos os resíduos e expectativas do mês anterior já devem ter sido zerados, para que possamos mudar de assunto, como se estivéssemos inaugurando uma agenda nova. Devemos introduzir um assunto, uma pauta, uma ideia nova em nossas vidas, e muitas coisas serão geradas a partir daí. Todas as possibilidades estão presentes.

Qualquer coisa que fizermos nessa época, até mesmo uma palavra ou um pensamento, terá muito mais chance de se concretizar. Pelo menos uma intenção deve ser colocada.

Qualquer coisa deve ser plantada aqui: a semente de um projeto, de um romance, de uma ideia ou de uma planta. Nem tudo vai dar resultado, mas estamos semeando no período mais fértil possível.

Nunca podemos saber, de antemão, aonde novos começos vão nos levar, mas os primeiros passos devem ser dados aqui.

O instinto está muito aguçado e o estado de alerta também, funcionando como um guia. A vida está se expressando na sua forma mais básica. A consciência das coisas não está muito clara, e só o impulso nos orienta.

A ação ainda é muito espontânea. Não temos nem plano, nem estratégia. Só o vigor do começo.

Lidar com qualquer coisa que diga respeito a nós mesmos e não aos outros — que dependa só de nossa própria intenção e empenho e que possamos fazer por conta própria — terá mais chance.

Relacionamentos começados aqui podem ser estimulantes e muito espontâneos, mas não duradouros. Isso porque as relações nesse momento são baseadas nas expectativas pessoais, e não na observação de quem é o outro, ou do que a realidade pode de fato oferecer.

Ainda dentro do estilo "tudo-depende-da-motivação-pessoal", empregos, atividades e tarefas que oferecem mais autonomia, que possam ser realizados com um maior índice de liberdade, são os mais vantajosos nessa fase.

Bom para:

- Comprar casa, adquirir imóvel para investimento;
- Fertilidade em alta: concepção, fertilização, gestação;
- Comprar legumes, verduras e frutas maduros somente para consumo imediato (acelera a deterioração);
- Comprar flores desabrochadas somente para consumo imediato (diminui a durabilidade);
- Comprar legumes, verduras e frutas verdes e flores em botão (acelera amadurecimento);
- Criar;
- Relacionamentos passageiros e que servem mais para afirmação do ego;
- Ganhar peso;
- Cortar o cabelo para acelerar crescimento;
- Introduzir um elemento novo em qualquer esquema;
- Viagem de lazer;
- Fazer poupança;
- Cobrar débitos;
- Começar cursos;
- Iniciar um novo trabalho;
- Trabalhos autônomos, os que dependem de iniciativa pessoal e de pouca colaboração;
- Contratar empregados que precisam ter iniciativa própria;
- Começar uma construção ou uma obra;
- Consertar carro;
- Cirurgia — cinco dias antes e cinco dias depois.

Desaconselhável:
- Cirurgia: no dia exato da Lua Nova;
- Exames, *check-ups* e diagnósticos, pois falta clareza.

LUA CRESCENTE

Essa fase ocorre quando o Sol e a Lua estão em Signos que se encontram a 90 graus de distância entre si — uma quadratura —, o que representa desarmonia de qualidades. A luz refletida dela é progressivamente maior. Agora, metade da Lua pode ser vista no Céu. Ela é visível ao meio-dia e desaparece à meia-noite. É um aspecto de crise e resistência. O que quer que estejamos pretendendo passará por um teste e precisará ser defendido, sustentado e direcionado com firmeza. Isso significa fazer opções, manter o curso das atividades e comprometer-se.

Não é hora de fugir, desistir, duvidar. Temos de aumentar nossa energia contra as resistências encontradas. As coisas estão bem mais visíveis.

É o primeiro estágio de desenvolvimento dos nossos desejos e objetivos. Tudo está muito vulnerável, pois há uma luta entre o que era apenas um projeto e o que pode de fato tomar forma.

Nem todas as promessas são cumpridas, nem todos os anseios são concretizados, assim como nem todas as sementes vingam.

É um período muito movimentado em que as coisas se aceleram, mas os resultados não estão garantidos, estão lutando para se impor. Os obstáculos devem ser enfrentados, e ainda há tempo para qualquer mudança necessária se o crescimento estiver impedido.

O padrão que predominar na Lua Crescente é o que vai progredir durante todo o ciclo lunar, seja o de crescimento do sucesso ou de crescimento dos obstáculos.

É bom abandonarmos completamente os planos que não estão desabrochando e nos concentrarmos nas sementes que estão crescendo.

Tudo está mais claro, delineado e definido. Temos mais certeza do que queremos, conhecemos melhor a possibilidade de realização do que pretendemos e também os problemas e as resistências à concretização de nossos objetivos.

Tanto as chances quanto os obstáculos se apresentaram. O que ou quem quer que tenha que resistir aos nossos intentos vai aparecer e a hora é de enfrentar ou negociar. As chances estão empatadas. A natureza de todas as coisas está lutando para vencer — até as adversidades.

Em vez de enfrentar cegamente os nossos obstáculos, pois, com isso, perderemos o fôlego, devemos reconhecer os limites e usar nossos recursos e nossas competências. Aliás, essa é a natureza das quadraturas.

Não estamos mais por conta própria ou dependendo apenas de nosso empenho pessoal. Temos que trocar com os outros e com as circunstâncias externas.

É hora de se concentrar e focar os esforços. Nada de atirar em todas as direções. Por exemplo: não quebrar o ritmo, não interromper uma dieta ou um programa de exercícios, não faltar a um compromisso, não se omitir ou se afastar de um relacionamento. A hora é de comparecer e marcar presença. Uma ausência pode nos tirar do jogo.

Não ser reticente e não permitir que sejam conosco é a melhor tática.

Devemos fazer uma proposta, tomar uma atitude, sustentar uma opinião ou, ainda, mudá-la, se não estivermos encontrando eco. Também devemos mudar a tática de luta se sentirmos que perdemos força ou que o alvo se distanciou.

Essa é a fase que pede mais desinibição, encorajamento e comunicação.

Sair da sombra, do silêncio e da letargia é o que vai nos fazer dar voz e formas às coisas. Devemos insistir no que está ganhando força e aproveitar o crescimento da onda.

Bom para:

• Cortar o cabelo para crescimento rápido — em compensação, o fio cresce mais fino;

• Cortar o cabelo para acelerar o crescimento quando se quer alterar o corte anterior, eliminar a tintura ou outra química;

• Tratamento de beleza;

• Ganhar peso ou aumentar o peso de qualquer coisa;

• Fazer poupança e investimentos;

• Comprar imóvel para investimento;

• Cobrar débitos;

• Viagem de lazer;

• Começar cursos;

• Iniciar novos trabalhos;

• Trabalhos de venda, contratar empregados para área de vendas;

• Acordos e parcerias;
• Romances iniciados nessa fase são mais duradouros e satisfatórios;
• Atividades físicas que consomem muita energia e vigor;
• Lançamentos;
• Noites de autógrafos, exposições e vernissage;
• Favorece mais quem empresta do que quem pega emprestado;
• Presença de público;
• Assinar contratos, papéis importantes e acordos;
• Novos empreendimentos;
• Comprar legumes, verduras e frutas maduros somente para consumo imediato (acelera a deterioração);
• Comprar flores desabrochadas somente para consumo imediato (diminui a durabilidade);
• Comprar legumes, verduras e frutas verdes e flores em botão (acelera o amadurecimento);
• Plantio de cereais, frutas e flores;
• Transplantes e enxertos;
• Crescimento da parte aérea das plantas e da vegetação.

Desaconselhável:

• Dietas de emagrecimento (é mais difícil perder peso);
• Estabelecer propósitos e planos com pouca praticidade ou imaturos.

Ocorre quando o Sol e a Lua estão em Signos opostos, ou seja, se encontram a 180 graus de distância, formando uma oposição. A luz refletida da Lua atinge o seu ponto máximo. Agora, o círculo lunar é inteiramente visível durante toda a noite. O Sol se põe a oeste, e a Lua nasce na direção oposta no Leste. A atração gravitacional do Sol e da Lua sobre a Terra é a mais forte, equivalente apenas à da Lua Nova.

Só que aqui essas forças operam em direções opostas sobre a Terra. Esse é um aspecto de polarização e culminância, mas também de complementaridade dos opostos.

A Lua Cheia é um transbordamento.

Se os obstáculos surgidos na fase da Lua Crescente foram enfrentados e todas as etapas próprias do processo de crescimento foram cumpridas a tempo no período anterior, então a Lua Cheia trará realização e culminância. Caso contrário, experimentaremos frustração, conflito e muita ansiedade.

A Lua Cheia revela o máximo de qualquer situação.

O sucesso ou o fracasso dos nossos esforços será revelado em plena luz da Lua Cheia.

O humor das pessoas está completamente alterado nessa fase. O magnetismo da Lua Cheia influencia os níveis de água no nosso corpo e em todo o planeta, elevando-os.

Todos os frutos deveriam estar agora plenamente fertilizados e prontos para colheita. A luz não vai crescer para além desse ponto. Não se pode brilhar mais do que isso, e nenhum projeto vai desabrochar para além desse nível. Tudo chegou ao seu clímax e à sua energia máxima.

Se não estivermos preenchidos e satisfeitos, a reação de descontentamento se intensificará. Toda a iluminação que vinha crescendo e todo o campo magnético que vinha se ampliando devem ser canalizados para algo; caso contrário, a ansiedade e a agitação crescerão desproporcionalmente. As sensações e as emoções estão muito aguçadas.

Pode-se esperar mudança de tempo e marés altas devido ao aumento de força gravitacional. E também um sensível aumento do número de partos. É comum ocorrer antecipação dos nascimentos devido ao aumento de volume de água no organismo.

O que quer que tenha que ser atraído energicamente será aqui.

Ocorre um aumento de preocupação com os relacionamentos, pode-se mesmo ficar obsessivo com alguma relação em particular. Em nenhuma outra fase, os relacionamentos terão igual importância.

Problemas nas relações existentes ou mesmo a falta de um relacionamento podem nos afetar mais do que o normal.

Encontros iniciados nessa fase exigem o máximo de negociação e colaboração dos parceiros, pois é um período que mostra muito explicitamente as diferenças.

Viveremos nessa fase as consequências internas e externas das ações iniciadas na Lua Nova.

Se formos bem-sucedidos nessa fase, as experiências começam a ser usadas, ampliadas, partilhadas e assimiladas.

Se o que tentamos até agora não teve forças para vingar, ou se faltou empenho para lutar pelo que desejávamos, é hora de abandonar as expectativas e voltar a tentar apenas na fase da Lua Crescente do próximo mês. Um anticlímax pode nos invadir.

As reações emocionais são mais intensas do que o normal, e um sentimento de perturbação e excitação invade a alma. É muito mais difícil manter o equilíbrio.

LUA DISSEMINADORA

É assim chamada a segunda fase da Lua Cheia, que ocorre a 45 graus após o seu início (o que equivale a aproximadamente cinco dias depois da entrada da Lua Cheia) e permanece até o início da Lua Minguante.

Aqui, é aconselhável espalhar, disseminar, desconcentrar. É favorável espalhar energia, porque os problemas também se dispersarão, mas ao mesmo tempo isso indica espalhar os recursos, partilhá-los, pensar nos outros, porque os retornos podem desdobrar-se e multiplicar-se.

Os relacionamentos criados nessa fase são bastante resistentes, mas atraem pessoas que gostam de impor seu ponto de vista a todo custo. Acabam gerando relações nas quais um dos parceiros termina cedendo e se submetendo à firme vontade do outro.

Bom para:

- Cortar o cabelo para crescer mais cheio com fio mais forte (volume);
- Hidratação e nutrição da pele (os poros mais dilatados absorvem melhor os nutrientes);
- Encontros sexuais;
- Encantamento e magnetismo;
- Grande presença de público;
- Atividades de muito público realizadas em ambiente externo;
- Aumento de frequência em bares, restaurante etc. (as pessoas saem mais, tudo fica cheio);
- Atividades de comércio;
- Apresentações, shows, exposições, espetáculos, lançamentos e noites de autógrafos;
- Acelerar o amadurecimento de frutas e legumes;

- Desabrochar os botões das flores;
- Colheita de plantas curativas;
- Colheita de frutos mais suculentos;
- Pesca.

Desaconselhável:
- Cirurgia (aumenta o risco de hemorragia, inflamação, edemas e hematomas);
- Dietas para emagrecimento (há maior retenção de líquido);
- Depilação e tinturas de cabelo (crescimento acelerado dos pelos);
- Capinar e aparar grama (crescimento acelerado do capim);
- Legumes e frutas já maduros (acelera a deterioração);
- Comprar flores (diminui a durabilidade);
- Sono (predisposição para alteração do sono e insônia);
- Cerimônias de casamento (excesso de vulnerabilidade, excitação e predisposição à discórdia);
- Pegar estrada (predispõe a aumento de acidentes);
- Sair de carro (caos e congestionamento no trânsito).

A luz refletida da Lua começa progressivamente a diminuir. Na primeira fase da Lua Minguante, ela ainda é bastante visível, mas, aos poucos, vai extinguindo seu brilho. É a fase de menor força de atração gravitacional da Lua sobre a Terra, é o mais baixo nível de volume de água no organismo e no planeta. O período sugere mais recolhimento e interiorização. Devemos olhar para dentro e examinar como nos sentimos em relação às vitórias ou aos insucessos da Lua Cheia.

Os resultados do ciclo inteiro devem ser revistos, avaliados e resumidos agora. Devemos nos ajustar às circunstâncias que prevaleceram.

É uma energia de síntese. É tempo de conciliar as coisas e terminá-las para não começar um novo ciclo com pendências.

Não é aconselhável nenhuma resistência, muito pelo contrário, a fase é de aceitação e adaptação, como se a Lua estivesse perdendo fôlego e luz.

Não devemos desgastar as situações para que elas possam ser retomadas à frente.

O que não aconteceu até agora não terá mais forças para acontecer. Não temos a menor condição para uma reviravolta.

Em compensação, conflitos e crises perdem igualmente força e podem apaziguar-se e até desaparecer por completo ou perder totalmente o impacto sobre nós.

Temos mais facilidade para largar as coisas, pois estamos menos afetados por elas.

As possibilidades ficaram totalmente esclarecidas na Lua Cheia, agora sabemos o que fazer com elas. A questão aqui é se estamos contentes com o resultado final de nossas tentativas. Se não estivermos, temos que nos ajustar à realidade. Mudar dentro para melhorar fora.

É comum nos sentirmos desorientados nessa fase. As pessoas que não têm o hábito da introspecção e da autoanálise podem reagir negativamente a essa fase e sofrer um pouco de depressão.

As tentativas feitas na vida profissional não são muito bem-sucedidas. É melhor insistir nas atividades que já estejam em curso e que se realizem num clima de recolhimento.

Nas pessoas mais interiorizadas, só os relacionamentos mais íntimos e profundos encontram eco. Geralmente, nesta fase, formam-se relações onde um dos parceiros precisa da ajuda e conforto do outro.

Não é recomendável divulgação, lançamento de produtos ou promulgação de leis. Eles podem passar despercebidos.

LUA BALSÂMICA

É assim chamado o último estágio da Lua Minguante (que ocorre nos últimos quatro dias dessa fase).

Esse é um tempo de retração, restauração, cura e rejuvenescimento. O termo balsâmico quer dizer elemento ou agente que cura, suaviza e restaura.

É hora de largar a atração magnética que a Lua exerce sobre nós e nos deixarmos conduzir no vazio, na sombra. Por incrível que pareça, ficar à deriva trará os melhores resultados. Também devemos procurar fazer as coisas por elas mesmas, sem nenhum outro propósito, além de simplesmente fazê-las.

Uma energia sutil, mais suave, é filtrada, e a cura pode acontecer. A energia psíquica está no máximo e é a intuição que nos guia. Devemos aceitar as coisas com os resultados que se apresentarem.

Tudo está na sua forma final e não vai passar disso. Colhemos o que semeamos. É tempo de retroceder, levantar acampamento, limpar o terreno, descansar e principalmente armazenar forças para a próxima fase que em breve se inicia.

Não se começa coisa alguma, ao contrário: resolvem-se todas as pendências, senão vão perdurar pelo mês seguinte. Nesses últimos quatro dias da Lua Minguante, um clima propício à reflexão nos invade naturalmente.

As pessoas estão mais maleáveis e dispostas a fazer adaptações e conciliações. Não é um período brilhante para entrevistas de trabalho, pois falta clareza e objetividade na expressão e na definição do que se pretende realizar.

Nos relacionamentos, esse é um momento de mais aceitação entre os parceiros.

Bom para:
- Dietas de emagrecimento (intensivas para perder peso rápido);
- Dietas de desintoxicação;
- Processos diuréticos e de eliminação;
- Cortar o cabelo para conservar o corte;
- Cortar o cabelo para aumentar o volume (fios mais grossos, pois o crescimento é lento);
- Tintura de cabelo;
- Depilação (retarda o crescimento dos pelos);
- Limpeza de pele;
- Tratamento para rejuvenescimento;
- Cirurgias;
- Cicatrização mais rápida;
- Tratamentos dentários;
- Cortar hábitos, vícios e condicionamentos;
- Encerrar relacionamentos;
- Dispensar serviços e funcionários;
- Arrumar a casa;
- Jogar coisas fora;
- Conserto de roupas;
- Limpeza de papéis;
- Pintar paredes e madeira (absorção e adesão da tinta são melhores);
- Dedetização;
- Combater todos os tipos de pragas;

• Colher frutos (os que não forem colhidos até aqui vão encruar);

• Comprar frutas, legumes e verduras maduros (retarda a deterioração). Cuidado para não comprá-los já secos;

• Comprar flores desabrochadas (retarda a deterioração). Cuidado para não comprá-las já secas;

• Poda;

• Tudo que cresce debaixo da terra;

• Plantio de hortaliças;

• Corte de madeira;

• Adubagem;

• Desumidificação, secagem e desidratação;

• Capinar e aparar a grama;

• Balanço financeiro do mês;

• Corte de despesas;

• Pegar empréstimo;

• Terminar todas as pendências;

• Romances começados nesta fase transformam as pessoas envolvidas;

• Finalizar relacionamentos;

• Quitar pagamentos;

• Fazer conservas de frutas e legumes;

• Cultivo de ervas medicinais;

• Retardar o crescimento.

Desaconselhável:

• Inseminação, fertilização, concepção e gestação;

• Atividades de público (a mais baixa frequência de público);

• Divulgação;

• Poupança e investimentos;

• Abrir negócios;

• Lançamentos;

• Vernissage, noite de autógrafos, exibições, estreias, exposições e inaugurações;

• Conservação de frutas, verduras, legumes e flores;

• Comprar frutas, legumes e verduras verdes (ressecam antes de amadurecer);

• Comprar flores em broto (ressecam antes de desabrochar);

• Começar qualquer coisa (é uma energia de fim).

LUA E CIRURGIA

Lua Minguante:

Melhor fase para procedimentos cirúrgicos. A recuperação será mais rápida. Há uma diminuição do nível de líquidos e fluidos corporais, favorecendo sua natural eliminação e menor tendência a inchaços.

Lua Nova:

Evitar procedimentos cirúrgicos no dia exato da Lua Nova e no dia seguinte. Sempre há algum tipo de ocultação nesse período.

Lua Cheia:

Evitar recorrer a procedimentos cirúrgicos. Os fluidos e líquidos do corpo encontram-se em seu nível máximo, havendo maior tendência a inchaços, inflamações, hematomas e risco de hemorragia. A recuperação será mais lenta.

Lua Fora de Curso:

Nunca operar três horas antes de seu início, durante sua ocorrência e três horas depois de seu término.

PROCEDIMENTOS CIRÚRGICOS

Signos Fixos:

Há maior estabilidade tanto durante o procedimento quanto no pós-operatório de cirurgias feitas quando a Lua se encontra em Touro, Leão, Escorpião ou Aquário, exceto quando envolvem partes do corpo regidas por esses Signos.

Signos Mutáveis:

Evitar cirurgias quando a Lua encontra-se em Gêmeos, Peixes, Sagitário e Virgem. O período sugere instabilidade, reações e comportamentos irregulares durante a cirurgia e no pós-operatório.

Signos Regentes:

Nunca operar órgãos ou partes do corpo que são regidos pelo Signo no qual a Lua se encontra ou pelo Signo oposto a ele.

Signos	PARTES E ÓRGÃOS DO CORPO
Áries/Libra	Face, cérebro e região da cabeça
Libra/Áries	Rins
Touro/Escorpião	Garganta, tireoide, lábios e boca
Escorpião/Touro	Aparelhos urinários e genital, intestino grosso e reto
Gêmeos/Sagitário	Pulmões, traqueia, laringe, faringe, mãos, braços, pernas e trompas
Sagitário/Gêmeos	Bacia, coxa, fígado, quadril
Câncer/Capricórnio	Estômago, abdômen, aparelho digestivo, útero, ovários
Capricórnio/Câncer	Coluna, ossos, juntas, joelhos, pele, dentes, vista, vesícula
Leão/ Aquário	Região lombar, coração
Aquário/Leão	Calcanhar, tornozelos, veias, vasos e capilares
Virgem/Peixes	Aparelho gastrintestinal
Peixes/Virgem	Pés, sistema linfático

Mercúrio Retrógrado

Evitar procedimentos cirúrgicos e diagnósticos. Há maior imprecisão no resultado de exames e probabilidade de equívocos por parte dos médicos e assistentes. Não é incomum haver necessidade de a cirurgia ser refeita.

Marte retrógrado

Evitar cirurgia. Tendência a maior inchaço, sangramento e inflamação.

(Ver os períodos em que esses planetas ficam retrógrados em 2023).

CALENDÁRIO DA LUA FORA DE CURSO
2023

JANEIRO

INÍCIO	FIM
02/01 – 19:16	02/01 – 23:43
04/01 – 21:08	05/01 – 11:14
07/01 – 19:22	07/01 – 23:39
09/01 – 22:52	10/01 – 12:15
12/01 – 20:06	12/01 – 23:56
15/01 – 05:40	15/01 – 09:08
17/01 – 11:26	17/01 – 14:32
19/01 – 07:08	19/01 – 16:11
21/01 – 12:51	21/01 – 15:28
23/01 – 07:18	23/01 – 14:35
25/01 – 13:11	25/01 – 15:47
27/01 – 18:00	27/01 – 20:42
30/01 – 02:51	30/01 – 05:34

FEVEREIRO

INÍCIO	FIM
01/02 – 08:59	01/02 – 17:11
04/02 – 03:18	04/02 – 05:48
06/02 – 11:16	06/02 – 18:13
09/02 – 03:41	09/02 – 05:46
11/02 – 13:41	11/02 – 15:34
13/02 – 20:53	13/02 – 22:30
15/02 – 22:06	16/02 – 01:59
18/02 – 01:18	18/02 – 02:34
19/02 – 23:01	20/02 – 01:55
22/02 – 01:05	22/02 – 02:13
24/02 – 04:23	24/02 – 05:28
26/02 – 11:43	26/02 – 12:47
28/02 – 22:07	28/02 – 23:39

MARÇO

INÍCIO	FIM
03/03 – 11:22	03/03 – 12:15
06/03 – 00:18	06/03 – 00:38
08/03 – 11:07	08/03 – 11:43
10/03 – 20:36	10/03 – 21:05
13/03 – 03:58	13/03 – 04:20
15/03 – 05:49	15/03 – 09:05
17/03 – 11:13	17/03 – 11:24
19/03 – 07:32	19/03 – 12:11
21/03 – 12:57	21/03 – 13:01
23/03 – 14:12	23/03 – 15:41
25/03 – 13:18	25/03 – 21:41
27/03 – 22:39	28/03 – 07:21
30/03 – 10:45	30/03 – 19:30

ABRIL

INÍCIO	FIM
02/04 – 03:02	02/04 – 07:57
04/04 – 10:49	04/04 – 18:50
06/04 – 09:42	07/04 – 03:29
09/04 – 06:08	09/04 – 09:56
11/04 – 07:47	11/04 – 14:32
13/04 – 11:13	13/04 – 17:41
15/04 – 12:15	15/04 – 19:56
17/04 – 15:56	17/04 – 22:09
20/04 – 01:12	20/04 – 01:29
22/04 – 00:40	22/04 – 07:10
24/04 – 09:14	24/04 – 15:58
26/04 – 20:40	27/04 – 03:29
29/04 – 07:52	29/04 – 15:58

MAIO

INÍCIO	FIM
01/05 – 20:53	02/05 – 03:08
04/05 – 06:16	04/05 – 11:32
06/05 – 11:38	06/05 – 17:03
08/05 – 17:29	08/05 – 20:32
10/05 – 20:53	10/05 – 23:05
13/05 – 00:16	13/05 – 01:38
14/05 – 23:57	15/05 – 04:55
17/05 – 06:10	17/05 – 09:27
19/05 – 14:51	19/05 – 15:47
21/05 – 19:12	22/05 – 00:28
24/05 – 06:13	24/05 – 11:34
26/05 – 03:39	27/05 – 00:04
29/05 – 06:46	29/05 – 11:50
31/05 – 11:54	31/05 – 20:44

JUNHO

INÍCIO	FIM
02/06 – 21:50	03/06 – 02:03
05/06 – 00:23	05/06 – 04:30
07/06 – 01:39	07/06 – 05:41
09/06 – 01:23	09/06 – 07:13
11/06 – 10:19	11/06 – 10:20
13/06 – 15:26	13/06 – 15:31
15/06 – 22:36	15/06 – 22:45
18/06 – 03:25	18/06 – 07:57
20/06 – 18:43	20/06 – 19:03
22/06 – 14:00	23/06 – 07:34
25/06 – 19:24	25/06 – 19:56
28/06 – 05:18	28/06 – 05:55
30/06 – 11:20	30/06 – 11:59

JULHO

INÍCIO	FIM
02/07 – 10:33	02/07 – 14:19
04/07 – 13:45	04/07 – 14:29
06/07 – 10:41	06/07 – 14:32
08/07 – 15:23	08/07 – 16:18
10/07 – 20:10	10/07 – 20:55
13/07 – 03:10	13/07 – 04:25
15/07 – 09:36	15/07 – 14:13
18/07 – 00:05	18/07 – 01:39
20/07 – 11:08	20/07 – 14:12
23/07 – 01:07	23/07 – 02:53
25/07 – 12:05	25/07 – 13:55
27/07 – 19:35	27/07 – 21:23
29/07 – 20:51	30/07 – 00:43
31/07 – 23:12	

AGOSTO

INÍCIO	FIM
	01/08 – 00:57
02/08 – 18:15	03/08 – 00:05
04/08 – 22:20	05/08 – 00:19
07/08 – 01:12	07/08 – 03:24
09/08 – 07:38	09/08 – 10:04
11/08 – 14:27	11/08 – 19:51
14/08 – 04:46	14/08 – 07:36
16/08 – 06:38	16/08 – 20:14
19/08 – 05:50	19/08 – 08:53
21/08 – 17:30	21/08 – 20:21
24/08 – 02:10	24/08 – 05:07
26/08 – 08:55	26/08 – 10:05
28/08 – 08:48	28/08 – 11:31
30/08 – 00:04	30/08 – 10:56

SETEMBRO

INÍCIO	FIM
01/09 – 07:35	01/09 – 10:24
03/09 – 08:56	03/09 – 11:59
05/09 – 13:45	05/09 – 17:06
07/09 – 19:21	08/09 – 01:59
10/09 – 09:47	10/09 – 13:35
12/09 – 12:05	13/09 – 02:17
15/09 – 10:49	15/09 – 14:44
17/09 – 22:06	18/09 – 01:58
20/09 – 07:21	20/09 – 11:05
22/09 – 16:31	22/09 – 17:20
24/09 – 17:05	24/09 – 20:29
26/09 – 09:38	26/09 – 21:17
28/09 – 17:57	28/09 – 21:17
30/09 – 18:49	30/09 – 22:17

OUTUBRO

INÍCIO	FIM
02/10 – 22:19	03/10 – 02:02
05/10 – 03:34	05/10 – 09:31
07/10 – 16:11	07/10 – 20:24
10/10 – 06:36	10/10 – 09:01
12/10 – 17:10	12/10 – 21:21
15/10 – 04:00	15/10 – 08:03
17/10 – 12:43	17/10 – 16:36
19/10 – 16:01	19/10 – 22:54
22/10 – 03:00	22/10 – 03:05
23/10 – 16:04	24/10 – 05:32
26/10 – 03:38	26/10 – 07:01
28/10 – 05:19	28/10 – 08:44
30/10 – 08:35	30/10 – 12:07

NOVEMBRO

INÍCIO	FIM
01/11 – 09:36	01/11 – 18:30
03/11 – 00:27	04/11 – 04:20
06/11 – 04:25	06/11 – 16:38
09/11 – 01:54	09/11 – 05:07
11/11 – 12:05	11/11 – 15:38
13/11 – 20:03	13/11 – 23:22
15/11 – 19:56	16/11 – 04:41
18/11 – 05:27	18/11 – 08:27
20/11 – 07:49	20/11 – 11:28
22/11 – 12:09	22/11 – 14:19
24/11 – 14:40	24/11 – 17:28
26/11 – 18:51	26/11 – 21:39
28/11 – 22:02	29/11 – 03:53

DEZEMBRO

INÍCIO	FIM
01/12 – 10:06	02/12 – 13:00
03/12 – 23:11	04/12 – 00:50
06/12 – 10:50	06/12 – 13:34
08/12 – 22:05	09/12 – 00:34
11/12 – 05:57	11/12 – 08:10
13/12 – 03:48	13/12 – 12:31
15/12 – 13:03	15/12 – 14:55
17/12 – 09:03	17/12 – 16:58
19/12 – 18:03	19/12 – 19:46
21/12 – 23:46	21/12 – 23:49
24/12 – 03:39	24/12 – 05:14
26/12 – 04:55	26/12 – 12:14
28/12 – 19:57	28/01 – 21:22
31/12 – 02:18	31/12 – 08:53

LUA FORA DE CURSO

Tecnicamente, a Lua Fora de Curso é o intervalo que vai da hora em que a Lua forma seu último aspecto com um planeta antes de deixar um Signo até o momento em que entra no Signo seguinte.

Esse período ficou tradicionalmente conhecido como um período infrutífero. As atividades realizadas enquanto a Lua está Fora de Curso, geralmente, não dão resultados. Isso vem da ideia de que, depois de a Lua ter percorrido todos os aspectos dentro de um Signo, ela ficaria sem rumo, "vazia", sem objetivo, cairia em uma espécie de vácuo, um "ponto cego" até entrar no próximo Signo e começar uma nova série de aspectos com outros planetas.

Durante o período em que a Lua está Fora de Curso, é como se ela entrasse simbolicamente em repouso. Portanto, não acessamos o conhecimento instintivo que a Lua nos oferece.

As perspectivas de qualquer assunto não estão claras ou são mal avaliadas. Podemos nos sentir vagos e confusos, agindo sem objetivo ou finalidade definida ou, ainda, estarmos lidando com pessoas que estejam assim. Por isso não acertamos o alvo.

Durante esse período, tudo está estéril, incerto e descontínuo. São negados a nós os frutos de empreendimentos que, em outros momentos, seriam promissores.

Algumas coisas que não acontecem nesse momento podem passar por novas tentativas em outra hora. Devemos usar esse período para assimilar o que ocorreu nos últimos dias, antes de iniciarmos um novo curso de ação.

Por isso:

Evite: decisões importantes, cirurgias e atividades para as quais espera desdobramentos futuros, pois as coisas podem não sair como planejadas ou podem estar baseadas em falsos julgamentos.

Dedique-se: às atividades rotineiras; ao que já foi planejado anteriormente; aos assuntos sem maior relevância ou dos quais você não espera muito.

Nota: a Lua se move 1 grau a cada duas horas ou duas horas e meia. Sua influência exata sobre cada planeta dura apenas algumas horas, mas, na realidade, seus efeitos podem fazer-se sentir por grande parte do dia. O início do período da Lua Fora de Curso baseia-se no momento do último aspecto exato que ela forma com um planeta, antes de entrar em um novo Signo. No entanto, ela ainda estará se afastando deste planeta por algum tempo. Por isso, este período, em certos casos, pode coincidir com a formação de aspectos da Lua com outros planetas, o que não é tecnicamente preciso. Considere, portanto, os períodos fornecidos no **Calendário da Lua Fora de Curso** para evitar a escolha de uma data inadequada para a realização de atividades importantes.

O CÉU NOS MESES DO ANO

Janeiro 2023

Domingo	Segunda-feira	Terça-feira	Quarta-feira	Quinta-feira	Sexta-feira	Sábado ♌
1 Lua Crescente em Touro Mercúrio Retrógrado	**2** ♊ Lua Crescente em Gêmeos às 23:43 LFC 19:16 às 23:43 Mercúrio Retrógrado	**3** Lua Crescente em Gêmeos Mercúrio Retrógrado	**4** Lua Crescente em Gêmeos LFC Início às 21:08 Mercúrio Retrógrado	**5** Lua Crescente em Câncer às 11:14 LFC Fim às 11:14 Mercúrio Retrógrado	**6** ○16°21 Lua Cheia às 20:06 em Câncer Mercúrio Retrógrado	**7** Lua Cheia em Leão às 23:39 LFC 19:22 às 23:39 Mercúrio Retrógrado
8 Lua Cheia em Leão Mercúrio Retrógrado	**9** Lua Cheia em Leão LFC Início às 22:52 Mercúrio Retrógrado	**10** ♍ Lua Cheia em Virgem às 12:15 LFC Fim às 12:15 Mercúrio Retrógrado	**11** Lua Cheia em Virgem Mercúrio Retrógrado	**12** ♎ Lua Cheia em Libra às 23:56 LFC 20:06 às 23:56 Mercúrio Retrógrado	**13** Lua Cheia em Libra Mercúrio Retrógrado	**14** ☽24°38 Lua Minguante às 23:09 em Libra Mercúrio Retrógrado
15 ♏ Lua Minguante em Escorpião às 09:08 LFC 05:40 às 09:08 Mercúrio Retrógrado	**16** Lua Minguante em Escorpião Mercúrio Retrógrado	**17** ♐ Lua Minguante em Sagitário às 14:32 LFC 11:26 às 14:32 Mercúrio Retrógrado	**18** Lua Minguante em Sagitário Fim do Mercúrio Retrógrado	**19** ♑ Lua Minguante em Capricórnio às 16:11 LFC 07:08 às 16:11	**20** Lua Minguante em Capricórnio Entrada do Sol no Signo de Aquário às 05:21	**21** ●01°32 ♒ Lua Nova em Aquário às 15:28 LFC 12:51 às 15:28
22 Lua Nova em Aquário	**23** Lua Nova em Peixes às 14:35 LFC às 07:18 às 14:35	**24** ♓ Lua Nova em Peixes	**25** Lua Nova em Áries às 15:47 LFC 13:11 às 15:47	**26** Lua Nova em Áries	**27** Lua Nova em Touro às 20:42 LFC 18:00 às 20:42	**28** ☽08°25 ♉ Lua Crescente às 12:17 em Touro
29 Lua Crescente em Touro	**30** ♊ Lua Crescente em Gêmeos às 05:34 LFC 02:51 às 05:34	**31** Lua Crescente em Gêmeos				

Mandala Lua Cheia Janeiro

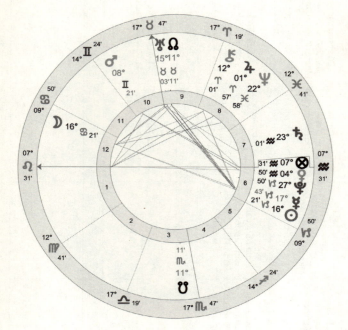

Lua Cheia
Dia: 06/01
Hora: 20:06
16°21' de Câncer

Mandala Lua Nova Janeiro

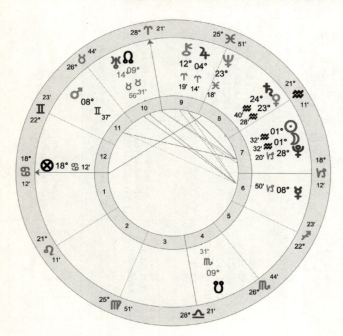

Lua Nova
Dia: 21/01
Hora: 17:52
01°32' de Aquário

CÉU DO MÊS DE JANEIRO

O ano de 2023 começa com a maior parte dos planetas em Signos de terra e água, uma energia receptiva, de acolhimento, sentimentos e percepções. Este não deixa de ser um lembrete de que a mudança começa de dentro para fora.

A Lua Crescente em Touro, que inaugura este novo ano, reforça a necessidade de sermos firmes em nossos propósitos. Resistir e persistir — este é o lema para a realização dos planos que são mais importantes para 2023. "Dê o passo que o Universo põe o chão".

E ele já começa a atuar com Mercúrio e Netuno em sintonia fina no dia 01/01, abrindo nossos canais para receber as suas dicas. Uma caminhada pela natureza, uma mensagem de feliz Ano-Novo ou uma conversa com alguém durante as festas de fim de ano podem trazer as respostas que procurávamos. Sonhos, palavras e ideias tendem a funcionar como sinais.

Antes de deixar o Signo de Capricórnio, Vênus tem um encontro com Plutão no dia 02/01, reforçando a necessidade de comprometimento com nossos desejos. Uma pessoa ou situação pode aparecer para que tenhamos a oportunidade de provar ao mundo (e a nós mesmos) que estamos certos do que queremos.

O primeiro dia útil do ano também pode corresponder ao início de recuperações físicas, materiais e amorosas. A dica é usar a sabedoria de Capricórnio para fazer a nossa parte, sem exigir que o outro atenda às nossas expectativas na mesma medida.

No dia 03/01, Vênus entra em Aquário e logo forma um aspecto harmônico com Júpiter, deixando o clima das relações mais livres, leves e soltas. O encontro do pequeno com o grande benéfico favorece as resoluções financeiras, jurídicas e transações comerciais (especialmente relacionadas à moeda estrangeira), além da obtenção de apoio e favores. Dá-se melhor quem souber contagiar as pessoas com inteligência, alegria e coragem.

A Lua Cheia em Câncer no dia 06/01 chega como um passeio de montanha-russa, repleta de novidades, aventuras e reviravoltas. Ela corresponde ao ápice de um ciclo que começou ainda no ano anterior (dia 23 de dezembro, com a Lua Nova em Capricórnio). Isso significa que situações que foram plantadas no fim do ano chegam a um "vai ou racha" nesta semana.

Lua, Sol e Mercúrio fazem ótimo aspecto com Urano no mapa dessa lunação, trazendo brilhantismo, inteligência e ousadia para fazermos o que normalmente não teríamos coragem. A aproximação entre Vênus e Marte também favorece questões financeiras, além de despertar nosso magnetismo sexual.

Boas notícias, novas soluções e mudanças de rumo também podem marcar essa fase da Lua. É hora de cortar laços e vínculos que não fazem mais sentido. A Lua em bom aspecto com Netuno promete nos deixar ainda mais sensíveis às pessoas e aos ambientes, ficando impossível disfarçar qualquer sentimento.

Por outro lado, devemos ficar atentos com a tendência à autoindulgência. Um aspecto de conflito entre Lua e Júpiter reforça o coro do "eu mereço essa roupa", "eu posso deixar esse trabalho para amanhã", o que pode literalmente nos custar caro, desequilibrando o orçamento e favorecendo o desperdício. A briga entre Saturno e Urano ainda nos influencia neste mês, trazendo maior ansiedade e irritação diante do que não podemos mudar.

Na vida coletiva, essa lunação corresponde a uma exacerbação de sensibilidade e abertura a viver experiências marcantes, o que favorece atividades ligadas a artes, lançamentos ou que dependam da presença de público.

No dia 08/01, o Sol se encontra com Mercúrio ainda em movimento retrógrado desde 28 de dezembro de 2022, trazendo maior capacidade de concentração e foco no que ainda precisamos finalizar, rever e zerar para, de fato, começar o ano.

Mas a Lua Minguante há de nos ajudar a resolver qualquer pendência que insista em se manter. No dia 14/01, começa a fase final de mais um ciclo da Lua e, junto a Marte, que retoma o movimento direto em Gêmeos, podemos focar em tomar as decisões e as resoluções que se fizerem necessárias.

É essencial, portanto, manter a mente aberta a mudanças e novas soluções. Vênus em tensão com Urano no dia 15/01 nos alerta de que nem tudo vai sair como esperávamos, especialmente em questões relacionadas às finanças e ao amor. Aceite o conselho e resolva um problema de cada vez.

Dias antes de chegar à Lua Nova, já começamos a sentir ventos de energia e maior produtividade, com o encontro entre Sol e Plutão (no dia 18/01) e a retomada de Mercúrio ao movimento direto (dia 19/01). Qualquer que seja o problema que estejamos enfrentando, temos a oportunidade de mudar tudo ou colocar uma pedra em cima da situação. É hora de olhar a vida sob uma nova perspectiva.

E, quando passamos a olhar o copo meio cheio, o universo nos empurra a dar início a uma nova fase — seja começando um projeto do zero ou retomando um sonho que tinha ficado engavetado. O Sol e a Lua Nova em Aquário no dia 21/01 funcionam como a primeira página oficial da nossa história neste novo ano. Entretanto, ninguém disse que o caminho será fácil, que não haverá sacrifícios ou que seremos apoiados incondicionalmente — Vênus e Saturno juntos nesta lunação nos lembram disso, mas Sol e Marte já estão se aproximando e reforçam o time da energia, da coragem e da habilidade para darmos início a novos projetos. Júpiter em Áries bem próximo à Lua também nos abençoa com fertilidade, benefícios e uma dose de sorte quando estamos conectados aos nossos desejos.

Tudo o que depender de nós mesmos está especialmente favorecido, e isso vale para assuntos relacionados à vida pessoal, aos negócios e à saúde.

Mercúrio e Urano se reencontram nesta lunação, favorecendo soluções e mudanças de rota. O aviso desse encontro é que as fichas irão cair — o que pode alterar o curso de uma situação que estava estagnada.

No dia 25/01, um belo encontro entre Sol e Júpiter imprimem agilidade e produtividade, além de ampliar nossa capacidade de fazer contatos, conexões e divulgar ideias. Um grande senso de oportunidade faz deste um momento fértil para criar soluções novas para problemas antigos.

No dia 27/01, Vênus troca de roupa mais uma vez, passando a vestir as cores de Peixes e inaugurando uma temporada de maior romantismo, sintonia e sedução. Essa é a hora de fazer como a Disney e encantar as pessoas através de empatia, generosidade e entrega.

Aqui vale a máxima de Sêneca que disse: "se quiser ser amado, ame".

E o mês termina quase como quando começou, com a Lua Crescente em Touro, o que pode ser mais uma chance de resistir e persistir nas resoluções para 2023. Sol e Marte estão no ápice de um bom papo no dia 29/01 e reforçam a confiança e a habilidade para a realização de projetos.

Posição diária da Lua em janeiro

DIA 01 DE JANEIRO – DOMINGO
☾ *Crescente* ☾ *em Touro*

Mercúrio Retrógrado
• **Lua trígono Sol – das 08:37 às 12:46 (exato 10:41)**
Viva o novo ano que se inicia com um ótimo aspecto entre os luminares Sol e Lua! Neste domingo que inaugura 2023, todas as atividades a dois estão

favorecidas. As reuniões entre pessoas queridas também são regadas de alegria, de entusiasmo e de muita clareza, pois temos a sensação de que, de algum modo, tudo o que está acontecendo à nossa volta se encaixa e faz sentido.

• **Lua conjunção Urano – das 16:57 às 20:47 (exato 18:52)**

Essas horas são favoráveis para atividades diferentes daquelas com as quais estamos acostumados. Uma inquietação com o que é rotineiro e repetitivo poderá tornar esse final de tarde/noite mais agitado. Devemos nos precaver de atitudes repentinas.

DIA 02 DE JANEIRO – SEGUNDA-FEIRA
☽ *Crescente* ☽ *em Gêmeos às 23:43 LFC Início às 19:16 LFC Fim às 23:43*

Mercúrio Retrógrado

Enquanto a Lua estiver em Gêmeos, haverá maior agitação no ar! As pessoas estão dispostas a circular, a falar sobre novidades e trocar informações. Maior movimentação no comércio. Lembrando que, durante praticamente todo o dia, a Lua ainda transita pelo Signo de Touro e Mercúrio se encontra retrógrado.

• **Lua quadratura Saturno – das 07:17 às 11:12 (exato 09:14)**

Se alguma coisa nesta manhã não nos parecer a contento, devemos ativar o modo "positividade" porque temos boas influências ao longo do dia que nos permitirão superar a dificuldade.

• **Lua trígono Mercúrio – das 07:40 às 11:19 (exato 09:30)**

Esse aspecto areja a nossa mente, trazendo ideias criativas para o que for de nosso interesse. Seja no trabalho ou nos estudos, a mente está alerta e com maior capacidade de absorver informações, transmissão de avisos, mensagens, convites e propagandas!

• **Lua sextil Netuno – das 07:55 às 11:49 (exato 09:52)**

E tudo isso será recebido de uma forma suave, receptiva e amena por todos. Favorece propagandas em geral que atinjam um público maior, porque são rapidamente absorvidas. Esse é um aspecto suave que promove a boa vontade entre as pessoas.

• **Lua trígono Plutão – das 17:18 às 21:13 (exato 19:16)**

Excelente momento para se fazer um mergulho interior e expulsar mágoas antigas! Alguém do nosso passado poderá surgir, nem que seja na memória. Se há algo que ainda dê tempo de recuperarmos, temos aqui uma ótima chance de conseguirmos êxito. É só "correr atrás".

• **Lua trígono Vênus** – das 21:37 às 01:58 de 03/01 (exato 23:47)

Esta noite nos convida ao romance, aos encontros de ordem afetiva e às atividades que nos tragam satisfação. Conversar sobre coisas agradáveis, trocar ideias, fazer convites ou aceitá-los será promissor.

DIA 03 DE JANEIRO – TERÇA-FEIRA
☾ *Crescente* ☾ *em Gêmeos*

Mercúrio Retrógrado

• **Lua sextil Júpiter** – da 00:37 às 04:35 (exato 02:36)

O raiar do dia já vem com uma energia de positividade e aquela sensação de que tudo vai dar certo. Os que tiverem atividades podem contar com a boa vontade de quem interage nessas horas.

• **Lua conjunção Marte** – das 14:49 às 18:44 (exato 16:47)

As atividades se aceleram, e tudo é resolvido e definido com mais rapidez. Há uma necessidade de movimento, de ação, de gastar energia. Portanto, favorece todos os tipos de atividade física.

DIA 04 DE JANEIRO – QUARTA-FEIRA
☾ *Crescente* ☾ *em Gêmeos LFC Início às 21:08*

Mercúrio Retrógrado

• **Lua trígono Saturno** – das 18:52 às 22:54 (exato 20:53)

O que ficou agendado para essas horas será realizado sem embaraços. O que ficar combinado também será cumprido. Excelente para estabelecermos metas para os próximos dias.

• **Lua quadratura Netuno** – das 19:07 às 23:07 (exato 21:07)

Devemos nos poupar de atividades fastidiosas ou que demandem força e energia física ou emocional. Essas são horas para relaxar, descansar o corpo e a mente. Os programas como um bom filme, uma boa leitura, música e tudo que traga um conforto a alma serão bem-vindos.

DIA 05 DE JANEIRO – QUINTA–FEIRA
☾ *Crescente* ☾ *em Câncer às 11:14 LFC Fim às 11:14*

Mercúrio Retrógrado

Enquanto a Lua estiver em Câncer, todas as atividades realizadas em família ou com pessoas íntimas, serão muito proveitosas. Mas, também, é preciso cuidado para não magoarmos ninguém, pois fica muito mais difícil "digerir" esse tipo de sentimento. Essa Lua favorece compra e venda de artigos ligados a casa, como também artigos para crianças.

• **Lua quadratura Júpiter – das 12:48 às 16:52 (exato 14:50)**

Nosso lado infantil poderá ficar exacerbado, e a tendência será desejarmos todas as coisas sem muita medida em relação a isso. A consequência nos levará a consumir mais, seja em compras, comidas, doces ou bebidas. Portanto, é bom ficarmos atentos!

DIA 06 DE JANEIRO – SEXTA-FEIRA
○ *Cheia às 20:06 em 16º21' de Câncer* ○ *em Câncer*

Mercúrio Retrógrado

Viva o Dia de Reis Magos! Hoje também se comemora o Dia do Astrólogo!

• **Lua sextil Urano – das 15:28 às 19:30 (exato 17:29)**

Aqui é aconselhável nos dedicarmos a algo novo ou criativo. Atividades que permitam espaço para criar ou inovar estarão beneficiadas. Devemos estar atentos às ideias que surgirem. Elas apontarão caminhos ainda não tentados, mas que podem ser a solução para um impasse.

• **Lua oposição Sol – das 17:55 às 22:19 (exato 20:06)**

Esse aspecto se refere à entrada da Lua na Fase Cheia! Os ânimos se alteram, somos afetados por uma forte energia que nos faz reagir a tudo de forma mais contundente. Tudo chega ao seu máximo, ao clímax e o que não aconteceu não acontece mais.

• **Lua oposição Mercúrio – das 20:46 às 00:24 de 07/01 (exato 22:35)**

Não é aconselhável entrar em debates nem discussões. Assuntos que possam gerar mal-entendidos também devem ser evitados. Esse é um momento em que é mais difícil colocar as emoções em palavras.

DIA 07 DE JANEIRO – SÁBADO
○ *Cheia* ○ *em Leão às 23:39 LFC Início às 19:22 LFC Fim às 23:39*

Mercúrio Retrógrado

Enquanto a Lua estiver em Leão, quase ao final do dia, a Lua ingressa no glorioso Signo de Leão. Serão dias permeados de mais alegria, ânimo e entusiasmo. Devemos colocar um brilho extra em tudo o que fizermos. Também surtirá grande efeito enaltecermos as qualidades de quem se quer bem ou de quem se queira conquistar. A tendência das pessoas será de frequentar lugares públicos, festas, shows e desfiles.

• **Lua trígono Netuno – das 07:28 às 11:30 (exato 09:29)**

Excelente manhã para se dedicar a algo ligado a arte, música, fotografia, passeios junto ao mar ou cachoeira. Dispomos de mais boa vontade com tudo o que nos cerca.

• **Lua oposição Plutão – das 17:21 às 21:24 (exato 19:22)**

Os ânimos aqui podem ser afetados por lembranças mal digeridas do passado. Devemos fazer uma análise profunda dessas questões para entendê-las e resolvê-las. Não adianta responsabilizar o outro nem jogar a mágoa em cima de quem está perto. Também convém não fazermos cobranças de nenhuma espécie.

DIA 08 DE JANEIRO – DOMINGO
○ *Cheia* ○ *em Leão*

Mercúrio Retrógrado

• **Lua trígono Júpiter – da 01:56 às 06:02 (exato 03:59)**

Quem madrugar no domingo perceberá uma sensação de otimismo no ar. As coisas feitas aqui terão um sabor de conquista e vitória. Estamos de coração aberto e atraindo generosidade.

• **Lua oposição Vênus– das 11:36 às 16:07 (exato 13:51)**

Momento em que é possível haver uma necessidade de gratificação pessoal custe o que custar. Esse aspecto nos leva a um estado infantil de exigência para com o outro. Podemos, dessa forma, nos frustrarmos. Aqui é aconselhável baixarmos as expectativas.

• **Lua sextil Marte – das 14:18 às 18:19 (exato 16:18)**

Se surgir um convite de última hora, devemos aceitar! Se estivermos com vontade de encontrar alguém, essa também é a hora de convidarmos. O convite será aceito. As abordagens nos relacionamentos devem ser diretas, francas e sem rodeios. Assim dará bem mais certo.

DIA 09 DE JANEIRO – SEGUNDA-FEIRA
○ *Cheia (disseminadora)* ○ *em Leão LFC Início às 22:52*

Mercúrio Retrógrado

• **Lua quadratura Urano – das 04:00 às 08:02 (exato 06:01)**

Madrugada sujeita a perda do sono, inquietação e imprevistos. Poderá haver alguma alteração de endereço, mensagem, recado ou horário. Convém dar uma checada em tudo antes de sair.

• **Lua oposição Saturno – das 20:49 às 00:54 de 10/01 (exato 22:52)**

Aqui é preciso ter cuidado para não nos deixarmos abater por sentimentos ou pensamentos negativos. A tendência será privilegiar o que não está dando certo, o que não chegou ao ponto desejado. No entanto, tudo poderá dar certo se planejarmos as coisas agora usando de maturidade e seriedade.

DIA 10 DE JANEIRO – TERÇA-FEIRA
○ Cheia (disseminadora) ○ em Virgem às 12:15 LFC Fim às 12:15

Mercúrio Retrógrado

Enquanto a Lua estiver em Virgem, ficamos mais reservados e avessos a demonstrações esfuziantes ou escandalosas de qualquer tipo. Devemos agir com discrição, manter uma boa aparência e fugir de assuntos vulgares. Favorece arrumações minuciosas, organização de papéis, de arquivos, de gavetas e limpezas em geral. Artigos de higiene, de perfumaria e medicamentos serão mais procurados. Hoje a Lua não faz aspecto com outros planetas no Céu. Devemos observar recomendações para a fase e o Signo em que a Lua se encontra.

DIA 11 DE JANEIRO – QUARTA-FEIRA
○ Cheia (disseminadora) ○ em Virgem

Mercúrio Retrógrado

• **Lua quadratura Marte – das 02:36 às 06:36 (exato 04:36)**

As emoções estão em ebulição, a todo vapor. Podemos acordar sentindo uma inquietação anormal ou com insônia. Estamos mais irritadiços, então é aconselhável não entrarmos em discussão e evitarmos assuntos que levem a desacordos.

• **Lua trígono Mercúrio – das 10:07 às 13:47 (exato 11:57)**

Aqui tudo melhora e podemos encontrar meios, caminhos, palavras e pessoas que nos facilitem a solucionar questões em aberto. Favorece trabalhos de pesquisa, aulas, reuniões de todos os tipos e os encontros casuais poderão trazer boas surpresas.

• **Lua trígono Urano – das 16:17 às 20:16 (exato 18:17)**

Tudo o que sair da repetição, que for diferente do habitual e que nos traga uma nova perspectiva será muito auspicioso nesta tarde/noite. Então, vamos fazer um trajeto diferente, ir a um lugar novo ou tentar uma nova abordagem para uma questão antiga.

DIA 12 DE JANEIRO – QUINTA- FEIRA
○ *Cheia (disseminadora)* ○ *em Libra às 23:56 LFC Início às 20:06 LFC Fim às 23:56*

Mercúrio Retrógrado

Enquanto a Lua estiver em Libra, tudo o que fizermos com equilíbrio e na medida certa dará mais resultado. As pessoas estão predispostas a se encontrar em ambientes refinados e de bom gosto. Será mais proveitoso e agradável fazermos tudo a dois. A sutileza nos modos, a cordialidade e a gentileza serão a tônica do período.

• Lua trígono Sol – das 05:57 às 10:16 (exato 08:07)

Excelente aspecto para os casais se entenderem e firmarem seus sentimentos. Podemos expor com clareza nossas intenções e desejos e sermos atendidos pelo outro. No ambiente de trabalho, também obtemos sucesso ao explanar objetivos e pautas.

• Lua oposição Netuno – das 08:22 às 12:19 (exato 10:20)

Podemos buscar o conhecimento de uma fé ou de uma filosofia elevada para nos resguardarmos de um estado de melancolia trazido por essa combinação. Também é recomendável nos abstermos de atividades que exijam esforços físicos ou muita concentração.

• Lua trígono Plutão – das 18:07 às 22:04 (exato 20:06)

Horas propícias a resolver de vez uma questão que vinha se arrastando. Também estamos mais desapegados e prontos para deixar ir aquilo ou alguém que não nos acrescenta mais nada de bom. Vamos "varrer" de nossas vidas sentimentos de medo e de insegurança. A hora é de resgatar o que de bom ficou para trás e nem percebemos.

DIA 13 DE JANEIRO – SEXTA-FEIRA
○ *Cheia (disseminadora)* ○ *em Libra*

Mercúrio Retrógrado

• Lua oposição Júpiter – das 03:34 às 07:31 (exato 05:33)

Para quem tem atividades agora ou quem acorda cedinho, cuidado com qualquer tipo de exagero. Há a tendência para abusar de gulodices nesse café da manhã. O ideal é não fechar nenhum negócio de vulto por essas horas, pois haverá uma estimativa acima da realidade.

• Lua trígono Marte – das 13:49 às 17:41(exato 15:45)

Tudo o que fizermos nesse período será resolvido e desembaraçado a contento. Serviços feitos na rua ou ao ar livre serão mais bem-sucedidos do que os realizados em ambientes fechados. Uma questão difícil poderá se desfazer sem grande esforço de nossa parte.

• **Lua quadratura Mercúrio – das 17:05 às 20:44 (exato 18:54)**

Reuniões de trabalho serão prejudicadas pela falta de objetividade e não fecharão a pauta. A tendência é ficarmos mais dispersos e impacientes sob esse aspecto. Também não se aconselha a divulgação de produtos, ideias ou mensagens importantes.

DIA 14 DE JANEIRO – SÁBADO
☽ *Minguante às 23:09 em 24°38' de Libra* ☽ *em Libra*

Mercúrio Retrógrado

• **Lua trígono Vênus – da 00:50 às 05:04 (exato 02:57)**

Momento propício ao amor. Convidativo para estarmos agarrados a quem se ama. As demonstrações de sentimentos também podem ser on-line. O importante é aproveitarmos a sensação de amorosidade vindo desse aspecto.

• **Lua trígono Saturno – das 19:53 às 23:40 (exato 21:46)**

Esta noite nos convida a estarmos com pessoas mais experientes e amadurecidas. Podemos nos beneficiar por meio de conselhos ou de uma palavra que nos traz uma revelação sobre algo importante na nossa vida.

• **Lua quadratura Sol – das 21:08 às 01:11 de 15/01 (exato 23:09)**

Aspecto próprio da Lua Minguante. Esse ciclo é indicado para fazermos um balanço geral de tudo o que fizemos e obtivemos no período anterior. Convém descansarmos, evitando tarefas desgastantes, pois a energia física e emocional está em baixa.

DIA 15 DE JANEIRO – DOMINGO
☽ *Minguante* ☽ *em Escorpião às 09:08 LFC Início às 05:40 LFC Fim às 09:08*

Mercúrio Retrógrado

Enquanto a Lua estiver em Escorpião, rola um clima de desconfiança em relação a tudo o que não estiver muito claro ou ao que gerar alguma dúvida. Devemos agir de modo a não despertar esse sentimento nas pessoas, sendo claros e objetivos em relação às nossas verdades e intenções. Trabalhos ligados a pesquisa e investigação estão em alta!

• **Lua quadratura Plutão – das 03:47 às 07:30 (exato 05:39)**

Fará boa "romaria" quem estiver dormindo nesse horário, pois se trata de uma energia belicosa e de desgaste emocional. As pessoas que tiverem atividades nesse momento devem se abster de lugares perigosos ou mesmo desconhecidos. Risco de violência social.

• **Lua sextil Mercúrio – das 23:01 às 02:32 de 16/01 (exato 00:46 de 16/01)**

O dia termina bem, com as ideias alinhadas e com a emoção e a razão dando o melhor tom para os nossos pensamentos. Podemos fazer anotações sobre o que pretendemos fazer durante a semana que está por iniciar. Muita movimentação na internet e nos chats de relacionamento.

DIA 16 DE JANEIRO – SEGUNDA-FEIRA
) Minguante) em Escorpião

Mercúrio Retrógrado

• **Lua oposição Urano – das 10:29 às 14:03 (exato 12:16)**

Energia de inquietação e nervosismo. Situações se precipitam, e o que não iria acontecer pode vir a acontecer. É preciso estar atento a possíveis desprogramações e a acordos que se desfazem. Essa energia compromete a produtividade no trabalho.

• **Lua quadratura Vênus – das 14:12 às 18:06 (exato 16:09)**

Há uma frustração em relação ao que desejamos e não conseguimos. O melhor aqui é entendermos o que está nos motivando a querer mais e mais sem nos ater ao que é, de fato, viável.

DIA 17 DE JANEIRO – TERÇA-FEIRA
) Minguante (balsâmica)) em Sagitário às 14:32 LFC Início às 11:26 LFC Fim às 14:32

Mercúrio Retrógrado

Enquanto a Lua estiver em Sagitário, podemos alargar nossas possibilidades com um sentimento de fé e na crença de que o melhor está por vir. Todas as pessoas do seu convívio estão mais alegres e com altas perspectivas. Isso quer dizer que são dias ótimos para abrirmos caminhos, para rompermos limites e barreiras. Os passeios a lugares amplos, abertos e as viagens em geral estão muito favorecidos.

• **Lua trígono Netuno – da 01:02 às 04:32 (exato 02:47)**

Durante o sono, podemos receber uma dica valiosa através de sonhos ou, para quem estiver acordado, uma intuição benéfica poderá surgir apontando um caminho. Favorece práticas espirituais, rezas e meditação.

• Lua quadratura Saturno – 02:41 às 06:12 (exato 04:27)

Nessas horas as preocupações pesam mais e percebemos as coisas por uma ótica de negatividade. Os que tiverem atividades nesse horário e não puderem usufruir do aspecto anterior devem ter cuidado com o desgaste emocional advindo dessa tendência a ver o errado nas coisas.

• Lua sextil Sol – das 07:43 às 11:27 (exato 09:35)

A partir de agora tudo tende a melhorar, pois essa configuração nos remete a um estado de satisfação com tudo à nossa volta. Há um sentimento de harmonia, como se tudo fizesse mais sentido exatamente por estar do jeito que está.

• Lua sextil Plutão – 09:43 às 13:10 (exato 11:26)

É possível encontrarmos jeitos e maneiras para contornar, recuperar, resgatar algo que desejarmos e que não foi possível numa tentativa anterior. O segredo é ir com garra, com coragem de enfrentar o que vier pela frente e usar de muita transparência, sem mascarar os sentimentos.

• Lua trígono Júpiter – 18:57 às 22:23 (exato 20:41)

À noite contamos com mais energia positiva, é possível nos animarmos em relação aos nossos intentos e, também, animarmos a quem estiver precisando de uma força. Beneficia viagens, estudos, prática de doutrinas elevadas e eventos de grande porte.

DIA 18 DE JANEIRO – QUARTA-FEIRA
☽ Minguante (balsâmica) ☽ em Sagitário

Fim do Mercúrio Retrógrado

• Lua oposição Marte – das 02:57 às 06:19 (exato 04:38)

Energia de belicosidade. Discussões facilmente viram brigas sérias. O sono pode ser alterado por certa agitação do ambiente. Convém adormecermos em local tranquilo, num quarto confortável e com o mínimo de estímulo possível.

• Lua sextil Vênus – das 22:17 às 01:51 de 19/01 (exato 00:04 de 19/01)

Viva o amor em todas as suas formas! Momento favorável a encontros, demonstrações de sentimentos, troca de carinhos e agrados. Quem está sem companhia poderá arriscar um encontro satisfatório. Basta abusar do charme, das boas maneiras e da sedução.

DIA 19 DE JANEIRO – QUINTA -FEIRA
☽ Minguante (balsâmica) ☽ em Capricórnio às 16:11 LFC Início às 07:08
LFC Fim às 16:11

Enquanto a Lua estiver em Capricórnio, cresce o desejo emocional por estabilidade, estrutura e compromisso. Se alguém falha ao dar a palavra e não cumpre, ou falta com responsabilidade em algum setor da vida, passa a ser mal visto e ficar com fama de incompetente. Tudo aqui deve ser levado com mais seriedade. Acordos e promessas feitos sob essa Lua costumam a ser cumpridos.

• **Lua quadratura Netuno – das 03:39 às 06:54 (exato 05:17)**

Apatia, desânimo, falta de coragem para enfrentar o dia poderão ser os sentimentos dessa manhã. Melhor descansar e poupar energia. Não devemos marcar nenhum compromisso desgastante para essas horas.

• **Lua sextil Saturno – das 05:30 às 08:46 (exato 07:08)**

Já temos condições de ir à luta, dispostos a resolver o que se apresenta. As emoções estão em equilíbrio com a razão e predomina o discernimento. Dessa forma, estaremos aptos a encarar e aceitar os fatos e as circunstâncias.

• **Lua quadratura Júpiter – das 20:52 às 00:05 de 20/01 (exato 22:29)**

Nesse fim de noite, é possível que se exacerbe um desejo de "quero mais". Ficamos insatisfeitos, carentes e ávidos por satisfazer nossas vontades. Muito cuidado com todo tipo de excesso. Devemos fazer um esforço no sentido de buscar o equilíbrio.

DIA 20 DE JANEIRO – SEXTA-FEIRA
)) *Minguante (balsâmica)*)) *em Capricórnio*

Entrada do Sol no Signo de Aquário às 05h29min21seg

• **Lua conjunção Mercúrio – das 03:53 às 07:06 (exato 05:30)**

Essa é uma madrugada propícia à produção de ideias, aos trabalhos mentais e aos estudos. Todas as formas de comunicação estão favorecidas. Quem tem hábito de passar a madrugada na internet poderá encontrar novidades, assuntos interessantes e bate-papos.

• **Lua trígono Urano – das 14:20 às 17:28 (exato 15:54)**

Essa energia dá um tom de liberdade para as coisas que queremos fazer nesse período. Estimula a criatividade e produz um sentimento bom de desapego, de "deixa rolar", de vontade de se surpreender com a vida. Mudanças de última hora darão certo!

DIA 21 DE JANEIRO – SÁBADO
● *Nova às 17:52 em 01º32' de Aquário* ● *em Aquário às 15:28 LFC Início às 12:51 LFC Fim às 15:28*

Enquanto a Lua estiver em Aquário, sentimos forte atração pelo novo, pelo diferente, pelo inovador. Em qualquer setor da vida, haverá necessidade emocional de sair da rotina e arriscar o que ainda não foi tentado antes. As pessoas estão mais dispostas a mudar de opinião, bem como de estilo de roupa, de cabelo e a irem aonde nunca foram. As propostas inusitadas terão maior receptividade.

• **Lua sextil Netuno – das 03:26 às 06:34 (exato 05:00)**

O sono pode ser bem relaxante no embalo dessa sutil energia. Aconselhável prestar atenção a mensagens trazidas nos sonhos. E anotá-las, se for o caso. Nelas contém uma boa dica do universo.

• **Lua conjunção Plutão – das 11:18 às 14:25 (exato 12:51)**

Aqui é preciso cuidado no trato com as pessoas que nos cercam. Principalmente, no caso de já haver alguma diferença ou rivalidade. Os ânimos se alteram com facilidade, baseados em lembranças de coisas mal resolvidas no passado. Uma atitude radical poderá pôr tudo a perder.

• **Lua conjunção Sol – das 16:12 às 19:33 (exato 17:52)**

Esse é o aspecto da Lua Nova! Oportunidade de novos caminhos, novas intenções e novos começos. Nada se revela tal e qual como será. É preciso esperar um pouco para as coisas se definirem melhor. Mas a época é de plantar sementes de tudo o que se deseja colher na Lua Crescente.

• **Lua sextil Júpiter – das 20:33 às 23:43 (exato 22:08)**

Passeios a lugares abertos, viagens, eventos que reúnam muita gente estão beneficiados. Bom humor e descontração propiciam sair e encontrar amigos! Um bom motivo? Festejar a vida!

DIA 22 DE JANEIRO – DOMINGO
● Nova ● em Aquário

• **Lua trígono Marte – das 03:27 às 06:35 (exato 05:01)**

Os que tiverem atividades nesse horário contarão com muita disposição para realizar as tarefas e para resolver rapidamente qualquer impasse. As ações e tomadas de decisão trarão resultados rápidos.

• **Lua quadratura Urano – das 13:41 às 16:22 (exato 14:48)**

Nesta tarde, podem ocorrer situações imprevistas, atrasos ou mudanças de planos já traçados. A melhor atitude é nos mantermos flexíveis e abertos a mudanças que surgirem. Lutar contra só levará ao desgaste emocional e à ansiedade.

DIA 23 DE JANEIRO – SEGUNDA-FEIRA

● Nova ● em Peixes às 14:35 LFC Início às 07:18 LFC Fim às 14:35

Enquanto a Lua estiver em Peixes, vai ser vivenciada uma energia que pede menos ação, menos movimento e mais percepção das coisas, sem tanta interferência externa. É largar o "leme do barco". Nesse fase, devemos observar para que direção estão indo as coisas, as condições, as situações e, só então, atuar com afinco. O aconselhável será entrar em sintonia, no clima das pessoas e das situações. Sem querer impor nada. É assim que obteremos sucesso nesses dias.

• **Lua conjunção Saturno – das 04:48 às 08:00 (exato 06:24)**

Quem acordar e sair da cama durante nessas horas poderá experimentar uma sensação de que falta alguma coisa. Uma obrigação que não foi cumprida, um trabalho que ficou por fazer ou uma situação não resolvida povoam a mente e trazem um sentimento de incapacidade. Tudo parece mais árduo e complicado. Não vamos nos entregar a esse sentimento. A solução é levantar e por "mãos à obra".

• **Lua conjunção Vênus – das 05:35 às 09:02 (exato 07:18)**

Uma boa pedida é preparar um gostoso café da manhã para agradar ao paladar e aos sentidos. Fazer algo do nosso agrado irá atenuar a energia anterior. Quem puder ficar na cama mais um pouco com alguém especial poderá curtir momentos de romantismo e afeto.

DIA 24 DE JANEIRO – TERÇA-FEIRA

● Nova ● em Peixes

• **Lua quadratura Marte – das 03:17 às 06:33 (exato 04:55)**

Tensão, irritabilidade e impaciência permeiam essas primeiras horas da manhã. Atividades físicas são válvulas de escape para essa energia provocadora de mau humor, dor de cabeça e atritos.

• **Lua sextil Mercúrio – das 05:16 às 08:40 (exato 06:58)**

Com uma boa conversa é possível resolver qualquer conflito ou dúvida gerados pelo aspecto anterior. Basta sermos diretos e francos.

• **Lua sextil Urano – das 13:04 às 16:21 (exato 14:42)**

Sob essa configuração, somos dados a insights que trazem uma boa resposta para alguma questão até então sem solução. No trabalho, no exercício da profissão ou nas atividades em geral, o que se apresentar como inovação, o que tenha um "quê" de diferente, chamará mais a atenção.

DIA 25 DE JANEIRO – QUARTA-FEIRA
🌑 *Nova* 🌑 *em Áries às 15:47 LFC Início às 13:11 LFC Fim às 15:47*

Enquanto a Lua estiver em Áries, há um estado de alerta, de pressa, de correria. Filas longas, serviços demorados, atrasos nos compromissos, serão muito pouco tolerados. Todos buscam soluções e respostas rápidas. Atividades ligadas a esportes e competição estarão em alta. São dias bem proveitosos para resolvermos impasses, tomarmos decisões e desempatarmos situações.

• **Lua conjunção Netuno – das 03:01 às 06:22 (exato 04:42)**

Vão encontrar dificuldade para iniciar o dia aqueles que tiverem atividades nesse período. Mais sonolência e apatia levam as pessoas a esquecimentos e atrasos. No caso de quem sair para viajar, será importante checar documentos e horários.

• **Lua sextil Plutão – das 11:29 às 14:52 (exato 13:11)**

Fica mais fácil abandonarmos padrões emocionais negativos. As terapias em geral farão um efeito benéfico em relação **às** emoções. Esse é um bom horário para arrumações no sentido de separarmos e darmos fim ao que não nos serve mais, o que está em excesso, coisas que estejam atravancando a casa ou o local de trabalho.

• **Lua conjunção Júpiter – das 22:33 às 02:02 de 26/01 (exato 00:17 de 26/01)**

Noite promissora de pensamentos positivos e sentimentos elevados. A compreensão de que existe uma força superior a guiar nossos caminhos nos reforça a fé e a crença em dias melhores. Palavras de incentivo e encorajamento serão muito bem-vindas.

DIA 26 DE JANEIRO – QUINTA-FEIRA
🌑 *Nova* 🌑 *em Áries*

• **Lua sextil Sol – da 00:07 às 03:50 (exato 01:58)**

Cresce o entendimento nas relações. Lucidez e clareza emocional. Favorece a vida afetiva, sendo um bom momento para desfazer as dúvidas ou qualquer sentimento que esteja atrapalhando a relação.

• **Lua sextil Marte – das 05:54 às 09:25 (exato 07:39)**

Muita disposição e energia para essa manhã. Ficamos mais decididos para fazer escolhas e tomar iniciativas. O que tiver que ser feito será logo resolvido.

• **Lua quadratura Mercúrio – das 10:16 às 13:59 (exato 12:07)**

Não é aconselhável reuniões de nenhuma natureza. Há probabilidade de distorcerem o que é dito. Avisos importantes também deverão ser evitados durante esse período. Devemos restringir comentários que possam gerar fofocas.

DIA 27 DE JANEIRO – SEXTA-FEIRA
Nova ● *em Touro às 20:42 LFC Início às 18:00 LFC Fim às 20:42*

Enquanto a Lua estiver em Touro, as pessoas estão com um humor mais prático e realista. O ritmo diminui, os ânimos se acalmam. O conforto, a boa comida, as facilidades de estacionamento ditarão os lugares aonde ir. Queremos vida mansa, sombra e água fresca. Situações que ofereçam algum risco serão prontamente descartadas. Sob essa Lua só se aposta no que for garantido e no que passar confiança.

• **Lua sextil Saturno – das 10:22 às 14:02 (exato 12:12)**

Ideal para firmarmos acordos, consolidarmos compromissos e empenharmos a palavra. Mais concentração no trabalho permite que a pauta seja cumprida de acordo com o esperado.

• **Lua quadratura Plutão – das 16:11 às 19:50 (exato 18:00)**

Cuidado com atitudes teimosas que tragam prejuízos físicos, materiais e afetivos.

• **Lua sextil Vênus – das 20:54 às 00:57 de 28/01 (exato 22:55)**

Horas bastante agradáveis para estar a dois e abusar dos carinhos físicos e de toda a parte sensorial, como aromas e paladar. Caprichar num jantar romântico e com muito glamour será ponto certo para quem quer conquistar alguém.

DIA 28 DE JANEIRO – SÁBADO
☾ *Crescente às 12:17 em 08°25' de Touro* ☾ *em Touro*

• **Lua quadratura Sol – das 10:16 às 14:20 (exato 12:17)**

Devemos nos preservar de tarefas e compromissos extenuantes. A energia está em baixa, provocando cansaço e incertezas. Problemas podem ocorrer em relacionamentos desgastados.

• **Lua trígono Mercúrio – das 20:41 às 00:46 de 29/01 (exato 22:43)**

Excelente momento para dialogar, expor ideias, trocar informações. As palavras fluem com mais facilidade, havendo maior compreensão de quem ouve. Há maior procura por sites de relacionamento.

• **Lua conjunção Urano – 22:42 às 02:30 de 29/01 (exato 00:36 de 29/01)**

Aqui é um agito só! Pessoas com problemas de ansiedade ou nervosismo podem sentir um aumento de atividade psíquica e emocional. Será mais difícil adormecer. Uma situação que parecia controlada pode sair dos eixos. Fazer algo que possa nos relaxar ajudará a conciliar o sono.

DIA 29 DE JANEIRO – DOMINGO
☾ *Crescente* ☾ *em Touro*

• Lua sextil Netuno– 15:05 às 18:57 (exato 17:01)

As pessoas estão mais razoáveis e reina um clima de compreensão entre todos. Atividades ligadas à filantropia e às artes estão em alta. Excelente para as pessoas que buscam por meio de uma missa, ou qualquer outro culto religioso, uma palavra de fé e esperança. Há mais inspiração e intuição no ar.

• Lua quadratura Saturno – 19:05 às 23:00 (exato 21:03)

Desânimo e frustração nos abatem nesse final de domingo. Para não deixar isso acontecer, devemos procurar algo que seja do nosso agrado para fazer. Trazer boas lembranças à tona e pensar como tudo pode vir a dar certo atenuará essa pesada energia.

DIA 30 DE JANEIRO – SEGUNDA-FEIRA
☾ *Crescente* ☾ *em Gêmeos às 05:34 LFC Início às 02:51 LFC Fim às 05:34*

Enquanto a Lua estiver em Gêmeos, ficamos mais antenados, buscando novidades e tudo o que nos estimule mentalmente. A busca pelas últimas notícias leva as pessoas a procurarem bancas de jornal e sites de notícias. O comércio fica mais ativo. As pessoas estão dispostas a sair, circular e ir a lugares interessantes.

• Lua trígono Plutão – 00:54 às 04:48 (exato 02:51)

Essa energia é de restauração e pode nos proporcionar um sono reparador. Há grande chance de haver melhora em casos de saúde debilitada. Os processos de cura estão ativados, as emoções estão fortalecidas.

• Lua quadratura Vênus – 12:12 às 16:34 (exato 14:23)

Tendemos a um estado de carência afetiva que leva a uma sensibilidade maior em relação à falta de atenção por parte do outro. Para anular essa sensação, basta sermos os provedores de carinho e atenção para a pessoa que nos importa.

• Lua sextil Júpiter – 15:00 às 19:00 (exato 17:00)

Aumenta a movimentação em aeroportos e a procura por agências de viagens; nas imobiliárias, as residências com mais espaço e vista livre serão as mais requisitadas.

• Lua conjunção Marte – 23:25 às 03:27 de 31/01 (exato 01:26 de 31/01)

No caso de termos que agir ou tomar uma decisão, convém primeiro parar e respirar. Estamos todos mais impacientes e com vontade de "chutar o balde" por muito pouco. Para conciliar o sono, massagens relaxantes, um chá calmante, música e tudo o que possa nos acalmar serão muito bem-vindos.

DIA 31 DE JANEIRO – TERÇA-FEIRA
☾ *Crescente* ☾ *em Gêmeos*

• Lua trígono Sol – 01:14 às 05:34 (exato 03:24)

Apesar de esse aspecto se dar na madrugada, os casais encontrarão uma grande chance de conciliação e entendimento. Os que tiverem trabalho nesse horário encontrarão muita cooperação. Em qualquer atividade haverá mais êxito se for realizada em par.

Fevereiro 2023

Domingo	Segunda-feira	Terça-feira	Quarta-feira	Quinta-feira	Sexta-feira	Sábado
			1 Lua Crescente em Câncer às 17:11 LFC 08:59 às 17:11	**2** ♋ Lua Crescente em Câncer	**3** Lua Crescente em Câncer	**4** ♌ Lua Crescente em Leão às 05:48 LFC 03:18 às 05:48
5 ○ 16°40' ♌ Lua Cheia às 15:28 em Leão	**6** Lua Cheia em Virgem às 18:13 LFC 11:16 às 18:13	**7** ♍ Lua Cheia em Virgem	**8** Lua Cheia em Virgem	**9** Lua Cheia em Libra às 05:46 LFC 03:41 às 05:46	**10** ♎ Lua Cheia em Libra	**11** ♏ Lua Cheia em Escorpião às 15:34 LFC 13:41 às 15:34
12 Lua Cheia em Escorpião	**13** ☾ 24°40' ♏ Lua Minguante às 12:59 em Escorpião Lua em Sagitário às 22:30 LFC 20:53 às 22:30	**14** ♐ Lua Minguante em Sagitário	**15** Lua Minguante em Sagitário LFC Início às 22:06	**16** Lua Minguante em Capricórnio às 01:59 LFC Fim às 01:59	**17** ♑ Lua Minguante em Capricórnio	**18** ♒ Lua Minguante em Aquário às 02:34 LFC 01:18 às 02:34 Entrada do Sol no Signo de Peixes às 19:34
19 Lua Minguante em Aquário LFC Início às 23:01	**20** ● 01°22' ♓ Lua Nova às 04:05 em Peixes Lua em Peixes às 01:55 LFC Fim às 01:55	**21** ♓ Lua Nova em Peixes	**22** Lua Nova em Áries às 02:13 LFC 01:05 às 02:13	**23** ♈ Lua Nova em Áries	**24** Lua Nova em Touro às 05:28 LFC 04:23 às 05:28	**25** ♉ Lua Nova em Touro
26 ♊ Lua Nova em Gêmeos às 12:47 LFC 11:43 às 12:47	**27** ☽ 08°27' ♊ Lua Crescente às 05:04 em Gêmeos	**28** ♋ Lua Crescente em Câncer às 23:39 LFC 22:07 às 23:39				

Mandala Lua Cheia Fevereiro

Lua Cheia
Dia: 05/02
Hora: 15:28
16°40' de Leão

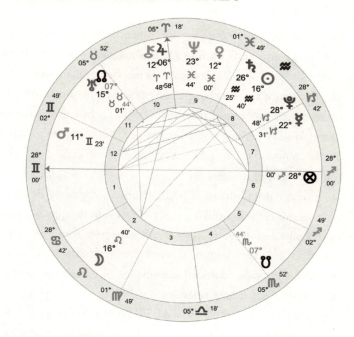

Mandala Lua Nova Fevereiro

Lua Nova
Dia: 20/02
Hora: 04:05
01°22' de Peixes

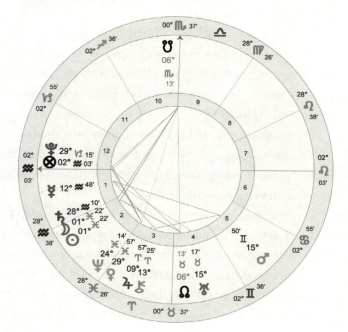

CÉU DO MÊS DE FEVEREIRO

O mês de fevereiro começa com um combo de inteligência, estratégia e sensibilidade. Enquanto Vênus em Peixes nos deixa mais envolvidos e esperançosos sobre a realização dos nossos desejos, Sol em Aquário e Marte em Gêmeos fazem a gente acreditar que tudo é possível, já que ampliam nossa capacidade mental quando o assunto é encontrar caminhos alternativos e soluções fora da caixa. Ainda bem que tem Mercúrio em Capricórnio para nos ajudar a colocar a cabeça no lugar e os pés um pouco mais no chão, focando o que precisa ser feito no momento presente.

E essa é uma informação importante, porque no dia 04/02 Vênus e Marte entram em rota de colisão, nos precavendo de que nem tudo o que a gente quer pode de fato se realizar. É o alerta para tomarmos cuidado com nossas escolhas — especialmente amorosas e financeiras, afinal, a tendência à precipitação pode acarretar em opções equivocadas, compras por impulso e desentendimentos nas relações.

A Lua Cheia em Leão no dia 05/02 insiste no propósito de buscarmos o que nos dá prazer, além de estar em meio a pessoas e situações que nos valorizem. Um bom aspecto entre Lua e Júpiter nos pede para voar mais alto, trazendo ousadia e reforçando os benefícios vindos por meio do uso de nosso prestígio, influência e popularidade.

Se é merecido, é seu por direito — o que nos faz lembrar de benefícios também por meio de resoluções jurídicas. No entanto, a tensão entre Sol e Urano nessa lunação é mais um alerta para reações precipitadas, especialmente quando algo não sai como planejado. E uma coisa é certa — nada está certo e tudo pode mudar.

O perigo desse momento é que estamos buscando a satisfação imediata de desejos individuais, e o risco em desconsiderar os sentimentos e desejos do outro é grande, o que, por sua vez, gera em todos a tendência à irritabilidade, à intolerância e à reatividade.

É importante buscarmos atividades de relaxamento e válvulas de escape para as frustrações se quisermos evitar noites mal dormidas, além de problemas relacionados a pressão alta, circulatórios e cardiovasculares.

Existe também maior probabilidade de acidentes, tombos, choques elétricos e brigas por conta do excesso de tensão. Mas nada como um dia após o outro, e algumas noites no meio. Um bom aspecto entre Vênus e Urano que já estava presente na Lua Cheia pode, aos poucos, acalmar os ânimos e nos fazer até gostar das mudanças. O imprevisto deve ser encarado e vivido como uma coisa boa e gratificante. Para alguns, pode até mesmo trazer um ganho financeiro, uma novidade relacionada à vida afetiva ou, ainda, a solução inesperada que nos tira de alguma enrascada.

Uma boa dica é sair da rotina e buscar atividades diferentes do casual — Mercúrio, em conjunção com Plutão no dia 10/02, pode fazer a gente ficar obcecado com alguma ideia ou preocupação. O melhor a se fazer é mudar de ares, tirar o foco do problema e fazer como Scarlett O'Hara, de *E o vento levou*: "amanhã a gente pensa nisso".

E o amanhã está logo ali, quando Mercúrio se livra de Plutão e passa a vibrar com a energia de Aquário a partir do dia 12/02, inaugurando uma fase de maior idealismo, liberdade de ir e vir, a busca de novos horizontes, originalidade e maior capacidade de fazer conexões — tanto de ideias quanto entre pessoas.

Por outro lado, essa energia também traz certo radicalismo e impaciência, especialmente quando o outro não pensa da mesma forma ou com a mesma velocidade que a nossa. É mais difícil mudar de opinião quando se está focado e certo sobre os próprios ideais.

No dia 13/02, a Lua fica Minguante em Escorpião, trazendo um clima de introspecção e deixando as pessoas mais misteriosas, desconfiadas e observadoras.

Se por um lado, é indicado finalizar coisas durante a fase Minguante, por outro, pode ser mais difícil perdoar e esquecer outras com essa energia escorpiana.

De qualquer forma, esse é um período de grande capacidade de recuperação em todos os setores, assim como finalizações. Assuntos que envolvem reformas, restaurações, tratamentos de saúde, cirurgias em geral, corte de hábitos e organização da casa estão favorecidos sob essa Lua.

No dia 14/02, Netuno chega bem perto de Vênus e embaça nosso poder de discernimento sobre pessoas e situações. Há grandes chances de enganos afetivos e financeiros porque a tendência é colocar os óculos cor-de-rosa e idealizar situações que não correspondem à realidade. Devemos ter atenção especial para não comprometer as finanças com algo que não está sendo bem-avaliado e previsto.

Um clima de melancolia também paira no ar, não só por causa de Vênus e Netuno, mas também por conta do encontro entre Sol e Saturno. É aquele "*double date* da sofrência", um encontro de duplas que pode nos colocar em uma fria.

No caso de Sol e Saturno, podemos esperar baixa de energia, vitalidade e vontade de não fazer até as pequenas coisas. Fora que a gente acaba demorando muito mais para realizar qualquer atividade, além de arriscar a ter que refazer por conta de algum erro cometido.

Se puder, organize a agenda para ter mais espaço entre os compromissos e evite marcar reuniões ou apresentações importantes na terceira semana do mês.

Na verdade, até o final desta semana. Isso porque, a partir do dia 18/02, a energia volta a subir e a nossa mente ganha uma oxigenação nas ideias por conta do bom aspecto entre Mercúrio e Júpiter. Esse é um trânsito de muito jogo de cintura para articular palavras e ideias. Assuntos relacionados a comunicação, testes de conhecimento, divulgação e viagens estão especialmente favorecidos.

Esse também é o final de semana em que o Sol inaugura sua temporada em Peixes. No dia 19/02, não só ele (o Astro-Rei) como Vênus em sintonia com Plutão deixam o clima mais romântico para quem quiser usar seu magnetismo e poder de sedução. Ótimo momento para reconciliações amorosas ou qualquer tipo de resgate e recuperação (inclusive relacionada à saúde).

O momento favorece tudo o que traz de volta algo ou alguém importante, por isso não se espante se encontrar um objeto que estava perdido ou, então, que você seja surpreendido com uma proposta que pode trazer uma mudança de vida.

Um novo ciclo da Lua começa no dia 20/02 no Signo de Peixes, e um bom aspecto entre Mercúrio e Marte nessa lunação nos ajuda a dar início a novos projetos e situações de forma mais ágil e assertiva, com maior capacidade de negociação, foco e estratégia na hora de agir. Um bom jeito de usar o melhor dessa energia é trabalhar o *mindset*, ou seja, programar a mente para que pensamento e ações estejam alinhados.

Atenção apenas porque, enquanto ele (Mercúrio) está alinhado com Marte, e em conflito com Urano, traz ansiedade e pressa para que tudo aconteça o mais rápido possível, de preferência para ontem. Devemos evitar a armadilha de pular etapas para não nos prejudicar em negociações e transações comerciais.

Para a saúde, esse costuma ser um trânsito que ataca pessoas com problemas respiratórios (especialmente bronquite e asma), além de aumentar a incidência de acidentes.

A entrada de Vênus em Áries no dia 21/02 também é um fósforo aceso no fogo da intensidade no que diz respeito às conquistas. Todos começam a se atirar mais em direção aos seus desejos, influenciando negócios, finanças e amor. Para Vênus em Áries, quem ama assume – por isso, essa é uma boa hora para corrermos atrás do que queremos.

E o mês fevereiro fecha a conta com a Lua Crescente em Gêmeos, dia 27/02, ressaltando a importância de avaliarmos bem as opções e as saídas diante dos impasses e desafios dessa fase. Essa Lua nos avisa que, se pararmos para pesquisar, acharemos novos caminhos para fazer crescer o que quer que estejamos plantando desde que começou a Lua Nova, no dia 20.

Posição diária da Lua em fevereiro

DIA 01 DE FEVEREIRO – QUARTA-FEIRA

☾ *Crescente* ☾ *em Câncer às 17:11 LFC Início às 08:59 LFC Fim às 17:11*

Enquanto a Lua estiver em Câncer, nossas emoções ficam mais afloradas e, por isso mesmo, buscamos por situações mais acolhedoras, em meio à família ou próximo das pessoas mais íntimas e queridas. Queremos acolher e ser acolhidos. Pode ser um momento de maior vulnerabilidade, portanto, é bom preservar nossa energia para que possamos enfrentar os obstáculos ou desafios que a Lua crescente traz e focarmos nos nossos propósitos e objetivos.

• **Lua quadratura Netuno – das 02:20 às 06:21 (exato 04:20)**

Para quem estiver em atividade durante essas horas, é recomendável não extrapolar seus próprios limites. A tendência aqui é de uma baixa de energia, com menos foco e discernimento.

• **Lua trígono Saturno – das 06:56 às 10:59 (exato 08:59)**

O dia já começa produtivo. Aproveite a manhã para planejar a melhor forma de cumprir todas as suas tarefas de forma eficiente. Tudo o que for combinado aqui tende a ser cumprido.

DIA 02 DE FEVEREIRO – QUINTA-FEIRA

☾ *Crescente* ☾ *em Câncer*

• **Lua quadratura Júpiter – das 03:51 às 07:57 (exato 05:54)**

Pode ser difícil pular da cama cedo. A vontade é de prolongar o sono um pouco mais e curtir a preguiça. Para quem acorda bem cedinho, é bom não fazer grandes planos com muitas expectativas, evitando assim algumas frustrações. Comece o dia com um café da manhã mais leve e saudável, sem exageros.

• Lua trígono Vênus – das 06:59 às 11:29 (exato 09:14)

Como o clima é de maior receptividade e harmonia, aproveite para lidar com todos os assuntos que precisem dessa energia para funcionar. Demonstrar o seu carinho e o seu afeto para quem você gosta e quer bem também pode ser uma boa ideia.

• Lua sextil Urano – das 21:25 às 01:28 de 03/02 (exato 23:27)

As emoções se alinham aos insights, e você pode acabar descobrindo novas formas de lidar com antigas questões. Faça algo novo, diferente do habitual, e verá como é bom deixar a vida fluir e ser surpreendido por ela.

DIA 03 DE FEVEREIRO – SEXTA-FEIRA
☾ *Crescente* ☾ *em Câncer*

• Lua oposição Mercúrio – das 06:54 às 11:23 (exato 09:08)

A manhã começa com certa instabilidade nas comunicações. Vale prestar bastante atenção nas palavras para não gerar nenhum desentendimento. Não deixe que as suas emoções interfiram no seu pensamento, e vice-versa. Cuide bem do que pensa, do que fala e do que sente, assim você consegue separar uma coisa da outra.

• Lua trígono Netuno – das 15:00 às 19:03 (exato 17:01)

Deixe fluir a intuição e se conecte com as vibrações mais sutis que o momento proporciona. Agradeça pela semana que se encerra e dê uma relaxada, nem que seja por alguns minutos, e verá como faz bem.

DIA 04 DE FEVEREIRO – SÁBADO
☾ *Crescente* ☾ *em Leão às 05:48 LFC Início às 03:18 LFC Fim às 05:48*

Enquanto a Lua estiver em Leão, estaremos mais voltados para o prazer e a autossatisfação. A vontade é de brilhar, festejar, comemorar. Celebrar a vida com o que ela tem de melhor. Aproveite para estar com quem lhe dá o devido valor e exercite a generosidade, isso lhe fará um bem enorme.

• Lua oposição Plutão – da 01:17 às 05:20 (exato 03:18)

O clima da madrugada tende a ser mais denso e hostil. É hora de se preservar e não entrar em conflitos, tampouco em situações desconhecidas. O sono pode não ser reparador, pelo contrário, pode ser perturbado e interrompido por pesadelos ou por pensamentos recorrentes.

• **Lua trígono Júpiter – das 17:30 às 21:36 (exato 19:33)**

Um clima geral de otimismo e disposição vem nos brindar no final da tarde e no início da noite. Programe-se para estar ao lado das pessoas de que você gosta e que fazem você se sentir bem. Terá seu ânimo redobrado e uma enorme satisfação.

DIA 05 DE FEVEREIRO – DOMINGO
○ *Cheia às 15:28 em 16°40' de Leão* ○

• **Lua sextil Marte – das 02:31 às 06:38 (exato 04:34)**

A noite de sono tende a ser revigorante nos dando pique e energia para curtir a manhã de domingo. Aproveite para pular cedo da cama e exercitar o corpo fazendo uma caminhada ou alguma outra atividade ao ar livre que te dê prazer.

• **Lua quadratura Urano – das 10:07 às 14:09 (exato 12:08)**

O clima é de imprevistos que te forçam a uma mudança de planos. Procure não se estressar e alivie a pressão. Tudo passa, basta nos mantermos calmos, evitando conflitos desnecessários.

• **Lua oposição Sol – das 13:16 às 17:40 (exato 15:28)**

As emoções podem aflorar de uma forma mais dramática e descontrolada, portanto, não é um bom dia para divergir, principalmente com o seu par. Se houver algum desentendimento, será em função das diferenças, que podem aqui atingir um clímax. É difícil chegar a um consenso quando as emoções ficam mais alteradas.

DIA 06 DE FEVEREIRO – SEGUNDA-FEIRA
○ *Cheia* ○ *em Virgem às 18:13 LFC Início às 11:16 LFC Fim às 18:13*

Enquanto a Lua estiver em Virgem, buscaremos fazer tudo com mais discernimento, selecionando o joio do trigo. Organização passa a ser uma palavra de ordem, e isso vale para a nossa rotina, para a casa e até para as nossas próprias emoções, pois isso nos dará um senso de equilíbrio e bem-estar. É um bom momento para cuidar mais da saúde, organizar uma dieta e estabelecer práticas mais saudáveis.

• **Lua oposição Saturno – das 09:13 às 13:16 (exato 11:16)**

Uma predisposição ao mau humor e ao pessimismo pode tomar conta de você. Cuide da sua autoestima para que isso não atrapalhe o seu dia. Se surgirem obstáculos, faça o melhor que puder e não se cobre tanto.

DIA 07 DE FEVEREIRO – TERÇA-FEIRA
○ *Cheia* ○ *em Virgem*

• **Lua quadratura Marte – das 16:02 às 20:06 (exato 18:04)**

Os ânimos ficam alterados e tendenciosos ao conflito. A impaciência pode fazer com que o seu dia acabe mal. Respire fundo e mantenha a calma, pois as reações num âmbito geral tendem a ser mais agressivas.

• **Lua oposição Vênus – das 21:48 às 02:13 de 08/02 (exato 00:01 de 08/02)**

Um sentimento de carência e menos valia pode nos invadir nessa noite. Nossos afetos estão sendo testados, e é provável que não encontremos reciprocidade. O melhor a fazer é assistir a um belo filme de romance ou nos entregarmos a um bom livro. Assim, não buscaremos satisfação emocional no outro.

• **Lua trígono Urano – das 22:16 às 02:15 de 08/02 (exato 00:16 de 08/02)**

Dedique-se a algo novo que possa te inspirar emocionalmente a se libertar de antigos padrões de comportamento. Com criatividade, você consegue encontrar soluções novas para lidar com velhos problemas.

DIA 08 DE FEVEREIRO – QUARTA-FEIRA
○ *Cheia (disseminadora)* ○ *em Virgem*

• **Lua oposição Netuno – das 15:41 às 19:38 (exato 17:39)**

Uma indisposição ou desânimo pode te pegar e você terminar o dia cheio de preguiça, querendo fugir de tarefas que exijam atenção ou muita energia física. A sensação é de confusão e dificuldade de concentração.

• **Lua trígono Mercúrio – das 21:17 às 01:42 de 09/02 (exato 23:29)**

Aproveite para se informar sobre os assuntos que te interessam, pois eles chegarão até você com mais facilidade. Troque ideias com amigos e explore a comunicação. Se você tem algum produto, ou uma ideia, esse é um bom momento para divulgação. Faça um post e verá que o alcance será maior.

DIA 09 DE FEVEREIRO – QUINTA –FEIRA
○ *Cheia (disseminadora)* ○ *em Libra às 05:46 LFC Início às 03:41 Fim LFC às 05:46*

Enquanto a Lua estiver em Libra, nossa prioridade máxima será buscar o equilíbrio, a beleza e a harmonia. Tudo o que fizer a dois se dará melhor do que sozinho. É o momento da diplomacia, dos acordos, da cordialidade. Hora de buscar cooperação, se emparceirar e se aliar.

• **Lua trígono Plutão – da 01:41 às 05:37 (exato 03:41)**

Período de sono que revigora e renova as suas forças, física e emocionalmente falando. Caso você esteja trabalhando nesse período, aproveite para refletir sobre as mudanças que precisam ser feitas em seu padrão emocional. Você pode encontrar caminhos e forças para tal.

DIA 10 DE FEVEREIRO – SEXTA-FEIRA
○ *Cheia (disseminadora)* ○ *em Libra*

• **Lua trígono Marte – das 04:25 às 08:23 (exato 06:24)**

O dia já começa com pique total. Aproveite essa energia de força e coragem para dar aquele gás nos seus projetos e agir de modo assertivo. A capacidade de liderança está em alta.

• **Lua trígono Sol – das 22:33 às 02:42 de 11/02 (exato 00:38 de 11/02)**

A noite de sexta promete trazer encontros animados e harmônicos. Aproveite para sair com os amigos ou investir num encontro a dois. Os pares estarão favorecidos, e tudo tende a fluir bem.

DIA 11 DE FEVEREIRO – SÁBADO
○ *Cheia (disseminadora)* ○ *em Escorpião às 15:34 LFC Início às 13:41*
Fim LFC às 15:34

Enquanto a Lua estiver em Escorpião, as nossas emoções ficam mais intensificadas. Podemos fazer mergulhos mais profundos e investigativos. Bom período para trabalhos terapêuticos que exijam coragem para cutucar nossas feridas emocionais. Estamos mais sensíveis e, portanto, mais desconfiados. Fuja de situações ou pessoas que manipulam e controlam. Fique atento aos pensamentos para não alimentar mágoas nem ressentimentos.

• **Lua trígono Saturno – das 08:12 às 12:01 (exato 10:07)**

Uma sensação de maior equilíbrio emocional e sensatez é a tônica desse período. Nós nos sentimos mais racionais e com mais capacidade para avaliar as situações que se apresentam. Aproveite para cumprir aquela promessa de sair mais cedo da cama e se dedicar a alguma atividade física com disciplina e perseverança.

• **Lua quadratura Plutão – das 11:47 às 15:34 (exato 13:41)**

O clima aqui dá uma intensificada nos ânimos. Não provoque situações que já estejam no limite. Procure se resguardar e não entre em conflitos, pois tudo tende a sair do controle de forma rápida e com desfechos dramáticos.

• **Lua quadratura Mercúrio – das 14:19 às 18:33 (exato 16:26)**

Uma inquietação marcará esse período, dificultando o foco e a concentração. Muitos assuntos e interesses desviam a sua atenção do que realmente importa. Cuidado com mal-entendidos, pois a sua fala pode não refletir o que sente e vice-versa. Alguns empecilhos podem surgir em seus deslocamentos, portanto, não deixe para sair de casa no último minuto.

DIA 12 DE FEVEREIRO – DOMINGO
○ *Cheia (disseminadora)* ○ *em Escorpião*

• **Lua oposição Urano – das 17:52 às 21:32 (exato 19:42)**

Imprevistos e reviravoltas podem provocar tensão e estresse. O importante é não forçar a barra. Tente relaxar, ouvir uma música tranquila ou investir em programas leves e, de preferência, ao ar livre.

DIA 13 DE FEVEREIRO – SEGUNDA-FEIRA
☽ *Minguante às 12:59 em 24º40 de Escorpião* ☽ *em Sagitário às 22:30 LFC Início às 20:53 Fim LFC às 22:30*

Enquanto a Lua estiver em Sagitário, o clima geral é de otimismo, fé, alegria e de infinitas possibilidades. O Céu é o limite. Um bom momento para programar uma viagem mais distante e explorar novas fronteiras, física e espiritualmente falando. O risco aqui é de cometermos certos exageros, pois estamos mais confiantes e mais estimulados a romper nossos próprios limites.

• **Lua trígono Vênus – das 05:16 às 09:15 (exato 07:16)**

A manhã de segunda já começa com uma dose extra de otimismo frente às oportunidades que aparecem. Estamos mais receptivos, mais cordiais e gentis.

• **Lua trígono Netuno – das 10:00 às 13:36 (exato 11:48)**

O clima é de inspiração e conexão, portanto, se abra e deixe fluir essa energia em você, de preferência sem muita intromissão.

• **Lua quadratura Sol – das 11:03 às 14:56 (exato 12:59)**

Sentimentos conflitantes podem surgir sem que você se dê conta. A razão e a emoção não estão se dando muito bem e um pode estar sabotando o outro, atrapalhando, assim, os seus propósitos. Tente enxergar por um prisma mais racional.

• **Lua quadratura Saturno – das 16:04 às 19:40 (exato 17:52)**

Carência e insegurança caracterizam esse período. Evite focar o lado pessimista e negativo, o melhor aqui é tentar enxergar o copo meio cheio.

Não tente encontrar conforto no outro, pois as chances de não receber o colo que gostaria são grandes.

• **Lua sextil Plutão – das 19:04 às 22:38 (exato 20:53)**

A noite promete trazer um alívio, devolvendo as forças perdidas ao longo do dia. Recarregue as suas baterias tomando um banho bem gostoso ou fazendo algo que te reconecte com você. Se você teve algum estresse com alguém nos últimos dias, esse pode ser um bom momento para retomar o entendimento.

DIA 14 DE FEVEREIRO – TERÇA-FEIRA
☽ *Minguante* ☽ *em Sagitário*

• **Lua sextil Mercúrio – das 03:41 às 07:36 (exato 05:39)**

As ideias fluem com mais facilidade, e conseguimos clarear alguns assuntos que antes estavam indefinidos. Os sentimentos estão mais alinhados com as emoções e assim ficamos mais assertivos.

• **Lua trígono Júpiter – das 12:09 às 15:41 (exato 13:55)**

Otimismo e um senso de oportunidades tomam conta desse início de tarde. Aproveite a disposição e o ânimo que esse período confere para resolver os assuntos de maior porte em sua vida.

• **Lua oposição Marte – das 21:20 às 00:51 de 15/02 (exato 23:05)**

A noite pode chegar trazendo inquietação, ansiedade e até certa irritação. Evite se indispor com as pessoas, principalmente em seu ambiente doméstico. Faça um chá de camomila, ouça uma música relaxante e fuja de situações de disputa ou provocação.

DIA 15 DE FEVEREIRO – QUARTA-FEIRA
☽ *Minguante* ☽ *em Sagitário LFC Início às 22:06*

• **Lua quadratura Netuno – das 14:24 às 17:46 (exato 16:05)**

Confusão e enganos podem te levar a escolhas erradas. Não é um bom momento para fechar negócios ou assinar contratos. Estamos desatentos, com pouca capacidade de avaliação e discernimento, portanto, mais sujeitos a erros.

• **Lua quadratura Vênus – das 14:52 às 18:32 (exato 16:42)**

Esse posicionamento pode trazer algumas dificuldades e empecilhos nas negociações, tornando-as desfavoráveis a você. Pode ser mais difícil encontrar colaboradores e pessoas dispostas a ceder e facilitar as coisas, pelo contrário, a autoestima pode sofrer um baque e você não se achar merecedor de qualquer benefício.

• **Lua sextil Sol – das 19:14 às 22:50 (exato 21:02)**

A noite tende a suavizar e trazer mais harmonia emocional e psíquica. Recuperamos a segurança e a confiança em nós mesmos.

• **Lua sextil Saturno – das 20:24 às 23:46 (exato 22:06)**

Com o espírito mais forte, encerramos a noite com mais determinação e foco, podendo, assim, organizar nossos projetos de forma mais estruturada e consciente.

DIA 16 DE FEVEREIRO – QUINTA-FEIRA
 ☽ *Minguante (balsâmica)* ☽ *em Capricórnio às 01:59 LFC Fim às 01:59*

Enquanto a Lua estiver em Capricórnio, estaremos mais focados em resultados práticos, nada de sonhos e fantasias. Aqui o que importará de verdade será a determinação e a disciplina para alcançarmos as metas propostas. A tendência é ficarmos mais sérios, focados e até cautelosos. Queremos segurança, base e estruturas mais sólidas. Podemos sentir introspecção e uma atitude fechada e recolhida. É um bom momento para fazermos um apanhado geral da vida, dos nossos projetos e até das relações, colocando na balança para avaliarmos o retorno que cada área tem tido de fato.

• **Lua quadratura Júpiter – das 15:30 às 18:49 (exato 17:10)**

Muito cuidado ao avaliar as situações que se apresentam. Tendemos a superestimar os resultados e as possibilidades. Há uma tendência a cometer certos exageros, portanto, melhor pensar duas vezes antes de agir.

DIA 17 DE FEVEREIRO – SEXTA-FEIRA
 ☽ *Minguante (balsâmica)* ☽ *em Capricórnio*

• **Lua Trígono Urano – da 01:17 às 04:31 (exato 02:54)**

Uma madrugada que pode trazer alguns insights criativos. É bom deixar papel e caneta ao lado da cama caso surja algo que queira anotar. Você pode até encontrar soluções e saídas para determinadas questões que andavam meio emperradas.

• **Lua sextil Netuno – das 15:39 às 18:51 (exato 17:15)**

Deixe fluir a energia dissipadora de Netuno e verá que as coisas acabam se encaixando como deveriam. Os esforços empreendidos serão recompensados, e encontramos a ajuda necessária com mais facilidade.

• **Lua sextil Vênus – das 20:22 às 23:50 (exato 22:06)**

Uma noite de prazer e harmonia ao lado de quem se ama. Quem sabe um jantar à luz de velas? Para quem está só, pode ser um bom momento para se arrumar e apostar em uma conquista, a noite promete romance.

• **Lua conjunção Plutão – das 23:42 às 02:53 de 18/02 (exato 01:18 de 18/02)**

As emoções se intensificam aqui, podendo trazer mais profundidade aos sentimentos, ou mesmo experiências marcantes. De qualquer forma, não se exponha a situações ou pessoas em quem não confie.

DIA 18 DE FEVEREIRO – SÁBADO
☽ Minguante (balsâmica) ☽ em Aquário às 02:34 LFC Início às 01:18 LFC Fim às 02:34

Enquanto a Lua estiver em Aquário, estaremos mais ávidos por liberdade e originalidade. Experimentar coisas novas, mudar alguns hábitos, fazer diferente, mudar as regras do jogo. Um bom momento para se envolver em atividades em grupo ou mesmo abraçar causas sociais. Estaremos mais abertos a novas ideias e quem sabe podemos fazer novas amizades.

Entrada do Sol no Signo de Peixes às 19h34min06seg

• **Lua sextil Júpiter – das 16:14 às 19:26 (exato 17:50)**

Um clima de alegria, otimismo e muita disposição surge para animar esse fim de tarde de sábado. Aliás, um sábado de Carnaval! Vista a sua melhor fantasia e espalhe alegria por onde passar. Para quem não é de Carnaval, invista numa boa caminhada ao ar livre e veja o sol se pôr, isso renovará suas energias.

• **Lua conjunção Mercúrio – das 17:50 às 21:20 (exato 19:35)**

Um ótimo momento para circular, fazer contatos, trocar ideias e até mesmo conhecer gente nova. As pessoas estarão mais receptivas, mais interessadas e curiosas, principalmente em se tratando de novidades.

DIA 19 DE FEVEREIRO – DOMINGO
☽ Minguante (balsâmica) ☽ em Aquário LFC Início às 23:01

• **Lua quadratura Urano – da 01:06 às 04:16 (exato 02:41)**

Uma madrugada mais agitada e com riscos de imprevistos e mudanças de planos. Não faça nada por impulso, pois os ânimos estarão mais alterados e propensos a reações intempestivas. Baixo nível de tolerância. O sono pode ser interrompido por uma ansiedade e inquietação. Invista em algo relaxante antes de dormir, como uma meditação, uma música calma, qualquer coisa que faça a sua mente se desligar.

• **Lua trígono Marte – da 01:23 às 04:37 (exato 03:00)**

Para quem estiver acordado nesse período, haverá aqui uma dose extra de energia e disposição.

• **Lua conjunção Saturno – das 21:24 às 00:35 de 20/02 (exato 23:01)**

Um final de noite apropriado para avaliarmos os resultados de tudo aquilo que andamos nos comprometendo, seja no âmbito dos relacionamentos, do trabalho ou dos projetos. Estaremos com a percepção afiada para identificar o que vem dando resultados concretos e o que não. Assim, encaminhamos a semana em direção a metas mais viáveis e mais promissoras.

DIA 20 DE FEVEREIRO – SEGUNDA-FEIRA
● *Nova às 04:05 em 01°22' de Peixes* ● *em Peixes às 01:55 LFC Fim às 01:55*

Enquanto a Lua estiver em Peixes, estaremos mais sensíveis e permeáveis a tudo que nos cerca, captando as energias mais sutis. Um maravilhoso período para elevarmos o espírito por meio de práticas contemplativas ou mesmo para nos doarmos a alguma causa nobre em favor de pessoas em situação de vulnerabilidade. Em outras palavras, trata-se de um bom momento para ajudar o próximo. Durante esse período, a imunidade pode baixar, merecendo, então, uma atenção especial. Cheque o sistema linfático e também os glóbulos brancos.

• **Lua conjunção Sol – das 02:23 às 05:47 (exato 04:05)**

Esse aspecto indica que estamos sob os efeitos de uma Lua Nova, ou seja, um momento em que germinamos novas sementes e iniciamos, assim, um novo ciclo. Bom para dar início a projetos ou colocar ideias em prática. Observe bem o desdobramento das suas ações para que você consiga, ao longo do caminho, ir aparando as arestas até chegar a próxima Lua Cheia e colher os frutos do que você veio plantando.

DIA 21 DE FEVEREIRO – TERÇA-FEIRA
● *Nova* ● *em Peixes*

• **Lua sextil Urano – da 00:42 às 03:56 (exato 02:19)**

Insights criativos podem surgir durante o sono. Vale anotar, caso surjam ideias originais e até mesmo soluções para antigos problemas.

• **Lua quadratura Marte – das 02:04 às 05:22 (exato 03:43)**

A noite pode ser agitada, e o sono, pouco reparador. Respire fundo e invista em técnicas de meditação para aplacar a ansiedade, caso ela surja.

• **Lua conjunção Netuno** – das 15:13 às 18:29 (exato 16:51)

A conexão aqui é com o mundo das sutilezas. Evite situações estressantes ou conflitantes. Se possível, reserve um tempinho para estar só e entrar em contato com as próprias emoções, assim, perceberá que existe uma energia que permeia e conecta todas as coisas. Deixe-se encantar pela beleza do todo, isso trará leveza e inspiração para seguir adiante.

• **Lua sextil Plutão** – das 23:26 às 02:44 de 22/02 (exato 01:05 de 22/02)

Trabalhe o desapego e sinta como isso pode renovar e transformar as suas emoções, inclusive as suas carências e faltas. Há muito o que se pode fazer quando encaramos nossas necessidades a fundo, sempre ressurgimos mais fortes.

DIA 22 DE FEVEREIRO – QUARTA-FEIRA
Nova em Áries às 02:13 LFC Início às 01:05 LFC Fim às 02:13

Enquanto a Lua estiver em Áries, a coragem, a iniciativa e a vontade de fazer acontecer estarão presentes. Encare o que precisa ser feito com a certeza de que você dará conta. A energia estará disponível para dar início àquele projeto que estava guardado na gaveta. Não deixe para amanhã, aja com assertividade, faça na frente, chegue primeiro. O momento é de pioneirismo e muita atitude.

• **Lua conjunção Vênus** – das 04:36 às 08:14 (exato 06:25)

Logo cedo, o dia já começa desembaraçado. A boa vontade estará presente, e será mais fácil conseguir a ajuda necessária para realizar as suas tarefas. Com disposição para harmonia e cooperação, tudo se ajeita.

• **Lua conjunção Júpiter** – das 18:05 às 21:31 (exato 19:48)

Otimismo e bom humor fecham essa quarta-feira de cinzas. Seja generoso com o outro e receberá de volta todas as benesses.

DIA 23 DE FEVEREIRO – QUINTA-FEIRA
Nova em Áries

• **Lua sextil Marte** – das 04:58 às 08:29 (exato 06:44)

O dia já começa disponibilizando energia e coragem para retomarmos a ação depois de um feriado de Carnaval. Enfrente o dia com firmeza e assertividade.

• **Lua sextil Mercúrio** – das 06:06 às 09:59 (exato 08:02)

Um ótimo período para ativar os contatos, divulgar o seu produto e se comunicar com o seu público. Marketing e comunicação estarão favorecidos aqui, aproveite.

DIA 24 DE FEVEREIRO – SEXTA-FEIRA
● *Nova* ● *em Touro às 05:28 LFC Início às 04:23 LFC Fim às 05:28*

Enquanto a Lua estiver em Touro, queremos fazer tudo com mais calma. Nada de muita correria e estresse, é hora de agir com mais cautela e buscar situações que nos tragam segurança, conforto e estabilidade. Curtir momentos de prazer, ir a bons restaurantes e alimentar a alma e os olhos com tudo o que a vida tem de belo nos fará um bem enorme.

• **Lua sextil Saturno – da 01:18 às 04:52 (exato 03:05)**

Nossas emoções encontram alguma estabilidade e segurança, talvez pela sensação de dever cumprido.

• **Lua quadratura Plutão – das 02:35 às 06:08 (exato 04:23)**

Emoções profundas emergem trazendo coisas do passado que talvez não tenham sido resolvidas apropriadamente, o que pode perturbar o sono.

• **Lua sextil Sol – das 14:04 às 17:58 (exato 16:01)**

As emoções se alinham com os nossos propósitos, facilitando a conclusão das tarefas e também o entendimento nas relações.

DIA 25 DE FEVEREIRO – SÁBADO
● *Nova* ● *em Touro*

• **Lua conjunção Urano – das 07:33 às 11:15 (exato 09:24)**

Aproveite essa manhã de sábado para fazer um programa diferente do habitual. Fuja da rotina e siga o fluxo criativo, você pode ser presenteado com surpresas agradáveis.

• **Lua quadratura Mercúrio – das 19:07 às 23:24 (exato 21:15)**

Evite falar sobre o que ainda não está maduro e, principalmente, não leve para frente notícias ou informações cuja procedência você não conhece. Esse é um aspecto que pode trazer mal-entendidos. Portanto, melhor pensar antes de falar.

DIA 26 DE FEVEREIRO – DOMINGO
● *Nova* ● *em Gêmeos às 12:47 LFC Início às 11:43 LFC Fim às 12:47*

Enquanto a Lua estiver em Gêmeos, estaremos mais curiosos, buscando informações e querendo nos atualizar sobre vários assuntos. A comunicação e a divulgação estarão favorecidas aqui. É tempo de aprender, de estudar, de abrir a cabeça e ouvir ideias diferentes. Ative os seus contatos e verá fluir uma boa energia daí.

• **Lua sextil Netuno – da 00:21 às 04:08 (exato 02:15)**

A madrugada tende a ser leve e suave, prometendo uma noite de sono tranquila. Uma boa meditação antes de deitar cairá muito bem.

• **Lua quadratura Saturno – das 08:49 às 12:40 (exato 10:44)**

Alguns obstáculos e impedimentos podem surgir, dificultando o seu desempenho. Não se deixe abater pela sensação de frustração, apenas faça o que precisa ser feito e dê valor ao que já foi concluído até então.

• **Lua trígono Plutão – das 09:47 às 13:37 (exato 11:43)**

Se algo parecia perdido, esse é o momento para reverter. Esse aspecto traz consigo a energia de regeneração, de renovação, de resgate. Vá atrás daquilo que almeja e acredite em sua força e potência para virar o jogo.

DIA 27 DE FEVEREIRO – SEGUNDA-FEIRA
☾ *Crescente às 05:04 em 08º27' de Gêmeos* ☾ *em Gêmeos*

• **Lua quadratura Sol – das 02:58 às 07:12 (exato 05:04)**

A manhã começa com a sensação de que algo dentro de si não está muito bem alinhado. Certa instabilidade emocional pode arrebatar os ânimos. Nada de se entregar nem tampouco se cobrar demais. Siga em frente e verá que tudo se ajeita.

• **Lua sextil Vênus – das 03:14 às 07:33 (exato 05:24)**

Tudo na vida tem sempre nuances e contextos diferentes. O segredo é se conectar com o que temos de positivo. Se a vida te oferecer mais de uma possibilidade, escolha sempre aquela que mais te favoreça.

• **Lua sextil Júpiter – das 09:08 às 13:07 (exato 11:07)**

Aproveite essa energia de fé e otimismo e identifique as oportunidades de expansão e crescimento que podem estar à sua frente. Se avaliar com cuidado, pode enxergar possibilidades que os outros não estejam vendo.

• **Lua conjunção Marte – das 23:17 às 03:23 de 28/02 (exato 01:20 de 28/02)**

Esse é um aspecto que traz bastante energia. Para quem trabalha à noite, esse pode ser um período de muita produtividade. Se este não é o seu caso, invista em técnicas de relaxamento para que todo esse pique não atrapalhe o seu sono.

DIA 28 DE FEVEREIRO – TERÇA-FEIRA
☾ *Crescente* ☾ *em Câncer às 23:39 LFC Início às 22:07 LFC Fim às 23:39*

Enquanto a Lua estiver em Câncer, buscamos estar mais em família ou com os amigos mais íntimos. A casa se torna o centro da nossa atenção, pois será onde nos sentiremos mais acolhidos. Ficamos mais sensíveis e mais emotivos. Durante esse período, é melhor nos proteger, cuidando com carinho das nossas emoções e sendo, também, bastante cuidadoso com as emoções alheias.

• **Lua quadratura Netuno – das 10:45 às 14:45 (exato 12:45)**

Certa confusão, ou dispersão, pode nos tirar o foco ao longo desse período. O importante é não se perder nas emoções e ser bastante criterioso ao avaliar o que quer que se apresente para nós. Não tome nenhuma decisão importante, espere esse aspecto passar para ter mais discernimento.

• **Lua trígono Mercúrio – das 14:08 às 18:46 (exato 16:27)**

Aqui as emoções se alinham com os pensamentos. Fica mais fácil enxergar com clareza, pois a mente não estará contaminada pelas emoções. Um ótimo momento para comunicar suas ideias, apresentar um projeto, finalizar um trabalho. O raciocínio flui com mais facilidade e também com mais coerência. Bom para divulgar o seu produto e se comunicar com seu cliente, pois todos estarão mais abertos e receptivos.

• **Lua trígono Saturno – das 20:05 às 00:08 de 01/03 (exato 22:07)**

A noite chega com a sensação de que cada coisa está em seu devido lugar. Uma análise mais racional nos ajuda a avaliar os resultados de todos os esforços empreendidos. Bom para fazer alguns ajustes na agenda, priorizando o que é mais importante fazer para alcançar seus objetivos.

Março 2023

Domingo	Segunda-feira	Terça-feira	Quarta-feira	Quinta-feira	Sexta-feira	Sábado
			1 Lua Crescente em Câncer	**2** Lua Crescente em Câncer	**3** ♌ Lua Crescente em Leão às 12:15 LFC 11:22 às 12:15	**4** Lua Crescente em Leão
5 Lua Crescente em Leão	**6** Lua Crescente em Virgem às 00:38 LFC 00:18 às 00:38	**7** ♍ ○16°40' ♍ Lua Cheia às 09:40 em Virgem	**8** ♎ Lua Cheia em Libra às 11:43 LFC 11:07 às 11:43	**9** Lua Cheia em Libra	**10** ♏ Lua Cheia em Escorpião às 21:05 LFC 20:36 às 21:05	**11** Lua Cheia em Escorpião
12 Lua Cheia em Escorpião	**13** Lua Cheia em Sagitário às 04:20 LFC 03:58 às 04:20	**14** ♐ ☽ 24°13' Lua Minguante às 23:08 em Sagitário	**15** ♑ Lua Minguante em Capricórnio às 09:05 LFC 05:49 às 09:05	**16** Lua Minguante em Capricórnio	**17** ♒ Lua Minguante em Aquário às 11:24 LFC 11:13 às 11:24	**18** Lua Minguante em Aquário
19 ♓ Lua Minguante em Peixes às 12:11 LFC 07:32 às 12:11	**20** Lua Minguante em Peixes Entrada do Sol no Signo de Áries às 18:24	**21** ● Lua Nova às 14:23 em Áries LFC 12:57 às 13:01	**22** 00°49' ♈ ● Lua Nova em Áries	**23** ♉ Lua Nova em Touro às 15:41 LFC 14:12 às 15:41	**24** Lua Nova em Touro	**25** ♊ Lua Nova em Gêmeos às 21:41 LFC 13:18 às 21:41
26 Lua Nova em Gêmeos	**27** Lua Nova em Gêmeos LFC Início às 22:39	**28** ☽ 08°08 ♋ Lua Crescente às 23:32 Lua em Câncer às 07:21 LFC Fim às 07:21	**29** ♋ Lua Crescente em Câncer	**30** ♌ Lua Crescente em Leão às 19:30 LFC 10:45 às 19:30	**31** Lua Crescente em Leão	

O LIVRO DA LUA 2023

Mandala Lua Cheia Março

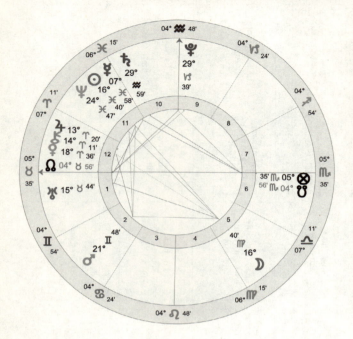

LUA CHEIA
Dia: 07/03
Hora: 09:40
16°40' de Virgem

Mandala Lua Nova Março

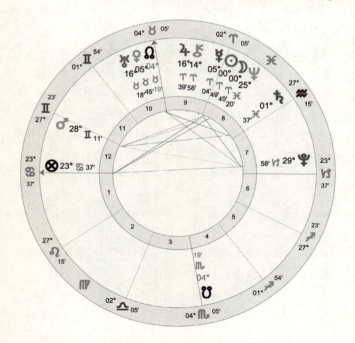

LUA NOVA
Dia: 21/03
Hora: 14:23
00°49' de Áries

CÉU DO MÊS DE MARÇO

Quando o mês inicia com um encontro entre Vênus e Júpiter logo no primeiro dia, é porque fizemos algo de bom para o universo.

O encontro entre o Pequeno e o Grande Benéfico (como esses planetas são conhecidos na Astrologia) nos abre ótimas oportunidades de resoluções, ganhos e vantagens, especialmente em assuntos relacionados a mercado financeiro, comércio exterior e vendas, além de questões jurídicas.

E, já que ambos os planetas estão em Áries, a dica é estabelecer um objetivo e não parar até alcançar a meta. Igual a um atleta treinando para uma competição — só descansa depois de abraçar a linha de chegada.

No amor, os caminhos também se abrem. De qualquer forma, o clima de sociabilidade, otimismo e simpatia favorece as relações, especialmente para quem souber engajar e envolver as pessoas.

Mas se o Céu esquenta de um lado, esfria do outro. No dia 02/03, Mercúrio e Saturno também se encontram, só que em Aquário, colocando uma nuvem pesada em cima das nossas cabeças. Fica mais difícil pensar em saídas ou criar alternativas para os desafios do momento, até porque qualquer pequeno problema tende a se transformar em um dilema.

O pessimismo e o apego às próprias ideias prejudicam a tomada de decisão, sendo assim, pense que o que não pode ser resolvido, resolvido está. Pelo menos nesse dia.

Quem sabe o Céu já não está nos preparando para uma mudança na forma de pensar? No dia 03/03, Mercúrio entra em Peixes, fazendo com que as ideias mudem de lugar — elas saem da cabeça e vão para o coração.

Isso significa que, para podermos nos comunicar ou entender melhor o mundo, precisaremos usar intuição, imaginação e subjetividade. Sofre mais quem tem dificuldade para deduzir e ler nas entrelinhas.

Até o dia 19/03, é importante dar tempo aos pensamentos. Será preciso internalizar antes de assimilar. Este é um momento em que também temos a tendência a evitar assuntos espinhosos para não entrar em conflito com as pessoas. Tudo fica no ar.

No dia 07/03, a Lua atinge o ápice de mais um ciclo. A Lua Cheia em Virgem vem acompanhada de um bom aspecto entre Sol e Urano, trazendo a praticidade e a objetividade de que estávamos precisando, tanto para tomar decisões quanto para ajustar a rota de planos e projetos. Essa Lua nos ajuda a fazer conexões e pensar em alternativas para o que estamos plantando, especialmente desde a Lua Nova, no último dia 20/02. O segredo é lidar com o momento presente e manter o foco.

Outra mudança importante do ano que começa neste mês (mais precisamente dia 08/03) é a entrada de Saturno em Peixes. Se, enquanto ele esteve em Aquário, nós vivemos grandes revoluções e o surgimento de novas tendências (tanto na vida coletiva quanto individual), até maio de 2025 provavelmente teremos que lidar com as consequências emocionais de todas essas transformações. É hora de cuidar das feridas, abraçar nossa vulnerabilidade e encontrar forças para voltar a sonhar.

O bom é que teremos o encontro de Vênus e Marte no dia 09/03, o *match* perfeito entre iniciativa e conquista, o que nos ajudará em assuntos relacionados a negócios, finanças e amor. Vênus e Urano em bom aspecto dias depois (11/03) assinam embaixo dos nossos desejos com uma solução brilhante para o que quer que esteja emperrado.

É importante, no entanto, manter o foco no resultado. Um aspecto tenso entre Marte e Netuno no mesmo dia pode nos fazer recuar ou se perder mesmo diante de algo que desejamos muito que aconteça. Não é hora de morrer na praia!

A hora de deixar ir é durante a terceira semana do mês, quando começa a fase Minguante da Lua. Devemos ter atenção aos próximos três dias para livrar a agenda de muitos compromissos e evitar dar início a novos projetos.

Sagitário é o Signo que puxa o bonde do desapego no dia 14/03, mas esse desapego vem com a força do ódio, já que Sol e Marte, em conflito, causam impaciência, especialmente para lidar com questões que ficaram pendentes.

No dia 15/03, Sol se encontra com Netuno trazendo aquele gosto amargo da frustração em relação ao que não está fluindo em nossa vida. Devemos ter cuidado para não tomar decisões precipitadas ou fazer acordos que acabam sendo desfavoráveis só porque queremos nos livrar de uma situação.

O dia 16/03 é para deixar marcado no calendário como o mais movimentado (e perigoso) do mês. Vênus em conflito com Plutão, e Mercúrio de mãos dadas com Netuno prejudicam especialmente decisões financeiras, porque nos deixam apegados a desejos que não condizem com nossa realidade. Atenção ao risco de prejuízos com assinatura de contratos e investimentos, além de extravio de papéis. Mal-entendidos também podem ocorrer diante do encontro desarmônico entre Mercúrio e Marte.

O Sol tenta trazer uma luz no fim do túnel para esse dia ao se encontrar com Mercúrio e, ainda que corramos o risco de ele passar despercebido, esse trânsito pode trazer um pouco de clareza interna e consciência do que é preciso mudar.

Quando Vênus chegar a Touro, no dia 17/03, vai ficar mais fácil identificarmos o que é importante em nossas vidas.

Saturno, em bom aspecto com Vênus no mesmo dia, nos aponta o caminho do que é mais estruturado, sólido e seguro. Sol e Mercúrio em bom aspecto com Plutão no dia 19/03 ajudam a clarear ainda mais as ideias e situações que estavam obscuras.

Neste momento, podemos começar a reassumir o controle da vida financeira e afetiva, além da resolução de projetos — uma vez que estamos retomando o senso de realidade e com capacidade de cortar qualquer problema pela raiz.

É como deixar a casa pronta para a festa. E, nesse caso, a festa começa no dia 20/03, com o ano novo Astrológico. Essa é a data que marca a entrada do Sol no Signo de Áries.

Tem gente que diz que o ano só começa depois do Carnaval, mas na Astrologia ele começa agora — quando Áries entra em campo!

Neste ano, Mercúrio também começa a sua temporada ariana no mesmo dia que o Sol. Não tem dupla mais indicada para nos encher de coragem, iniciativa e inteligência para (re)começar o que quisermos!

E, se ainda sentimos que faltou convite, a Lua Nova de Áries vem logo atrás (dia 21/03), mandando o recado para colocarmos uma energia extra em algo que desejamos muito realizar. Situações que dependem de nosso empenho e força de vontade (muito mais do que condições externas) estão especialmente favorecidas.

No dia 24/03 teremos outro acontecimento importante, que marcará não só o ano, como a próxima geração. Este é o momento em que Plutão entra em Aquário, inaugurando uma fase de grandes transformações coletivas, em especial que busquem um modelo de sociedade mais justa e igualitária.

A última vez que o planeta esteve nesse Signo foi em 1778, e, até 1798, marcou uma geração com transformações importantes, como o surgimento das bases do feminismo moderno e a Declaração dos Direitos do Homem e do Cidadão.

E, como se já não tivéssemos a sensação de ter vivido anos em apenas um mês, o fim de março ainda nos reserva a chegada de Marte ao Signo de

Câncer, no dia 26/03. Até 20 de maio, estaremos mais voltados à proteção da nossa intimidade ou daqueles que estão mais próximos — lembrando que a proximidade com essas pessoas também gera cobranças e conflitos.

Para fechar de vez o mês, a Lua chega à sua fase crescente em Câncer no dia 28/03, sob a influência do encontro de Mercúrio e Júpiter (dia 27/03) e de Vênus e Urano (29/03). Isso significa que é hora de ser firme, mas sem perder a ternura, especialmente quando estivermos diante de situações e projetos que começamos sob a influência da Lua Nova. Por mais que tenhamos o impulso de querer fazer tudo, é preciso manter a calma, porque muita coisa ainda pode mudar. Vai ser difícil separar o que é fato ou o que é *fake*, por isso é recomendado evitarmos tomar decisões radicais ou definitivas durante esses dias. Ainda tem muita água para correr debaixo dessa ponte!

Posição diária da Lua em março

DIA 01 DE MARÇO – QUARTA-FEIRA
☾ *Crescente* ☾ *em Câncer*

• **Lua trígono Sol – das 19:57 à 00:22 de 02/03 (exato 22:09)**

Noite em que o nosso corpo físico se encontra com nosso corpo emocional numa dança em que estamos mais disponíveis para viver essa integração e podemos nos sentir mais vivos, mais reintegrados ao todo, ao cosmos, ao indelével.

• **Lua quadratura Vênus – das 21:34 às 02:04 de 02/03 (exato 23:49)**

Há um descompasso entre o impulso que um desejo promove e nossas emoções, aquilo que sentimos não necessariamente tem uma equivalência com o que desejamos, e esse descompasso fica perceptível. Não é um momento adequado para tomar decisões, não aja por impulso, sem refletir por outros pontos da situação. Tenha paciência e busque uma harmonia interna para que suas ações reflitam esse equilíbrio.

• **Lua quadratura Júpiter – das 22:00 às 02:07 de 02/03 (exato 00:03 de 02/03)**

Tendência à dramaticidade e a reações excessivas, desproporcionais. É uma noite em que o ideal é buscar-se dentro de si. Esse aspecto nos leva a projetar nos outros ideais que não conseguimos realizar por nós mesmos, por isso nada melhor do que, ao se deparar com tais situações, olhar para dentro e se questionar o que esse excesso está querendo dizer, e quem dentro de você precisa disso tudo.

DIA 02 DE MARÇO – QUINTA-FEIRA
☾ *Crescente* ☾ *em Câncer*

• **Lua sextil Urano – das 05:01 às 09:04 (exato 07:02)**

O dia já inicia com coração e mente abertos para novas possibilidades. Experimente fazer algo diferente, desafie-se a conhecer uma coisa nova, pode ser desde fazer um trajeto diferente para o trabalho até criar uma nova forma de tomar o velho café da manhã.

• **Lua trígono Netuno – das 23:21 às 03:25 de 03/03 (exato 01:23 de 03/03)**

Noite excelente para realizar uma prática espiritual. Isso porque os ouvidos dos deuses estão abertos para as nossas preces, fazendo com que a gente se sinta mais conectado. A noite de sono promete sonhos com mensagens especiais, por isso não deixe de dormir com seu caderninho do lado da cama e faça suas anotações, pois os símbolos dos seus sonhos serão respostas para suas dúvidas e questionamentos.

DIA 03 DE MARÇO – SEXTA-FEIRA
☾ *Crescente* ☾ *em Leão às 12:15 LFC Início às 11:22 LFC Fim às 12:15*

Enquanto a Lua estiver em Leão, aproveite para se divertir, para se entusiasmar, para lembrar que você está nessa vida para ser feliz. Por isso, não tenha vergonha de curtir o momento: dance, cante, beije, abrace, sinta, ame! Os Signos de fogo nos conectam com a energia da espiritualidade, com nossa inteligência espiritual, nossa capacidade de conexão. Então, viva como se cada ação fosse uma oração, conecte-se com a vida e não tenha vergonha de ser feliz.

• **Lua oposição Plutão – das 09:20 às 13:24 (exato 11:22)**

Momento de tensão no dia pode ser angustiante para quem está no seu limite emocional. Faça uma pausa, descanse das situações que te colocam vulneráveis, no modo de reação, observe essas situações com mais profundidade, aprenda sobre si por meio delas, transforme-se. Cuidado com a vaidade e com o ego, que te conduzem a situações que nem sempre são as que você imagina. Repare se o que você precisa tem equivalência com o que você deseja, e deseje menos.

DIA 04 DE MARÇO – SÁBADO
☾ *Crescente* ☾ *em Leão*

• Lua trígono Júpiter – das 11:52 às 15:59 (exato 13:56)

Dia ótimo para ultrapassar as fronteiras, será que tem um bairro ou uma cidade vizinha para ser explorada? Um sábado especial, perfeito para celebrar a vida, se divertir com pessoas alegres, em que estamos nos sentindo confiantes e merecedores do melhor que a vida tem para oferecer.

• Lua trígono Vênus – das 17:12 às 21:42 (exato 19:27)

Entardecer dedicado aos enamorados, perfeito para os encontros apaixonados. Se não houver outro alguém especial, celebre o maior amor que você pode ter nessa vida, o amor-próprio, e sinta o quanto é especial viver na sua pele. Reflita sobre sua singularidade e valorize essa deliciosa companhia, que é a sua.

• Lua quadratura Urano – das 17:52 às 21:54 (exato 19:53)

Alguns imprevistos poderão acontecer e engatilhar aquela ansiedade de quem não tem o controle sobre os eventos e os desdobramentos do futuro. Não se afobe diante da imprevisibilidade da vida, pois a única certeza que temos é que nada do que foi e será vai mudar, portanto seja flexível e adapte-se. Não seja intolerante com si mesmo, mantenha a calma.

DIA 05 DE MARÇO – DOMINGO
☾ *Crescente* ☾ *em Leão*

• Lua sextil Marte – das 04:21 às 08:30 (exato 06:25)

O dia começa muito animado, e sua vontade é se divertir. Você está avesso aos compromissos, aos protocolos e a qualquer impedimento à sua espontaneidade, à sua liberdade. Bom dia para a prática de exercícios ou esportes coletivos, ainda que haja competição, a energia preponderante são a alegria e a amizade.

• Lua oposição Saturno – das 22:17 às 02:18 de 06/03 (exato 00:18 de 06/03)

O domingo finaliza com o sentimento de que há muito mais obrigação do que diversão, e que os compromissos e as responsabilidades da semana oprimem a melhor versão de você. Não se abata, organize-se. É possível encontrar prazer e liberdade numa semana cheia de compromissos, acredite, e, ainda que você se sinta totalmente sem tempo, implemente no seu planejamento algum momento de autocuidado.

DIA 06 DE MARÇO – SEGUNDA-FEIRA
☾ *Crescente* ☾ *em Virgem às 00:38 LFC Início às 00:18 LFC Fim à 00:38*

Enquanto a Lua estiver em Virgem, é tempo de se organizar emocionalmente. Setorize as áreas da sua vida, perceba e analise suas emoções com astúcia, racionalidade e pragmatismo. Observe o que na sua vida precisa de concretização e dedique-se a isso. Essa Lua é muito poderosa. Sirva-se do poder dela servindo a si mesmo e ao mundo com dedicação e consciência, não aja sob hipótese alguma de forma mecânica! Seja (cons)ciente de seus deveres consigo e com esse Universo e receberá toda a abundância que se manifesta nele.

• **Lua oposição Mercúrio – das 11:12 às 15:51 (exato 13:32)**

Momento em que nos sentimos confusos e fragmentados. Se por um lado há uma percepção holográfica de si mesmo, por outro há uma necessidade urgente de organização, de colocar cada emoção no seu devido lugar, atribuindo o peso que lhe cabe. Nesse dia não cabe tomar nenhuma decisão de impacto definitivo, ou que se protraia pelo tempo. Se possível, medite ou faça alguma atividade de reequilíbrio energético.

DIA 07 DE MARÇO – TERÇA-FEIRA
○ *Cheia às 09:40 em 16°40' de Virgem* ○ *em Virgem*

• **Lua trígono Urano – das 05:52 às 09:49 (exato 07:50)**

Manhã positiva para quem precisa de novas ideias para a concretização de algum projeto, toda a energia está disponível para a execução, para a materialização. Arrisque-se e ouse fazer diferente, saia da zona de conforto e tire sua vida do mundo das ideias. Entregue-as ao Universo dando ao menos um pequeno passo.

• **Lua oposição Sol – das 07:31 às 11:48 (exato 09:40)**

Não estamos enxergando a Lua, mas nesse momento ela está cheia em oposição ao Sol, que brilha no Céu dizendo para você se permitir integrar-se em si mesmo. Observe que a mesma luz que brilha no dia, brilha durante a noite, essa luz é você! Acolha suas projeções, una-se a si mesmo e perceba que qualquer separação entre você e o que você vê é imaginária.

• **Lua quadratura Marte – das 18:04 às 22:07 (exato 20:06)**

Irritabilidade, ansiedade, agressividade são sentimentos que podemos sentir a qualquer estímulo, tornando nossas ações reativas e desproporcionais. Use técnicas de respiração para se acalmar e lembre-se de que sua verdadeira autonomia e independência estão asseguradas quando você é capaz de escolher a sua resposta, em vez de agir por reflexo e ser reativo.

• **Lua oposição Netuno – das 23:40 às 03:35 de 08/03 (exato 01:38 de 08/03)**

Possibilidade de desencanto ao constatar que a realidade não reflete o que você gostaria. Porém, perceba que, com organização, paciência e planejamento, é possível concretizar aquilo que você deseja. Nossos sonhos não são construídos com glamour, mas sim de forma orgânica. Com um passo de cada vez, tudo é possível.

DIA 08 DE MARÇO – QUARTA-FEIRA
○ Cheia ○ em Libra às 11:43 LFC Início às 11:07 LFC Fim às 11:43

Enquanto a Lua estiver em Libra, equilibre-se, busque trazer harmonia para o seu dia a dia, concilie aquilo que precisa fazer com aquilo que deseja fazer e tenha dias mais prazerosos. Acione Vênus que habita dentro de você, faça rituais de beleza, um jantar romântico ou qualquer atividade com um pouco mais de etiqueta e sofisticação, e beneficie-se dos encantos dessa Lua.

• **Lua trígono Plutão – das 09:10 às 13:03 (exato 11:07)**

Excelente dia para fazer uma faxina, tirar o que é preciso do armário, da casa, da vida. Você está disposto a fazer aquela limpeza do que precisa ir embora, com a harmonia interna necessária para não limpar demais e se machucar.

DIA 09 DE MARÇO – QUINTA-FEIRA
○ Cheia ○ em Libra

• **Lua oposição Júpiter – das 12:30 às 16:24 (exato 14:27)**

Coloque limites e escolha. Cuidado com a insaciabilidade. Antes de fazer algo, pergunte-se por que está fazendo, se é por vaidade ou por ego. Dê vazão à ansiedade em alguma prática esportiva, mas vale lembrar mais uma vez: sem exageros.

DIA 10 DE MARÇO – SEXTA-FEIRA
○ Cheia (disseminadora) ○ em Escorpião às 21:05 LFC Início ás 20:36
LFC Fim às 21:05

Enquanto a Lua estiver em Escorpião, permita-se navegar nas águas pantanosas de seu inconsciente e encontrar o que precisa morrer, o que precisa se transformar para que você possa renascer. Para isso, precisamos eliminar velhos desejos, atitudes e conceitos. É um momento de se perceber, de se contestar, pois Escorpião é uma energia intensa que pode nos levar à loucura ou nos fazer recuperar a sanidade. Por isso, observe-se, cuidado para não fazer como Hércules em seu sétimo trabalho, que ficou ajoelhado na lama estrangulando as cabeças da hidra, mas uma nova nascia logo que ele acabava de matar uma velha. Até que ele, por fim, tornou a hidra consciente, retirando-a do lamaçal e expondo-a à claridade do dia (consciência); quando ela morreu imediatamente.

• **Lua oposição Vênus – das 04:00 às 08:12 (exato 06:06)**

O que você sente e o que deseja estão em direções opostas. O que parece te deixar com a sensação de equilíbrio e paz é desestimulante; se estiver nesse impasse, aguarde até tomar uma decisão. Não seja impulsivo.

• **Lua trígono Marte – das 06:02 às 09:57 (exato 08:00)**

Momento favorável para a organização mental que nos leva à ação. É imperioso sair da inércia, pois a mente e o coração andarão juntos em ritmo harmônico.

• **Lua quadratura Plutão – das 18:43 às 22:29 (exato 20:36)**

Cuidado com a angústia que nos leva à compulsão, seja ela alimentar, consumista, por jogos, por sexo... Não permita que nenhuma situação chegue ao limite, pois a tendência é a corda estourar. Portanto, abstenha-se de excessos, faça jejum de pensamentos, medite!

• **Lua trígono Saturno – das 19:57 às 23:44 (exato 21:51)**

Excelente para finalizar as pendências e os compromissos, além de planejar tanto o final de semana quanto a próxima semana, já que o que for combinado nesse período tende a ser cumprido.

DIA 11 DE MARÇO – SÁBADO
○ *Cheia (disseminadora)* ○ *em Escorpião*

Hoje a Lua não faz aspecto com outros planetas no Céu. Devemos observar recomendações para a fase e o Signo em que a Lua se encontra.

DIA 12 DE MARÇO – DOMINGO
○ *Cheia (disseminadora)* ○ *em Escorpião*

• **Lua oposição Urano – da 00:51 às 04:33 (exato 02:48)**

Compreenda que as coisas podem fugir ao planejado, trazendo situações imprevistas e surpresas não tão agradáveis. Libere espaço em si mesmo para realizar rotas alternativas, simplifique!

• **Lua trígono Mercúrio – da 01:58 às 06:15 (exato 04:07)**

A madrugada promete conexão, seja por pessoas e coisas que exercem o poder de nos religar ao Divino, seja por nossa psique e nossos sonhos que nos revelam outras camadas de realidade à qual não temos um acesso tão fácil quanto temos à matéria. Durma com o caderninho dos sonhos ao lado da cama.

• **Lua trígono Sol – das 11:33 às 15:29 (exato 13:31)**

Seu terapeuta interno está totalmente disponível para você hoje, então aproveite para refletir sobre si, sobre seu caminho, sobre quem você é. Desapegue-se das situações que já viveu, porque você não é o seu passado. É dia de olhar com amor e gentileza para quem você é, ou seja, para quem você, hoje, escolhe ser.

• **Lua trígono Netuno – das 17:28 às 21:07 (exato 19:17)**

Entregue-se à dança, à música, à arte e a tudo que mexe com você, numa correspondência de dentro para fora. Coloque para fora seu mago interior para que este faça uma alquimia e que te traga para dentro, mais integrado, mais você mesmo. Permita-se descobrir, desvelar sobre você, com a gratidão de ser quem você é.

DIA 13 DE MARÇO – SEGUNDA-FEIRA
○ *Cheia (disseminadora)* ○ *em Sagitário às 04:20 LFC Início às 03:58*
LFC Fim às 04:20

Enquanto a Lua estiver em Sagitário, anime-se, liberte-se, aventure-se, vá além, ultrapassando os limites que você mesmo se impôs. Leia um bom livro, faça uma viagem, conecte-se com quem você idealiza ser. Você quer, você pode, então use essa força de expansão, de progressão para irradiar a sua própria grandeza. Acredite em si mesmo!

• **Lua sextil Plutão – das 02:09 às 05:46 (exato 03:58)**

A gente ganha uma energia a mais para recomeçar qualquer coisa que seja, ao se desapegar do que não estava funcionando com precisão. Um corte mínimo cirúrgico, tal qual a poda de uma flor para que ela cresça mais forte e saudável, é o que devemos fazer para começar bem a semana.

• **Lua quadratura Saturno – 03:44 às 07:22 (exato 05:33)**

Você está superanimado, excitado e com uma energia de colocar o prefixo "mega" em tudo aquilo que faz, porém trazer esse ideal para a prática não é algo fácil nem rápido. Exige planejamento, paciência, dedicação, ou seja, tempo, e isso pode te deixar um pouco frustrado.

DIA 14 DE MARÇO – TERÇA-FEIRA

☽ *Minguante às 23:08 em 24°13' de Sagitário* ☽ *em Sagitário*

• **Lua trígono Júpiter – das 05:08 às 08:43 (exato 06:56)**

Já dizia o profeta que a fé move montanhas, e hoje você usa essa energia para lidar com os aspectos desafiadores do dia. Mantenha-se internamente alinhado com a sua intenção, independentemente das circunstâncias externas ou dos desafios que virão. Mantenha-se íntegro com o que acredita, e todos os obstáculos serão transformados em grandes aprendizados.

• **Lua quadratura Mercúrio – das 16:36 às 20:39 (exato 18:38)**

Apesar do seu entusiasmo e do seu foco no alvo, o resto parece estar um caos, te levando contrariamente a parar para organizar o que é preciso antes que você perca o controle. Tenha calma, e não superestime o que é que venha a ser. Sua própria euforia que é a grande vilã e te levará à frustração.

• **Lua quadratura Sol – das 21:16 às 00:59 de 15/03 (exato 23:08)**

Não seja pretensioso, não exija de si mesmo aquilo que está fora do seu alcance. Não se perca em devaneios, idealizando, fantasiando com algo que está fora do seu controle. Ainda que a sua intenção seja das melhores, adeque suas expectativas e evite frustrações.

• **Lua quadratura Netuno – das 22:53 às 02:21 de 15/03 (exato 00:37 de 15/03)**

Há um esgotamento da inteligência emocional, na qual você está superesponjoso, absorvendo sem o menor critério as energias ao seu redor. Cuide do seu corpo espiritual como você cuida do seu corpo físico, e não se permita reagir de forma descontrolada aos eventos que estão por perto.

• **Lua oposição Marte – das 22:57 às 02:32 de 15/03 (exato 00:44 de 15/03)**

A vontade é de ir em direção a uma conquista, por outro lado, aparecem mil e uma oportunidades te desviando o foco e a atenção para tudo o que estiver à sua volta, te deixando desnorteado, sem saber para onde ir. Mantenha a calma, não se precipite ao fazer uma escolha.

DIA 15 DE MARÇO – QUARTA-FEIRA

☽ *Minguante* ☽ *em Capricórnio às 09:05 LFC Início às 05:49 LFC Fim às 09:05*

Enquanto a Lua estiver em Capricórnio, use de sua sabedoria e do amadurecimento que só o tempo é capaz de trazer. Seja firme com seu propósito e com seus compromissos, com o seu *dharma*. Utilize-se de toda a estrutura rígida para fincar os pés no chão, para desfrutar da segurança da estabilidade, pois é a partir dos limites do chão que se pode levantar voo.

• **Lua trígono Vênus – das 03:56 às 07:42 (exato 05:49)**

É o momento de fazer as pazes com a própria imagem, rituais de beleza, compras assertivas, montagem de looks… Tudo aquilo que favoreça a autoestima e o amor-próprio constitui excelentes práticas.

• **Lua sextil Saturno – das 08:57 às 12:34 (exato 10:41)**

É momento de facilitação de resolução de qualquer questão emocional, pois o nosso sábio professor será o próprio tempo, com toda a sua experiência e astúcia, nos fazendo ter uma percepção plena de profundidade e pragmatismo e nos instrumentando com a disciplina necessária para a realização.

DIA 16 DE MARÇO – QUINTA-FEIRA
)) *Minguante*)) *em Capricórnio*

• **Lua quadratura Júpiter – das 09:34 às 12:58 (exato 11:16)**

Não querer enxergar a realidade que está diante de nossos olhos pode ser um excesso de confiança, ora parece ingenuidade, ora parece arrogância. Não espere que as pessoas compreendam seu comportamento.

• **Lua trígono Urano – das 10:40 às 14:02 (exato 12:21)**

Você está supersensível e intuitivo, todas as atividades místicas estão abertas para se conectar a elas. Bom momento para acessar o conhecimento das direções do futuro e planejar o próprio.

DIA 17 DE MARÇO – SEXTA-FEIRA
)) *Minguante (balsâmica)*)) *em Aquário às 11:24 LFC Início às 11:13*
LFC Fim às 11:24

Enquanto a Lua estiver em Aquário, saia da rotina, improvise, seja autêntico, estabeleça uma rotina que te dê liberdade, revise ideias, pensamentos, comportamentos. É momento de se rebelar, de interromper as tradições que não fazem mais sentido. Aproveite as situações inusitadas para mudar a rota.

• **Lua sextil Netuno – da 01:46 às 05:05 (exato 03:26)**

Faça as pazes com seus medos e use a capacidade de se aprofundar para conhecer melhor ainda a si mesmo. Esses medos revelam muito sobre você, sobre seu passado, sobre suas origens, sobre a sua história, mas eles não revelam quem você é. Esse mergulho vertical que Netuno promove, quase um rito de passagem psíquico, é capaz de revelar quem você é.

• **Lua sextil Mercúrio – das 03:32 às 07:21 (exato 05:27)**

Quando viemos ao mundo, recebemos o dom da materialização, nossas preces são ouvidas e nossas palavras ganham um meio de concretização. Por isso, faça seu pedido, planeje, acredite e realize, pois esse poder você tem.

• **Lua sextil Sol – das 03:50 às 07:23 (exato 05:37)**

Nem tudo o que vemos existe, nem tudo o que não vemos não existe, portanto, concluímos que nossos sentidos muito nos servem se estivermos conectados a nós mesmos para diferenciar o que é real do que não é. Esse ser que mora dentro de nós e é capaz de fazer essa distinção, hoje está nutrido e fortalecido com a união do Sol e da Lua, que simboliza a integração e a totalidade.

• **Lua conjunção Plutão – das 09:34 às 12:52 (exato 11:13)**

Resistir à mudança dói mais do que a dor da própria mudança, portanto descomplique e não faça da sua rigidez seu inimigo; seja gentil com si mesmo e não lute contra algo que é mais poderoso que você. A transformação é uma lei desse Universo, seja um bom súdito, e todas as riquezas dele encontrarão você.

• **Lua quadratura Vênus – das 11:02 às 14:37 (exato 12:50)**

Conflito entre o desejo de estabilidade, de segurança e a sensação de dependência, de submissão, do rotineiro. Há que se tentar buscar o equilíbrio; procure não ser radical, tenha paciência.

DIA 18 DE MARÇO – SÁBADO
☽ *Minguante (balsâmica)* ☽ *em Aquário*

• **Lua sextil Júpiter – das 11:47 às 15:05 (exato 13:26)**

Você está superanimado com as suas próprias capacidades, independência e liberdade, superespontâneo e livre da pressão do que vem de fora.

• **Lua quadratura Urano – das 12:12 às 15:27 (exato 13:49)**

Aquilo que você mais ama tem o poder, muitas vezes, de te fazer estático. Você é feliz por amar aquilo e, por isso, não pode suportar ouvir a palavra mudança. Seus olhos estão condicionados a ver as formas tal qual as conhece e, quando, enfim, você se depara com aquilo que ama numa forma diferente, vem a sensação de que foi surpreendido, de que algo inesperado ocorreu. Aprenda a ver a essência além das formas, não seja indiferente!

DIA 19 DE MARÇO – DOMINGO
☽ *Minguante (balsâmica)* ☽ *em Peixes às 12:11 LFC Início às 07:32 LFC Fim às 12:11*

Enquanto a Lua estiver em Peixes, intuição, adaptabilidade, fusão, fantasia, entrega, compaixão, caridade, unidade com o divino são as energias que preponderam nesse período. Momento de perdão, de amor ao divino, de espiritualidade, de entrega ao mais profundo.

• **Lua trígono Marte – das 05:52 às 09:13 (exato 07:32)**

Manhã gostosa para botar em dia as atividades que você procrastina por falta de energia, por preguiça. Você está com vigor e, melhor ainda, poderá contar com a ajuda de quem estiver ao seu redor para colocar a mão na massa com você.

• **Lua conjunção Saturno – das 12:49 às 16:05 (exato 14:27)**

Pode ser que você esteja se sentindo perdido em meio às suas fantasias, com necessidade de se manter em isolamento e ter concentração em si mesmo, pois percebe que há uma dificuldade em colocá-las em prática. Há uma sensação de que os recursos não são suficientes para a realização dos seus desejos, ou que para realizar você precisaria de um longo planejamento, o que já te tira um pouco de encanto da ideia. Concentre-se e não perca de vista a beleza e o que te fez se encantar, isso pode ser o oxigênio de que você precisa para seguir.

• **Lua sextil Vênus – das 16:08 às 19:39 (exato 17:54)**

O amor está no ar, o entardecer é dionísico e merece uma taça de vinho em homenagem a esse Mito. Escute música, dance e não deixe de brindar ao romance!

DIA 20 DE MARÇO – SEGUNDA-FEIRA
) *Minguante (balsâmica)*) *em Peixes*

Entrada do Sol no Signo de Áries às 18h24min14seg
Equinócio da Primavera H. Norte – Equinócio de Outono H. Sul
• **Lua sextil Urano – das 12:55 às 16:11 (exato 14:33)**

Você se surpreenderá com suas próprias emoções, com sua capacidade de amar, de respeitar o diferente. Favoreça a amizade. Você percebe o sentido de pessoas que podem ser muito diferentes estarem em sua vida e, por meio desse sentido, você sente o verdadeiro pertencimento.

DIA 21 DE MARÇO – TERÇA-FEIRA
● *Nova às 14:23 de 00°49' de Áries* ● *em Áries LFC Início às 12:57*
LFC Fim às 13:01

Enquanto a Lua estiver em Áries, inicie novos projetos, seja espontâneo, busque sua identidade, esteja confiante, impetuoso, direto, assertivo, energético. Nesse período, vigora o "eu sou", portanto, permita-se ser quem você é.

• **Lua conjunção Netuno** – das 03:40 às 06:58 (exato 05:19)

Vontade de fugir, seja por desencantamento ou decepção, não vai te ajudar a construir um mundo melhor. Nesse período faltam disposição e clareza para enfrentar os desafios que a vida na Terra te impõe. Já os sonhos podem ser sublimes e te levar a dimensões não visitadas, no que alguns chamam de viagem astral. Só não fique decepcionado ao acordar.

• **Lua quadratura Marte** – das 08:12 às 11:36 (exato 09:54)

Quando se tem tantas opções, é fácil se confundir e não saber o que escolher. Você parece perdido em meio a tantas coisas para fazer, falta critério, falta parâmetro. Não é uma boa manhã para resolver coisas de forma definitiva, pois a tendência é que haja mudanças de direções.

• **Lua conjunção Sol** – das 12:36 às 16:09 (exato 14:23)

Cuidado com os excessos que te dominam, te exaltam e te levam a uma reação desproporcional ao que de fato ocorre. Respire fundo, antes de dar uma resposta, pois o clima pode evocar sua agressividade.

• **Lua sextil Plutão** – das 11:18 às 14:36 (exato 12:57)

Como é boa a sensação de que você pode reciclar suas próprias emoções e ao mesmo tempo resgatar o melhor de si mesmo ao fazer uma profunda reflexão sobre sua história. Quando você perdoa, se libera do peso que carregava e se permite viver um novo ciclo.

• **Lua conjunção Mercúrio** – das 20:37 às 00:29 de 22/03 (exato 22:33)

Bom momento para aquele *brainstorm*, as ideias fluem espontâneas, livres, e você consegue ir diretamente ao ponto. Bom também para revelar novas ideias, há uma jovialidade no ar, e as pessoas estão mais receptivas ao que não conhecem.

DIA 22 DE MARÇO – QUARTA-FEIRA
⚫ *Nova* ⚫ *em Áries*

• **Lua conjunção Júpiter** – das 15:33 às 19:00 (exato 17:16)

Excelente para lançamentos, tudo aquilo que a gente precisa que se propague, que se expanda, que rompa barreiras, que viralize, deve ser disseminado aqui. Nossa semeadura tenderá a fazer uma longa jornada, não tende a pequenos percursos, mas sim a atravessar fronteiras.

DIA 23 DE MARÇO – QUINTA-FEIRA

● *Nova* ● *em Touro às 15:41 LFC Início às 14:12 LFC Fim às 15:41*

Enquanto a Lua estiver em Touro, o ambiente está fértil, estável, favorável a tudo aquilo que dependa de paciência e dedicação. Invista em sentir-se bem nessa bela pele que Deus te deu, cuide-se, seja gentil consigo, se trate com generosidade e evoque dentro de si o amor que devemos sentir uns pelos outros.

• Lua sextil Marte – das 12:25 às 16:00 (exato 14:12)

Você está com sua capacidade de agir elevada, enaltecida, e conta com um aliado, a razão para te guiar e orientar naquilo que está fazendo. Por isso, aproveite esse dia para resolver aquilo com que estava com dificuldade de encontrar uma solução.

• Lua quadratura Plutão – das 13:57 às 17:26 (exato 15:42)

Você está se torturando, angustiado por algo que gostaria de fazer, porém o mundo não está te oferecendo condições de realização. Não seja impulsivo e coloque tudo a perder. Também não se torture, não adianta brigar com Deus, Universo, Cosmos, tenha complacência consigo e o momento adequado aparecerá, se for o caso de agir nessa direção.

• Lua sextil Saturno – das 17:11 às 20:42 (exato 18:56)

Os trabalhos criativos são especialmente beneficiados nesse trânsito, tudo aquilo que precise de alguma imaginação, e ao mesmo tempo concretização, é possível de se realizar simultaneamente.

DIA 24 DE MARÇO – SEXTA-FEIRA

● *Nova* ● *em Touro*

• Lua conjunção Vênus – das 05:34 às 09:27 (exato 07:30)

O período evoca o amor, há um desejo por amar e ser amado. Você está se sentindo bem, com sua autoestima em alta. Bom para marcar encontros, para seduzir a pessoa que desperta seu interesse.

• Lua conjunção Urano – das 19:02 às 22:40 (exato 20:51)

Instabilidade emocional, as emoções são erráticas e inesperadas. Você pode sentir uma sensação de turbulência, principalmente nos relacionamentos íntimos. Talvez você queira um pouco mais de liberdade do que tem e acabe se estressando por isso.

DIA 25 DE MARÇO – SÁBADO

● *Nova* ● *em Gêmeos às 21:41 LFC Início às 13:18 LFC Fim às 21:41*

Enquanto a Lua estiver em Gêmeos, estude, leia, aprenda, converse, saia para conhecer novos pontos na cidade, divirta-se com amigos recentes, socialize, converse, conheça pessoas novas. Você se sente disponível para perguntar, para ouvir e perceber como as pessoas vivem, sentem, pensam. Você está mais curioso.

• Lua sextil Netuno – das 11:28 às 15:10 (exato 13:18)

Excelente para apaziguar emoções que estavam enraizadas em si mesmo. Favorável a encontrar pessoas que são como terapeutas para a gente, suavizam emoções, consolam e nos ajudam a nos sentir mais em paz. Há uma facilidade para se conectar com a energia curadora.

• Lua trígono Plutão – das 19:54 às 23:38 (exato 21:46)

Uma informação que você acreditava que havia se perdido é recuperada. Ótimo momento para buscar documento, fotos, papéis e também de fazer uma limpa naquilo que precisa e deve ser descartado, reciclado ou doado.

• Lua quadratura Saturno – das 23:44 às 03:31 de 26/03 (exato 01:37 de 26/03)

O desejo por isolamento pode ter vindo de forma intempestiva, ou seja, após você já estar com pessoas. Seja gentil com elas, mas seja também consigo, explique o cansaço e vá para o seu mundo sem culpa.

DIA 26 DE MARÇO – DOMINGO
● *Nova* ● *em Gêmeos*

• Lua sextil Sol – das 06:00 às 10:06 (exato 08:03)

Ponto de partida para novas amizades, relacionamentos, interações. Não quer dizer que seja eterno, mas que seja bom enquanto dure. Há uma harmonia interna dentro de si. Iniciar algo que você queira fazer, mas que falta coragem, é certeza de sucesso!

DIA 27 DE MARÇO – SEGUNDA-FEIRA
● *Nova* ● *em Gêmeos LFC Início às 22:39*

• Lua sextil Mercúrio – das 02:21 às 06:56 (exato 04:39)

Excelente para o networking, contato com pessoas, consenso entre ideias que até então poderiam estar divergentes. Disposição para cumprir inúmeras tarefas, energia para multiplicar resultados. Excelente para quem trabalha na área de vendas e marketing, pois há uma agressividade positiva, a pessoa corre atrás do que quer.

• Lua sextil Júpiter – das 05:58 às 09:55 (exato 07:57)

Aumento de público, você está mais disponível para expandir, explorar, alargar novos horizontes, sair da zona de conforto, abandonar o medo e se dispõe a se aventurar principalmente na área dos relacionamentos. Não seja tímido e marque aquela saída com os amigos da pós-graduação que você sempre adia ou matricule-se naquela aula de dança que sempre quis fazer, não deixe para o futuro aquilo que tanto deseja.

• Lua quadratura Netuno – das 20:41 às 00:37 de 28/03 (exato 22:39)

Você pode estar se sentindo debilitado, esgotado por uma confusão emocional, excesso de pensamentos, sensação de caos interno. O corpo sente os efeitos dessa desorientação, e você pode ficar com a imunidade baixa e estar suscetível a viroses.

DIA 28 DE MARÇO – TERÇA-FEIRA
☾ *Crescente às 23:32 em 08°08 de Câncer* ☾ *em Câncer*
LFC Fim às 07:21

Enquanto a Lua estiver em Câncer, esteja próximo de suas emoções e as acolha, reserve tempo para ficar perto de pessoas íntimas, que te façam sentir como se estivesse em casa. É momento de se poupar, de se proteger, de familiaridade. Relembre momentos importantes da sua vida e perceba que eles são os responsáveis por você estar onde está no momento. Cultue a memória dos ancestrais.

• Lua conjunção Marte – das 08:15 às 12:22 (exato 10:19)

Não guarde mágoas, não seja rancoroso. Se estiver numa situação desgostosa, conflituosa, em que você está se sentindo ameaçado, exposto, seja sincero, aproxime-se da situação em questão e busque um momento íntimo para se revelar.

• Lua trígono Saturno – das 10:03 às 14:03 (exato 12:03)

É possível que você possa ajudar alguém do seu passado, pois nunca se esquece das pessoas que te ajudaram, e esse aspecto te faz se conectar a elas. Por outro lado, perdoe aqueles que te colocaram obstáculos, pois graças a essas pessoas você amadureceu e é mais forte do que antes.

• Lua quadratura Sol – das 21:21 às 01:42 de 29/03 (exato 23:32)

Há uma insegurança em manifestar sua real opinião sobre o que é colocado à sua frente. O bom-senso diz que você pode magoar as pessoas, porém, ao mesmo tempo, essa sensação de impotência, de castração, te consome.

Tenha mais paciência e planeje uma forma de se expressar, mas não deixe de ser você mesmo.

DIA 29 DE MARÇO – QUARTA-FEIRA
☾ *Crescente* ☾ *em Câncer*

• Lua sextil Vênus – das 11:35 às 16:03 (exato 13:49)

O lar é especialmente beneficiado por esse aspecto. Momento ideal para compras de móveis e objetos duráveis. Você pode aproveitar o período e aliar o bom gosto ao espírito da casa.

• Lua sextil Urano – das 14:38 às 18:40 (exato 16:39)

As emoções são renovadas por outras mais leves e livres. Você está mais disposta a deixar ir embora tudo aquilo que não te faz bem, o que não funciona mais; a sua prioridade é seu bem-estar.

• Lua quadratura Júpiter – das 18:31 às 22:37 (exato 20:34)

Cuidado com a dramaticidade. As emoções estão à flor da pele, e você pode estar superestimando uma sensação. Aguarde para tomar qualquer decisão definitiva. Tente racionalizar um pouco. Cuidado com o excesso de compensação, principalmente com a comida.

DIA 30 DE MARÇO – QUINTA-FEIRA
☾ *Crescente* ☾ *em Leão às 19:30 LFC Início às 10:45 LFC Fim às 19:30*

Enquanto a Lua estiver em Leão, você sabe o seu próprio valor, sente orgulho de si mesmo, está entusiasmado e não quer estar sozinho, você quer receber atenção, dedicação, paparicos, homenagens. Quer festejar, se divertir e vivenciar todas as situações que produzem alegria. Cuidado com a ostentação e com o excesso de vaidade.

• Lua quadratura Mercúrio – da 01:05 às 05:53 (exato 03:29)

Cuidado com o quê, como, quando e para quem você diz. Dificuldade de conciliação, de encaixe, de convergência. Talvez alguma coisa não saia como tradicionalmente você espera, e isso te deixe inseguro. Mantenha a calma e não se desespere, organize-se emocionalmente antes de responder a qualquer estímulo.

• Lua trígono Netuno – das 08:43 às 12:46 (exato 10:45)

Você está mais relaxado e sereno, assim, fica mais fácil de compreender o todo e aquilo pelo que está tendo que passar. Há uma conformidade entre você e o Universo.

• **Lua oposição Plutão** – das 17:44 às 21:47 (exato 19:45)

Cuidado com os sentimentos que ganham uma intensidade brutal e um tom de vilania, ciúme, indignação, exclusão, abandono. Observe se não está projetando no outro carência, vazio, orgulho e vaidade que sente.

DIA 31 DE MARÇO – SEXTA-FEIRA
(*Crescente* (*em Leão*

• **Lua trígono Sol** – das 15:16 às 19:41 (exato 17:28)

Excelente momento para ficar com crianças e, caso não tenha filhos, é um bom período para observar as crianças, sua espontaneidade e sua ingenuidade, que as permitem desfrutar de toda a alegria, a ver toda a beleza que esse mundo oferece. Contagie-se por essa energia e permita-se ser a criança que vive em você também!

Abril 2023

Domingo	Segunda-feira	Terça-feira	Quarta-feira	Quinta-feira	Sexta-feira	Sábado
						1 ♉
						Lua Crescente em Leão
2 ♍	3	4 ♎	5	6 ○ 16°07' ♎	7 ♏	8
Lua Crescente em Virgem às 07:57 LFC 03:02 às 07:57	Lua Crescente em Virgem	Lua Crescente em Libra às 18:50 LFC 10:49 às 18:50	Lua Crescente em Libra	Lua Cheia às 01:34 em Libra LFC Início às 09:42	Lua Cheia em Escorpião às 03:29 LFC Fim às 03:29	Lua Cheia em Escorpião
9 ♐	10	11 ♑	12	13 ☽ 23°11' ♑ ♒	14	15 ♓
Lua Cheia em Sagitário às 09:56 LFC 06:08 às 09:56	Lua Cheia em Sagitário	Lua Cheia em Capricórnio às 14:32 LFC 07:47 às 14:32	Lua Cheia em Capricórnio	Lua Minguante às 06:11 Lua em Aquário às 17:41 LFC 11:13 às 17:41	Lua Minguante em Aquário	Lua Minguante em Peixes às 19:56 LFC 12:15 às 19:56
16	17 ♈	18	19	20 ● 29°50' ♈ ♉	21	22 ♊
Lua Minguante em Peixes	Lua Minguante em Áries às 22:09 LFC 15:56 às 22:09	Lua Minguante em Áries	Lua Minguante em Áries	Lua Nova às 01:12 em Áries Lua em Touro às 01:29 LFC 01:12 às 01:29 Eclipse Solar às 01:18 Entrada do Sol no Signo de Touro às 05:13	Lua Nova em touro Início Mercúrio retrógrado	Lua Nova em Gêmeos às 07:10 LFC 00:40 às 07:10 Mercúrio retrógrado
23	24 ♋	25	26	27 ☾ 07°21' ♌	28	29 ♍
Lua Nova em Gêmeos Mercúrio retrógrado	Lua Nova em Câncer às 15:58 LFC 09:14 às 15:58 Mercúrio retrógrado	Lua Nova em Câncer Mercúrio retrógrado	Lua Nova em Câncer LFC Início às 20:40 Mercúrio retrógrado	Lua Crescente às 18:19 em Leão Lua em Leão às 03:29 LFC Fim às 03:29 Mercúrio retrógrado	Lua Crescente em Leão Mercúrio retrógrado	Lua Crescente em Virgem às 15:58 LFC 07:52 às 15:58 Mercúrio retrógrado
30						
Lua Crescente em Virgem Mercúrio retrógrado						

Mandala Lua Cheia Abril

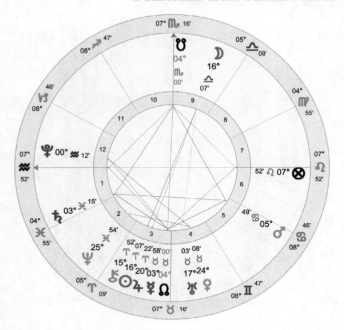

LUA CHEIA
Dia: 06/04
Hora: 01:34
16°07' de Libra

Mandala Lua Nova Abril

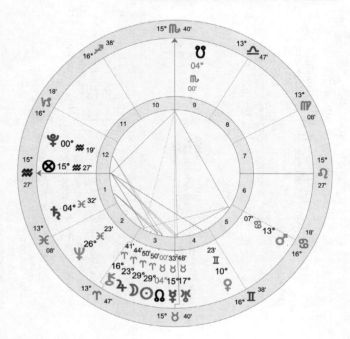

LUA NOVA
Dia: 20/04
Hora: 01:12
29°50' de Áries

CÉU DO MÊS DE ABRIL

Entramos no mês de abril com foco no que precisa ser feito, especialmente em relação ao que já está mais amadurecido em nossa vida. Um belo encontro entre Marte e Saturno logo no dia 01/04 nos ajuda com energia e produtividade para acelerar projetos e ideias que já estavam engatilhados ou que demandam maior desempenho. É hora de concentrar esforços em metas específicas, palpáveis ou que sejam relevantes para nossa vida pessoal.

No dia 03/04, Mercúrio chega ao Signo de Touro, reforçando a necessidade de lidarmos com as situações de forma mais pragmática. Esse Signo puxa o freio da velocidade de informações e fluidez na comunicação, por isso podemos sentir que as pessoas estão mais resistentes a novas ideias e mudanças de rota durante esse período.

Ao chegar a Touro, Mercúrio se estranha com Plutão, o que nos deixa ainda mais agarrados a conceitos e modelos com os quais já estamos acostumados. Nossa mente tende a dar voltas em torno dos mesmos problemas e preocupações, sem muito espaço para criar soluções.

Sendo assim, é hora de pensar, falar menos e fazer o necessário.

A boa notícia é que logo depois Mercúrio entra em sintonia com Saturno (no dia 04/04) e Marte (no dia 05/04) e encontramos mais espaço para rever ideias e questões que estavam emperradas por falta de solução. É hora de estabelecer prioridades, definir estratégias e colocar a mão na massa. Bons dias para regularização de papéis e transações contratuais. Muita coisa está a ponto de ser definida!

Isso também porque já estaremos vivendo as influências da lunação do dia 06/04. A Lua Cheia em Libra define o ápice do ciclo que iniciamos no último dia 21/03, oficializando situações e ajudando a canalizar nossas energias para a realização de projetos.

Vênus, regente de Libra, está em harmonia com Netuno no mapa dessa lunação, o que sinaliza proteção para esse momento.

Essa é uma Lua que traz o foco especialmente para os relacionamentos — tanto pessoais quanto de negócios. Problemas nas relações existentes podem ser amenizados, assim como encontros iniciados nessa fase têm uma proteção especial. Bom momento para acordos que envolvem sociedade, transações financeiras e lançamentos de produtos e serviços ligados a artes, estética ou que dependem da aceitação do público.

Sol e Júpiter, que já estavam se aproximando no mapa da lunação, se encontram oficialmente no dia 10/04, trazendo um empurrão para começarmos uma semana produtiva, com uma dose extra de energia, lucidez e jogo de cintura para lidar com qualquer desafio — isso se estivermos dispostos a experimentar soluções novas ou caminhos ainda não explorados.

As negociações relacionadas a trabalho ou que precisam da aprovação de pessoas hierarquicamente superiores estão favorecidas. É a hora de colocar a cara no sol!

No dia 11/04, Vênus ingressa no Signo de Gêmeos, trazendo novos ares para as relações. Durante esse período, estamos prestando mais atenção ao que o outro pensa. Até 06/05 é pela cabeça que se chega ao coração.

Por isso, é importante lembrarmos que pessoas interessantes são curiosas, abertas a ouvir ideias, converse sobre os mais diversos assuntos e experimente diferentes possibilidades.

Plutão, em bom aspecto com Vênus no mesmo dia, nos traz ainda mais coragem para ousar e persuadir quando estivermos diante de algo (ou alguém) que nos interessa muito conquistar. Se não for por iniciativa própria, poderemos ser fisgados por alguma pessoa ou situação que chega com a promessa de transformar nossa vida.

Mas devemos manter a cabeça no lugar — já que, logo depois, Vênus e Saturno entram em conflito (no dia 12/04), o que pode significar frustrações das expectativas. Lembre-se da premissa geminiana de manter a razão em primeiro lugar, avaliando prós e contras das situações especialmente para evitar prejuízos financeiros ou decepções amorosas.

São ventos de retração que começam a soprar e chegam mais fortes a partir do dia 13/04, quando a Lua começa sua fase Minguante, em Capricórnio. Esse é o momento de revisar, avaliar e buscar nos ajustar às situações do momento. Trata-se de bons exercícios para se fazer — especialmente às vésperas de um eclipse.

Por falar nele, o primeiro eclipse do ano é solar e acontece em Áries no dia 20/04, o que pode corresponder a um momento de virada em alguma área da nossa vida pessoal ou de pessoas que sejam próximas.

Esse eclipse acontece junto à Lua Nova de Áries, a segunda lunação no mesmo Signo neste ano. Quem sabe não é uma nova chance que o Céu nos traz para começar do zero ou retomar algo que seja importante, com força e coragem — não importa o que o resto do mundo pense sobre o assunto.

Um aspecto tenso entre Sol e Plutão nesse momento pode trazer à tona uma crise pessoal, provocando rupturas e finalizações na área da vida ativada pelo eclipse. No entanto, um aspecto harmônico entre Marte e Mercúrio pode ajudar a virar a chave mais rápido, criando novos começos ou facilitando as saídas. É mais uma chance para voltarmos a campo e recomeçar o jogo, ainda que os efeitos desse eclipse possam durar até outubro deste ano.

O dia 20/04 também marca o início da primavera taurina e, com a entrada do Sol em Touro, podemos colocar a cabeça no lugar e fazer as coisas com mais calma e consistência. Até 20/05 devemos prezar pela qualidade das coisas, em prol da quantidade — também porque Mercúrio entra em movimento retrógrado no dia seguinte (21/04), e até 14/05 o conselho é rever estratégias especialmente em relação ao que está estagnado em nossas vidas.

A última semana do mês começa bem, afinal, a sintonia entre Sol e Saturno no dia 24/04 favorece a produtividade. Devemos aproveitar a disciplina do momento para organizar as finanças e a agenda.

No dia seguinte, Marte e Urano em harmonia reforçam a capacidade de desatar os nós de negociações e conversas. É um fim de mês para ser assertivo e focar as soluções.

Posição diária da Lua em abril

DIA 01 DE ABRIL – SÁBADO
☽ *Crescente* ☽ *em Leão*

• **Lua quadratura Urano – das 03:28 às 06:52 (exato 05:29)**
Perder o sono e ainda a cabeça estar cheia de pensamentos deixa qualquer um com estresse, é melhor levantar e escolher uma boa série e focar a mente em outro lugar. Exercícios de alongamento e respiração atuam bem contra ansiedade.

• **Lua quadratura Vênus – das 06:52 às 11:20 (exato 09:06)**
Não dá para contar com o bom humor das pessoas, parece que todos estão com pouca disposição; melhor adiar compromissos importantes para outro dia. Mudanças na estética não são muito favoráveis, aposte no que sempre deu certo.

• **Lua trígono Júpiter – das 08:21 às 12:27 (exato 10:20)**
O programa da noite tem que compensar um dia pesado. Tanto a escolha do lugar quanto das pessoas que você vai encontrar são muito importantes,

principalmente das quais gosta. É bom que seja um lugar alegre com boa comida. Ótima noite para fazer contatos e difundir negócios.

DIA 02 DE ABRIL – DOMINGO
☾ *Crescente* ☾ *em Virgem às 07:57 LFC Início às 03:02 LFC Fim às 07:57*

Enquanto a Lua estiver em Virgem, é um momento em que tudo é analisado, explicado e racionalizado. Outro ponto forte desse período é o cuidado da saúde buscando ser mais natural. Fase especial para organizar a casa e o trabalho, em que cada coisa encontra seu lugar com caixas e etiquetas. Cuidados preventivos dão bons resultados na saúde. Lugares especiais são na natureza e com alimentos orgânicos. Adotar um estilo mais ecológico traz bem-estar e alegria.

• **Lua trígono Mercúrio – da 00:41 às 05:23 (exato 03:02)**

A conversa se estende pela madrugada, e é muito legal colocar às claras e entender melhor o que as pessoas estão querendo falar. Ótimo para organizar as redes sociais e responder escrevendo com clareza.

• **Lua oposição Saturno – das 11:43 às 15:44 (exato 13:44)**

Os desafios ficam pesados, e mais responsabilidades são impostas. Vai ficar mais leve caso se antecipe às demandas e não deixe para resolver na hora. Adiar compromissos para os quais não se está preparado é uma boa solução.

• **Lua sextil Marte – das 14:02 às 18:11 (exato 16:07)**

Proatividade é o modo ativo agora, uma onda de energia ajuda a dar andamento no que pode estar estagnado. Boa energia para um encontro e para parcerias de trabalho. A disposição é boa também para atividades físicas.

DIA 03 DE ABRIL – SEGUNDA-FEIRA
☾ *Crescente* ☾ *em Virgem*

• **Lua trígono Urano – das 15:30 às 19:26 (exato 17:28)**

A criatividade está ativada, e tudo rende mais e de forma rápida. Pessoas fora do cotidiano podem ser úteis em parcerias. Se é para uma saída, um lugar novo e diferente vai ser revigorante e muito divertido.

DIA 04 DE ABRIL – TERÇA-FEIRA
☾ *Crescente* ☾ *em Libra às 18:50 LFC Início às 10:49 LFC Fim às 18:50*

Enquanto a Lua estiver em Libra, cordialidade e sociabilidade temperam esse período. Tem-se mais vontade de estar em relacionamentos. Parcerias em todas as atividades são favoráveis, a cooperação e as alianças são ferramentas disponíveis. Atividades ligadas à beleza e à decoração são as que podem dar resultados. Trabalhar com RH e o uso de diplomacia estão em alta. A mudança de visual e de roupas dá certo e é de bom gosto. É importante cuidar dos rins, tomando água e diminuindo o sódio.

• **Lua trígono Vênus – da 00:54 às 05:13 (exato 03:04)**
Fica fácil a interação e a fluidez é algo bem natural, principalmente com as pessoas que você ama. A madrugada pode ser um momento mágico para encontros. É legal também interagir por meio das redes sociais, em que as amizades ficam mais próximas. As fotos ficam ótimas.

• **Lua oposição Netuno – das 08:53 às 12:46 (exato 10:49)**
Ficar fantasiando não vai mudar a realidade, só piora. Idealizar também não ajuda. Aceitar que às vezes as coisas não saem como se espera é um sinal de maturidade. Nessa manhã, não é favorável mexer na aparência, pode haver arrependimentos.

• **Lua trígono Plutão – das 17:07 às 21:08 (exato 19:13)**
Momento muito importante para abandonar aqueles relacionamentos que não funcionam e de um modo muito claro e rápido. O foco no que é importante está aguçado, e as interações podem ficar mais profundas.

• **Lua quadratura Vênus – das 20:42 às 01:03 de 05/04 (exato 22:54)**
É preciso ter um cuidado especial com a mudança de visual na hora de sair, não vale a pena arriscar. As pessoas podem estar um pouco aborrecidas, e os lugares, muito cheios e barulhentos. As interações nas redes sociais podem ficar para mais tarde.

DIA 05 DE ABRIL – QUARTA-FEIRA
☾ *Crescente* ☾ *em Libra*

• **Lua quadratura Marte – das 03:11 às 07:10 (exato 05:11)**
Há desafios para destravar as coisas, tudo parece emperrado. Uma caminhada ou uma atividade física leve ajuda a revigorar e dar disposição para começar o dia. Bebidas isotônicas ajudam a equilibrar o treino.

• **Lua oposição Sol – das 23:31 às 03:36 de 06/04 (exato 01:34 de 06/04)**
Quando não se tem clareza, é melhor adiar decisões e ações, pois as situações podem tomar um rumo indesejável. As interações podem sair de um jeito que não se quer, e a dica é dar uma pausa antes de dar um passo importante.

DIA 06 DE ABRIL – QUINTA-FEIRA
○ *Cheia às 01:34 em 16°07' de Libra* ○ *em Libra LFC Início às 09:42*

• Lua oposição Júpiter – das 07:47 às 11:37 (exato 09:42)

Menos é mais, um ditado para ser levado a sério durante toda a manhã. Pode haver tendências a exagerar e a aumentar o consumo de tudo. Aceitar mais trabalho ou responsabilidade em relação às pessoas pode gerar um grande estresse.

DIA 07 DE ABRIL – SEXTA-FEIRA
○ *Cheia* ○ *em Escorpião às 03:29 LFC Fim às 03:29*

Enquanto a Lua estiver em Escorpião, intensidade e profundidade são as qualidades que estão disponíveis para dar finalização nos estudos e no trabalho. A sensualidade é outro atributo para essa fase, bom para ficar mais próximo de quem amamos. Período excelente para processos terapêuticos. Favorável para atividades econômicas, como aplicações financeiras em busca de rendimentos. Reciclar e recuperar objetos em casa e no trabalho dá ótimo resultado.

• Lua quadratura Plutão – das 02:02 às 05:44 (exato 03:53)

Agora é a pior hora para desafiar as pessoas ou responder quando se sente confrontado. Distração com um bom seriado de ação é uma dica para essa madrugada passar logo. Projetos podem ficar para mais tarde.

• Lua trígono Saturno – das 07:52 às 11:35 (exato 09:43)

Planejamento e execução de projetos estão afinados. É bom aproveitar a onda e dar andamento para os trabalhos acumulados e garantir o fim de semana despreocupado. Fazer alguma especialização pode ajudar muito.

• Lua oposição Mercúrio – das 12:49 às 16:55 (exato 14:52)

Medir as palavras pode ser muito importante, pois o que se fala no calor do momento não dá para ser retirado depois. Assim como cuidar dos pensamentos é recomendável. Extravasar em um papel de modo criativo ajuda.

• Lua trígono Marte – das 13:47 às 17:36 (exato 15:42)

Uma onda de otimismo vibra pelo corpo e é hora de aproveitar. Ir a lugares abertos e repletos de natureza levanta o astral. Ficar com quem se gosta pode ser intenso.

DIA 08 DE ABRIL – SÁBADO
○ *Cheia* ○ *em Escorpião*

• **Lua oposição Urano – das 09:06 às 12:44 (exato 10:55)**

Os compromissos e os agendamentos podem sofrer mudanças repentinas, sem aviso prévio. O mais seguro agora pode ser se manter flexível frente aos imprevistos. Evitar lugares cheios e tumultuados pode não ter surpresas indesejáveis.

DIA 09 DE ABRIL – DOMINGO

○ *Cheia (disseminadora)* ○ *em Sagitário às 09:56 LFC Início às 06:08 LFC Fim às 09:56*

Enquanto a Lua estiver em Sagitário, animação e alegria são as verdadeiras tônicas dessa fase. Bom momento para buscar aumentar os conhecimentos, incluindo línguas estrangeiras, sendo possível ampliar os horizontes querendo ir para lugares cada vez mais longe. Viagens estão sempre em dentro da mente. Só que manter o nível de entusiasmo lá em cima o tempo todo despende muita energia, então é importante não exagerar na alimentação e na bebida. Profissões ligadas ao direito, à justiça, à filosofia e à religião são muito importantes nessa Lua. Agente de viagens também tem força. Cuidar do excesso é importante.

• **Lua trígono Netuno – da 01:01 às 04:37 (exato 02:49)**

Sonhos e imaginação enchem a madrugada, e é um bom momento para escrever e colocar em dia as correspondências. Ser empático aproxima pessoas, aquelas que precisamos no momento. Sintonia é a inspiração.

• **Lua oposição Vênus – das 04:11 às 08:06 (exato 06:08)**

Agora tudo fica ao contrário do movimento anterior, sem sintonia e sem inspiração. Bom é evitar algo novo e seguir com o que já é certo. A colaboração pode não ser encontrada. Mudar a aparência também não é favorável.

• **Lua sextil Plutão – das 08:35 às 12:09 (exato 10:22)**

O jogo muda, e as possibilidades aumentam. Mais energia e vigor estão à disposição. Aproveitar a manhã ao máximo é uma boa oportunidade, assim como se desfazer do que não serve mais. Desapegar de qualquer coisa é muito bom e deixa a vida mais leve.

• **Lua quadratura Saturno – das 14:33 às 18:08 (exato 16:21)**

Se a cabeça fica pesada, saiba que isso não acontece só fisicamente, já que muitas coisas podem trazer aborrecimentos. A dica é descansar e adiar o que requer organização e controle. Escolher bem os aliados evita ter que fazer em dobro.

DIA 10 DE ABRIL – SEGUNDA-FEIRA
○ *Cheia (disseminadora)* ○ *em Sagitário*

• **Lua trígono Sol – das 20:55 às 00:40 de 11/04 (exato 22:48)**

Clareza e oportunidade fazem dessa uma noite especial para acordos e encontros. Grandes parcerias podem ser feitas. O otimismo enche a noite.

• **Lua trígono Júpiter – das 22:08 às 01:41 de 11/04 (exato 23:54)**

O que estava bom ficou ainda melhor. Tudo se expande, e o resultado é muito favorável. A sorte está a favor; tudo é possível. Aproveitar a fase e a companhia vai levar a um ótimo resultado.

DIA 11 DE ABRIL – TERÇA-FEIRA
○ *Cheia (disseminadora)* ○ *em Capricórnio às 14:32 LFC Início às 07:47 LFC Fim às 14:32*

Enquanto a Lua estiver em Capricórnio, todas as situações são levadas a sério, pois o profissionalismo e a competência vão ser muito requisitados. A forma pragmática como tudo se conduz fica mais concreta. A profissão e a carreira são muito importantes, e aí vale aumentar a capacitação investindo em conhecimentos e técnicas. O momento é mais conservador. Ao investir em bens de consumo, é importante observar a durabilidade e o custo-benefício. Nos investimentos financeiros, a tônica é menos risco e mais garantias.

• **Lua quadratura Netuno – das 06:03 às 09:31 (exato 07:47)**

Baixa produtividade e falta de foco são tudo que não se deseja agora cedo. É mais fácil deixar as coisas previamente organizadas ou simplesmente adiar para não ser negligente.

• **Lua sextil Saturno – das 19:23 às 22:51 (exato 21:07)**

A produtividade está em alta, e o rendimento dobra. O planejado é bem-executado. Favorável para quem trabalha em home office com flexibilidade de horário. Bom momento para contatos comerciais e reuniões durante o jantar.

DIA 12 DE ABRIL – QUARTA-FEIRA
○ *Cheia (disseminadora)* ○ *em Capricórnio*

• **Lua oposição Marte – das 04:15 às 07:49 (exato 06:02)**

A pouca disposição física te impede de realizar trabalhos que precisam de longa dedicação. Melhor dar uma caminhada leve. Forçar qualquer situação tem a probabilidade de não acontecer o que é esperado.

• **Lua trígono Mercúrio – das 08:45 às 12:24 (exato 10:35)**

Planejamento e reunião com a equipe fluem muito bem. Acordos podem ser produtivos. Colocar no papel os contratos é importante. Quando se escreve e assina um documento, fica garantida a continuidade de qualquer projeto.

• **Lua trígono Urano – das 18:41 às 22:05 (exato 20:23)**

Fazer um programa fora do comum é revigorante. Atividades que incluam criatividade, liberdade e gente nova trazem novas perspectivas. Quebrar rotinas e surpreender as pessoas faz bem aos relacionamentos.

DIA 13 DE ABRIL – QUINTA-FEIRA
☽ Minguante às 06:11 em 23°11' de Capricórnio ☽ em Aquário às 17:41
LFC Início às 11:13 LFC Fim às 17:41

Enquanto a Lua estiver em Aquário, o mundo está cada vez mais tecnológico e o momento é favorável para se conectar mais. Ser inovador pode ser a diferença que o mundo espera, o coletivo precisa de mais avanços. As relações ficam mais informais e com interação intelectual. A liberdade de trabalho com horários e lugares flexíveis é o que está mais em alta, muitas pessoas podem estar em outros países e trabalhando on-line aqui no Brasil. Trabalhar com tecnologia, aprimorando os avanços, principalmente no Metaverso, está com tudo!

• **Lua quadratura Júpiter – das 02:35 às 06:02 (exato 04:19)**

Qualquer exagero atrapalha os projetos, como beber, comer ou falar. Alternativas mais saudáveis podem ajudar a aliviar as tensões. Ficar no celular sem parar pode drenar as energias.

• **Lua quadratura Sol – das 04:21 às 08:00 (exato 06:11)**

As articulações interpessoais não estão claras, as parcerias parecem não cooperar. Trabalhos intelectuais podem não ser satisfatórios; aguardar um melhor momento para fazer uma revisão é uma ótima resolução.

• **Lua sextil Netuno – das 09:32 às 12:55 (exato 11:13)**

O fluxo retorna, e a inspiração também. O flow entre as pessoas é rápido e interativo. O rendimento é impressionante, e aproveitar a rede de informações dá um resultado muito bom. As companhias são agradáveis e vale a pena investir mais nessa área.

• **Lua conjunção Plutão – das 16:29 às 19:52 (exato 18:11)**

As emoções estão à flor da pele e refletem antes de responder aos desafios e às provocações. Jogos de poder estarão escondidos sob um discurso que diz ser melhor para todos, escondendo as intenções reais.

• **Lua trígono Vênus – das 21:33 à 01:12 de 14/04 (exato 23:22)**

É momento de pausa e relaxamento. A companhia é agradável e inteligente. Sair para lugares fora do habitual, com pessoas amigas criativas e divertidas, faz as energias se recarregarem. Ideias e soluções aparecem e vão funcionar bem nos dias seguintes.

DIA 14 DE ABRIL – SEXTA-FEIRA
☽ *Minguante* ☽ *em Aquário*

• **Lua quadratura Mercúrio – das 14:30 às 18:00 (exato 16:15)**

Evitar reuniões e trabalhos intelectuais muito intensos durante a tarde pode não dar o resultado esperado. Antecipar pode ser a melhor estratégia. O excesso de atividades tende a atrapalhar ainda mais. Evitar exames médicos de rotina nessa tarde é interessante.

• **Lua quadratura Urano – das 21:26 à 00:48 de 15/04 (exato 23:05)**

Mesmo sendo sexta-feira, é interessante escolher muito bem onde e com quem sair. Os lugares podem estar cheios ou simplesmente barulhentos e confusos. Filas e demora nos pedidos sugerem que se encontre um lugar mais simples ou ficar em casa e ver um filme de ação.

DIA 15 DE ABRIL – SÁBADO
☽ *Minguante* ☽ *em Peixes às 19:56 LFC Início às 12:15 LFC Fim às 19:56*

Enquanto a Lua estiver em Peixes, sintonia e sensibilidade permeiam as interações interpessoais, promovendo um entrosamento que é mais sutil. A prática de atividades filosóficas e de desenvolvimento espiritual flui muito bem. Atividades que exploram o inconsciente como sonhos são muito requisitadas. Estudar filosofia e religiões comparadas também está em alta. A área médica vinculada à imunologia e a pesquisa em novos medicamentos dá muito resultado.

• **Lua sextil Júpiter – das 05:53 às 09:17 (exato 07:35)**

Sorte é algo possível de acontecer. Disposição e otimismo estão irradiando. Começar o final de semana assim é tudo de bom. As programações podem ser divertidas e gratificantes. Ajuda a aliviar o estresse iniciar o dia com uma caminhada.

• **Lua sextil Sol – das 10:28 às 14:03 (exato 12:15)**

É hora do almoço, e a companhia é agradável. Simplesmente aproveitar a boa comida e se sentir vivo é fonte de satisfação. E, se a situação for de trabalho, também será muito proveitosa e de bons resultados.

DIA 16 DE ABRIL – DOMINGO
☽ *Minguante (balsâmica)* ☽ *em Peixes*

• Lua conjunção Saturno – da 01:16 às 04:38 (exato 02:57)

Madrugada tensa e pouco amigável. Pode haver cobrança e reclamação nos pensamentos e também em relação às pessoas. Atividades mais relaxantes são recomendadas.

• Lua quadratura Vênus – das 04:09 às 07:47 (exato 05:58)

As pessoas não colaboram, parece que o tempo não passa. Melhor não mexer na aparência, as opções podem não cair bem. Fazer arte final também pode não funcionar.

• Lua trígono Marte – das 13:04 às 16:32 (exato 14:48)

É hora de agir e aproveitar, pois a maré está boa. A energia é favorável, e a possibilidade de realizar as tarefas com agilidade e sintonia é muito grande. As tomadas de decisão são claras. Há muita coragem de agir à disposição.

• Lua sextil Mercúrio – das 18:40 às 22:07 (exato 20:23)

Palavras estão mais inspiradas, sensíveis e chegam rápido ao coração. O que é escrito ou falado é rapidamente sentido e compreendido. Colocar em dia trabalhos e redes sociais dá muito certo.

• Lua sextil Urano – das 23:43 às 03:05 de 17/04 (exato 01:24 de 17/04)

Tudo parece uma orquestra em sintonia e, assim, os relacionamentos ficam mais interativos e próximos. Sentir liberdade e conexão entre as pessoas é uma sensação muito boa. Fazer algo diferente da rotina vai ser promissor.

DIA 17 DE ABRIL – SEGUNDA-FEIRA
☽ *Minguante (balsâmica)* ☽ *em Áries às 22:09 LFC Início às 15:56*
LFC Fim às 22:09

Enquanto a Lua estiver em Áries, o momento é de início e, com a Lua balsâmica, é sempre interessante avaliar um pouco e verificar o que está dando certo e, assim, dar um novo impulso. Coragem e arrojo são características que envolvem as pessoas e dão um novo sentido e vontade de conquista. A prática de esportes mais vigorosos, como crossfit e dança, dá excelentes resultados. Atividades como autônomo e home office são muito produtivas.

• Lua conjunção Netuno – das 14:15 às 17:37 (exato 15:56)

A sensação de confusão pode adiar alguns projetos e atividades. Desviar a atenção para uma atividade criativa é uma forma de relaxar. Tomadas de decisão sem uma avaliação realista podem ter consequências indesejadas.

• **Lua sextil Plutão – das 21:00 às 00:22 de 18/04 (exato 22:41)**

Agora é hora de agir, tem muita energia de ação. Renovação e aprofundamento das relações podem ser com um bom encontro e em um lugar reservado e mais íntimo.

DIA 18 DE ABRIL – TERÇA-FEIRA
☽ *Minguante (balsâmica)* ☽ *em Áries*

• **Lua sextil Vênus – das 10:55 às 14:37 (exato 12:46)**

A área de beleza e cosméticos é uma opção muito rentável. Parece que as pessoas estão mais gentis e amáveis. Cordialidade é um bom começo para os relacionamentos. No ambiente de trabalho, a cooperação está mais ativa e é um ótimo momento para trabalhar em equipe.

• **Lua quadratura Marte – das 17:29 às 21:02 (exato 19:16)**

Os ânimos estão à flor da pele, indicando que a situação demanda atenção para evitar conflitos. Se existe alguma disputa de poder, dar um tempo para pensar seria bom. As negociações estão tensas. Fazer exercício físico alivia.

DIA 19 DE ABRIL – QUARTA-FEIRA
☽ *Minguante (balsâmica)* ☽ *em Áries*

• **Lua conjunção Júpiter – das 12:41 às 16:12 (exato 14:26)**

Uma dose de ânimo extra ajuda a desenrolar tudo que precisa ser feito nessa tarde. Tudo rende muito, a boa vontade contagia e todos parecem cooperar.

• **Lua conjunção Sol – das 23:19 às 03:05 de 20/04 (exato 01:12 de 20/04)**

O nível de concentração e clareza faz a diferença e aumenta o foco no que é importante. Mesmo estando tarde, parece que a pilha está carregada e pronta para agir. Pendências pessoais se resolvem com facilidade.

DIA 20 DE ABRIL – QUINTA-FEIRA
● *Nova à 01:12 em 29°50' de Áries* ● *em Touro à 01:29 LFC Início à 01:12 LFC Fim à 01:29*

Eclipse Solar à 01:18 em 29°50' de Áries
Entrada do Sol no Signo de Touro às 05h13min25seg

Enquanto a Lua estiver em Touro, a busca por segurança e situações confortáveis é grande, por isso se trabalha e vai até o final. Uma rotina mais comum com a que estamos habituados e boa alimentação garantem uma fase harmoniosa. Paciência e perseverança são características positivas dessa fase, a teimosia é uma coisa que não é boa ou má, depende da situação. Ter uma vida estável é importante.

• **Lua quadratura Plutão – da 00:19 às 03:49 (exato 02:04)**

Madrugada tensa, melhor evitar confrontos e deixar passar para depois, resolver com a cabeça fria. Os problemas precisam ser esclarecidos quando se tem todas as informações.

• **Lua sextil Saturno – das 07:44 às 11:16 (exato 09:30)**

A produtividade está em alta, e o espírito de colaboração também. Conhecer uma pessoa nesse momento pode ser a oportunidade de um relacionamento duradouro. Para manter uma boa saúde, é preciso ter uma boa alimentação e exercícios.

• **Lua sextil Marte – das 23:44 às 03:27 de 21/04 (exato 01:36 de 21/04)**

Lua boa para encontros mais íntimos. Pedir comida boa e deixar o ambiente mais confortável vai ser muito especial.

DIA 21 de ABRIL – SEXTA-FEIRA
⬤ *Nova* ⬤ *em Touro*

Início do Mercúrio retrógrado

• **Lua conjunção Mercúrio – das 03:17 às 06:52 (exato 05:05)**

A mente fica mais focada e pode dar um rendimento maior no trabalho. Conversas, acordos, divulgações e propagandas são bastante eficientes.

• **Lua conjunção Urano – das 07:20 às 10:57 (exato 09:09)**

Há muita atividade acontecendo ao mesmo tempo e, como não dá para fazer tudo, selecionar o que é importante e dispensar o resto vai fazer a diferença. Solução criativa e tecnologia podem resolver o que é essencial.

• **Lua sextil Netuno – das 22:51 às 02:30 de 22/04 (exato 00:40 de 22/04)**

O encantamento está no ar, e isso é bom para divulgar projetos de arte. Ser romântico é um passo para conquistar. O glamour pode ser colocado na decoração do local para um encontro especial.

DIA 22 DE ABRIL – SÁBADO
⬤ *Nova* ⬤ *em Gêmeos às 07:10 LFC Início à 00:40 LFC Fim às 07:10*

Mercúrio retrógrado

Enquanto a Lua estiver em Gêmeos, a fase é especial para troca de informações, pois aumenta a agilidade em expandir conhecimentos. As redes sociais estão precisando de pessoas que estejam preparadas para trabalhar com sites e divulgação. Estudar e fazer trabalhos em grupo é bem proveitoso. Sair com amigos e só conversar é um passatempo leve e descontraído.

• **Lua trígono Plutão – das 05:58 às 09:39 (exato 07:48)**

É momento de finalizar trabalhos que precisem de foco. Profundidade e concentração se combinam e dão excelentes resultados. A conexão com as pessoas poderá ser profunda, e as conversas, regeneradoras e agregadoras.

• **Lua quadratura Saturno – das 14:07 às 17:51 (exato 15:59)**

Não se deve confiar em tudo que se ouve; ter comprovação de fatos antes de assumir qualquer compromisso é muito importante para não tomar decisões levianas. A responsabilidade do que se fala e escreve precisa de uma dose de realidade e menos pessimismo.

DIA 23 DE ABRIL – DOMINGO
● *Nova* ● *em Gêmeos*

Mercúrio retrógrado

• **Lua conjunção Vênus – das 07:38 às 11:47 (exato 09:43)**

Ótima oportunidade de ter uma manhã agradável e estar com as pessoas que ama. A sintonia está no ar, e a dica é encontrar lugares bonitos para aproveitar ao máximo. Cuidar da beleza dá muito certo. As pessoas estão mais abertas e receptivas.

DIA 24 DE ABRIL – SEGUNDA-FEIRA
● *Nova* ● *em Câncer às 15:58 LFC Início às 09:14 LFC Fim às 15:58*

Mercúrio retrógrado

Enquanto a Lua estiver em Câncer, aumenta a ligação com os vínculos mais íntimos e com o lar. Relembrar-se de amigos e reatar as ligações faz bem para a alma. O importante aqui nessa fase é refazer a conexão interna e se sentir bem consigo. Experimente dar uma decorada na sala para ficar mais aconchegante. Aprimorar os conhecimentos culinários pode ser bem gratificante e também rentável, pois o momento é propício para atividades que cuidem da alimentação.

• **Lua sextil Júpiter – das 03:50 às 07:46 (exato 05:48)**

O otimismo pode começar cedo, então arrumar um bom café da manhã vai dar aquela energia extra para o dia. Dar uma caminhada oxigena o corpo e as ideias. Fazer planos para as tarefas do dia minimiza imprevistos.

• **Lua quadratura Netuno** – das 07:18 às 11:11 (exato 09:14)

Não dá para confiar em tudo que se vê e ouve, um amigo confiável pode dar uma ajuda nos momentos de dúvida e insegurança. Bom é adiar compromissos que precisam de atenção e foco, evitar trânsitos pesados e lugares muito apertados.

• **Lua sextil Sol** – das 23:02 às 03:18 de 25/04 (exato 01:10 de 25/04)

Sentimentos de alegria e otimismo vão ajudar a escolher pessoas para se estar junto e aproveitar a noite. Lugares pequenos, como um bistrô, podem aproximar mais ainda aqueles de que se gosta. Há uma conexão forte atuando nesse momento.

• **Lua trígono Saturno** – das 23:41 às 03:38 de 25/04 (exato 01:39 de 25/04)

É possível aumentar ainda mais os compromissos duradouros. Projetos para o futuro precisam incluir estabilidade e confiança. Parcerias são fortalecidas e ficam mais sólidas.

DIA 25 DE ABRIL – TERÇA-FEIRA
⚫ *Nova* ⚫ *em Câncer*

Mercúrio retrógrado

• **Lua sextil Mercúrio** – das 18:51 às 22:41 (exato 20:46)

A comunicação precisa ser simples e afetiva para que as pessoas compreendam, deixando os ambientes mais familiares e aumentando a sensação de confiança. Os posts para as redes sociais podem ser amigáveis e relembrar os amigos que não se vê há algum tempo.

• **Lua conjunção Marte** – das 22:02 às 02:12 de 26/04 (exato 00:07 de 26/04)

A atenção precisa ser dobrada para não invadir o espaço alheio; os movimentos devem ser gentis evitando atitudes repentinas ou agressivas. Assistir a um filme de ação libera energias reprimidas.

DIA 26 DE ABRIL – QUARTA-FEIRA
⚫ *Nova* ⚫ *em Câncer LFC Início às 20:40*

Mercúrio retrógrado

• **Lua sextil Urano** – da 01:45 às 05:45 (exato 03:45)

Alta produtividade nas mídias sociais com a atualização de fotos e vídeos. A madrugada pode ser de grande ajuda para divulgar sites. É fácil aumentar a rede de contatos com criatividade.

• **Lua quadratura Júpiter – das 16:06 às 20:11 (exato 18:08)**

Quando nada anda e a má vontade é geral, o melhor mesmo é adiar e esperar um bom momento para continuar. Se é para divulgar ou começar uma atividade nova, aguardar algumas horas pode salvar todo o projeto.

• **Lua trígono Netuno – das 18:39 às 22:41 (exato 20:40)**

É possível manifestar sonhos e encontrar pessoas que façam network e ajudem a acontecer. Escrever e produzir conteúdo fica simples com tanta sensibilidade. A conexão é forte entre os entes queridos, e fazer amizades é bem fácil.

DIA 27 DE ABRIL – QUINTA-FEIRA
☽ *Crescente às 18:19 em 07º21' de Leão* ☽ *em Leão LFC Fim às 03:29*

Mercúrio retrógrado

Enquanto a Lua estiver em Leão, deixar uma marca pessoal nas atividades é muito gratificante. É bom tirar um tempo para o lazer e para fazer atividades que promovam a autoestima e a confiança. Estudar música e teatro ajuda a desinibir e aprimorar os relacionamentos. Organização de festas pode ser uma atividade lucrativa e muito divertida. A generosidade é uma virtude que faz bem colocar em prática.

• **Lua oposição Plutão – das 02:12 às 06:13 (exato 04:13)**

O momento pode ser de tensão nessa madrugada, e é muito importante evitar responder pessoas ou postagens nas redes sociais sem avaliar bem as palavras ou imagens. Há situações em que não dá para voltar atrás.

• **Lua quadratura Sol – das 16:07 às 20:31 (exato 18:19)**

Às vezes, temos que realizar as atividades sozinho, pois nem sempre as pessoas estão dispostas ou com tempo disponível. O confronto também não é uma boa opção; se os compromissos forem importantes, podem ser remarcados. Falta lucidez na tomada de decisão.

DIA 28 DE ABRIL – SEXTA-FEIRA
☽ *Crescente* ☽ *em Leão*

Mercúrio retrógrado

• **Lua quadratura Mercúrio – das 04:47 às 08:39 (exato 06:43)**

Filtrar as informações é de suma importância, ter mais detalhes e ver todos os ângulos fará diferença na tomada de decisão. O mesmo cuidado com o que fala e escreve deve ser tomado.

• **Lua quadratura Urano – das 14:24 às 18:27 (exato 16:25)**

Tarde cheia de imprevistos. Antecipar ou adiar o que for possível é uma sugestão. Atividades ao ar livre e uma mudança na rotina podem aliviar a pressão.

• **Lua sextil Vênus – das 18:27 às 22:55 (exato 20:41)**

Os momentos agradáveis precisam ser aproveitados ao máximo, bom para happy hour. Encontros românticos em lugares bonitos e aconchegantes podem mudar o rumo das relações para melhor. Amizades e relações de trabalho também podem se beneficiar dessa aproximação.

DIA 29 DE ABRIL – SÁBADO
☾ *Crescente* ☾ *em Virgem às 15:58 LFC Início às 07:52 LFC Fim às 15:58*

Mercúrio retrógrado

Enquanto a Lua estiver em Virgem, é um excelente momento para organizar e dar aquela arrumada no trabalho e em casa. É preciso se lembrar de etiquetar tudo para o trabalho render e manter a organização. Agendar dentista e exames de rotina é importante, bem como manter uma alimentação mais saudável.

• **Lua trígono Júpiter – das 05:49 às 09:55 (exato 07:52)**

Começar a manhã com uma boa alimentação e fazer um programa ao ar livre vai levantar o astral. Ser mais otimista ajuda a influenciar as pessoas em volta, melhora parcerias e aumenta a confiança em geral.

DIA 30 DE ABRIL – DOMINGO
☾ *Crescente* ☾ *em Virgem*

Mercúrio retrógrado

• **Lua oposição Saturno – da 00:40 às 04:41 (exato 02:41)**

Descansar é uma boa solução para tirar o peso da cabeça. Distrair-se um pouco com um filme envolvente ajuda, caso não consiga dormir. Tudo pode ser resolvido quando amanhecer.

• **Lua trígono Sol – das 09:49 às 14:08 (exato 11:59)**

Estar ao ar livre com as pessoas que mais se ama é tudo de bom. Aproveitar esses momentos e celebrar a vida é muito importante. Excelente para divulgação de eventos que priorizam o bem-estar e a saúde.

• **Lua trígono Mercúrio – das 14:12 às 17:58 (exato 16:05)**

Estar nas redes sociais rende muito nessa tarde. Bom para postar as novidades com fotos e vídeos. Dá um bom rendimento extra conversar com muitas pessoas para difundir projetos ou trabalhar com mídias sociais.

Maio 2023

Domingo	Segunda-feira	Terça-feira	Quarta-feira	Quinta-feira	Sexta-feira	Sábado
	1	2 ♎	3	4 ♏	5 ○14°58' ♏	6 ♐
	Lua Crescente em Virgem LFC Início às 20:53 Mercúrio retrógrado	Lua Crescente em Libra 03:08 LFC Fim às 03:08 Mercúrio retrógrado	Lua Crescente em Libra Mercúrio retrógrado	Lua Crescente em Escorpião às 11:32 LFC 06:16 às 11:32 Mercúrio retrógrado	Lua Cheia às 14:34 em Escorpião Mercúrio retrógrado	Lua Cheia em Sagitário LFC 11:38 às 17:03 Mercúrio retrógrado
7	8 ♑	9	10 ♒	11	12 ☽21°36' ♒	13 ♓
Lua Cheia em Sagitário Mercúrio retrógrado	Lua Cheia em Capricórnio às 20:32 LFC 17:29 às 20:32 Mercúrio retrógrado	Lua Cheia em Capricórnio Mercúrio retrógrado	Lua Cheia em Aquário às 23:05 LFC 20:53 às 23:05 Mercúrio retrógrado	Lua Cheia em Aquário Mercúrio retrógrado	Lua Minguante às 11:28 em Aquário Mercúrio Retrógrado	Lua Minguante em Peixes às 01:38 LFC 00:16 às 01:38 Mercúrio Retrógrado
14	15 ♈	16	17 ♉	18	19 ●28°25' ♉ ♊	20
Lua Minguante em Peixes LFC Início às 23:57 Mercúrio Retrógrado	Lua Minguante em Áries às 04:55 LFC Fim às 04:55 Fim Mercúrio Retrógrado	Lua Minguante em Áries	Lua Minguante em Touro às 09:27 LFC 06:10 às 09:27	Lua Minguante em Touro	Lua Nova às 12:53 em Touro Lua em Gêmeos às 15:47 LFC 14:51 às 15:47	Lua Nova em Gêmeos
21	22 ♋	23	24 ♌	25	26	27 ☽06°05' ♍
Lua Nova em Gêmeos LFC Início às 19:12	Lua Nova em Câncer às 00:28 LFC Fim às 00:28	Lua Nova em Câncer	Lua Nova em Leão às 11:34 LFC 06:13 às 11:34	Lua Nova em Leão	Lua Nova em Leão LFC Início às 03:39	Lua Crescente às 12:22 em Virgem LFC Fim às 00:04
28	29 ♎	30	31 ♏			
Lua Crescente em Virgem	Lua Crescente em Libra às 11:50 LFC 06:46 às 11:50	Lua Crescente em Libra	Lua Crescente em Escorpião às 20:44 LFC 11:54 às 20:44			

Mandala Lua Cheia Maio

LUA CHEIA
Dia: 05/05
Hora: 14:34
14°58' de Escorpião

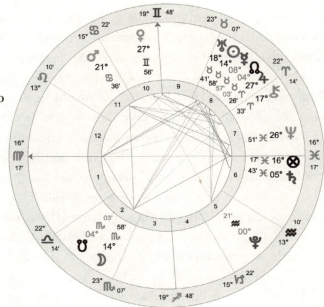

Mandala Lua Nova Maio

LUA NOVA
Dia: 19/05
Hora: 12:53
28°25' de Touro

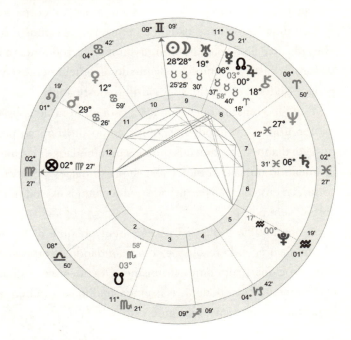

O LIVRO DA LUA 2023   257

CÉU DO MÊS DE MAIO

Começamos maio com maior clareza e convicção de ideias. Sol e Mercúrio de mãos dadas no dia 01/05 nos ajudam a entender melhor o que passa pela nossa cabeça, além de favorecer a expressão do que pensamos.

Como ainda temos a presença de Mercúrio em retrogradação, este é um bom começo de mês para colocar a casa em ordem, os papéis em dia, retomar contatos e revisar projetos, mesmo em meio a um feriado.

No dia 02/05, Vênus e Júpiter voltam a se encontrar de forma harmônica (assim como fizeram em março), trazendo vantagens e oportunidades que nos beneficiam em questões financeiras e amorosas. Mas, diferente da outra vez, não devemos contar com o ovo antes da galinha, já que a mesma Vênus está com seu poder prejudicado por Netuno. Esse é um conflito que pode trazer muitas promessas, mas poucas concretizações. A empolgação nos cega diante de previsões financeiras e expectativas afetivas. O ideal pode ser bem diferente do real.

E, por falar em expectativas, a Lua Cheia do dia 05/05 acontece em Escorpião e coincide com mais um eclipse, dessa vez lunar. Esse momento marca conclusões e fechamentos de ciclo — algo precisa terminar antes de outra coisa começar.

Por isso, um corte com pessoas ou situações do passado é esperado, só que de uma forma mais radical e definitiva. Devemos nos preparar antes da chegada do eclipse para minimizar, também, a tendência a nos comportarmos de forma drástica e impulsiva diante dos acontecimentos. As influências desse eclipse podem ser sentidas até outubro deste ano.

Plutão, o regente dessa lunação, está em rota de colisão com a dupla Sol e Mercúrio, o que podemos sentir como provocação para tomarmos uma posição diante das situações que nos incomodam. É como se o Céu estivesse iluminando nossas inquietações, sem nos dar espaço para pensar em outra coisa. A mente fica tão perturbada que acabamos explodindo, falando e fazendo coisas "sem pensar".

A boa notícia é que a Lua está bem próxima a um entendimento com Marte, favorecendo resoluções e nos ajudando a cortar amarras e dependências emocionais sem tanto vitimismo. Quem estiver trilhando o caminho do autoconhecimento poderá usar ainda melhor essa energia para estabelecer limites de forma firme, mas amorosa.

Quando Vênus chegar a Câncer, no dia 07/05, iremos sentir de forma mais intensa a necessidade de acolhimento e segurança emocional. Até 04/06, quem ama cuida, e esse cuidado é com as pessoas que fazem parte da nossa intimidade, e também conosco. Sol e Urano juntos em Touro nos ajudam na tarefa de cortar o que não está alinhado ao coração.

Um aspecto favorável entre Mercúrio e Saturno que acontece entre 08/05 e 22/05 também ajuda a repensar o que está dando certo e errado na vida e nos convida a tomar decisões definitivas. Bom momento para planejar situações e projetos que precisam de ordem, limite e lógica.

Passado alguns dias, Mercúrio encontra Vênus no dia 11/05 para um bom papo, agilizando transações comerciais e negociações rápidas. Com a comunicação fluida, as conversas tendem a ser amigáveis e as pessoas, mais receptivas.

Vênus também está trocando figurinhas com Saturno nesse dia, atraindo situações sólidas e escolhas que estejam pautadas no bom-senso É a deixa para retomarmos o controle da vida, especialmente em situações relacionadas a negócios e amor, também porque recebemos apoio de Marte e Netuno.

No dia 12/05, começa a fase Minguante da Lua em Aquário, trazendo renovação. Até o dia 18/05, podemos aproveitar o clima de maior desapego para encerrar situações e projetos em que não vemos futuro.

Nesse meio-tempo (dia 14/05), Mercúrio volta ao movimento direto em Touro, nos ajudando a retomar assuntos e situações que estavam parados. Mas é importante lembrar que a energia fixa e conservadora de Touro pode deixar algumas negociações emperradas — é essencial buscar um ponto que seja confortável ou que beneficie ambas as partes. A terceira semana de maio marca o início da temporada de Júpiter em Touro (16/05), da Lua Nova (19/05), além da chegada de Marte em Leão (20/05) e do Sol em Gêmeos (21/05).

Júpiter em Touro até maio de 2024 marca um tempo de construção, um momento de busca por maior estabilidade emocional e financeira. Não é mais hora de jogar a rede para pescar em quantidade, e sim de analisar quais os peixes queremos fisgar, por isso, devemos nos preocupar em dar um passo de cada vez. E Júpiter entra em Touro batendo de frente com Plutão, o que pode frear o crescimento econômico e trazer entraves jurídicos. A tendência é sermos cobrados por má gestão ou qualquer ponta solta que tenhamos deixado para trás.

Por outro lado, um bom aspecto entre Sol e Netuno no mesmo dia (16/05) nos ajuda a resolver conflitos por meio de conversas pautadas no respeito, na boa vontade e na gentileza.

Às vésperas da Lua Nova, já poderemos sentir uma maior concentração de energia e foco por conta da sintonia entre Sol e Marte no dia 18/05, beneficiando especialmente o início de projetos individuais.

A Lua Nova em Touro (dia 19/05) chega para ativar nosso desejo por maior segurança, bem-estar e proteção — especialmente na área da vida em que temos esse Signo no mapa. A praticidade dessa Lua favorece projetos que já estejam amadurecidos, e um bom aspecto da Lua com Marte e Netuno nos traz segurança para seguir em frente, porque estamos com a sensibilidade e a intuição afloradas. Marte e Netuno em sintonia nos conduzem ao melhor caminho.

Devemos ter cuidado, no entanto, com o excesso de otimismo e a tendência à ansiedade provocada pelo conflito entre Marte e Júpiter no mapa dessa lunação. Lembre-se que Touro pede calma e um passo de cada vez.

No dia 20/05, Marte chega ao Signo de Leão e, até o dia 09/07, nos aguça a conquistar mais espaço, autonomia e a busca por reconhecimento, mas esse planeta chega fazendo uma oposição com Plutão, inflamando os ânimos. Se não tivermos uma válvula de escape saudável, essa energia tende a se transformar em reações violentas, agressivas e reativas.

Mas o Céu é realmente muito sábio e coloca o Sol vibrando com a energia de Gêmeos a partir do dia 21/05. É o momento de olhar as situações "de fora", pensar em diferentes alternativas e pontos de vista antes de tomarmos uma posição. Exercitar a comunicação é a melhor forma de entender o que o outro pensa, além de nos abrirmos a novas possibilidades.

Essa abertura a novos olhares pode inclusive trazer ganhos extras e soluções inesperadas também por conta de Vênus e Urano em sintonia no dia 24/05.

O mês termina com Sol e Saturno se estranhando, exigindo jogo de cintura da nossa parte. Decisões e atividades importantes devem ser evitadas durante esse trânsito. A Lua Crescente em Virgem no dia 27/05 já nos ajuda a organizar a vida se formos práticos, lembrando que não dá para fazer tudo, mas dá para fazer tudo o que é importante nesse momento.

Posição diária da Lua em maio

DIA 1º DE MAIO – SEGUNDA-FEIRA
☾ *Crescente* ☾ *em Virgem LFC Início às 20:53*

Mercúrio retrógrado

• **Lua trígono Urano – das 02:39 às 06:36 (exato 04:38)**

O dia começará animado e também movimentado. Aproveite para fazer algo novo ou, se precisar, colocando o trabalho atrasado em dia. Também estará favorável para qualquer atividade que tenha movimento e novidade. Mexa-se.

• **Lua sextil Marte – das 04:04 às 08:11 (exato 06:08)**

Vai ser mais difícil ficar parado nessa manhã. Estaremos mais motivados a movimentar o corpo, aproveite para fazer exercícios ao ar livre. Qualquer ação que vinha sendo postergada poderá ser retomada com motivação. Anime-se.

• **Lua quadratura Vênus – das 12:22 às 16:39 (exato 14:31)**

Evite assuntos polêmicos. Hoje não encontraremos uma contrapartida mais receptiva. Pode ser que tenha que encarar alguma circunstância com sacrifício. Evite o mau humor para não atrair mais animosidade.

• **Lua oposição Netuno – das 18:55 às 22:49 (exato 20:53)**

Recolha-se mais cedo, desligando o celular e tentando não pensar em nada. Deixe para amanhã qualquer tipo de decisão e até de reflexão de um assunto importante. A tendência é de uma falta de clareza e até uma conturbação emocional que poderá resultar em conclusões equivocadas. Lembre-se de que Mercúrio está retrógrado. Repense.

DIA 02 DE MAIO – TERÇA-FEIRA
☾ *Crescente* ☾ *em Libra às 03:08 LFC Fim às 03:08*

Mercúrio retrógrado

Enquanto a Lua estiver em Libra, estaremos mais racionais e propensos a encarar o assunto relacionamento de forma mais aberta a se encontrar um denominador comum. A diplomacia e um toque de gentileza farão toda diferença ao abordar uma questão polêmica. Tudo que for compartilhado terá maior chance de sucesso.

• **Lua trígono Plutão – da 01:55 às 03:50 (exato 05:46)**

Uma madrugada revigorante poderá ter uma ação curadora. Excelente energia renovadora, principalmente impulsionando a racionalização de qualquer emoção que esteja abalando seu equilíbrio. Fique atento aos seus sonhos. Não descarte revelações.

DIA 03 DE MAIO – QUARTA-FEIRA
☾ *Crescente* ☾ *em Libra*

Mercúrio retrógrado

• Lua quadratura Marte – das 16:13 às 20:06 (exato 18:10)

Cuidado ao abordar assuntos delicados. Poderá se surpreender com reações menos acolhedoras. Não é o momento provocar, mas sim de contemporizar. Hoje os ânimos estarão exaltados. Canalize essa tensão para exercitar-se no final do dia. Assim, conquistará uma noite de sono mais revigorante.

DIA 04 DE MAIO – QUINTA-FEIRA
☾ *Crescente* ☾ *em Escorpião às 11:32 LFC Início às 06:16 LFC Fim às 11:32*

Mercúrio retrógrado

Enquanto a Lua estiver em Escorpião, nossas emoções tendem a ficar mais intensas e até obcecadas por um determinado assunto, como se a sua resolução fosse caso de vida ou morte. O Signo de Escorpião de modalidade fixa traz esse movimento de insistência, de aprofundamento numa questão até que essa seja por inteiro revista e superada. Não há renascimento sem morte. No entanto, o desgaste emocional poderá ser evitado se canalizar essa energia para curar feridas que, de alguma forma, impedem de seguir adiante. Reveja suas posições.

• Lua trígono Vênus – das 02:53 às 06:54 (exato 04:54)

Acorde de manhã com o pé direito, exaltando suas qualidades. Se puder, levante mais cedo para preparar um dejejum com toque especial. Isso trará mais energia para enfrentar a rotina. Capriche no visual, alimentando um sentimento de querer bem consigo. Isso poderá fazer total diferença.

• Lua oposição Júpiter – das 04:24 às 08:08 (exato 06:16)

A insatisfação precisa ser canalizada como energia para superação, e não gerando sentimentos paralisantes ou desencadeadores de atitudes compensatórias. Fuja dessa visão exagerada das coisas. Nem sempre a grama do vizinho é mais verde como parece. Certifique-se se sua reação emocional está realmente proporcional ao peso que aquilo tem na sua vida.

• Lua quadratura Plutão – das 10:22 às 14:01 (exato 12:11)

Atenção redobrada por ser uma energia que pode gerar desvantagens ou prejuízos. Evite discussões, principalmente aquelas em que estão embutidas lutas de poder. É melhor sair de fininho, se calar e esperar o melhor momento para argumentar de forma inteligente. Controle os sentimentos de abandono, de rejeição, ciúme ou qualquer outro que, de alguma forma, provoque angústias que te tirem do seu equilíbrio. Poupe-se.

• **Lua trígono Saturno – das 20:03 às 23:42 (exato 21:53)**

Será durante a noite o melhor momento para colocar as emoções em ordem. Ficará mais fácil controlar sentimentos, tendo uma visão clara e realista das possibilidades. Não há conquistas sem sacrifícios e é dentro desse pensamento que você deve organizar seus próximos passos. Excelente energia para desfazer mal-entendidos e também para mostrar seu potencial sem parecer arrogante. Tudo tenderá a ficar na dose certa.

DIA 05 DE MAIO – SEXTA-FEIRA
○ *Cheia às 14:34 em 14º58' de Escorpião* ○ *em Escorpião*

Mercúrio retrógrado

Eclipse Lunar às 14:25 em 14º58' de Escorpião

• **Lua oposição Mercúrio – das 02:31 às 05:58 (exato 04:15)**

Prepare-se para uma madrugada agitada. Tente acalmar a mente, porque de nada vai adiantar ter pensamentos desajustados. Cuidado com a forma de se expressar, estando atento às mensagens enviadas sem reler e medir as palavras. Hoje, a tendência é estarmos com os nervos à flor da pele, principalmente em relação a assuntos antigos que ficaram mal resolvidos.

• **Lua oposição Sol – das 12:38 às 16:29 (exato 14:34)**

As diferenças poderão ficar mais evidentes, sendo necessário um esforço maior para se chegar a um denominador comum. Não se surpreenda se antigos assuntos emocionais, e até pessoas, reapareçam, podendo tirar o foco do que é prioridade. O momento pede calma e cuidado, pois relações que se desfaçam aqui poderão ser irreconciliáveis.

• **Lua oposição Urano – das 19:26 às 23:00 (exato 21:13)**

Esteja preparado para sair da sua zona de conforto. Pode ser que surpresas tirem seu sono, ou então você precisará de maior esforço para relaxar. Controle a ansiedade, tendo consciência de que tudo nessa vida tem seu tempo. Se puder, transfira para amanhã qualquer tipo de decisão. Acordos serão mais difíceis de se dar.

DIA 06 DE MAIO – SÁBADO
○ *Cheia* ○ *em Sagitário às 17:03 LFC Início às 11:38 LFC Fim às 17:03*

Mercúrio retrógrado

Enquanto a Lua estiver em Sagitário, nos sentimos mais animados e otimistas. Aproveite e cultive o entusiasmo, investindo em atividades ao ar livre, principalmente aquelas que tragam uma sensação de liberdade. Ótimo dia para rever amigos, sair para dançar ou apenas curtir o Luar.

• **Lua trígono Marte – da 01:00 às 04:40 (exato 02:50)**

Acordou animado? Isso mesmo! A vida é olhar para a frente, sempre tendo em mente aonde se deseja chegar. Usufrua dessa energia matutina e vá dar uma caminhada apreciando o nascer do sol e agradecendo a vida. Isso trará mais vitalidade para seu dia e consequentemente mais alegria. Se estava receoso e contendo alguma atitude, hoje poderá se sentir mais corajoso. Aproveite.

• **Lua trígono Netuno – das 09:52 às 13:22 (exato 11:38)**

Inspire-se apreciando o lado sutil da vida. A beleza não está nos grandes feitos, mas nos detalhes que às vezes passam desapercebidos. Pequenos sinais, muitas vezes considerados coincidências, podem trazer resultados surpreendentes. Fique atento à sua intuição. Será um dia criativo.

• **Lua sextil Plutão – das 15:56 às 19:25 (exato 17:41)**

Excelente momento para resgatar, regenerar ou retomar uma situação que parecia acabada. Há uma abertura energética que favorece a reavaliação, até porque mais facilmente as emoções são restauradas, eliminadas ou renovadas.

DIA 07 DE MAIO – DOMINGO
○ *Cheia* ○ *em Sagitário*

Mercúrio retrógrado

• **Lua quadratura Saturno – da 01:27 às 04:56 (exato 03:11)**

Evite acordar de mau humor. Isso só aumentará a indisposição para cumprir o que foi acordado. Não espere compreensão, nem um tom mais receptivo diante do seu posicionamento. A tendência é que obstáculos tenderão a surgir, como se exigisse de nós mais esforço para qualquer tipo de realização. Se puder, transfira compromissos chatos. Hoje você estará menos tolerante.

DIA 08 DE MAIO – SEGUNDA-FEIRA
○ *Cheia (disseminadora)* ○ *em Capricórnio às 20:32 LFC Início às 17:29*
LFC Fim às 20:32

Mercúrio retrógrado

Enquanto a Lua estiver em Capricórnio, ficamos mais realistas e voltados para as conquistas materiais. Preocupações poderão ficar mais evidentes, principalmente se forem ligadas ao âmbito profissional. Procure traçar metas curtas e com maiores chances de realização. Isso trará uma sensação de sucesso e, consequentemente, maior disposição para sacrifícios necessários em qualquer conquista.

• **Lua quadratura Netuno – das 13:40 às 17:04 (exato 15:22)**

Não é um bom momento para decisões, as emoções poderão favorecer enganos. Cuidado com achismos, certifique-se das suas suposições. Evite cometer excessos, pois pode perder o controle e se arrepender. Poupe-se.

• **Lua trígono Júpiter – das 15:44 às 19:11 (exato 17:29)**

Ao mesmo tempo que Netuno nos embriaga de emoções fantasiosas, Júpiter nos traz esperanças e nos motiva. Aproveite para ampliar as fronteiras do conhecido. Saia do trivial.

• **Lua oposição Vênus – das 21:19 às 01:09 de 09/05 (exato 23:19)**

Pode ser que você se sinta mais carente, esperando mais do que a realidade oferece. No entanto, isso não deve ser um fator que resulte numa noite mal dormida. Tente relaxar, tendo em mente que dificilmente encontrará apoio nos seus posicionamentos. Não é um bom momento para buscar uma reconciliação.

DIA 09 DE MAIO – TERÇA-FEIRA
○ *Cheia (disseminadora)* ○ *em Capricórnio*

Mercúrio retrógrado

• **Lua sextil Saturno – das 04:56 às 08:20 (exato 06:38)**

O dia começa com disposição para colocar a vida em ordem. Facilitando a administração, a resolução e a eficiência no que se propuser a realizar. Excelente momento para se posicionar profissionalmente, até porque ficará fácil demonstrar suas qualidades. Não desperdice essa energia com coisas banais. Invista no que tem maior chance de vingar.

• **Lua trígono Mercúrio – das 06:49 às 10:05 (exato 08:27)**

Raciocínio lógico e focado facilitam a organização de atividades que exijam determinação.

DIA 10 DE MAIO – QUARTA-FEIRA
○ *Cheia (disseminadora)* ○ *em Aquário 23:05 LFC Início às 20:53*
LFC Fim às 23:05

Mercúrio retrógrado

Enquanto a Lua estiver em Aquário, somos motivados a nos livrar do que vem causando algum tipo de aprisionamento, sendo importante estar atento para não tomar atitudes precipitadas. Esteja aberto a mudanças de última hora, principalmente buscando alternativas criativas. Serão maiores as oportunidades em encontros sociais.

• **Lua trígono Urano – das 02:50 às 06:13 (exato 04:32)**

A tendência é que estejamos mais abertos nessa manhã para uma nova maneira de ver uma situação e até na forma de resolução. Há um despojamento ao novo, a fazer diferente que tende a impulsionar novas formas de ação. Use a criatividade para sair dos conflitos.

• **Lua trígono Sol – das 03:31 às 07:08 (exato 05:19)**

Não é a forma que você gostaria de sentir as coisas, mas sim como elas são. Há uma abertura, uma receptividade, um bem-estar em sair ao encontro da conquista dos seus objetivos. Um passo à frente pode ser extremamente produtivo. Assim, procure viabilizar e não se limitar diante dos obstáculos.

• **Lua oposição Marte – das 11:52 às 15:22 (exato 13:37)**

Nem sempre o outro pensa ou sente como você. E esse entendimento será fundamental para não deixar que contrariedades tirem você do seu equilíbrio emocional. Tem hora que é melhor cada um ficar no seu quadradinho. Não alimente conflitos, pois a reação do outro pode te surpreender.

• **Lua sextil Netuno – das 16:22 às 19:44 (exato 18:03)**

Nessa parte da tarde, use a delicadeza para conduzir os assuntos abordados. Tente primeiro entender o que se passa além do que é mostrado. Essa percepção poderá auxiliá-lo a encontrar sutilezas importantes que resultarão em desfechos positivos. Abstraia.

• **Lua quadratura Júpiter – das 19:09 às 22:34 (exato 20:53)**

Evite deixar-se abater por qualquer tipo de insatisfação, principalmente aquelas relacionadas ao trabalho. Fuja de ações compensatórias que poderão trazer arrependimentos. Será preciso estar atento quanto a exageros.

• **Lua conjunção Plutão – das 21:59 à 01:20 de 11/05 (exato 23:39)**

Se puder, fique mais sozinho, descontar no outro não será a melhor maneira de curar as suas feridas. Racionalize os medos e tente cultivar uma visão pragmática daquilo que vem tirando seu sono. Penalizar-se de nada adiantará. O importante é ir fundo a fim de expurgar sentimentos e emoções que mais fazem mal do que bem. Tente relaxar à noite, evitando assuntos que reacendam antigas feridas. Não é hora disso.

DIA 11 DE MAIO – QUINTA-FEIRA
○ *Cheia (disseminadora)* ○ *em Aquário*

Mercúrio retrógrado

• **Lua quadratura Mercúrio – das 08:05 às 11:23 (exato 09:44)**

O dia tenderá a começar agitado, te impulsionando a lidar com mais de um assunto ao mesmo tempo. Tente priorizar, não deixando que assuntos pormenores acabem atrapalhando a resolutividade do que é mais importante. Priorize, evitando começar o dia muito acelerado.

DIA 12 DE MAIO – SEXTA-FEIRA
)) *Minguante às 11:28 em 21:36 de Aquário*)) *em Aquário*

Mercúrio retrógrado

• **Lua quadratura Urano – das 05:30 às 08:53 (exato 07:12)**

A tendência do dia será começar com uma sensação de "emergência", parece que tudo acontece ao mesmo tempo, como se não houvesse uma pausa para respirar. Tente desacelerar, a fim de evitar já começar o dia estressado. Faça o que der.

• **Lua quadratura Sol – das 09:39 às 13:16 (exato 11:28)**

Será necessário um maior esforço para conseguir alinhar seus desejos com a realidade que se apresenta. O importante é manter a calma. Se puder, deixe para outro dia as grandes decisões. Não é um bom momento para reuniões ou acordos. A tendência é encontrar contrariedades.

• **Lua sextil Júpiter – das 22:31 à 01:58 de 13/05 (exato 00:16 de 13/05)**

À noite, a energia tende a melhorar se você conseguir trazer um olhar mais otimista para as coisas. Por isso, cultive pensamentos positivos, exaltando seus feitos e sua coragem. Trata-se de um excelente momento para traçar novas estratégias, principalmente aquelas que de alguma forma ampliem seu plano de atuação.

DIA 13 DE MAIO – SÁBADO
)) *Minguante*)) *em Peixes à 01:38 LFC Início à 00:16 LFC Fim à 01:38*

Mercúrio retrógrado

Enquanto a Lua estiver em Peixes, tendemos a ficar mais introspectivos e sensíveis, o que pode resultar num mergulho profundo nas nossas emoções. Prefira atitudes menos reativas, buscando a compreensão, principalmente se colocando no lugar do outro. É importante valorizar o lado mágico da vida. Introduza um comportamento mais sutil e menos enfático. Isso poderá fazer toda a diferença.

• **Lua sextil Mercúrio – das 10:02 às 13:24 (exato 11:43)**

Excelente momento para abordar assuntos ligados a papéis, legalização, assuntos burocráticos. Sua mente tenderá a ficar mais racional e prática e consequentemente mais resolutiva. Nada de perder tempo com assuntos pormenores. Saiba selecionar para não ficar sobrecarregado. Até porque há maiores chances de ter que refazer.

• **Lua conjunção Saturno – das 10:29 às 13:53 (exato 12:11)**

Pare de tentar ser responsável por tudo, isso só aumentará o mau humor, já que a tendência da Lua em Peixes é que fiquemos menos ligados à praticidade da vida. Não se deixe abater por obstáculos, ao contrário, se motive a testar a sua perseverança. Não se tem vitória sem sacrifícios.

• **Lua trígono Vênus – das 10:59 às 14:40 (exato 12:50)**

O melhor caminho será aquele que tiver a capacidade de atingir o coração. Sinceridade pode ser a melhor alternativa, já que significará credibilidade. Não deixe para tratar os assuntos friamente, leve em consideração o estado emocional do outro, principalmente sendo atento à forma como abordará o tema em questão.

DIA 14 DE MAIO – DOMINGO
)) *Minguante*)) *em Peixes LFC Início às 23:57*

Mercúrio retrógrado

• **Lua sextil Urano – das 08:38 às 12:05 (exato 10:21)**

Hoje estaremos parecidos como uma antena parabólica. Não despreze qualquer tipo de intuição. Use a criatividade buscando novas alternativas para antigos assuntos. Isso lhe trará grade satisfação emocional. Não é dia para ficar parado.

• **Lua sextil Sol – das 16:25 às 20:07 (exato 18:16)**

Aproveite essa tarde e vá fazer algo prazeroso. Se tiver que trabalhar, isso não será nenhum tipo de esforço até porque há uma satisfação emocional que o deixará mais produtivo. Aproveite!

• **Lua trígono Marte – das 21:42 às 01:17 de 15/05 (exato 23:29)**

À noite a tendência é que se sinta mais animado, podendo até investir na sua sensualidade. A tendência é de nos sentimos mais fortes e viris. Se estiver solteiro, é um excelente momento para encontrar um par, já que a ousadia da conquista estará alimentada por uma sensação de que se tem a capacidade de enfrentar qualquer obstáculo. Ouse!

• Lua conjunção Netuno – das 22:12 à 01:39 de 15/05 (exato 23:57)

Deixe-se levar pela fantasia, usufruindo de um ambiente encantador onde pode ser quem desejar. Só fique atento aos limites quanto ao uso de bebidas ou qualquer substância que estimule a perda de consciência. Hoje ficará fácil romper o limite seguro. Cuidado para não passar da arrebentação.

DIA 15 DE MAIO – SEGUNDA-FEIRA
) *Minguante (balsâmica)*) *em Áries às 04:55 LFC Fim às 04:55*

Fim Mercúrio retrógrado

Enquanto a Lua estiver em Áries, ficamos mais corajosos a seguir nossos desejos. É como se nos jogássemos no caminho da satisfação a qualquer custo. Essa impulsividade ariana pode ser muito positiva, no entanto, tem que ter cuidado dobrado para não meter os pés pelas mãos.

• Lua quadratura Vênus – das 18:48 às 22:34 (exato 20:41)

À noite vai ser mais difícil agradar. Assim, a recomendação nesse final de noite é de se poupar. Tente não se colocar numa situação de desafeto ou se impor a algo que não lhe traga prazer. Isso só aumentará a sensação de desprezo, podendo até gerar uma sensação de rejeição.

DIA 16 DE MAIO – TERÇA-FEIRA
) *Minguante (balsâmica)*) *em Áries*

Hoje a Lua não faz aspecto com outros planetas no Céu. Devemos observar recomendações para a fase e o Signo em que a Lua se encontra.

DIA 17 DE MAIO – QUARTA-FEIRA
) *Minguante (balsâmica)*) *em Touro às 09:27 LFC Início às 06:10 LFC Fim às 09:27*

Enquanto a Lua estiver em Touro, priorize o bem-estar não se colocando em uma situação de desconforto. Tendemos a ficar mais preguiçosos e comilões, sendo mais difícil seguir uma dieta alimentar. Motive-se a concretizar, principalmente quando o assunto é trabalho e dinheiro.

• Lua quadratura Marte – das 04:18 às 8:00 (exato 06:10)

Hoje o dia será tenso e já sentiremos logo pela manhã. Evite cair em provocações, principalmente se desviando de qualquer tipo de competição. Os ânimos estarão exaltados, e ficará mais difícil qualquer tipo de acordo se sua postura inicial for de enfrentamento.

• **Lua conjunção Júpiter – das 07:58 às 11:35 (exato 09:47)**

Evite alimentar sentimentos de insatisfação diante de contrariedades. Pode ser que o atual momento não esteja como gostaria. Trate isso como uma fase, encontrando forças para vencer as adversidades. Uma carência emocional pode brotar ao menor estímulo de desabastecimento. Cuidado para não exagerar.

• **Lua quadratura Plutão – das 08:13 às 11:46 (exato 10:00)**

Tente encarar os acontecimentos de forma o mais racional possível, controlando a intensidade dos sentimentos. Hoje tenderemos a maximizar as situações, podendo ficar obcecados com um acontecimento até que esse seja resolvido. Muito cuidado com reações desproporcionais.

• **Lua conjunção Mercúrio – das 18:37 às 22:16 (exato 20:26)**

Evite a teimosia e opte por se informar sobre assuntos que estejam em evidência. A troca de informações aumentará as chances de êxito diante de uma tomada de decisões. Excelente energia para contatar pessoas. A interação social será uma ótima forma de relaxar diante de um dia de energias tão intensas.

• **Lua sextil Saturno – das 19:09 às 22:45 (exato 20:57)**

Fim de dia com a sensação de dever comprido. O autocontrole e a disciplina são fundamentais para a produtividade. Qualquer sacrifício que se fizer necessário será encarado com cumprimento de dever diante de uma necessidade.

DIA 18 DE MAIO – QUINTA-FEIRA
)) *Minguante (balsâmica)*)) *em Touro*

• **Lua sextil Vênus – das 04:20 às 08:15 (exato 06:17)**

A prática de atividades ou de hábitos agradáveis pela manhã fará toda a diferença para encarar a rotina. Evite se colocar sob qualquer tipo de pressão. Invista numa atitude mais acolhedora, criando um clima de abertura e receptividade.

• **Lua conjunção Urano – das 18:38 às 22:17 (exato 20:28)**

Esteja preparado para surpresas, tendo um plano B para tudo que programar para a noite. Evite se abater pela ansiedade, intensificando exercícios a fim de que possa ter uma noite de descanso revigorante. Pratique a tolerância.

DIA 19 DE MAIO – SEXTA-FEIRA
● *Nova às 12:53 de 28º25' de Touro* ● *em Gêmeos às 15:47 LFC Início às 14:51 LFC Fim às 15:47*

Enquanto a Lua estiver em Gêmeos, tente transitar pela superficialidade das emoções, racionalize suas ações, não se baseando em suposições. O Signo de Gêmeos é do elemento Ar, tendo a racionalidade como uma característica de suas ações. Período propício para comunicação, divulgação e qualquer tipo de negociação. Ficamos mais ágeis e abertos para qualquer tipo de interação social.

• **Lua sextil Netuno – das 08:48 às 12:29 (exato 10:38)**

A manhã será banhada por um magnetismo que, se bem trabalhado, poderá resultar em insights criativos. Deixe as emoções brotarem, ampliando a percepção do entorno. Sinta o ambiente antes de qualquer decisão.

• **Lua conjunção Sol – das 10:53 às 14:52 (exato 12:53)**

O bom humor e a satisfação impulsionarão acordos e entendimentos, favorecendo resultados positivos. Excelente momento para simplificar a vida e usufruir de certa liberdade. Há um alinhamento emocional com o foco de seus objetivos. Esse sentimento de bem-estar deve ser aproveitado para encontros produtivos.

• **Lua sextil Marte – das 12:54 às 16:46 (exato 14:51)**

A coragem tem que ser acompanhada de intuição. Fique atento à sua sensibilidade e aos seus estímulos emocionais. Lutar pela sua vontade e pelo seu espaço ficará mais fácil se criar um clima de vinculamento. Excelente momento para testar a sua capacidade de gerar intimidade, mesmo que seja com alguém que você acabou de conhecer.

• **Lua trígono Plutão – das 14:28 às 18:10 (exato 16:19)**

Uma energia de recuperação favorece todos assuntos que pareciam estar perdidos. O planeta Plutão em Aquário impulsiona para uma mudança nas relações sociais. Reavalie, apontando o que vem impedindo uma evolução facilitada ao longo do seu dia. Excelente momento para desapegar de antigos padrões de sentimentos que conduzem comportamentos. Qualquer movimento de eliminar ou largar será realizado sem drama.

DIA 20 DE MAIO – SÁBADO
🌑 *Nova* 🌑 *em Gêmeos*

• **Lua quadratura Saturno – das 02:05 às 05:49 (exato 03:57)**

Hoje será necessário maior esforço para realizar o menor movimento que seja, qualquer obrigação pode parecer um fardo, se sentindo por demais sobrecarregado. Tente pegar mais leve, espaçando os compromissos. Se puder, faça um programa agradável no final do dia que traga algum tipo de satisfação, isso elevará a autoestima e o bom humor.

DIA 21 DE MAIO – DOMINGO
● *Nova* ● *em Gêmeos LFC Início às 19:12*

Entrada do Sol no Signo de Gêmeos às 04h08min58s

• **Lua quadratura Netuno** – das 17:15 às 21:07 (exato 19:12)

Um sentimento de fraqueza psicoemocional poderá te invadir no cair da noite, sendo importante ficar atento para não exagerar em hábitos que levem a algum tipo de perda da consciência. Seria mais propício um programa intimista, evitando as adversidades do mundo. Evite chateações.

DIA 22 DE MAIO – SEGUNDA-FEIRA
● *Nova* ● *em Câncer à 00:28 LFC Fim à 00:28*

Enquanto a Lua estiver em Câncer, tendemos a ficar mais introspectivos e mais sensíveis às emoções. Experiências do passado deverão ser encaradas como aprendizado para não serem repetidas no futuro. O olhar tem que ser para a frente. Evite o saudosismo, valorizando suas conquistas, principalmente aos seus laços emocionais.

• **Lua sextil Júpiter** – da 00:55 às 04:51 (exato 02:53)

Iniciaremos o dia mais otimistas, surfando numa energia que nos motiva a dar passos mais largos. Aproveite para ousar em uma forma diferente de realização. A necessidade de ir mais longe pode ser o combustível para expandir seus horizontes. Descubra novas atividades prazerosas.

• **Lua trígono Saturno** – das 11:26 às 15:21 (exato 13:23)

Excelente período do dia para concretização. Se tiver que colocar o trabalho em dia, isso não será encarado como obrigação. Momento propício para firmar qualquer tipo de compromisso.

• **Lua sextil Mercúrio** – das 14:04 às 18:09 (exato 16:07)

Energia favorável pra encontros, contatos e divulgação de qualquer tipo de informação. Nossa mente tende a estar mais ágil, facilitando o aprendizado. Invista em ampliar o conhecimento de um assunto que foi deixado de lado.

DIA 23 DE MAIO – TERÇA-FEIRA
● *Nova* ● *em Câncer*

• **Lua conjunção Vênus** – das 07:35 às 11:54 (exato 09:44)

A semana começa com a energia positiva, propícia a realizações e benefícios. Aproveite essa energia para tratar um assunto desgastante, uma vez que as pessoas estarão mais abertas a acordos. Favorável para tratamento estético.

• **Lua sextil Urano – das 13:07 às 17:06 (exato 15:07)**

Inovar será o verbo que caracterizará essa tarde. Fazer da mesma forma, ir ao mesmo lugar só estará desperdiçando oportunidades de abertura. Proponha algo original, isso terá um destaque diferencial.

DIA 24 DE MAIO – QUARTA-FEIRA
● *Nova* ● *em Leão às 11:34 LFC Início às 06:13 LFC Fim às 11:34*

Enquanto a Lua estiver em Leão, tendemos a nos colocar em primeiro plano, privilegiando as nossas vontades. Aproveite para destacar suas qualidades, não perdendo a generosidade quanto ao olhar para o outro. Fica mais fácil ter resultado tudo aquilo que será feito com coração.

• **Lua trígono Netuno – das 04:11 às 08:11 (exato 06:13)**

A única forma de não desanimar será investir numa visão mais lúdica da vida. Tentando enxergar o melhor, mesmo que se apresente o pior. Esse entendimento, essa compreensão de que a vida tem seu próprio movimento, muitas vezes fugindo do nosso controle, trará uma resiliência positiva.

• **Lua oposição Plutão – das 10:03 às 14:03 (exato 12:03)**

Evite ter obsessão por um pensamento, isso poderá prejudicar uma visão clara e até colocá-lo numa situação de inoperância, pois dificulta uma ação racionalizada. Saber lidar com provocações será um excelente exercício de humildade, evitando reações prejudiciais contra você. Cuidado, fuja de provocações.

• **Lua quadratura Júpiter – das 13:09 às 17:15 (exato 15:12)**

O dia está pedindo equilíbrio, por isso, fuja da insatisfação. O mau humor poderá atrapalhar a evolução do seu dia. Evite exagerar nas emoções. Nem sempre podemos ser o centro das atenções. Pratique a humildade.

• **Lua conjunção Marte – das 14:14 às 18:27 (exato 16:20)**

Há uma necessidade maior de autonomia. Podendo gerar conflitos diante de qualquer tipo de imposição. Se puder, fuja de tumulto, ficando mais na sua. Vai ser difícil compartilhar como se estivesse com uma necessidade latente de preservar o seu espaço.

• **Lua sextil Sol – das 16:20 às 20:42 (exato 18:31)**

À tarde, as energias tenderão a melhorar, trazendo uma sensação de bem-estar, como se estivesse vencido o pior. Tente se acalmar, aproveitando esse momento para cuidar de si, seja se exercitando ou valorizando um jantar bem-acompanhado.

DIA 25 DE MAIO – QUINTA-FEIRA
● *Nova* ● *em Leão*

• Lua quadratura Mercúrio – das 05:02 às 09:19 (exato 07:10)
Tenha em mente que atrasos poderão ocorrer, assim como pequenos imprevistos que atrapalharão a fluidez do seu dia. A irritação só atrapalhará a lucidez dos pensamentos. Tome cuidado com as palavras, evitando mal-entendidos. Não é um bom dia pra assinaturas de contratos.

DIA 26 DE MAIO – SEXTA-FEIRA
● *Nova* ● *em Leão LFC Início às 03:39*

• Lua quadratura Urano – 01:36 às 05:39 (exato 03:39)
Tenha calma e paciência, diminuindo a quantidade de obrigações a serem cumpridas. Tenha jogo de cintura, deixando espaço para improvisos. A irritação atrapalhará ainda mais o andar dos eventos. Desacelere.

DIA 27 DE MAIO – SÁBADO
☾ *Crescente às 12:22 em 06°05' de Virgem* ☾ *em Virgem à 00:04*
LFC Fim à 00:04

Enquanto a Lua estiver em Virgem, tendemos a uma visão mais crítica e analítica das situações. Excelente momento para fazer uma limpeza, seja na casa, na vida ou nos sentimentos. O excesso de peso só prejudica a produtividade. Tente agilizar ações construtivas.

• Lua trígono Júpiter – das 02:49 às 06:56 (exato 04:52)
Mesmo que as coisas não estejam andando como desejado, o importante é cultivar bons pensamentos, sempre com a certeza de que as coisas tenderão a melhorar. Encha-se de otimismo para começar o dia.

• Lua quadratura Sol – das 10:10 às 14:33 (exato 12:22)
Um desejo de expansão pode ser contrariado pela pouca receptividade. Tente não se abalar. Respeite a vontade de ficar mais na sua. Isso pode ser bastante produtivo a fim de compreender o que está realmente se passando. Não force a barra.

• Lua oposição Saturno – das 11:51 às 15:53 (exato 13:52)
Não conte com a ajuda de terceiros, porque a tendência é que tenhamos que assumir as responsabilidades sozinho. Se conseguir, tente levar as coisas mais levemente, para não somatizar no corpo. Não carregue mais peso do que pode carregar.

• **Lua trígono Mercúrio** – das 21:57 às 02:16 de 28/05 (exato 00:07 de 28/05)

A melhor opção será conversar e trocar experiência com pessoas abertas ao diálogo. Isso amenizará a ansiedade por trazer a sensação de que não se está sozinho. Informe-se, interaja, circule. Novos contatos poderão te surpreender.

DIA 28 DE MAIO – DOMINGO
☽ *Crescente* ☽ *em Virgem*

• **Lua trígono Urano** – das 14:12 às 18:11 (exato 21:19)

O domingo começa regado de uma energia extra para dar conta de tudo que aparecer. Não descarte mais de um convite. Ótimo dia para fazer algo diferente do habitual. Tente se soltar, livrando-se de correntes emocionais. Ouse.

• **Lua sextil Vênus** – das 19:09 às 23:28 (exato 18h07)

Noite regada a uma energia prazerosa, sendo bastante propícia a momentos amorosos e até encontrar uma companhia agradável que te faça acreditar que a vida vale a pena. Embeleze-se. Surpresas agradáveis poderão ocorrer se você estiver atento às oportunidades. Nada de se isolar.

DIA 29 DE MAIO – SEGUNDA-FEIRA
☽ *Crescente* ☽ *em Libra às 11:50 LFC Início às 06:46 LFC Fim às 11:50*

Enquanto a Lua estiver em Libra, ficará mais fácil buscar o equilíbrio das emoções e um consenso nas relações. O entendimento tende a superar as diferenças. Trata-se de momento propício para investir no diálogo de assuntos para os quais não se chega a uma conclusão. Se estava sem abertura, retome a negociação.

• **Lua oposição Netuno** – das 04:47 às 08:43 (exato 06:46)

Se puder, evite qualquer tipo de desgaste emocional, pois tudo pode tomar uma proporção maior. Não é momento para grandes decisões.

• **Lua trígono Plutão** – das 10:15 às 14:09 (exato 12:12)

Nessa parte da manhã e início da tarde, nos sentiremos mais revigorados e menos perdidos. Será a melhor parte do dia para resolver situações desafiantes. Se está precisando retomar algo, essa será a melhor parte do dia.

• **Lua sextil Marte** – das 20:19 à 00:22 de 30/05 (exato 22:20)

Final de dia prazeroso, em que nos sintamos emocionalmente mais corajosos para enfrentar as questões em evidência. Momento propício para conquistas. Exalte suas qualidades e entre em ação. Coragem!

DIA 30 DE MAIO – TERÇA-FEIRA
 ☾ *Crescente* ☾ *em Libra*

• **Lua trígono Sol – das 02:33 às 06:43 (exato 04:38)**

A semana se inicia com mais segurança para vencer a timidez e revelar seu potencial. Invista nas suas habilidades, traçando um caminho possível de ser conquistado. Isso aumentará sua autoestima e, consequentemente, seu empenho nas situações mais difíceis.

DIA 31 DE MAIO – QUARTA-FEIRA
☾ *Crescente* ☾ *em Escorpião às 20:44 LFC Início às 11:54 LFC Fim às 20:44*

Enquanto a Lua estiver em Escorpião, fica mais difícil navegarmos na superfície das nossas emoções. Se tivermos com algum problema emocional, pode ser que não descase até ser resolvido. Cuidado para isso não prejudicar sua rotina. Tente tratar um assunto de cada vez e dar importância na dose certa.

• **Lua quadratura Vênus – das 09:52 às 13:53 (exato 11:54)**

O esforço será maior para realizar tarefas que antes pareciam fáceis. Não é momento favorável para qualquer tratamento estético nem apenas mudar o visual. Não deixe que a carência atrapalhe assuntos importantes e que precisam ser resolvidos.

• **Lua quadratura Plutão – das 19:12 às 22:52 (exato 21:02)**

Evite cair numa carência destrutiva, principalmente relembrando questões que ficaram mal resolvidas. Ficar remoendo lodos emocionais só vai te deixar pior, podendo ficar paralisada logo no início da semana. Trate as situações com a racionalidade necessária, encarando como experiência e perdoando-se se necessário.

Junho 2023

Domingo	Segunda-feira	Terça-feira	Quarta-feira	Quinta-feira	Sexta-feira	Sábado
				1	2	3 ♐
				Lua Crescente em Escorpião	Lua Crescente em Escorpião LFC Início às 21:50	Lua Crescente em Sagitário às 02:03 LFC Fim às 02:03
4 ○ 13°18' ♐	5 ♑	6	7 ♒	8	9 ♓	10 ☽ 19°40' ♓
Lua Cheia às 00:41 em Sagitário	Lua Cheia em Capricórnio às 04:30 LFC 00:23 às 04:30	Lua Cheia em Capricórnio	Lua Cheia em em Aquário às 05:41 LFC 01:39 às 05:41	Lua Cheia em Aquário	Lua Cheia em Peixes às 07:13 LFC 01:23 às 07:13	Lua Minguante às 16:31 em Peixes
11 ♈	12	13 ♉	14	15 ♊	16	17
Lua Minguante em Áries às 10:20 LFC 10:19 às 10:20	Lua Minguante em Áries	Lua Minguante em Touro às 15:31 LFC 15:26 às 15:31	Lua Minguante em Touro	Lua Minguante em Gêmeos às 22:45 LFC 22:36 às 22:45	Lua Minguante em Gêmeos	Lua Minguante em Gêmeos
18 ● 26°43' ♊ ♋	19	20 ♌	21	22	23 ♍	24
Lua Nova às 01:37 em Gêmeos Lua em Câncer às 07:47 LFC 03:25 às 07:57	Lua Nova em Câncer	Lua Nova em Leão às 19:03 LFC 18:43 às 19:03	Lua Nova em Leão Entrada do Sol no Signo de Câncer às 11:57	Lua Nova em Leão LFC Início às 14:00	Lua Nova em Virgem às 07:34 LFC Fim às 07:34	Lua Nova em Virgem
25 ♎	26 ☽ 04°29' ♎	27	28 ♏	29	30 ♐	
Lua Nova Libra às 19:56 LFC 19:24 às 19:56	Lua Crescente às 04:50 em Libra	Lua Crescente em Libra	Lua Crescente às Escorpião às 05:55 LFC 05:18 às 05:55	Lua Crescente em Escorpião	Lua Crescente em Sagitário às 11:59 LFC 11:20 às 11:59	

Mandala Lua Cheia Junho

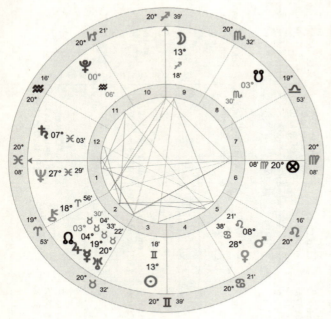

LUA CHEIA
Dia: 04/06
Hora: 00:41
13°18' de Sagitário

Mandala Lua Nova Junho

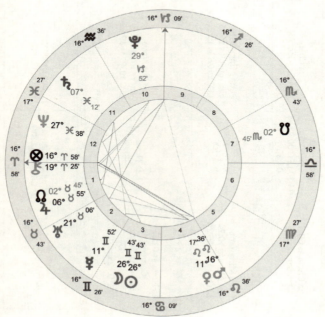

LUA NOVA
Dia: 18/06
Hora: 01:37
26°43' de Gêmeos

CÉU DO MÊS DE JUNHO

Podemos entrar em junho com os corações cheios de esperança e preparados para a ação.

A Lua chega ao ápice de mais um ciclo no dia 04/06 com as chamas da prosperidade, da fartura e da abundância acesas. É hora de encarar o futuro com coragem e otimismo, até porque Lua e Marte estão chegando ao consenso de que é hora de agir, enquanto Mercúrio e Urano se unem para trazer soluções e ideias brilhantes — não importam os desafios que estejamos enfrentando. Vênus e Netuno também estão em perfeita sintonia e abrem os canais da nossa percepção, nos guiando para novas possibilidades, especialmente nos negócios e no amor.

E, como Sagitário é o Signo que abre essa lunação, esse é um período que favorece especialmente os eventos de grande porte, atividades que dependam de público ou que estejam ligadas ao conhecimento e à aventura.

Devemos estar atentos, no entanto, com a pressa em chegar ao objetivo traçado como se estivéssemos participando de uma corrida.

Júpiter (regente dessa lunação) em rota de colisão com Marte, assim como o encontro entre Mercúrio e Urano alertam que imprevistos e mudanças também podem trazer a necessidade de fazer ajustes no caminho, por isso não é hora de correr riscos desnecessários ou precipitar decisões. A tendência a superestimar nossa capacidade física e mental também pode nos levar à estafa.

No meio dessa ânsia de fazer e acontecer é que Vênus chega ao Signo de Leão no dia 05/06, aumentando o desejo por conquista e reconhecimento. Até 09/10 estaremos mais desejosos de viver mais do nosso prazer, buscando pessoas que nos valorizam e situações que nos deem espaço para exercer nossos talentos.

No amor, "quem ama posta". Não basta gostar — tem que declarar e bradar o que sente. Quanto mais personalizado e público forem os gestos de afeto, melhor será. Isso se aplica também para os negócios que são favorecidos por meio da valorização e do reconhecimento entre as partes.

Atenção entre os dias 05/06 e 07/06, quando Vênus e Plutão em conflito inflamam os ânimos, deflagrando crises por conta de ciúme e possessividade, além do corte com pessoas e situações em que nos sentimos preteridos. Além de Plutão, Vênus também entra em desarmonia com Júpiter entre 09/06 e 14/06, pedindo cuidado com os excessos, especialmente nos gastos. O medo de perder ou ser desvalorizado provoca reações exageradas em relação ao amor e ao dinheiro, por isso devemos evitar tomar decisões drásticas nesse período.

O bom momento para conversar ou decidir o que fazer é entre 08/06 e 10/06, quando Mercúrio e Netuno em bom aspecto ajudam a pensar com mais clareza e usar as palavras de forma delicada. É capaz de ouvirmos o barulho das fichas caindo, trazendo entendimento sobre o que estamos pensando e sentindo.

No dia 10/06, a Lua chega à sua fase Minguante em Peixes, pedindo maior introspecção e recolhimento até a chegada da Lua Nova. Se sai melhor quem souber se adaptar às situações, assim com a água que corre pelo rio.

O bom é que teremos Mercúrio no Signo de Gêmeos entre 11/06 e 25/06, nos ajudando a pensar em novas saídas e possibilidades, mesmo que não tenhamos todas as informações na mão. A mente ganha velocidade, favorecendo questões ligadas à comunicação, às vendas e ao marketing.

Júpiter em harmonia com Saturno pode ser considerado um dos grandes destaques do mês. Entre 13/06 e 28/06, podemos contar com a expansão de estruturas já existentes. Tanto na vida social quanto na coletiva, as oportunidades chegam na hora certa ou, então, crescemos em situações às quais já estávamos nos dedicando, seja relacionado a carreira, negócios, patrimônio, sonhos ou relações.

Sêneca disse que "sorte é o que acontece quando a capacidade se encontra com a oportunidade" — é isso que devemos esperar na área da nossa vida ativada por esse trânsito. A Lua começa um novo ciclo em Gêmeos, no dia 18/06, trazendo muito gás e vontade para viver e aprender coisas novas e estimulantes. Um aspecto harmônico entre Mercúrio e Vênus no mapa dessa lunação nos deixa mais sociáveis e articulados para lidar com transações comerciais ou resolver questões amorosas.

Por outro lado, Sol em desarmonia com Netuno e Mercúrio em conflito com Saturno podem provocar dispersão de objetivos, especialmente se estivermos diante de algum obstáculo ou impasse. Ficamos mais apegados ao problema do que com foco na solução. Uma baixa de rendimento físico e mental pode exigir mais da nossa energia, por isso, devemos nos ocupar com o que é importante. Qualidade será melhor do que quantidade nesse ciclo, mesmo com Gêmeos no comando.

No dia 21/06, o Sol começa sua temporada no Signo de Câncer e marca o Solstício de Inverno no Hemisfério Sul, momento em que as noites serão mais longas e os dias, mais curtos. A noite nos remete à Lua, regente desse Signo e planeta que simboliza nossas emoções e vínculos. Por isso, o período pede maior cuidado e atenção a pessoas e situações que nos trazem proteção, acolhimento e nutrição emocional. Lar é onde nosso coração está.

Nessa busca por onde podemos nos sentir protegidos é que Marte, em conflito com Urano entre 23/06 e 28/06, pode provocar rupturas com o que nos aprisiona e limita. Mercúrio em Câncer a partir do dia 26/06 (e até 11/07) pede atenção com a comunicação, nos lembrando que não é possível voltar atrás da palavra pronunciada.

Nesse momento, a intuição e a empatia podem nos ajudar a encontrar o melhor jeito de dizer o que sentimos e pensamos. Os gestos de afeto e cuidado são ainda mais valorizados.

O mês vai chegando ao fim com Sol, Júpiter e Saturno em bom aspecto nos dias 27/06 e 28/06 nos ajudando com maior capacidade para associar ideias e criar novas soluções, além de bom-senso e disciplina para nos dedicar ao que precisa ser estruturado e organizado em nossas vidas, especialmente em assuntos de ordem material.

Mercúrio em harmonia com Saturno no dia 29/06 e com o Sol no dia 30/06 também favorece a tomada de decisões com maior serenidade e objetividade, o que é essencial diante do aspecto de conflito entre Vênus e Urano no dia 29/06. Oscilações de ordem financeira podem comprometer nossas economias, tornando o planejamento orçamentário ainda mais importante.

Mesmo que estejamos longe do ideal, podemos viver e aceitar melhor o que é possível no momento, até porque podemos confiar que Netuno e Plutão em sintonia entre 27/06 e 01/10 nos guiarão na direção do melhor caminho.

Posição diária da Lua em junho

DIA 1º DE JUNHO – QUINTA-FEIRA
☾ *Crescente* ☾ *em Escorpião*

• **Lua oposição Júpiter – da 01:12 às 04:54 (exato 03:03)**
A noite parece mais longa quando nada interessa, e o foco continua voltado para aquilo que se perdeu. A falta de interesse em algo novo pode aumentar a ansiedade. A dica é fazer uma seleção prévia de vídeos e filmes interessantes. Expressar os sentimentos agora pode gerar um resultado insatisfatório.

- **Lua quadratura Marte – das 07:17 às 11:04 (exato 09:11)**

Muitas coisas podem provocar raiva e uma atitude precipitada também. Deixar tudo organizado antecipadamente e evitar confrontos pode ser algo muito importante. Como é mais fácil perder a paciência, optar por um exercício pode ajudar a extravasar a energia.

- **Lua trígono Saturno – das 07:40 às 11:17 (exato 09:29)**

Agora já dá para começar um planejamento ou organização. A precaução aqui pode ser uma virtude, deixar as coisas planejadas com antecedência evita perda de tempo. Uma atitude mais profissional é o que se espera nessa manhã.

DIA 02 DE JUNHO – SEXTA-FEIRA
☾ *Crescente* ☾ *em Escorpião LFC Início às 21:50*

- **Lua oposição Mercúrio – da 01:56 às 04:58 (exato 03:52)**

Depois de dizer palavras duras e adotar uma posição impopular, pode ser que não dê para voltar atrás. Reconciliações nesse momento pedem muita atenção para não colocar em risco acordos e relacionamentos. Adiar é uma estratégia sábia.

- **Lua oposição Urano – das 07:23 às 10:55 (exato 09:09)**

Agora é hora de trabalhar em lugares mais silenciosos e com pouca gente. A distração é muito grande. A agenda precisa estar mais espaçada para não dar sobreposição de atividades. Como existe muita energia de dispersão, é bom contar com pessoas mais confiáveis para dar suporte.

- **Lua trígono Netuno – das 19:57 às 23:25 (exato 21:41)**

A inspiração é a tônica dessa noite e dá excelentes motivos para estar junto de quem se gosta e fazer um programa bem romântico. Estar em lugares lindos e sofisticados com boa comida e boa música pode elevar os relacionamentos a outro nível.

- **Lua trígono Vênus – das 19:59 às 23:42 (exato 21:50)**

Excelente momento para dar aquela melhorada da aparência em tudo que se pode. Estética, roupas, sapatos e maquiagem colaboram para tudo ficar muito bonito.

DIA 03 DE JUNHO – SÁBADO
☾ *Crescente* ☾ *em Sagitário às 02:03 LFC Fim às 02:03*

Enquanto a Lua estiver em Sagitário, é uma boa hora de pensar mais alto e além. Projetar metas e objetivos com direcionamento, ou seja, apontar a flecha para um alvo. É também um momento de sentir mais alegria e satisfação com a vida. Favorece estudos de filosofia, teologia, e assuntos de línguas estrangeiras e de viagens. Bom período para realizar trabalhos que requeiram conhecimento mais amplo. Momento propício para aventura e diversão, mas é importante evitar excessos em tudo.

• **Lua sextil Plutão – da 00:33 às 03:59 (exato 02:16)**

É possível recuperar e retomar assuntos difíceis que estavam esperando uma hora apropriada para serem abordados. Reaproximar as pessoas fica mais fácil. Restauração de tudo que envolve recuperação fica bem-feita.

• **Lua quadratura Saturno – das 12:24 às 15:48 (exato 14:06)**

O mau humor é geral, não dá para esperar cooperação das pessoas. A sensação será de solidão. Melhor não deixar assuntos ou atividades que requeiram profissionalismo para esse período. Se o assunto do encontro é delicado, melhor adiar.

• **Lua trígono Marte – das 14:13 às 17:45 (exato 15:59)**

Sinais de proatividade podem dar uma mãozinha. Demonstrar coragem para agir em situações de pressão pode fazer a diferença.

• **Lua oposição Sol – das 22:53 às 02:29 de 04/06 (exato 00:41 de 04/06)**

Evitar conflitos de interesse impede discussões e perda de tempo. Ouvir mais e falar menos é o ideal. Se observar o ponto de vista dos outros, dá para aprender muito. Melhor encontrar um lugar mais tranquilo, a noite promete muita agitação.

DIA 04 DE JUNHO – DOMINGO
○ *Cheia às 00:41 em 13°18' de Sagitário* ○ *em Sagitário*

• **Lua quadratura Netuno – das 22:44 às 02:02 de 05/06 (exato 00:23 de 05/06)**

Domingo à noite é preciso ter cuidado para não cometer enganos e desvios com as pessoas de que mais gosta. A falta de foco e a ilusão impedem as certezas. Dormir ajuda a deixar passar.

DIA 05 DE JUNHO – SEGUNDA-FEIRA
○ *Cheia* ○ *em Capricórnio às 04:30 LFC Início às 00:23 LFC Fim às 04:30*

Enquanto a Lua estiver em Capricórnio, a produtividade estará em alta e a capacidade de programação também. Existe uma tendência de olhar tudo com critérios muito intensos e trabalhar em excesso. Bom momento para exibir elegância e sofisticação. Adquirir bens duráveis e que sejam bem-feitos é uma boa tendência. Atenção aos pensamentos pessimistas e de escassez. Exigir mais de si e dos outros não é muito bom.

• **Lua trígono Júpiter – das 10:03 às 13:23 (exato 11:43)**

Hora de colocar projetos maiores em ação. A disposição está alta, e o que está planejado segue sendo realizado. Reuniões são muito produtivas. Investir em bens de consumo duráveis é um bom negócio. Na hora do almoço, é legal convidar pessoas animadas.

• **Lua sextil Saturno – das 14:32 às 17:50 (exato 16:11)**

Hora boa para aumentar ainda mais a produtividade. A energia de competência movimenta as atividades, e a excelência se mostra nos resultados. Reuniões de negócios e planejamento são muito favoráveis, além da contratação de pessoal qualificado também.

DIA 06 DE JUNHO – TERÇA-FEIRA
○ *Cheia* ○ *em Capricórnio*

• **Lua trígono Urano – das 12:31 às 15:48 (exato 14:10)**

Inovação e criatividade são pontos fortes do momento. Excelente para encontros com as pessoas do nosso círculo pessoal. O almoço pode ser marcado em um lugar fora do comum e que estimule as conexões.

• **Lua trígono Mercúrio – das 16:45 às 20:21 (exato 18:33)**

Lançamentos de campanhas de vendas ficam muito ágeis, e o alcance é grande. A clareza das comunicações impulsiona, e haverá um significativo engajamento. As equipes fazem um trabalho fluido.

DIA 07 DE JUNHO – QUARTA-FEIRA
○ *Cheia (disseminadora)* ○ *em Aquário às 05:41 LFC Início às 01:39*
LFC Fim às 05:41

Enquanto a Lua estiver em Aquário, surpresas estão presentes. Anseio de liberdade e criatividade norteiam principalmente quando o bem maior está em jogo. Presença marcante das atividades via Web, como o home office, que dá liberdade de local e de horário no planeta. Quebrar padrões em todas as esferas fica mais fácil, assim como nas situações em que estamos muito acomodados. Valorizam-se muito as atividades autônomas e as áreas de inovação. Por ser um período de agitação, a ansiedade pode ser maior. É importante observar e manter uma agenda com espaços para os imprevistos serem incluídos.

• **Lua sextil Netuno – da 00:01 às 03:17 (exato 01:39)**

Inspiração e romantismo estão presentes, e é possível ter uma interação com as pessoas de forma mais empática, principalmente com quem amamos. Bom momento para escrever, porém uma imagem pode transmitir mais informações do que um texto.

• **Lua conjunção Plutão – das 04:09 às 07:25 (exato 05:47)**

Situações que estão no limite podem se romper, olhar com antecedência as situações pesadas e em desacordo pode manter amizades e posições de trabalho. Não é possível entrar em confronto sem saber tudo o que está em jogo.

• **Lua oposição Vênus – das 06:53 às 10:23 (exato 08:38)**

As pessoas não estão ajudando, e sim trazendo mais e mais contratempos. Dizer "não" de forma impessoal dá bom resultado. Reuniões devem ser adiadas. A pessoa amada pode não estar muito disponível por razões impessoais.

• **Lua quadratura Júpiter – das 11:54 às 15:14 (exato 13:34)**

Entrar em uma discussão sem conhecer o assunto pode dar uma tremenda dor de cabeça e exigir muito tempo para se consertar a situação. Julgar é uma área muito arriscada, ouvir mais e falar menos são atitudes sábias.

• **Lua oposição Marte – das 21:27 à 00:53 de 08/06 (exato 23:10)**

Convite para embates em todos os sentidos deve ser evitado. Provocar também vai dar em uma situação insustentável. Leva tempo para curar.

DIA 08 DE JUNHO – QUINTA-FEIRA
○ *Cheia (disseminadora)* ○ *em Aquário*

• **Lua trígono Sol – das 08:42 às 12:15 (exato 10:29)**

Confiança e disposição estão no ar. Com essa clareza, fica mais fácil estar nos relacionamentos e no trabalho desenrolando tudo que estava mais complicado. Mostrar apreço pelos outros é uma forma rápida de conexão e valorização.

• **Lua quadratura Urano – das 13:57 às 17:17 (exato 15:37)**

Fuja dos conflitos! Espairecer e evitar confrontos é muito melhor do que perder o que já foi conquistado. Ansiedade alta por toda parte. Uma alimentação saudável pode evitar má digestão.

• **Lua quadratura Mercúrio – das 23:32 às 03:15 de 09/06 (exato 01:23 de 09/06)**

Observar as palavras antes de serem ditas é um sinal de sabedoria, pois o que foi dito não pode ser desdito. Melhor deixar os posts para mais tarde e as respostas no rascunho para uma revisão posterior.

DIA 09 DE JUNHO – SEXTA-FEIRA
○ Cheia (disseminadora) ○ em Peixes às 07:13 LFC Início às 01:23
LFC Fim às 07:13

Enquanto a Lua estiver em Peixes, são favorecidas atividades incomuns que envolvam meditação, estudos metafísicos e aprofundamento no autoconhecimento. Empatia e linguagens visuais e sensoriais tendem a ser mais usadas. Ótimo momento para iniciar terapias que incluam os sonhos e o inconsciente. Aromaterapia e florais dão uma excelente resposta. Trabalhos nas áreas de saúde, medicina e psicoterapia são favorecidos.

• **Lua sextil Júpiter – das 14:19 às 17:44 (exato 16:01)**
Sabedoria e intuição estão aliados e favorecem os encontros e o encantamento nos diálogos, aproximando mais as pessoas. Fechamento de trabalhos de forma inspirada. Aproveitar para estar perto de quem se gosta dá muito certo.

• **Lua conjunção Saturno – das 17:34 às 20:56 (exato 19:15)**
As atitudes a serem tomadas são pragmáticas e viáveis. A organização das atividades é levada a sério, e o respeito profissional está acima de tudo. Baixa tolerância à ineficiência.

DIA 10 DE JUNHO – SÁBADO
☽ Minguante às 16:31 em 19°40' de Peixes ☽ em Peixes

• **Lua quadratura Sol – das 14:40 às 18:21 (exato 16:31)**
Contratempos e contrariedades deixam a tarde de sábado sem muitas perspectivas de avanço para qualquer atividade. Melhor deixar as coisas importantes para mais tarde. Não existe clareza para minimizar os conflitos.

• **Lua sextil Urano – das 16:37 às 20:03 (exato 18:20)**
A criatividade e a conexão com as redes sociais na internet ajudam a resolver o que está ainda pendente. Encerrar assuntos sem sentido é muito importante, pois a liberação gera uma profunda ligação com o que é essencial.

DIA 11 DE JUNHO – DOMINGO
☽ Minguante ☽ em Áries às 10:20 LFC Início às 10:19 LFC Fim às 10:20

Enquanto a Lua estiver em Áries, iniciativa e coragem estão no ar, novos rumos e novos começos podem ser implementados. Atividade física é vigorosa e restauradora, é sempre um bom momento para começar uma dieta e exercícios que precisam de um empurrãozinho. Se for para cortar o que não funciona, agora é uma boa hora, e é também importante observar o ritmo para não atropelar ninguém ou nenhuma situação. Explosões por impulsividade podem ocorrer, o sinal de alerta é levantado. Posicionar-se nas redes sociais não deve ser deixado para depois.

• **Lua conjunção Netuno – das 04:24 às 07:52 (exato 06:08)**

Confusão pode atrapalhar tudo que já estava planejado e deixar as pessoas confusas sobre o que é para fazer. Não dá para improvisar, pode ficar pior. Um bom filme ou um livro motivacional garante um clima mais elevado.

• **Lua sextil Plutão – das 08:35 às 12:04 (exato 10:19)**

A paixão está no ar e faz o sangue circular, elevando a temperatura do ambiente e convidando para ficar mais pertinho. A inspiração inunda o lugar, e a companhia é muito entrosada. Encontros com olho no olho pedem um programa com lugares mais aconchegantes.

• **Lua sextil Mercúrio – das 08:45 às 12:41 (exato 10:43)**

Comunicação direta e sincera é muito importante para se manter a clareza das intenções nas relações. É essencial dizer o que sente. Acordos firmados agora serão continuados.

• **Lua trígono Vênus – das 18:47 às 22:32 (exato 20:40)**

É hora da festa, e a companhia é muito agradável. Lugares cheios de energia, música e boa comida podem ser um passo para um novo relacionamento. Estando só, ir a lugares populares pode ser a oportunidade de uma boa paquera.

DIA 12 DE JUNHO – SEGUNDA-FEIRA
☽ *Minguante* ☽ *em Áries*

• **Lua trígono Marte – das 07:44 às 11:26 (exato 09:35)**

Muita energia fluindo para iniciar a semana. Otimismo e vigor estão à disposição para começar projetos e atividades físicas. Outro efeito é sentir coragem e fazer o que for necessário para virar o jogo e sair da estagnação.

• **Lua sextil Sol – das 23:03 às 02:54 de 13/06 (exato 00:59 de 13/06)**

Fim de noite muito favorável a encontros em lugares mais animados. As relações ficam sinceras, e o olho no olho flui aproximando mais as pessoas. Clareza e otimismo facilitam, desatam nós e abrem caminhos.

DIA 13 DE JUNHO – TERÇA-FEIRA
☽ *Minguante (balsâmica)* ☽ *em Touro às 15:31 LFC Início às 15:26 LFC Fim às 15:31*

Enquanto a Lua estiver em Touro, dar continuidade e preservar o que já está sendo feito é muito bom. Palavras como cautela e perseverança estão em voga nestes dias. A busca por segurança em todas as áreas da vida é importante, assim como o bem-estar da família. Bom para cuidar das finanças e fazer aplicações financeiras seguras. A casa pode precisar de uma decoração para torná-la mais confortável. Cuidar da aparência e do bem-estar dá um ótimo resultado, melhorando a saúde como um todo.

• **Lua quadratura Plutão – das 13:38 às 17:14 (exato 15:26)**

A pressão está forte durante a tarde e há muita sobrecarga no trabalho. O nível de exigência pode ser impossível de ser atingido. Então, é importante avaliar se vale a pena continuar ou deixar ir.

DIA 14 DE JUNHO – QUARTA-FEIRA
☽ *Minguante (balsâmica)* ☽ *em Touro*

• **Lua conjunção Júpiter – da 00:49 às 04:31 (exato 02:40)**

A madrugada será proveitosa e produtiva. A euforia motiva as atividades realizadas e, assim, muita coisa fica pronta e com uma visão ampliada. Só tem que tomar cuidado com os excessos em tudo, incluindo a alimentação.

• **Lua sextil Saturno – das 02:46 às 06:25 (exato 04:35)**

Planejar e tornar os projetos mais simples e executáveis é a energia que está à disposição nessa madrugada. Parece que tudo fica fácil e simples. Ótimo para encerrar trabalhos pendentes.

• **Lua quadratura Vênus – das 04:10 às 08:05 (exato 06:07)**

Quando chega esse momento, as coisas não ficam nem fáceis nem bonitas, o mau humor prevalece e a dica é não mexer na aparência, tampouco começar uma reforma ou projeto de decoração, pode ser que não fique bom.

• **Lua quadratura Marte – das 16:19 às 20:10 (exato 18:15)**

A situação fica pesada e muito desafiante, não dá para confiar nos instintos, assim, encontros devem ser com pessoas já conhecidas. Ficar longe de provocações é bem saudável e evita arrependimentos.

DIA 15 DE JUNHO – QUINTA-FEIRA
☽ *Minguante (balsâmica)* ☽ *em Gêmeos às 22:45 LFC Início às 22:36*
LFC Fim às 22:45

Enquanto a Lua estiver em Gêmeos, tudo é considerado importante por conta de uma curiosidade de tudo saber. Momento propício para estudos e início de novos conhecimentos, porém multidisciplinar, em que mais informação sobre muitos assuntos se torna relevante. Momento no qual a comunicação em todos os meios se torna importante. Empregos ligados às mídias sociais estão em alta.

• **Lua conjunção Urano – das 04:02 às 07:46 (exato 05:54)**

Tudo acelera, e as interrupções são constantes. A ansiedade também é alta, exercícios respiratórios e óleos essenciais ajudam bastante. Adiar eventos para o meio da manhã é uma forma de aliviar. Tomar menos café também é bom.

• **Lua sextil Netuno – das 16:26 às 20:11 (exato 18:18)**

Inspiração total. A empatia na comunicação é grande, e a facilidade de expressão é sentida, principalmente a não verbal. A prática da comunicação não violenta fica muito fluida. Trabalhar com imagens e vídeos em todo tipo de comunicação é muito importante.

• **Lua trígono Plutão – das 20:43 às 00:28 de 16/06 (exato 22:36)**

Temperatura alta, ótimo momento para encontros e para estreitar os relacionamentos. Se existe pendência para acordos, é hora de finalizar. Resolver assuntos que estão precisando de aprofundamentos agora é muito bom.

DIA 16 DE JUNHO – SEXTA-FEIRA
☽ *Minguante (balsâmica)* ☽ *em Gêmeos*

• **Lua quadratura Saturno – das 10:26 às 14:12 (exato 12:19)**

Falta de competência e responsabilidade estão por toda parte. Parece que nada sai bem-feito e tem que começar tudo novamente. É bom deixar assuntos importantes para serem resolvidos no final da tarde.

• **Lua conjunção Mercúrio – das 13:59 às 18:25 (exato 16:12)**

Atividade mental acelerada pode atrapalhar um serviço bem-feito, revisar antes de publicar é necessário. Momento excelente para *brainstorm*, pois a aceleração dos pensamentos traz muitas informações.

• **Lua sextil Vênus – das 15:55 às 19:59 (exato 17:57)**

Encanto e simpatia no ar, as pessoas estão mais acessíveis e colaborativas. A simpatia abre portas, pois já é sexta e a diversão está chegando. Os lugares com pessoas agradáveis e comida boa vão lotar.

DIA 17 DE JUNHO – SÁBADO
☽ *Minguante (balsâmica)* ☽ *em Gêmeos*

• **Lua sextil Marte – das 03:13 às 07:14 (exato 05:13)**

As atividades recomendadas incluem exercícios leves, de preferência em grupos. Uma alimentação com muito líquido ajuda a circular energia.

• **Lua conjunção Sol** – das 23:31 às 03:42 de 18/06 (exato 01:37 de 18/06)

A noite promete programas interativos com muita conversa. Iniciar novas amizades pode ser revigorante tanto pessoalmente quanto nas redes. Transmitir o que se quer pode ser feito com clareza e verdade.

DIA 18 DE JUNHO – DOMINGO

●︎ *Nova à 01:37 em 26°43' de Gêmeos* ●︎ *em Câncer às 07:47 LFC Início às 03:25 LFC Fim às 07:57*

Enquanto a Lua estiver em Câncer, será um domingo caseiro ou de passeio com as pessoas mais próximas. É hora de autocuidado e de cuidar dos mais íntimos. Boa comida e boa companhia tornam a vida mais aconchegante. Bom para profissões ligadas a gestantes, bebês e crianças e tudo relacionado a essas áreas como objetos de decoração, roupas e alimentos. A culinária gourmet também cresce muito. Parece que a nostalgia está presente quando se olha fotos e vídeos que trazem boas recordações.

• **Lua quadratura Netuno** – da 01:27 às 05:19 (exato 03:25)

Sempre é bom verificar fotos e vídeos antes de publicar, depois fica difícil de corrigir. Palavras ditas de forma leviana podem gerar cancelamentos nas redes sociais. Deixar para adquirir alguma coisa em outro momento.

• **Lua sextil Júpiter** – das 19:46 às 23:44 (exato 21:45)

Otimismo e alegria em estar junto com as pessoas mais próximas. Comemorações nem sempre precisam de motivos. Abundância e prosperidade estão por toda parte. A generosidade é sentida, e as parcerias valem a pena.

• **Lua trígono Saturno** – das 20:02 às 23:56 (exato 21:59)

Praticidade e segurança garantem um final de noite sofisticado. Se o caso for trabalho, vai render muito e todos ficarão satisfeitos com o resultado. Seriedade e competência estão presentes e valorizam qualquer atividade.

DIA 19 DE JUNHO – SEGUNDA-FEIRA

●︎ *Nova* ●︎ *em Câncer*

• **Lua sextil Urano** – das 23:33 à 01:33 de 20/06 (exato 03:32 de 20/06)

A semana começa e é muito favorável para dar início a novos projetos com assuntos diferentes dos que já estão acontecendo. Excelente momento para renovar os contatos pessoais, interagindo nas redes sociais e aproveitando para divulgar trabalhos em home office.

DIA 20 DE JUNHO – TERÇA-FEIRA
🌑 *Nova* 🌑 *em Leão às 19:03 LFC Início às 18:43 LFC Fim às 19:03*

Enquanto a Lua estiver em Leão, será impossível ficar no anonimato, tudo aparece e é exuberante. Momento perfeito para fazer o que se gosta, incluindo festas, passeios e encontros. Atividades como jogos são muito importantes para o lazer e para refinar a destreza manual no caso de jogos on-line. Atitudes nobres que incluem o cuidado dos outros elevam a alma. Aprender assuntos ligados à arte, como canto, música e teatro, dá muito certo. Está em alta trabalho nas áreas médicas e enfermagem no cuidado de gestantes e crianças.

• **Lua trígono Netuno – das 12:23 às 16:23 (exato 14:23)**

O flow, o fluxo, atua em todas as áreas, permitindo que tudo aconteça como uma orquestra. Todos e tudo fazem parte da engrenagem da vida e as atividades ficam mais inspiradas e a satisfação de estar participando de algo alimenta a alma.

• **Lua oposição Plutão – das 16:34 às 20:42 (exato 18:43)**

Agora não é hora para brincadeiras ou não levar a sério as provocações. Brigas de ego e poder só podem dar errado, procurar lugares e pessoas de confiança para estar junto é uma ótima estratégia até a onda passar.

DIA 21 DE JUNHO – QUARTA-FEIRA
🌑 *Nova* 🌑 *em Leão*

Entrada do Sol no Signo de Câncer às 11h57min37seg
Solstício de Verão H. Norte – Solstício de Inverno H. Sul

• **Lua quadratura Júpiter – das 08:11 às 12:16 (exato 10:14)**

Começar qualquer coisa exagerando é pedir para dar errado e gastar muito dinheiro e energia. Comer em excesso, fazer exercícios demais e fazer compras vai sair caro e provavelmente pouco aproveitado. Antes de fazer qualquer coisa convém esperar uns minutos para ver se a vontade passa, depois faz ou compra.

• **Lua conjunção Vênus – das 21:58 às 02:17 de 22/06 (exato 00:07 de 22/06)**

Diversão com a pessoa amada dá muito certo. Um lugar aconchegante com música e comida é tudo de bom. Excelente momento para rever aqueles que estão afastados e não se veem há algum tempo. Será ótimo dar aquela melhorada na aparência.

DIA 22 DE JUNHO – QUINTA-FEIRA
Nova em Leão LFC Início às 14:00

• Lua conjunção Marte – das 07:33 às 11:49 (exato 09:41)

O "eu" das pessoas está falando muito alto, e aí a briga pode ser feia; ouvir o que as pessoas estão querendo falar é de suma importância. Muitas vezes, se está querendo a mesma coisa, porém de formas diferentes. Fazer exercícios libera muita energia e pode fazer bem.

• Lua sextil Mercúrio – das 10:23 às 15:17 (exato 12:50)

A comunicação passa pelo coração, usar de sinceridade aproxima cada vez mais as pessoas. Ótimo momento para postar nas redes sociais, dar cursos e palestras.

• Lua quadratura Urano – das 11:58 às 16:02 (exato 14:00)

Mudanças repentinas de humor estão por toda parte e podem colocar a perder trabalhos em andamento ou reuniões. Melhor escolher uma alimentação leve para que a digestão seja fácil. Estar ao ar livre pode desestressar.

DIA 23 DE JUNHO – SEXTA-FEIRA
Nova em Virgem às 07:34 LFC Fim às 07:34

Enquanto a Lua estiver em Virgem, cuidados com saúde e alimentação ficam mais fáceis. A opção é comprar e usar tudo mais natural e orgânico. Roupas leves, meditação, alongamento, atividades como yoga e caminhadas ao ar livre são muito favoráveis. É muito oportuno todo tipo de organização, desde papéis até gavetas. Diminuir o consumo de alimentos que sejam muito industrializados, glúten e açúcar é uma opção para melhora da vida de forma geral. Bom momento para iniciar atividades que precisam de atenção e detalhes.

• Lua sextil Sol – das 09:12 às 13:36 (exato 11:24)

Clareza nos assuntos de trabalho e parcerias que podem incluir tecnologia ou engenharia. Na vida particular, olho no olho flui e as relações ficam próximas.

• Lua oposição Saturno – das 20:05 à 00:08 de 24/06 (exato 22:07)

Os critérios de avaliação são muito altos e não dá para alcançar as expectativas. Comparações não favorecem os diálogos, pois podem deixar as pessoas intimidadas. A falta de estrutura nos lugares de diversão deixa a desejar, e a noite não vai corresponder às expectativas.

• Lua trígono Júpiter – das 21:49 às 01:56 de 24/06 (exato 23:52)

Agora tudo fica melhor, e as pessoas começam a se divertir. Encontrar amigos e compartilhar alegrias é muito importante, pois reabastece as baterias do coração. A generosidade e a empatia são atitudes muito importantes e podem ser dadas de graça, então a dica é espalhar por aí. Dançar revigora o corpo. Por isso, se jogue.

DIA 24 DE JUNHO – SÁBADO
⬤ Nova ⬤ em Virgem

Hoje a Lua não faz aspecto com outros planetas no Céu. Devemos observar recomendações para a fase e o Signo em que a Lua se encontra.

DIA 25 DE JUNHO – DOMINGO
⬤ Nova ⬤ em Libra às 19:56 LFC Início às 19:24 LFC Fim às 19:56

Enquanto a Lua estiver em Libra, cuidados com a aparência e na decoração são importantes. Tornar tudo em sua volta agradável e bonito com a inclusão das pessoas importantes nessas decisões é tudo de bom. Diplomacia e cordialidade são importantes para a convivência em casa e no trabalho. Negócios em alta envolvem estética e decoração de ambientes. Relações-públicas é uma profissão muito procurada. O caminho do meio é a melhor opção na dúvida.

• **Lua trígono Urano – da 00:51 às 04:53 (exato 02:52)**

Insights e ideias ficam brotando a toda hora, melhor anotar, pois muitas podem gerar bons trabalhos. Criatividade com beleza é gerada. Selfies para as redes sociais vão ficar muito boas, assim como o texto.

• **Lua quadratura Mercúrio – das 11:59 às 16:50 (exato 14:24)**

Cuidar das palavras é urgente, o que se fala sem reflexão pode pegar mal. Erro em documentos pode gerar atrasos e mais tempo para finalizar processos.

• **Lua oposição Netuno – das 13:20 às 17:19 (exato 15:20)**

Atitudes sem noção é o que podemos atrair ao entregar trabalhos sem revisão. Nesse período, a confusão é tanta que encomendas podem parar em outro lugar, vale a pena acompanhar o andamento do deslocamento.

• **Lua trígono Plutão – das 17:25 às 21:22 (exato 19:24)**

Intensidade e beleza juntas formam uma combinação perfeita. Não fica raso, fica profundo e bonito. As relações também se beneficiam dessa ligação mais profunda. Legal também para finalizar processos e trabalhos.

DIA 26 DE JUNHO – SEGUNDA-FEIRA
☽ Crescente às 04:50 em 04°29' de Libra ☽ em Libra

• **Lua quadratura Sol** – das 02:41 às 06:57 (exato 04:50)

Esperar que as pessoas saibam o que você quer pode não ter um bom resultado. A colaboração está em baixa, então a comunicação pode ajudar a chegar mais perto de uma cooperação razoável. Falta clareza, e ela precisa ser compensada com uma postura mais proativa.

DIA 27 DE JUNHO – TERÇA-FEIRA
☾ *Crescente* ☾ *em Libra*

• **Lua sextil Vênus** – das 05:53 às 09:58 (exato 07:56)

Aconchego e amorosidade acordam juntos e tomar café da manhã com o par é uma delícia. A colaboração é fundamental no trabalho individual e em reuniões. Cuidar da estética e mudar o look vai ser muito bom.

• **Lua sextil Marte** – das 13:25 às 17:25 (exato 15:25)

Energia e harmonia deixam qualquer espaço equilibrado, reuniões são muito eficientes e a colaboração está em toda parte. Encontros são fantásticos, o olho no olho traz um encantamento e as pessoas podem ficar mais próximas.

DIA 28 DE JUNHO – QUARTA-FEIRA
☾ *Crescente* ☾ *em Escorpião às 05:55 LFC Início às 05:18 LFC Fim às 05:55*

Enquanto a Lua estiver em Escorpião, tudo ou nada, sem meio-termo é a onda do momento. Pesquisar e aprofundar são as habilidades a serem desenvolvidas nessa fase. Ótima época para refazer, reutilizar e reformar, importante é recuperar. Transformar as relações desapegando do que não serve mais. Desejos e paixões surgem e capturam a atenção, a vida pode ser intensa e prazerosa. Atenção para não focar demasiado um só assunto.

• **Lua quadratura Plutão** – das 03:26 às 07:10 (exato 05:18)

Provocações podem levar a um lugar que não tem volta. Desmarcar atividades que tragam assuntos que estão fazendo pressão e sentir algum medo pode ser uma solução para preservar situações que podem se recuperar com o tempo.

• **Lua trígono Mercúrio** – das 10:17 às 14:45 (exato 12:31)

Bora conversar com profundidade em assuntos com interesse comum. Escrever, fazer palestras e publicar algo fica com um ar impactante e cativante.

• **Lua trígono Sol** – das 16:49 às 20:47 (exato 18:49)

Clareza e assertividade de ir direto ao ponto são as expresões desse momento. Aproveitar e acertar as histórias que estão perdidas dá muito certo. Aproximar das pessoas fica muito fácil, e a conexão é imediata.

• **Lua trígono Saturno – das 17:16 às 20:56 (exato 19:06)**

Organizar e planejar é preciso, e nada vai ficar de fora. As reuniões são muito produtivas e o grupo responde muito bem. Trabalho impecável finaliza o dia. Organizar qualquer área fica bem-feito. Aproveitar, reaproveitar e reciclar é importante.

• **Lua oposição Júpiter – 20:36 às 00:19 de 29/06 (exato 22:28)**

Compulsão pelas coisas é bem perigoso, desde chocolate, bebidas, trabalho etc. O melhor a se fazer, nesse caso, é espairecer com um passeio ou fazer um alongamento.

DIA 29 DE JUNHO – QUINTA-FEIRA
☾ *Crescente* ☾ *em Escorpião*

• **Lua quadratura Vênus – das 16:40 às 20:24 (exato 18:32)**

A tarde não promete não ser fácil, as pessoas não colaboram e os relacionamentos podem ficar um pouco tensos, frios. Não ter expectativas altas é uma forma para lidar e continuar o dia. Melhor mexer na aparência e na decoração outra hora.

• **Lua oposição Urano – das 19:35 às 23:08 (exato 21:22)**

Ficar com irritação só aumenta a ansiedade, pois nem tudo sai como o planejado. Corte e interrupções não dão o tempo necessário para o descanso, a tensão no corpo precisa de uma pausa para relaxar.

• **Lua quadratura Marte – das 23:14 às 02:55 de 30/06 (exato 01:05 de 30/06)**

A musculatura fica muito tensa e parece que tudo e todos estão de certa forma mais agressivos, um banho quente pode aliviar e deixar para outro dia o acerto que ficou pendente.

DIA 30 DE JUNHO – SEXTA-FEIRA
☾ *Crescente* ☾ *em Sagitário às 11:59 LFC Início às 11:20 LFC Fim às 11:59*

Enquanto a Lua estiver em Sagitário, disposição e animação, otimismo e confiança seguem por estes dias. Tempo para estudar filosofia, línguas e viajar. Comer comida de outros países e conversar com quem está longe. O espírito de aventura e a necessidade de espaço invade tudo na vida. Há tendência ao exagero, e é bom pegar leve para não passar do ponto. Profissões vinculadas ao ensino de línguas, estudo superior e viagens estão em alta. Legal fazer turismo, mesmo que on-line. Generosidade está no ar.

• **Lua trígono Netuno** – das 06:13 às 09:42 (exato 07:57)

Pura inspiração e o trabalho de cura através de terapias complementares em conjunto com a médica, é muito eficaz. A inspiração flui e fazer algo legal durante o dia é muito reparador. Passear em um lugar lindo ou ir a um templo ligado à nossa fé traz paz ao coração.

• **Lua sextil Plutão** – das 09:36 às 13:04 (exato 11:20)

Intensidade e paixão podem nos convidar nessa manhã a encontrar aqueles que amamos ou queremos nos aproximar. Tudo fica intenso e pode ajudar a produtividade, pois a vivacidade é um recurso que dá bons resultados.

• **Lua quadratura Saturno** – das 22:25 à 01:50 de 01/07 (exato 00:08 de 01/07)

Final de noite muito tenso e sem graça. Nada está bom, as pessoas e os lugares de certo modo estão desconfortáveis e com falta de eficiência. Às vezes, é melhor ficar em casa e ver um bom filme.

Julho 2023

Domingo	Segunda-feira	Terça-feira	Quarta-feira	Quinta-feira	Sexta-feira	Sábado
						1 Lua Crescente em Sagitário ♐
2 ♑ Lua Crescente em Capricórnio às 14:19 LFC 10:33 às 14:19	**3** ○11°18'♑ Lua Cheia às 08:38 em Capricórnio	**4** ♒ Lua Cheia em Aquário às 14:29 LFC 13:45 às 14:29	**5** Lua Cheia em Aquário	**6** ♓ Lua Cheia em Peixes às 14:32 LFC 10:41 às 14:32	**7** Lua Cheia em Peixes	**8** ♈ Lua Cheia em Áries às 16:18 LFC 15:23 às 16:18
9 ☽17°35'♈ Lua Minguante às 22:47 em Áries	**10** ♉ Lua Minguante em Touro às 20:55 LFC 20:10 às 20:55	**11** Lua Minguante em Touro	**12** Lua Minguante em Touro	**13** ♊ Lua Minguante em Gêmeos às 04:25 LFC 03:10 às 04:25	**14** Lua Minguante em Gêmeos	**15** ♋ Lua Minguante em Câncer às 14:13 LFC 09:36 às 14:13
16 Lua Minguante em Câncer	**17** ●24°56'♋ Lua Nova às 15:31 em Câncer	**18** ♌ Lua Nova em Leão às 01:39 LFC 00:05 às 01:39	**19** Lua Nova em Leão	**20** ♍ Lua Nova em Virgem às 14:12 LFC 11:08 às 14:12	**21** Lua Nova em Virgem	**22** Lua Nova em Virgem Entrada do Sol no Signo de Câncer às 22:50
23 ♎ Lua Nova às 02:53 em Libra LFC 01:07 às 02:53	**24** Lua Nova em Libra	**25** ☽02°42'♏ Lua Crescente às 19:0 LFC 12:05 às 13:55	**26** Lua Crescente em Escorpião	**27** Lua Crescente em Sagitário às 21:23 LFC 19:35 às 21:23	**28** ♐ Lua Crescente em Sagitário	**29** Lua Crescente em Sagitário LFC Início às 20:51
30 ♑ Lua Crescente em Capricórnio às 00:43 LFC Fim 00:43	**31** Lua Crescente em Capricórnio LFC Início às 23:12					

O LIVRO DA LUA 2023

Mandala Lua Cheia Julho

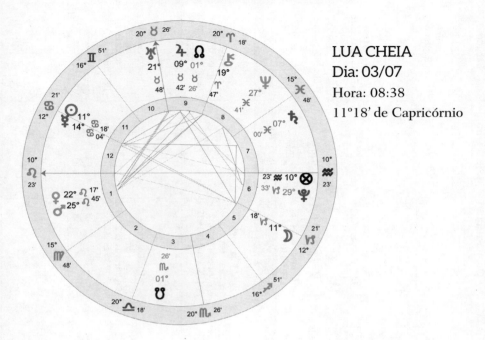

LUA CHEIA
Dia: 03/07
Hora: 08:38
11°18' de Capricórnio

Mandala Lua Nova Julho

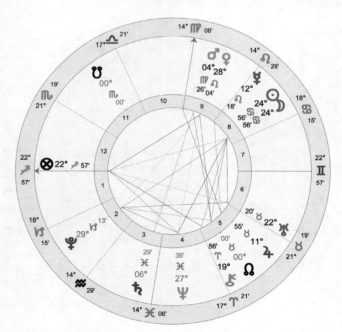

LUA NOVA
Dia: 17/07
Hora: 15:31
24°56 de Câncer

CÉU DO MÊS DE JULHO

Chegamos à metade do ano com muito jogo de cintura para definir situações, graças à dupla Mercúrio e Júpiter que, em sintonia no dia 01/07, nos ajuda a sair de qualquer enrascada, favorecendo especialmente assuntos relacionados a comunicação, divulgação e vendas. É importante ter em mente que a palavra é nossa grande arma e, se usada com cuidado e responsabilidade, pode alcançar mais pessoas, fazendo uma mensagem chegar mais longe do que poderíamos imaginar.

Responsabilidade é uma palavra importante para este começo de mês, também por conta da chegada da Lua Cheia em Capricórnio, no dia 03/07.

Sol ainda em harmonia com Saturno desde 27/06 indica que poderemos colher bons frutos de tudo aquilo a que nos dedicamos com organização e disciplina – principalmente em questões de ordem material, como trabalho e finanças.

Por outro lado, Vênus e Urano em atrito alertam para oscilações financeiras, o que é mais um motivo para não tomar decisões por impulso ou que não estavam no planejamento.

Júpiter, que está muito bem-sintonizado com Lua e Saturno, pode trazer vantagens nas negociações e situações que estejam mais estáveis na vida ou amadurecidas em nosso coração.

Viagens, eventos e partos estão especialmente favorecidos sob a influência dessa lunação. No dia 06/07, é a vez de Mercúrio se encontrar com Urano para um bom papo, trazendo mais uma chance de resolver o que quer que esteja emperrado em nossas vidas.

Um processo que precise ser resolvido pode tomar novos rumos por meio de uma conversa, notícia ou pessoa que é peça-chave na tomada de decisão. O importante é não dar um assunto por encerrado até que o placar esteja ao nosso favor. O jogo só acaba quando o juiz apita!

E, com tanta coisa acontecendo já na primeira semana do mês, chegamos ao dia 09/07 com o encerramento de um ciclo. A Lua fica Minguante em Áries, nos ajudando a finalizar questões com maior velocidade e assertividade.

Mas devemos ter cuidado com o conflito entre Mercúrio e Plutão, que pode trazer preocupações e aquela vontade de "chutar o balde", tirar situações a limpo e tomar atitudes impensadas. O risco de nos envolvermos em fofocas, intrigas e discussões é maior.

Por isso, é bom respirar e contar até dez quantas vezes for preciso. Netuno em bom aspecto com Mercúrio no mesmo dia traz apoio para aqueles que estiverem dispostos a chegar a um consenso e resolver as situações com inteligência, e sem tanto drama. Muitos insights podem surgir através de um sonho.

O dia 10/07 marca a entrada de Marte ao Signo de Virgem, trazendo o foco de nossa energia para questões práticas e que influenciam a nossa rotina. Até 27/08 se dará melhor aquele que for organizado e metódico em relação às suas metas, sem querer pular etapas e buscando melhor desempenho, além de eficiência. Uma boa dica é lançar mão desse período para se dedicar às atividades físicas, não só para aumentar a performance do corpo, como também para evitar a ansiedade.

Mercúrio é outro que muda de cadeira e passa a dançar conforme a música de Leão entre 11/07 e 28/07. Durante esse período, podemos contar com maior energia para o que faz o coração vibrar, o que, por sua vez, favorece a criatividade e incentiva a originalidade na comunicação.

Aliás, já iremos perceber o coração batendo mais forte com a chegada de novas ideias e assuntos, através do encontro harmônico entre Sol e Urano, no dia 12/07. Esse trânsito nos ajuda a coordenar planos e projetos, além de nos permitir plantar contatos com pessoas novas e interessantes, que podem se desdobrar em situações benéficas mais pra frente. A dica é sair do lugar comum, circular e nos abrir ao acaso. É a chance de organizar a vida às vésperas da Lua Nova, que começa oficialmente no dia 17/07, em Câncer.

Essa lunação pede entrega a projetos, situações e relações que falem ao coração, muito mais do que à razão. Um bom aspecto entre Lua e Urano traz mudanças e o surgimento de novos laços e conexões, especialmente porque estaremos mais propensos a navegar pelos acontecimentos, tendo como guia a intuição.

Netuno também fica próximo a fazer um bom aspecto com a Lua, reforçando a sensibilidade do momento e nos conduzindo ao melhor caminho.

Por outro lado, Mercúrio em rota de colisão com Júpiter nos deixa mais dispersos, especialmente no que diz respeito a questões de ordem prática. Devemos ter atenção à tendência a falar e pensar demais, sem conseguir fazer a metade do que nos propomos.

E, como uma boa lunação canceriana, Marte em oposição a Saturno assina embaixo das oscilações de humor, raiva e agressividade reprimida, tornando as obrigações mais pesadas de carregar e as críticas mais difíceis de engolir.

Muita coisa dependerá mais do externo do que de nós mesmos, o que faz desse momento a tempestade perfeita para a procrastinação.

Para a saúde, essa lunação pode nos deixar literalmente mais doloridos, o que torna contraindicado o início de tratamentos eletivos, especialmente relacionados a dentes e ossos.

No dia 18/07, Sol e Netuno em harmonia funcionam como a luz que de repente aparece entre as nuvens, aliviando um pouco a pressão das demandas através da ajuda, da proteção e da boa vontade entre as pessoas. Romances e encontros felizes também podem nos fazer acordar no dia seguinte ouvindo a melodia do "passarinho verde".

Mas, logo depois, o clima fica pesado, trazendo situações de disputa no trabalho, acidentes de trânsito e conflitos nas relações. Entre os dias 20/07 e 23/07, o aspecto tenso entre Sol e Plutão pode nos levar a discussões e embates mais sérios.

Mercúrio e Urano em desarmonia no dia 22/07 reforçam o clima de impaciência, inconstância e a tendência a desencontros e mal-entendidos. Não é hora de cutucar a ferida de ninguém. No mesmo dia, Vênus inicia o movimento de retrogradação em Leão e, até 03/09, devemos ter maior cautela nos assuntos financeiros, além de evitar procedimentos estéticos, lançamentos de empreendimentos comerciais e oficialização de parcerias (tanto no amor quanto nos negócios).

O Sol chega em casa quando passa a vibrar com as cores e a energia de Leão no dia 23/07, ficando em seu domicílio astral até 23/08. É hora de fazermos algo de bom por nós mesmos, vivendo mais de tudo o que nos dá prazer. Se existe um melhor momento para assumir o que nos faz feliz, aqui está ele!

E qualquer obstáculo que se coloque diante desta felicidade poderá ser enfrentado com maior determinação na chegada da Lua crescente a Escorpião, no dia 25/07. Com as paixões e desejos falando mais alto, reagimos com força a tudo o que nos aflige ou atinge – e isso vale para o bem e para o mal, já que este é um Signo que fala de extremos.

Viverá com inteligência esse momento quem usar essa energia para se entregar aos projetos e às situações que quer realizar. Mercúrio e Vênus, juntos, podem ajudar trazendo sociabilidade e maior poder de persuasão para fechar acordos, compras e negócios no dia 26/07.

Mas antes mesmo de fechar o mês, Mercúrio chega a Virgem, onde permanecerá até 05/10 fazendo deste o melhor período para colocar estudos, informações e compromissos em ordem e, de preferência, com um método prático e que seja funcional para a nossa rotina pessoal.

Posição diária da Lua em julho

DIA 1º DE JULHO – SÁBADO
☾ *Crescente* ☾ *em Sagitário*

• **Lua trígono Vênus – das 22:37 às 02:04 de 02/07 (exato 00:21 de 02/07)**

Essa noite de sábado vem com tudo. A partir desse horário que adentra pela madrugada, há uma deliciosa energia para o amor. Os encontros de qualquer espécie são beneficiados. Festas e comemorações serão recheadas de muita alegria e entusiasmo, devido a Lua estar no Signo de Sagitário! Mas, se a programação for em casa, podemos nos dedicar a algo que seja do nosso agrado. Ou estender um jantar com alguém especial, com boa comida, boa bebida e muita sedução.

DIA 02 DE JULHO – DOMINGO
☾ *Crescente* ☾ *em Capricórnio às 14:19 LFC Início às 10:33 LFC Fim às 14:19*

Enquanto a Lua estiver em Capricórnio, prevalece um sentimento geral de responsabilidade e compromisso. As pessoas estão mais sérias e cientes de suas obrigações. Há mais facilidade em encararmos tarefas desgastantes e fazermos pequenos sacrifícios em prol de vantagens futuras.

• **Lua trígono Marte – das 04:35 às 08:01 (exato 06:18)**

Desde bem cedinho, contamos com uma energia poderosa de ação e disposição que ajuda a iniciar bem o dia, para quem tiver atividades nesse horário. Sair para malhar ou praticar qualquer atividade física será de ótimo proveito.

• **Lua quadratura Netuno – das 08:54 às 12:11 (exato 10:33)**

Logo depois, a energia muda completamente. Quem não agiu antes, agora sentirá desânimo e preguiça para tudo o que exija esforço. Portanto, devemos respeitar esse estado de ser e evitar atividades que nos exijam esforço físico ou emocional.

DIA 03 DE JULHO – SEGUNDA-FEIRA
○ *Cheia às 08:38 em 11º18' de Capricórnio* ○ *em Capricórnio*

• **Lua sextil Saturno** – da 00:06 às 03:19 (exato 01:43)

Com as emoções alinhadas à razão será mais fácil aceitarmos e resolvermos as dificuldades surgidas no dia anterior. Esse aspecto traz uma sensação gratificante de dever cumprido. Ter essa consciência garantirá a boa qualidade do sono.

• **Lua trígono Júpiter** – das 04:24 às 07:39 (exato 06:01)

Despertamos com uma sensação de que hoje tudo vai dar certo. Seja no trabalho ou na vida pessoal, podemos enxergar o melhor em tudo e em todos. Favorável a quem vai viajar nessas horas.

• **Lua oposição Sol** – das 06:55 às 10:21 (exato 08:38)

Aspecto da entrada da Lua Cheia. Esse dia pode ser bastante tenso para relacionamentos que estejam em crise. Ou nas situações em que as pessoas sejam muito diferentes entre si. As emoções estão alteradas e o melhor será evitar conflitos.

• **Lua oposição Mercúrio** – das 11:57 às 15:41 (exato 13:49)

Não são aconselháveis as conversas que se pretenda ter um desfecho, uma solução definitiva. Energia propensa a mal entendidos. Qualquer comentário leviano ou que dê margem a dupla interpretação deve ser evitado.

• **Lua trígono Urano** – das 23:53 às 03:05 de 04/07 (exato 01:29 de 04/07)

Essa é uma energia positiva que pode trazer boas surpresas. Algo que parecia fora das possibilidades se torna possível. O segredo aqui é agir com aceitação, sem resistência, que a coisa flui.

DIA 04 DE JULHO – TERÇA-FEIRA
○ *Cheia* ○ *em Aquário às 14:29 LFC Início às 13:45 LFC Fim 14:29*

Enquanto a Lua estiver em Aquário, a disposição é para o que nos traga leveza, liberdade e para o que nos solte as amarras. Há maior facilidade para nos libertar de situações incômodas. Aumenta a intolerância a restrições e a toda a forma de controle. São dias em que a criatividade aflora e podemos ter ideias brilhantes.

• **Lua sextil Netuno** – das 09:12 às 12:23 (exato 10:48)

Suavidade e encantamento no ar. Inspiração e benevolência podem guiar nossos atos. Favorece missas, cultos religiosos, atividades artísticas e exposições.

• **Lua conjunção Plutão** – das 12:09 às 15:20 (exato 13:45)

Mudança no astral do dia! Emoções à flor da pele. Devemos evitar conflitos. Uma simples discórdia acaba gerando brigas, e ressentimentos podem vir a tona. Por outro lado, beneficia diagnóstico e exames.

DIA 05 DE JULHO – QUARTA-FEIRA
○ *Cheia* ○ *em Aquário*

• Lua quadratura Júpiter – das 04:51 às 08:04 (exato 06:28)

Nessa manhã devemos atentar para os exageros na alimentação, nas atitudes e nas reações. Há uma inclinação a se querer tudo do nosso jeito ou a querer mais, não nos contentando com a parte que nos cabe.

• Lua quadratura Urano – das 23:53 às 03:06 de 06/07 (exato 01:29 de 06/07)

Aqui nada sai como o combinado. É comum haver desistências. As reações podem ser repentinas, do tipo "virar a mesa". Para ter um sono tranquilo, vamos precisar aquietar a mente e os sentimentos.

DIA 06 DE JULHO – QUINTA-FEIRA
○ *Cheia (disseminadora)* ○ *em Peixes às 14:32 LFC Início às 10:41 LFC Fim 14:32*

Enquanto a Lua estiver em Peixes, é mais fácil encontrarmos colaboração por parte de todos. A necessidade de encontrar explicação para o que acontece à nossa volta e para as coisas do destino, leva as pessoas a buscarem respostas no lado espiritual, místico e mágico da vida. Os contos de fadas, os filmes com temas espiritualistas ou sobrenaturais e tudo o que leve as pessoas a sonharem com um mundo melhor, terão grande procura e aceitação.

• Lua oposição Vênus – das 02:57 às 06:17 (exato 04:37)

Há uma resistência ao que nos for negado. Com uma atitude infantil, queremos ser saciados das necessidades emocionais. Devemos nos poupar, e o melhor a se fazer é aproveitar essas horas para descansar corpo e mente.

• Lua oposição Marte – das 09:00 às 12:22 (exato10:41)

Quem puder dispor de tempo para atividades físicas nessa manhã pode sentir melhora no estado de mau humor trazido por essa configuração. O importante é não ficar parado. Podemos alternar as atividades, sair da repetição e evitar ficar mais tempo em locais fechados.

DIA 07 DE JULHO – SEXTA-FEIRA
○ *Cheia (disseminadora)* ○ *em Peixes*

• Lua conjunção Saturno – da 00:08 às 03:24 (exato 01:46)

Quem tiver atividades poderá sentir o trabalho mais cansativo. A sensação é de que as horas não passam. O ideal é realizar as tarefas com autonomia. Há indisponibilidade por parte de todos e pedidos de favores poderão ser negados.

• **Lua sextil Júpiter** – das 05:47 às 09:07 (exato 07:27)

A partir de agora o astral muda para melhor. Aqui já é possível contarmos com a boa vontade e generosidade dos que nos cercam. Há um sentimento de que tudo é possível, basta querer e correr atrás.

• **Lua trígono Sol** – das 14:01 às 17:34 (exato 15:47)

Com maior clareza a respeito dos sentimentos, é possível dissiparmos dúvidas e esclarecermos fatos que antes estavam obscuros. Há uma grata sensação de que as coisas, os fatos e as circunstâncias obedecem a um ritmo perfeito e tudo se encaixa como tem que ser. Esse sentimento nos traz um apaziguamento interior que se reflete nos relacionamentos em geral. Principalmente para os casais.

DIA 08 DE JULHO – SÁBADO
○ *Cheia (disseminadora)* ○ *em Áries às 16:18 LFC Início às 15:23 LFC Fim 16:18*

Enquanto a Lua estiver em Áries, impera o dinamismo e a força de ação. As pessoas se tornam bem mais diretas e francas. Nos assuntos em geral, dá mais certo ir direto ao ponto, evitando rodeios e perda de tempo. Tudo se agiliza e se resolve de forma mais rápida. No entanto, aumenta, também, a impaciência para tudo o que for demorado, cansativo e para os atrasos. Ninguém quer esperar ninguém. Em Áries o ritmo é acelerado seja no trabalho ou na vida pessoal.

• **Lua sextil Urano** – da 01:06 às 04:28 (exato 02:47)

Essa noite convém levar caneta e papel para perto da cama. Isso porque podem surgir verdadeiras mensagens através de sonhos ou insights, e devemos anotá-los logo, antes que se apaguem da mente. Neles poderá conter uma valiosa dica.

• **Lua trígono Mercúrio** – das 04:57 às 08:53 (exato 06:55)

Especialmente favorável aos que acordam cedo para estudar, dar aulas ou palestras. A mente está com maior capacidade de absorver conteúdos e assuntos novos. Diálogos são beneficiados devido a clareza de pensamento e disposição de falar abertamente sobre os sentimentos.

• **Lua conjunção Netuno** – das 10:39 às 14:03 (exato 12:21)

Nessas horas é aconselhável não exigir muito de ninguém, nem de nós próprios. Ficamos mais sensíveis e desanimados de qualquer coisa por muito pouco. Ao sair para o trabalho ou compromisso convém verificar tudo o que precisa levar, pois estamos fadados a esquecimentos e desatenção.

- **Lua sextil Plutão** – das 13:39 às 17:03 (exato 15:23)

Uma boa faxina em casa ou no local de trabalho nos dará uma sensação de leveza e "limpeza interior". Devemos separar tudo o que estiver entulhando os armários e cantos, tudo o que não desejamos mais e fazer doação. Ou arranjar outro uso para aquilo. O importante é desestagnar e desapegar.

DIA 09 DE JULHO – DOMINGO
☽ Minguante às 22:47 em 17°35 de Áries ☽ em Áries

- **Lua quadratura Sol** – das 20:54 às 00:41 de 10/07 (exato 22:47)

Nessas horas devemos descansar e evitar tarefas pesadas. A energia está em baixa. É o início do ciclo da Lua Minguante. Durante esse ciclo, devemos refletir sobre todas as ações, feitos, conquistas e, também, frustrações que houve nos ciclos anteriores.

DIA 10 DE JULHO – SEGUNDA-FEIRA
☽ Minguante ☽ em Touro às 20:55 LFC Início às 20:10 LFC Fim 20:55

Enquanto a Lua estiver em Touro, com os ânimos mais apaziguados, não temos mais pressa para nada. Aqui o ritmo se torna mais lento. Estamos querendo mais o que nos proporcione conforto, mordomia e estabilidade. Não estamos dispostos a arriscar o que é certo pelo duvidoso. Nos relacionamentos, há mais afetividade e podemos abusar dos carinhos físicos.

- **Lua trígono Vênus** – das 11:43 às 15:25 (exato 13:34)

Ótimo horário para a compra de presentes. Acertamos em cheio no gosto da pessoa a ser presenteada. Favorável as compras de roupas, acessórios, artigos de decoração e artigos finos. O bom gosto está apurado. Indicado, também, para pintar o cabelo.

- **Lua quadratura Plutão** – das 18:01 às 21:37 (exato 19:49)

Muito cuidado será necessário para não magoarmos ninguém. Sob essa configuração é mais difícil tolerarmos palavras ou atitudes ríspidas. O emocional está afetado por lembranças de mágoas passadas. Não se aconselha discutir a relação.

- **Lua quadratura Mercúrio** – das 18:03 às 22:17 (exato 20:10)

Mais uma energia que desfavorece encontros com pessoas difíceis. As conversas em que se tenha que colocar um ponto de vista ou falar dos sentimentos também devem ser evitadas. Reuniões de trabalho também não produzem o esperado.

• **Lua trígono Marte** – das 19:37 às 23:24 (exato 21:30)

Para aquilo que queremos resolver, esse aspecto pede uma abordagem direta, sem rodeios. Ir logo ao ponto garantirá uma resposta mais rápida. Estão favoráveis exercícios físicos e caminhadas. O corpo responderá bem.

DIA 11 DE JULHO – TERÇA-FEIRA
☽ Minguante ☽ em Touro

• **Lua sextil Saturno** – das 07:21 às 11:00 (exato 09:10)

Tudo o que estiver programado para essas horas será devidamente cumprido no prazo e no horário. Horas bastante produtivas, garantindo eficiência nos trabalhos e nas tarefas, seja em casa ou local de trabalho.

• **Lua conjunção Júpiter** – das 15:12 às 18:55 (exato 17:03)

Muito ânimo, fé e otimismo para tudo o que se empreender nesta tarde. Com espírito de grandeza em alta, as pessoas estão dispostas a facilitar a vida de todos, especialmente, nos relacionamentos íntimos. Podemos pedir favores e retribuir gentilezas e favores, também.

DIA 12 DE JULHO – QUARTA-FEIRA
☽ Minguante (balsâmica) ☽ em Touro

• **Lua sextil Sol** – das 07:29 às 11:30 (exato 09:29)

Há uma sensação de bem-estar interior que torna tudo mais fácil a nossa volta. A sensação é de que tudo flui e acontece como tem que ser. Esse par celeste beneficia os casais e, tudo o que fizermos, será melhor a dois.

• **Lua conjunção Urano** – das 11:49 às 15:34 (exato 13:41)

Podemos esperar imprevistos para essas horas. Algo pode ser alterado no último instante. Importante não resistir a essas possíveis mudanças e manter uma atitude de flexibilidade.

• **Lua quadratura Vênus** – das 20:27 à 00:19 de 13/07 (exato 22:23)

Aqui é preciso prestar atenção a atitudes infantis no sentido de exigirmos do outro o que não é possível no momento. Estamos carentes, queremos mais e mais, seja em relação à atenção ou à disponibilidade do outro. O que se aconselha é, justamente, fazer pelo outro o que desejaríamos que ele fizesse por nós.

• **Lua sextil Netuno** – das 22:05 à 01:52 de 13/07 (exato 23:58)

Essa bela energia nos convida a um sono agradável e sonhar colorido mesmo que seja acordado. Favorece orações, cultos e práticas de meditação. Há boa vontade entre todos e mais disposição para acatar pedidos de ajuda.

DIA 13 DE JULHO - QUINTA-FEIRA

☽ *Minguante (balsâmica)* ☽ *em Gêmeos às 04:25 LFC Início às 03:10*
LFC Fim às 04:25

Enquanto a Lua estiver em Gêmeos, estão propícias as reuniões casuais, sair para encontrar pessoas, bater papo, trocar ideias, percorrer o comércio atrás das novidades. É fácil tirar as pessoas de casa. Estamos comunicativos, falantes e curiosos. Aumenta a movimentação em bares, cafeterias, livrarias e sites da internet.

• **Lua trígono Plutão** – da 01:17 às 05:03 **(exato 03:10)**

Madrugada de sono reparador e com possibilidade de recuperação para quem estiver debilitado. Esse aspecto potencializa as medicações e a força emocional para promover curas.

• **Lua quadratura Marte** – das 05:51 às 09:50 **(exato 07:51)**

Para quem levanta cedo e sai para se exercitar, estará no caminho certo para afastar o mau humor. Discussões devem ser evitadas. Será mais produtivo realizar as tarefas sozinho.

• **Lua sextil Mercúrio** – das 11:25 às 15:54 **(exato 13:39)**

Excelente horário para qualquer tipo de encontro e de reunião. Seja de trabalho, seja para uma conversa informal ou para estudos. As coisas fluem melhor e os assuntos se desembaraçam.

• **Lua quadratura Saturno** – das 15:11 às 18:59 **(exato 17:05)**

Tendência a se pensar negativamente. Aqui as tarefas parecerão mais trabalhosas do que de costume. Privilegiamos o que dá errado, o que está quebrado ou o que falta. Devemos ter em mente que para tudo há solução. Tudo no seu devido tempo.

DIA 14 DE JULHO - SEXTA-FEIRA

☽ *Minguante (balsâmica)* ☽ *em Gêmeos*

Hoje a Lua não faz aspecto com outros planetas no Céu. Devemos observar recomendações para a fase e o Signo em que a Lua se encontra.

DIA 15 DE JULHO - SÁBADO

☽ *Minguante (balsâmica)* ☽ *em Câncer às 14:13 LFC Início às 09:36 LFC Fim 14:13*

Enquanto a Lua estiver em Câncer, será ótimo estar com a família criando uma atmosfera de aconchego. Cultivar boas lembranças do passado, dos ancestrais, rever álbuns antigos de família ou de pessoas queridas trará uma bela gratificação a nossa alma. É comum tomarmos decisões de acordo com os sentimentos.

• **Lua sextil Vênus – das 07:27 às 11:26 (exato 09:36)**

A harmonia e o entendimento fluem nas relações. Nesta manhã, será gratificante estar com a pessoa amada. Sensação de bem-estar junto a pessoas queridas. O café da manhã poderá ser recheado de carinho e prazer a dois.

• **Lua quadratura Netuno – das 07:38 às 11:32 (exato 09:35)**

Com essa sonolenta energia no ar, ficar um pouco mais na cama será uma boa pedida. Se puder ser com alguém especial, melhor ainda, aproveitando as influências do aspecto anterior.

• **Lua sextil Marte – das 18:44 às 22:51 (exato 20:47)**

Essa noite vem com tudo, propiciando programas onde possamos estar em movimento. Seja sair para dançar, caminhar no calçadão, andar de bicicleta ou ir a academia. É mais fácil ganhar alguém numa paquera indo direto ao ponto, sem rodeios. Essa combinação astral faz o romance esquentar bem rápido!

DIA 16 DE JULHO – DOMINGO
☽ *Minguante (balsâmica)* ☽ *em Câncer*

• **Lua trígono Saturno – da 01:08 às 05:03 (exato 03:05)**

A consciência das tarefas realizadas, dos compromissos atendidos e tudo de acordo com o tempo certo garantirá a qualidade do sono. Para os notívagos, horas de grande produtividade e competência.

• **Lua sextil Júpiter – das 11:22 às 15:22 (exato 13:22)**

Excelente para reunião de familiares ou entes queridos em volta da mesa para compartilhar o almoço desse domingo! O astral está favorecendo a generosidade entre todos, com espírito de fartura em todos os sentidos. Devemos abusar de palavras de positividade e incentivo. Essas farão surtir excelentes efeitos por parte de quem as recebe.

DIA 17 DE JULHO – SEGUNDA-FEIRA
● *Nova às 15:31 em 24°56 de Câncer* ● *em Câncer*

• **Lua sextil Urano – das 08:21 às 12:21 (exato 10:21)**

Essa manhã poderá nos reservar uma boa surpresa. Algo do qual não se contava mais, de repente acontece. A criatividade está em alta e podemos usá-la para reverter uma situação a nosso favor. A chave para as coisas darem certo é deixar que elas fluam, sem impor a nossa vontade.

• **Lua conjunção Sol** – das 13:21 às 17:41 (exato 15:31)

Entrada da Lua na Fase Nova! Fase em que devemos lançar as sementes do que se quer que floresça na Lua Crescente. Não é hora de lutar ainda. As coisas não estão se apresentando como são de fato. E muita coisa ainda poderá sofrer alteração.

• **Lua trígono Netuno** – das18:52 às 22:52 (exato 20:52)

Os adeptos da missa de domingo, ou de outro culto religioso, contam com essa bela energia de aumento de fé. É mais fácil conseguir a adesão das pessoas para causas humanitárias e para a caridade. Programas como cinema, teatro e shows em alta.

• **Lua oposição Plutão** – das 22:05 às 02:05 de 18/07 (exato 00:05 de 18/07)

A partir dessas horas devemos nos resguardar de locais que possam oferecer algum risco. O melhor será estar em casa, em segurança. Não devemos deixar que mágoas do passado venham à tona e estraguem esse final de noite. As emoções se tornam mais intensas e é preciso trabalhar uma forma de expurgá-las sem colocar uma relação em risco.

DIA 18 DE JULHO – TERÇA-FEIRA
● *Nova* ● *em Leão às 01:39 LFC Início às 00:05 LFC Fim às 01:39*

Enquanto a Lua estiver em Leão, ficamos mais alegres, vaidosos, desejando ser enaltecidos por nossas qualidades. Para se conquistar alguém, basta abusar de elogios e atitudes nobres. Festividades, comemorações e homenagens serão muito apreciadas. Os ambientes refinados, onde se recebe um tratamento especial, terão a preferência.

• **Lua quadratura Júpiter** – das 23:59 às 04:04 de 19/07 (exato 02/01 de 19/07)

Não devemos jogar as expectativas muito acima do que dita a realidade. Aqui as coisas costumam não ser como as projetamos. Por isso, esse aspecto pode levar a uma decepção.

DIA 19 DE JULHO – QUARTA-FEIRA
● *Nova* ● *em Leão*

• **Lua conjunção Mercúrio** – das 06:01 às 10:44 (exato 08:22)

Despertamos com a mente alerta e cheia de ideias! Excelente energia para os estudantes, professores e mestrados. Todos os trabalhos mentais e pesquisas estão favorecidos. As reuniões de trabalho tendem a fluir a contento. Ótimo horário para fazer convites, dar informações e comunicados.

• **Lua quadratura Urano– das 20:49 à 00:52 de 20/07 (exato 22:50)**

A noite pode ser um tanto agitada. O melhor é não se comprometer com nada que não traga prazer ou possa cumprir. Desacelere e evite desentendimentos.

DIA 20 DE JULHO – QUINTA-FEIRA
● *Nova* ● *em Virgem às 14:12 LFC Início às 11:08 LFC Fim às 14:12*

Enquanto a Lua estiver em Virgem, o sentimento é mais intimista e sua demonstração mais reservada. As pessoas se tornam críticas, impacientes com desarrumação e com desorganização. No trabalho, itens como ordem e capricho serão observados e levados em conta. Esses dias são ideais para as arrumações em geral e para colocarmos o dia a dia em funcionamento com mais eficiência.

• **Lua conjunção Vênus – das 09:05 às 13:10 (exato 11:08)**

Excelente para um almoço animado com pessoas queridas ou com alguém especial, lembrando que, nessas horas, a Lua ainda se encontra em Leão! Facilita as conquistas, pois crescemos em charme e dedução. É fácil conseguirmos favores. Basta usarmos de palavras amáveis e, claro, muito charme.

DIA 21 DE JULHO – SEXTA-FEIRA
● *Nova* ● *em Virgem*

• **Lua oposição Saturno – da 01:01 às 05:03 (exato 03:02)**

Para garantir a qualidade do sono será preciso estar com as obrigações em dia. Qualquer preocupação em relação ao que teria que ser feito interferirá nessa noite trazendo dificuldade em conciliar o sono.

• **Lua conjunção Marte – da 01:27 às 05:44 (exato 03:35)**

Para completar, se junta ao aspecto anterior essa inquietante energia. O sono é agitado e podemos acordar de repente nessa madrugada. Para aqueles que desempenham atividades nesse horário podem contar com um momento propício a tomar decisões e resolver de vez alguma pendência.

• **Lua trígono Júpiter – das 13:27 às 17:33 (exato 15:30)**

Se a madrugada foi agitada, agora há uma configuração que beneficia as relações em geral, os acordos, as promessas e os negócios. Isso se dá graças ao espírito de generosidade que permeia a todos. Encontros e contatos são gratificantes e contam com uma dose de sorte.

DIA 22 DE JULHO – SÁBADO
🌑 *Nova* 🌑 *em Virgem*

Entrada do Sol no Signo de Leão às 22h50min16seg
• **Lua trígono Urano – das 09:46 às 13:49 (exato 11:48)**
As coisas tendem a se desembaraçar ou tomar novos rumos. Favorece novos projetos, novas ideias e novas atitudes. Sair da repetição em algum setor da vida será gratificante. Estamos aptos a ousar e a nos diferenciar em qualquer atividade.

• **Lua oposição Netuno – das 19:58 às 23:59 (exato 21:59)**
O sono pode chegar mais cedo essa noite. Aproveite, pois o horário é muito propício para o descanso. Atividades trabalhosas devem ser evitadas. Assuntos que tragam lembranças dolorosas também. Estamos sensíveis, mais do que de costume.

• **Lua trígono Plutão – das 23:05 às 03:06 de 23/07 (exato 01:05 de 23/07)**
Quem conseguir descansar, receberá uma influência propícia para restaurar as energias e restaurar problemas de saúde, se esse for o caso. Em relação ao campo afetivo, o momento está indicado para a recuperação de relações desgastadas.

DIA 23 DE JULHO – DOMINGO
🌑 *Nova* 🌑 *em Libra às 02:53 LFC Início às 01:07 LFC Fim ás 02:53*

Enquanto a Lua estiver em Libra, a diplomacia está em alta. Devemos procurar maneiras de contornar uma situação sem discussões ou confrontos. Todas as atividades ligadas a arte, a beleza, a estética e a harmonia das formas estão favorecidas. Ambientes requintados, elegantes e de bom gosto serão muito apreciados.

• **Lua sextil Sol – da 01:04 às 05:25 (exato 03:15)**
Durante o sono, podemos ter sonhos reveladores devido a intuição estar exacerbada. Os que tiverem atividades nessas horas devem buscar colaboração de pessoa do sexo oposto.

DIA 24 DE JULHO – SEGUNDA-FEIRA
🌑 *Nova* 🌑 *em Libra*

Hoje a Lua não faz aspecto com outros planetas no Céu. Devemos observar recomendações para a fase e o Signo em que a Lua se encontra.

DIA 25 DE JULHO – TERÇA-FEIRA

☽ Crescente às 19:06 em 02°42' de Escorpião ☽ em Escorpião
LFC Início às 12:05 LFC Fim 13:55

Enquanto a Lua estiver em Escorpião, o clima de erotismo no ar sugere uma disposição para encontros e aventuras sexuais. Os laços profundos e verdadeiros serão mais valorizados. Então, é preciso muita transparência nas relações e não deixar nenhum mal entendido no ar. Por outro lado, há tendência a reações extremas e radicais. Será difícil esquecer ou perdoar qualquer acontecimento que traga mágoa ou ressentimento. Devemos prestar atenção nisso.

• **Lua sextil Mercúrio – da 01:26 às 05:51 (exato 03:39)**

Para começar o dia temos uma energia que leva a uma comunicação direta e fluída. Os contatos são feitos com facilidade, para quem aproveita essas horas tranquilas, facilita estudos e pesquisas.

• **Lua sextil Vênus – das 09:05 às 12:59 (exato 10:59)**

O bom gosto impera e facilita as compras em geral. Podemos encontrar bons artigos por um preço em conta. Estamos dispostos a agradar e encontramos pessoas que nos retribuem com boa vontade.

• **Lua quadratura Plutão – das 10:09 às 13:59 (exato 12:05)**

É importante estarmos atentos para a tendência a radicalizar os sentimentos. Nesse momento, as emoções podem atrapalhar o bom julgamento de uma situação. No trabalho o conselho é não confrontar pessoas de poder.

• **Lua quadratura Sol – das 17:02 às 21:10 (exato 19:06)**

Horário relativo a entrada da Lua na fase Crescente. Vamos aproveitar esse ciclo para correr atrás dos nossos propósitos. Batalhar para conseguir nossos desejos. Vamos dar força a tudo que pretendemos que cresça na nossa vida.

• **Lua trígono Saturno – das 23:34 às 03:20 de 26/07 (exato 01:27 de 26/07)**

Aliviados com a certeza de termos a vida em dia, as contas pagas e o trabalho concluído, podemos usufruir de um sono apaziguador. Mas, se alguma pendência ficou para trás, ainda dá tempo de resolver.

DIA 26 DE JULHO – QUARTA-FEIRA

☽ Crescente ☽ em Escorpião

• **Lua sextil Marte – das 06:32 às 10:28 (exato 08:30)**

Essa manhã chega trazendo muita disposição para atividades físicas, lotando as academias e espaços onde se possa caminhar, andar de bicicleta etc. Também é um bom horário para resolvermos as pendências que ficaram para hoje.

• **Lua oposição Júpiter** – das 12:45 às 16:30 (exato 14:38)

Devemos ter cautela em relação a assuntos grandiosos demais. Propostas ou projetos podem estar fora de medida. Se for o caso, é aconselhável buscar suporte de pessoas experientes no assunto.

DIA 27 DE JULHO – QUINTA-FEIRA
☾ *Crescente* ☾ *em Sagitário às 21:23 LFC Início às 19:35 LFC Fim 21:23*

Enquanto a Lua estiver em Sagitário, as pessoas se tornam mais expansivas e aumenta o espírito gregário. Em vez de aceitar limites, queremos lançar flechas para alvos mais distantes. Todas as atividades culturais estão favorecidas. As viagens, estudos sobre novas culturas, palestras e seminários também estão beneficiados.

• **Lua oposição Urano** – das 06:21 às 09:59 (exato 08:10)

Manhã bastante tensa e sujeita a diferentes imprevistos. Podemos esperar desmarcações ou alterações de planos. Aqui a rotina se desorganiza e é preciso ter um espaço de manobra. Não enrijecer e ir de acordo com a "maré" será a saída.

• **Lua trígono Netuno** – das 15:08 às 18:42 (exato 16:55)

Uma bela tarde para curtir cinema, música, exposição, dança... Enfim, tudo o que nos encante a alma. A sensibilidade mais aguçada trazida por esse aspecto nos faz perceber as sutilezas que nos encantam e que, normalmente, passam despercebidas.

• **Lua quadratura Vênus** – das 16:19 às 19:51 (exato 18:05)

Aqui as pessoas estão com mais disposição para gastar, comer, consumir em demasia. Esse comportamento pode ser motivado para saciar uma possível carência emocional. Nas compras será necessário perguntar se é aquilo mesmo que queremos ou que precisamos.

• **Lua quadratura Mercúrio** – das 16:52 às 20:53 (exato 18:53)

Não é aconselhável reuniões de trabalho, nem aquelas em que se tem que discutir um assunto sério. Aqui estamos dispersivos e fica mais difícil entender e se fazer entender.

• **Lua sextil Plutão** – das 17:48 às 21:22 (exato 19:35)

Essa combinação favorece arrumações de forma geral, seja em casa ou no íntimo ou até no plano emocional. As consultas, os check-ups e os diagnósticos estão beneficiados. Facilita, também, falar das emoções em profundidade garantindo, assim, um bom horário para as sessões com psicólogo ou psicanalista.

DIA 28 DE JULHO – SEXTA-FEIRA
☽ *Crescente* ☽ *em Sagitário*

• Lua trígono Sol – das 04:28 às 08:14 (exato 06:21)
Essa beleza de aspecto nos proporciona, logo cedo, mais capacidade de enxergarmos os fatos e as circunstâncias que nos rodeiam. Com mais clareza e assertividade, fica fácil saber o que queremos e, consequentemente, acertar na escolha de nossos propósitos.

• Lua quadratura Saturno – das 06:06 às 09:35 (exato 07:51)
Se houver algo ou tarefa a ser terminada, melhor enfrentar e finalizá-la. O aspecto traz uma preocupação excessiva em relação a pendências. Mas, se conseguirmos enfrentar o que nos preocupa, sentiremos uma enorme satisfação em relação a nós mesmos.

• Lua quadratura Marte – das 15:20 às 18:56 (exato 17:08)
Sob esta configuração, as pessoas se tornam mais reativas a qualquer provocação. É preciso cuidado no trânsito, devido à impaciência. Melhor será evitar discussões e disputas. Esse tipo de conduta não acabará bem, podendo se tornar mais grave do que poderia.

DIA 29 DE JULHO – SÁBADO
☽ *Crescente* ☽ *em Sagitário LFC Início às 20:51*

• Lua quadratura Netuno – das 18:52 às 22:11 (exato 20:32)
Devemos procurar repouso e paz. A sensibilidade está mais aguçada e reagimos mal a situações de enfrentamento ou aquelas que nos tragam melancolia e recordações sofridas.

• Lua trígono Vênus – das 19:13 às 22:28 (exato 20:51)
Noite de sábado especial para estarmos com quem amamos. Vale apostar num jantar romântico, colocar uma roupa especial e abusar do charme. Não é hora de economizar afeto. Dessa forma não há quem resista.

DIA 30 DE JULHO – DOMINGO
☽ *Crescente* ☽ *em Capricórnio às 00:43 LFC Fim 00:43*

Enquanto a Lua estiver em Capricórnio, o período será de muita produtividade. Os trabalhos devem ser entregues no prazo e feitos com muito capricho.

O espírito crítico estará mais aguçado e qualidades como responsabilidade, assiduidade e compromisso serão muito valorizadas. Aumenta o consumo de bens básicos e necessários. Ficamos mais disciplinados quanto aos gastos.

• **Lua trígono Mercúrio – das 02:06 às 05:43 (exato 03:55)**

Para quem tem hábitos noturnos, essa madrugada é propícia para conversas, fazer convites, divulgar seu produto e, também, para os estudos em geral.

• **Lua sextil Saturno – das 08:37 às 11:52 (exato 10:14)**

Tudo o que estiver programado para essas horas será devidamente cumprido e terá resultado satisfatório. A determinação está acentuada. Bom domingo para o setor imobiliário. Cresce a procura por imóveis.

• **Lua trígono Marte – das 19:36 às 22:58 (exato 21:17)**

A noite nos reserva um clima de energia e ânimo pra cima. Podemos aproveitar o final do domingo para colocar em dia alguma tarefa que ficou por fazer. Uma tomada de iniciativa renderá bons frutos.

• **Lua trígono Júpiter – das 21:13 à 00:27 de 31/07 (exato 22:50)**

Para completar essa noite, contamos com esse belo aspecto, trazendo uma disponibilidade otimista e confiante. Devemos usar o bom humor para tornar tudo mais leve. No relacionamento, haverá mais proximidade emocional e generosidade. Bom momento, também, para programar uma viagem.

DIA 31 DE JULHO – SEGUNDA-FEIRA
☾ *Crescente* ☾ *em Capricórnio LFC Início às 23:12*

• **Lua trígono Urano – das 11:53 às 15:04 (exato 13:28)**

É provável que nos deparemos com uma grata surpresa. O melhor é não se envolver muito com as coisas e preferir um comportamento aberto a novas possibilidades. Atividades e trabalhos externos estão favorecidos nesse período. Encontros ao acaso podem ser promissores.

• **Lua sextil Netuno – das 19:19 às 22:29 (exato 20:54)**

O clima é de ajuda mútua. Sensibilidade, romantismo e encantamento no ar. Isso beneficia trabalhos ligados a imagem e fotografia. No relacionamento, há um clima afinidade de almas mais do que de corpos.

• **Lua conjunção Plutão – das 21:38 à 00:47 de 01/08 (exato 23:12)**

Aqui é importante evitar qualquer atitude ou decisão radical, pois há uma tendência a um comportamento baseado no tudo ou nada. Algo pode vir à tona para ser transformado. Ideal para se fazer um mergulho interno e vasculhar emoções que estejam nos incomodando.

Agosto 2023

Domingo	Segunda-feira	Terça-feira	Quarta-feira	Quinta-feira	Sexta-feira	Sábado
		1 ○ 09°15' ♒	2	3 ♓	4	5 ♈
		Lua Cheia às 15:31 em Aquário	Lua Cheia em Aquário LFC Início às 18:15	Lua Cheia em Peixes às 00:05 LFC Fim às 00:05	Lua Cheia em Peixes LFC Início às 22:20	Lua Cheia em Áries às 00:19 LFC Fim às 00:19
6	7 ♉	8 ☽ 15°31' ♉	9 ♊	10	11 ♋	12
Lua Cheia em Áries	Lua Cheia em Touro às 03:24 LFC 01:12 às 03:24	Lua Minguante às 07:28 em Touro	Lua Minguante em Gêmeos às 10:04 LFC 07:38 às 10:04	Lua Minguante em Gêmeos	Lua Minguante em Câncer às 19:51 LFC 14:27 às 19:51	Lua Minguante em Câncer
13	14 ♌	15	16 ● 23°17'	17	18	19 ♎
Lua Minguante em Câncer	Lua Minguante em Leão às 07:36 LFC 04:46 às 07:36	Lua Minguante em Leão	Lua Nova às 06:38 em Leão Lua em Virgem às 20:14 LFC 06:38 às 20:14	Lua Nova em Virgem	Lua Nova em Virgem	Lua Nova em Libra às 08:53 LFC 05:50 às 08:53
20	21 ♏	22	23	24 ☽ 01°00' ♐	25	26 ♑
Lua Nova em Libra	Lua Nova em Escorpião às 20:21 LFC 17:30 às 20:21	Lua Nova em Escorpião Entrada do Sol no Signo de Virgem às 00h15	Lua Nova em Escorpião Entrada do Sol no Signo de Virgem às 06:01 Início Mercúrio Retrógrado	Lua Crescente às 06:57 em Sagitário Lua em Sagitário às 05:07 LFC 02:10 às 05:07 Mercúrio Retrógrado	Lua Crescente em Sagitário Mercúrio Retrógrado	Lua Crescente em Capricórnio às 10:05 LFC 08:55 às 10:05 Mercúrio Retrógrado
27	28 ♒	29	30 ○ 07°25' ♓	31		
Lua Crescente em Capricórnio Mercúrio Retrógrado	Lua Crescente em Aquário às 11:31 LFC 08:48 às 11:31 Mercúrio Retrógrado	Lua Crescente em Aquário Mercúrio Retrógrado	Lua Cheia às 22:35 em Peixes Lua em Peixes às 10:56 LFC 00:04 às 10:56 Mercúrio Retrógrado	Lua Cheia em Peixes Mercúrio Retrógrado		

Mandala Lua Cheia Agosto

LUA CHEIA
Dia: 01/08
Hora: 15:31
09°15' de Aquário

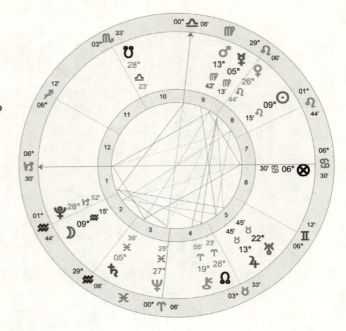

Mandala Lua Nova Agosto

LUA NOVA
Dia: 16/08
Hora: 06:38
23°17' de Leão

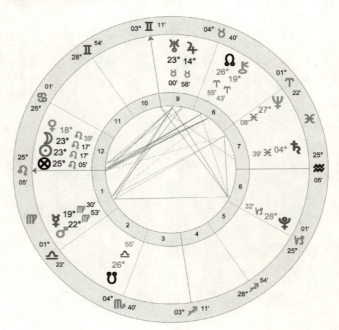

Mandala Lua Cheia Agosto

LUA CHEIA
Dia: 30/08
Hora: 22:35
07°25' de Peixes

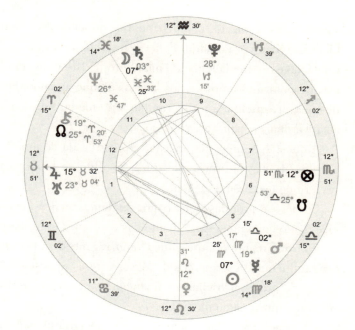

CÉU DO MÊS DE AGOSTO

Agosto, mais conhecido como "o mês que nunca acaba", começa com uma Lua Cheia no Signo de Aquário. Esta é, por si só, uma Lua que traz um clima de excitação e eletricidade para o momento. Existe uma grande disposição para experimentarmos o novo e nos libertar do que aprisiona, por isso tudo o que nos permite quebrar a rotina, mudar a norma ou sair do convencional tende a cativar mais o espírito das pessoas.

A questão é que essa lunação vem carregada de uma teimosia. Mercúrio em oposição à Saturno pode trazer conflitos e bloqueios porque estamos preferindo ter razão a ser feliz.

O apego às próprias ideias e uma tendência ao pessimismo também nos faz enxergar o copo meio vazio diante das restrições que encontramos.

Outro alerta importante é que Urano, regente de Aquário, já começa a sofrer uma influência desarmônica de Vênus (que ainda está em retrogradação), o que pode provocar oscilações financeiras e reviravoltas amorosas durante a primeira quinzena do mês.

Conseguirá quebrar o ciclo de medo e apego aquele que mantiver o foco na solução, tomando decisões e atitudes práticas conforme os problemas aparecem. Nada de tentar antecipar as coisas. Marte e Júpiter em sintonia podem ajudar com maior senso de oportunidade e ousadia diante das situações.

Por outro lado, Sol e Júpiter em rota de colisão entre 05/08 e 08/08 podem nos fazer cair em excesso, dispersando energia, avaliando mal as oportunidades ou acumulando compromissos. Cuidado com a armadilha de querer abraçar o mundo!

No dia 08/08, a Lua Minguante em Touro promete nos colocar novamente nos trilhos, com maior senso de responsabilidade e cautela. Mercúrio e Júpiter em bom aspecto nos ajudam a avaliar melhor as oportunidades e não embarcar em situações sem muitas garantias. O que não puder ser aplicado ou não chegar a um consenso por meio de uma boa conversa deve esperar.

Cursos, concursos e atividades relacionadas à comunicação estão especialmente favorecidas entre 08/08 e 10/08.

Sol e Vênus se encontram no dia 12/08, mas, como a *Deusa das Compras* ainda está em movimento retrógrado, é preciso manter a cautela nos assuntos financeiros e o bom-senso com o presente de Dia dos Pais. A Lua Nova em Leão começa no dia 16/08, trazendo a desculpa perfeita para focarmos no que nos traz felicidade. É hora de plantar projetos, relações e situações que renovam o entusiasmo, brilho e prazer de viver. Quanto mais original e ligado aos nossos talentos for, melhor. A casa astral em que você tem Leão no mapa vai dizer muito de onde vem e como pode alimentar esse prazer.

Marte em bom aspecto com Urano no mapa dessa lunação imprime velocidade para o que sentirmos que não pode mais esperar, também porque seremos capazes de inspirar outras pessoas a embarcarem em nossas ideias.

E, mesmo sem fazer aspecto direto, Marte bem alinhado com Júpiter e Plutão mostra que agora é uma boa hora para a sorte encontrar a oportunidade.

Sol e Urano em conflito, no entanto, alertam para a tendência à ansiedade. É aquela sensação da criança no banco de trás questionando a hora da chegada a cada 5 minutos de viagem.

O mesmo vale para o período entre 18/08 e 25/08, quando Vênus e Júpiter se estranham no Céu. Aqui, é como se a gente quisesse entrar em forma sem ir à academia ou ganhar dinheiro enquanto dorme. Tem alguma coisa que não bate.

Desequilíbrio financeiro, procrastinação no trabalho e com a saúde, além de uma predisposição à infidelidade no amor podem vir como resultado da autoindulgência provocada por esse trânsito. Por isso, muito cuidado quando o "eu mereço" vier na frente de decisões e escolhas.

Marte em oposição a Netuno entre 20/08 e 24/08 é outro trânsito que provoca dispersão de energia. É um tal de querer atirar para todos os lados, até porque não temos certeza sobre qual alvo acertar.

Uma boa dica é usar e a sintonia de Mercúrio e Urano entre os dias 19/08 e 23/08. Se estiver diante de algum impasse, esse encontro promete trazer soluções. É uma percepção diferente sobre uma história. E, por falar em novas percepções, certamente iremos perceber a mudança de energia no dia 23/08, quando Sol começa sua temporada no Signo de Virgem.

Até 23/10, usará o melhor dessa energia quem olhar para a vida de forma prática, buscando situações e soluções que façam sentido para o momento atual.

Nós não sabemos como vai terminar uma história lendo o primeiro capítulo. E o mesmo vale para a vida e para este momento – por isso, é importante pensar nos detalhes, no próximo passo e no que funciona no momento presente.

Atenção para questões relacionadas a comunicação, assinatura de contrato e negociações, uma vez que Mercúrio entra em movimento retrógrado em Virgem no mesmo dia. Até 15/09, é aconselhável revisar as informações e, de preferência, mais de uma vez.

A Lua Crescente, que começa no dia 24/08 em Sagitário, reforça nosso otimismo e ajuda a direcionar melhor nossos objetivos. Ficamos mais diretos, espontâneos e confiantes em relação aos projetos que foram iniciados na Lua Nova. Nesse momento, ainda que obstáculos surjam à nossa frente, tudo nos parece mais possível. Será?

Sol e Saturno, em conflito no dia 26/08, nos alertam para não deixarmos o "rei crescer na barriga". Isso porque, se exagerarmos na autoconfiança, corremos o risco de deixar passar detalhes importantes. Esse trânsito indica que podemos encontrar pessoas mais bem-preparadas, por isso não é hora de improvisar. Faltas, erros e deslizes tendem a aparecer mais nesse momento. Mas nada que não possa ser contornado com a chegada de Marte ao Signo de Libra, no dia 27/08. Até 11/10, podemos contar com a diplomacia desse Signo para envolver e trazer as pessoas para o nosso lado. Tem um ditado que diz: "Se você quiser ir mais rápido, vá sozinho. Se quiser ir mais longe, vá acompanhado". Aí está um bom guia para viver o melhor desse período.

Nessa energia de contemplação e conexão com as pessoas é que o mês vai chegando ao fim com mais uma Lua Cheia no dia 30/08, dessa vez em Peixes (eu não disse que terminaria o ano, mas não terminaríamos este mês)?

No mapa dessa lunação, ainda sofremos a influência de Sol em desarmonia com Saturno e de Vênus e Júpiter em conflito, o que nos deixa mais passivos, imaginativos e um tanto preguiçosos – no maior estilo "deixa a vida me levar".

Aproveite o conselho e use a energia da água para equilibrar sua força interior. Mar, rio e cachoeira são perfeitos, mas acredite: lavar louça pode ser um bem curativo e a melhor terapia para o dia a dia.

Mercúrio (apesar de estar retrógrado) faz bom aspecto com Júpiter no mapa dessa lunação, o que favorece a comunicação, especialmente se estivermos focados em revisar papéis e projetos.

Posição diária da Lua em agosto

DIA 01 DE AGOSTO – TERÇA-FEIRA
○ *Cheia às 15:31 em 09°15' de Aquário* ○ *em Aquário à 00:57 LFC Fim à 00:57*

Enquanto a Lua estiver em Aquário, você se sente capaz de desfrutar uma completa liberdade de pensamento, autoexpressão e inovação. Você está desapegado, e seu senso de autonomia está exaltado. Podem acontecer fatos imprevisíveis e excêntricos, e você reage muito bem a eles. Há um olhar mais acurado para as questões sociais e humanas.

• **Lua oposição Sol – das 13:51 às 17:11 (exato 15:31)**

Lua Cheia tudo amplia. Aceitar que o outro seja diferente de nós, que tenha desejos e necessidades diferentes é a lição de sucesso desta fase.

• **Lua quadratura Júpiter – das 21:03 à 00:12 de 02/08 (exato 22:37)**

Falta moderação, e você tende a agir com certo exagero, leva muito em conta o que deseja causar nas pessoas e ignora o próprio bom-senso, equilíbrio e harmonia. Não leve tudo para o lado pessoal e emocional, ainda que o sentimento que você queira demonstrar seja a indiferença.

DIA 02 DE AGOSTO – QUARTA-FEIRA
○ *Cheia* ○ *em Aquário LFC Início às 18:15*

• **Lua quadratura Urano – das 11:09 às 14:18 (exato 12:44)**

Excesso de originalidade e imprevisibilidade podem ser descritos pela palavra rebeldia, a necessidade de se expressar o tempo todo sem restrições, sem observar o protocolo social podem ser uma forma de expressar sua insegurança e carência. Se você necessita de apoio peça de forma mais simples.

• **Lua oposição Vênus – das 16:43 às 19:47 (exato 18:15)**

É possível que você esteja mais sensível do que o comum aos prazeres da vida, aos elogios das pessoas e a qualquer forma de bajulação, e isso pode te fazer sentir de alguma forma submisso, não é para menos.

DIA 03 DE AGOSTO – QUINTA-FEIRA
○ *Cheia* ○ *em Peixes às 00:05 LFC Fim às 00:05*

Enquanto a Lua estiver em Peixes, você reage mais compassivamente, mais idealisticamente, está mais sensível, sente-se bem ao servir, ao promover a cura, sentimento de compaixão, empatia. Não há estabilidade, a tendência é de movimento, de mudança, de transcendência, de mutação.

• **Lua conjunção Saturno – das 07:17 às 10:27 (08:52)**

Cuidado com o rigor que ultrapassa a disciplina e se transforma em autoritarismo, arrogância e prepotência. Exija de si mesmo somente aquilo que está pronto para entregar. Qualquer coisa além disso é tortura psicológica.

• **Lua oposição Mercúrio – das 10:18 às 13:46 (12:02)**

Saia do mundo do perfeito e comece a perceber que o feito é mais útil e te serve melhor do que ideias mirabolantes e carnavalescas, que mais parecem o caos, devido à sua complexa executabilidade. Em vez de olhar para o que está fora e julgar como mixuruca, olhe com empatia e humildade e dê valor à simplicidade.

• **Lua sextil Júpiter – das 20:42 às 23:56 (22:19)**

Você vê além do aqui e agora, por isso fica mais fácil de amar e ser tolerante com o outro, sem ultrapassar seus limites. Seu otimismo contagia aos que estão ao seu entorno, o clima é de generosidade, prosperidade e leveza.

• **Lua oposição Marte – das 22:33 à 01:55 de 04/08 (00:14 de 04/08)**

Você se sente tão cansado que o repouso lhe parece um sacrifício. Quando você para o seu corpo lhe surge uma avalanche de pensamentos, estratégias e meios de realizar seus desejos. Use técnicas de respiração e meditação para se acalmar, relaxe e com as energias renovadas você pensa sobre isso melhor.

DIA 04 DE AGOSTO – SEXTA-FEIRA
○ *Cheia (disseminadora)* ○ *em Peixes LFC Início às 22:20*

• **Lua sextil Urano – das 10:57 às 14:12 (12:34)**

Apesar de suas ideias parecerem utópicas, você é presenteado com muita criatividade e ideias inusitadas lhe surgem para colocá-las em prática.

• **Lua conjunção Netuno – das 18:21 às 21:37 (19:59)**

Corte as fantasias, pois a finalidade delas hoje é te levar a um lugar em que você não concretiza, fica insatisfeito e se sente caótico. Reze, coloque os pés descalços no chão e sinta a força da Terra vibrando em você, não se perca em devaneios.

• **Lua sextil Plutão – das 20:42 às 23:59 (22:20)**

Ótimo para ir àquele happy hour com o pessoal do trabalho. Você pode descobrir segredos que nem desconfiava, entrar em lugares e falar com pessoas que até então pareciam proibidos, e tudo isso de uma forma simpática, amistosa e despretensiosa.

DIA 05 DE AGOSTO – SÁBADO
○ *Cheia (disseminadora)* ○ *em Áries às 00:19 LFC Fim às 00:19*

Enquanto a Lua estiver em Áries, saia da inércia, você está cheio de energia, use-a com dinamismo, iniciativa, coragem, aceleração e impulsividade. Você sente urgência para tomar decisões, portanto cuidado com a impulsividade. Se estiver se sentindo ansioso ou com raiva, porque as respostas para aquilo que deseja realizar não são tão imediatas quanto você precisa, lembre-se de fazer exercícios físicos, isso vai te revigorar e jogar a agressividade em uma área mais produtiva.

• **Lua trígono Sol – das 20:51 à 00:29 de 06/08 (exato 22:40)**

"Todo mundo espera alguma coisa de um sábado a noite", assim diz a canção que reproduz o inconsciente coletivo. Noite especial para se divertir, para dançar e enaltecer a vida com pessoas queridas, que te fazem se sentir especial.

DIA 06 DE AGOSTO – DOMINGO
○ *Cheia (disseminadora)* ○ *em Áries*

• **Lua trígono Vênus – das 15:54 às 19:15 (exato 17:34)**

Você está com o astral lá em cima, feliz consigo, entusiasmado com a vida. Ainda que haja obstáculos no seu mapa individual, a atmosfera é de positividade e você se sente especial diante de qualquer cenário.

• **Lua quadratura Plutão – das 23:27 às 02:57 de 07/08 (01:12 de 07/08)**

Final de domingo pode bater aquela sensação de não querer mais entrar em disputas, conflitos e intrigas da rotina, a sua vontade pode ser chutar o balde, desapegar de tudo e seguir para uma vida mais leve de tralhas. Aconselho a fazer tudo isso, desde que não seja assim de maneira impulsiva e reativa, em fuga. Pode parecer impossível, mas não é, desde que você se planeje para isso!

DIA 07 DE AGOSTO – SEGUNDA-FEIRA
○ *Cheia (disseminadora)* ○ *em Touro às 03:24 LFC Início às 01:12*
LFC Fim às 03:24

Enquanto a Lua estiver em Touro, aumenta o sentimento de apego e a segurança vem da solidez dos objetos materiais e das situações que já são conhecidas. Não é um momento no qual você se coloca em risco, muito pelo contrário, nesse período vigora a cautela e a manutenção daquilo que dá estabilidade. Ou seja, não é um bom período para se começar algo novo, que vá numa direção muito oposta ao que você já conhece.

• **Lua sextil Saturno – das 10:59 às 14:32 (exato 12:45)**

Você consegue transformar a sua rotina, que normalmente é algo chato, repetitivo e maçante, em algo lúdico, criativo e fantástico, então aquela velha segunda-feira, quando tudo se inicia, ganha um ar "romântico" e promove um grande início de semana. Crie isso por você mesmo, ainda que seja com um simples bombom com direito a uma mensagem do dia ou um poema, pare por dois minutos numa praça em que passarinhos estejam cantando e viva esse momento.

DIA 08 DE AGOSTO – TERÇA-FEIRA
☽ Minguante às 07:28 em 15º31' de Touro ☽ em Touro

• Lua trígono Mercúrio – da 00:11 às 04:07 (exato 02:09)

Há que se aprender a beleza de servir a quem amamos, não só pela alegria, pela satisfação e pela segurança que promovemos no outro, mas também para nos colocarmos disponíveis a materializar o amor que sentimos em forma de pequenas ações que sustentam esse sentimento.

• Lua conjunção Júpiter – das 03:20 às 07:00 (05:10)

Devemos ter cuidado com a vontade de sermos autocomplacentes, ou seja, ao excesso de tolerância com os nossos próprios defeitos, principalmente se tivermos o julgo muito pesado com os outros. Reveja o que é possível melhorar na prática e esforce-se não só na teoria, mas também na prática.

• Lua quadratura Sol – das 05:30 às 09:26 (exato 07:28)

Eu tomo a decisão se vou alimentar o amor que há dentro de mim ou se eu vou usar o meu "ego" para estar certo, ser especial e machucar as pessoas que estão ao meu redor. Cabe a mim decidir e sustentar essa escolha.

• Lua trígono Marte – das 09:50 às 13:42 (exato 11:46)

Bom para dar pequenos passos, com astúcia, análise e detalhismo, para fazer trabalho minucioso, que se você olha de longe parece insignificante, mas se você colocar uma lupa, mais parece um formigueiro de tão sofisticado e preciso.

• Lua conjunção Urano – das 18:58 às 22:41 (exato 20:50)

A sensação de apego e o desejo por ter o controle de si mesmo pode ser tão esgotante quanto o desejo pelo desapego. Deve-se ter cuidado para não entrar num ciclo autodestrutivo e de boicote de sair se "desapegando" daquilo que só se quer um descanso, uma pausa. Ouse, mas perceba seus próprios limites.

• Lua quadratura Vênus – das 19:33 às 23:07 (exato 21:20)

Ainda que você não ame o papel que aquela pessoa fez para você, ainda que ela não consiga realizar aquele papel dentro do que se espera, dentro de um conjunto de comportamentos, é possível amar a pessoa por trás desse papel. Não há empecilho em amar, não permita que ninguém tire de você a liberdade de amar e, se libertando, permita-se amar também.

DIA 09 DE AGOSTO – QUARTA-FEIRA

☽ Minguante ☽ em Gêmeos às 10:04 LFC Início às 07:38 LFC Fim às 10:04

Enquanto a Lua estiver em Gêmeos, você tem mais facilidade, interesse e curiosidade em ver os dois lados da moeda; você está mais adaptável e disposto a negociações. Busque compreender suas emoções, pensar e dialogar sobre elas. Divirta-se, conheça pessoas, saia com grupos de amigos e relaxe, lembre-se de que só pensa bem aquele que sabe como não pensar. Bom período para os estudos iniciáticos.

• **Lua sextil Netuno – das 03:07 às 06:51 (exato 04:59)**

Encontre o que nutre a alma e dá sentido ao trabalho que você veio fazer nessa experiência que é a vida humana. Pelo horário do trânsito, pode ser através de um sonho ou viagem astral, mas também pode ser também através de alguma experiência artística ou espiritual.

• **Lua trígono Plutão – das 04:56 às 09:30 (exato 07:38)**

Você acorda revigorado, está com a mente totalmente focada e seguro de seus desejos, por isso não medirá esforços para realizá-los, seja cortando atitudes e comportamentos que não te permitiam o alcance do que queria, mas também sendo mais objetivo e determinado.

• **Lua quadratura Saturno – das 17:51 às 21:38 (exato 19:44)**

Aquele que se coloca como principiante, e como Sócrates consciente de sua ignorância, estará sempre pronto a aprender. Portanto, não permita que a arrogância te emburreça e esteja aberto ao conhecimento.

DIA 10 DE AGOSTO – QUINTA-FEIRA

☽ Minguante ☽ em Gêmeos

• **Lua quadratura Mercúrio – das 12:57 às 17:06 (15:01)**

Há um ditado antigo que diz que toda crítica a gente faz em ambientes reservados e todo elogio a gente faz em público, portanto tenha atenção com o que fala em público, seja gentil.

• **Lua sextil Sol – das 18:30 às 22:42 (exato 20:36)**

Autoestima e alto-astral estão no ar. Você quer estar bem com si mesmo e não deve abrir mão de boas companhias. A vontade é de conversas animadas com pessoas que você curte e te fazem se sentir especial. Ótimo para happy hour.

• **Lua quadratura Marte – das 21:25 à 01:30 de 11/08 (exato 23:27)**

Cuidado para não exigir lógica daquilo que não tem, nem tudo tem uma explicação, e tem coisas na vida que a gente precisa desenvolver a aceitação e humildade para ter paz. Evite conversas e discussões acaloradas, não é seu papel mudar nada, nem ninguém.

DIA 11 DE AGOSTO – SEXTA-FEIRA
☽ Minguante (balsâmica) ☽ em Câncer às 19:51 LFC Início às 14:27
LFC Fim às 19:51

Enquanto a Lua estiver em Câncer, você está mais introspectivo e há um intenso desejo por aconchego, segurança e mais intimidade. Nesse período, não é adequado se colocar em situações de risco, ameaçadoras ou que nos coloque no limite; muito pelo contrário, procure observar os assuntos, as situações que você se sinta desconfortável e acolha-se diante deles. Momento ideal para rever a própria história, inclusive através da ancestralidade, buscar fotos, vídeos e todos os objetos que contenham memória. Os encontros com pessoas do passado que fizeram parte da sua vida também são favorecidos.

• **Lua sextil Vênus – das 02:00 às 05:43 (exato 03:51)**
Aquilo que se deseja com a legítima fé, ganha a força do fogo e é capaz de transcender e forma sútil dos pensamentos e se transformar em realidade. Tudo nesse mundo sai do plano astral para o plano material, e essa transformação é feita através das nossas ações, emoções e pensamentos, portanto ative o seu poder!

• **Lua quadratura Netuno – das 12:29 às 16:24 (exato 14:27)**
A busca da espiritualidade que te desconecta das pessoas e de uma vida "normal" parece mais ser uma fantasia do que um propósito; por isso é preciso novas atitudes para lidar com as velhas situações, esse é o caminho da transformação.

DIA 12 DE AGOSTO – SÁBADO
☽ Minguante (balsâmica) ☽ em Câncer

• **Lua trígono Saturno – das 03:39 às 07:34 (exato 05:36)**
Excelente para rever e organizar tudo aquilo que tenha como finalidade uma conexão emocional com a sua própria história, ou seja, fotos, vídeos, objetos. Bom momento para estar com os mais velhos, como avós e pais. Como dizia o poeta Renato Russo, "é preciso amar as pessoas como se não houvesse amanhã".

• **Lua sextil Júpiter – das 23:05 às 03:05 de 13/08 (exato 01:05 de 13/08)**
Como é gostoso estar com pessoas que a gente ama, e como isso passa a ser a melhor coisa da vida quando a gente percebe que o nosso maior propó-

sito é ser feliz. Estar acolhido, aconchegado perto dessas pessoas das quais nos sentimos seguros de sermos nós mesmos, somado a energia do amor que permeia esse encontro, nos faz perceber que já somos essa felicidade.

DIA 13 DE AGOSTO – DOMINGO
☽ *Minguante (balsâmica)* ☽ *em Câncer*

• Lua sextil Mercúrio – das 04:17 às 08:33 (exato 06:25)

Se faltam palavras poéticas para demonstrar o afeto que você sente, não se preocupe, você deve demonstrar seu amor através de ações; afinal, quem não gosta de ser mimado com atitudes de cuidado e zelo? Aproveite o dia não para dizer, mas para servir a quem você ama!

• Lua sextil Marte – das 11:49 às 16:02 (13:55)

Às vezes, nos sentimos impotentes, pois nossas pequenas ações não são capazes de produzir o resultado final almejado. Pode ser que você não seja capaz de acabar com a fome do mundo, mas dar um prato de comida a uma única pessoa já é um ato de amor e compaixão que transforma toda a atmosfera energética dos envolvidos.

• Lua sextil Urano – das 15:30 às 19:30 (exato 17:30)

Seja receptivo aos novos integrantes da sua família, mesmo que eles sejam diferentes de você; talvez eles venham trazer uma energia de transformação justamente naquela área que estava estática, tire proveito das diferenças.

• Lua trígono Netuno – das 23:57 às 03:57 de 14/08 (exato 01:57 de 14/08)

Errar é humano, perdoar um erro é divino, perdoe! Os deuses se aproximam da Terra trazendo a capacidades divinas para nós, portanto, o amor flui com facilidade. A grande família deve se unir envolta do sentimento de amor e compaixão. Que as suas orações incluam você, sua família próxima e todos nós.

DIA 14 DE AGOSTO – SEGUNDA-FEIRA
☽ *Minguante (balsâmica)* ☽ *em Leão às 07:36 LFC Início às 04:46*
LFC Fim às 07:36

Enquanto a Lua estiver em Leão, há uma animação, vontade de fazer acontecer, e suas ações ganham um brilho e um ar de especial. Você está entusiasmado, alegre, extrovertido, confiante e não se coloca em segundo plano. Você quer estar perto de quem faça questão da sua presença e, se possível, a liderança dos assuntos e situações em que fica por cima. Faça de cada situação única, colocando seu coração nela, pois tudo ficará mais leve e divertido.

• **Lua oposição Plutão** – das 02:45 às 06:46 (exato 04:46)

Toda atenção e cuidado com os sonhos que trazem memórias do passado, pessoas ou situações que você ainda não elaborou e que voltam através da psique para se comunicar com você. O pior pesadelo que você pode ter é não ser capaz de transformar e deixar ir embora aquilo que já foi, como se o passado fosse um zumbi, morto, mas interagindo com você como se fosse vivo.

DIA 15 DE AGOSTO – TERÇA-FEIRA
☽ Minguante (balsâmica) ☽ em Leão

• **Lua quadratura Júpiter** – das 11:41 às 15:45 (exato 13:43)

Cuidado com o narcisismo e egoísmo que te fazem arrogante e prepotente, é uma ignorância sua acreditar que é possível viver nesse mundo sozinho. Sua necessidade de ser especial e receber privilégios só demonstram o quanto é inseguro e incapaz de fazer as coisas acontecerem com o próprio suor e esforço.

• **Lua conjunção Vênus** – das 19:48 às 23:39 (exato 21:43)

Bom para fazer procedimentos estéticos, principalmente no cabelo, que ganha um foco tal qual o leão para sua juba. De qualquer forma, a autoestima está em evidência, e você está bem consigo.

DIA 16 DE AGOSTO – QUARTA-FEIRA
● Nova às 06:38 em 23°17' de Leão ● em Virgem às 20:14 LFC Início às 06:38 LFC Fim às 20:14

Enquanto a Lua estiver em Virgem, estamos mais seletivos, criteriosos e racionais. O todo é compreendido pelas partes, através da fragmentação e setorização. Portanto, o momento pede foco, discernimento e bom-senso. Cada passo deve ser capaz de expressar a sua acuidade e organização mental. Momento de servidão e humildade, a percepção deve ser esta: ainda que algo seja pequeno, não quer dizer que seja dispensável ou menos digno de atenção.

• **Lua quadratura Urano** –das 04:02 às 08:05 (exato 06:03)

O sono pode ser difícil sob esse aspecto que traz ansiedade e aceleração. Antes de dormir tome um chá, faça uma meditação, assegure-se de que haverá silêncio tanto mentalmente quanto materialmente. Esforce-se para ter boas condições de sono.

• **Lua conjunção Sol – das 04:25 às 08:50 (exato 06:38)**

Aspecto excelente para fazer uma profunda análise sobre si mesmo, sobre seus objetivos e planejar os ajustes necessários para que você se sinta mais confortável e harmônico na sua vida cotidiana, na sua rotina. Talvez seja necessário fazer alguns cortes, porém estará habilitado para isso.

DIA 17 DE AGOSTO – QUINTA-FEIRA
🌑 *Nova* 🌑 *em Virgem*

• **Lua oposição Saturno – das 03:30 às 07:32 (exato 05:31)**

Qualquer pequeno passo que a gente dê no mundo da matéria precisa antes ser dado no mundo sutil e, se você não faz isso, tende a achar que o mundo é seu inimigo e não está colaborando com você. Nada disso! Primeiro no plano imaterial. Se nesse plano estiver concretizado, você não vai ter mais motivos para reclamar que as coisas não dão certo.

DIA 18 DE AGOSTO – SEXTA-FEIRA
🌑 *Nova* 🌑 *em Virgem*

• **Lua trígono Júpiter – da 00:46 às 04:49 (exato 02:48)**

Você está com a capacidade de pensar em como realizar seus planos e ir em direção aos seus alvos; os passos são pequenos, mas o comprometimento, a dedicação e o empenho são enormes, e isso gera uma conexão entre você e seu propósito que te fazem se manter firme e cruzar a linha de chegada.

• **Lua conjunção Mercúrio – das 12:02 às 16:14 (exato 14:08)**

Tarde ideal para um almoço com conversas sobre questões que precisam ser resolvidas, mas você está procrastinando. Você consegue ser objetivo, direto e analítico sem perder a delicadeza com os sentimentos alheios e com os seus.

• **Lua trígono Urano – das 16:49 às 20:52 (exato 18:51)**

A vontade é de curtir a sexta-feira com amigos e pessoas diferentes. Você pode se surpreender com as ideias e originalidade das pessoas a sua volta, e perceber o quanto é capaz de gostar daquilo que até então você chamava de estranho ou excêntrico.

• **Lua conjunção Marte – das 19:49 à 00:04 de 19/08 (exato 21:57)**

Cuidado com o tom ao fazer uma crítica a alguém, você pode ultrapassar os limites alheios e parecer mais agressivo do que intenciona ser. Não tente resolver pendências pessoais com cinismo, seja honesto a pontual a respeito de suas intenções, e resolva de forma centrada e racional.

DIA 19 DE AGOSTO – SÁBADO
● Nova ● em Libra às 08:53 LFC Início às 05:50 LFC Fim às 08:53

Enquanto a Lua estiver em Libra, você se sente melhor em par, está voltado para fora e para as atividades sociais. Você busca harmonia e os protocolos de educação, gentileza e sofisticação são suas ferramentas para que isso aconteça. A opinião alheia pode ganhar um peso excessivo, cabe avaliar quando a opinião externa é realmente válida e quando não é. Cuidado para não ser influenciado, incluir todo mundo e deixar a sua essência de fora.

• **Lua oposição Netuno – da 01:00 às 05:01 (exato 03:00)**

Não perca sua noite de sono fantasiando com o que deveria ser, não busque perfeição nas suas ideias, seja humilde. Sendo humano, seu planejamento é falho, egóico e duvidoso. Observe o plano divino com um pouco mais de atenção e acredite que esse plano é perfeito para você, com todos os desafios e coisas que não gostaria que tivesse nele.

• **Lua trígono Plutão – das 03:50 às 07:51 (exato 05:50)**

Você acorda com o espírito minimalista no corpo e é capaz de fazer boas listas de transformações que precisa fazer em sua vida. É um dia para se pensar em reciclagem, seja materialmente, emocionalmente ou espiritualmente. Ressignifique suas crenças.

DIA 20 DE AGOSTO – DOMINGO
● Nova ● em Libra

• **Lua sextil Vênus – das 15:13 às 19:01(exato 17:07)**

Você e as pessoas que vivem ao seu redor estão trocando gentilezas e harmonia; logo, o clima é muito agradável e todos se sentem especiais. É uma atmosfera de amor e bem-estar. Aproveite essa generosidade do Universo para perceber que você não precisa se esforçar para que as pessoas o amem do jeito que é.

DIA 21 DE AGOSTO – SEGUNDA-FEIRA
● Nova ● em Escorpião às 20:21 LFC Início às 17:30 LFC Fim às 20:21

Enquanto a Lua estiver em Escorpião, temos acesso a um portal de conexão com a força da morte e do renascimento através da Lua em Escorpião. Nesse momento, é possível um mergulho visceral em si mesmo, para fazer a expulsão daquilo que já não é capaz de receber luz. Sabemos que numa gravidez a mãe se apega ao feto, ao corpo grávido, porém, se não houver a expulsão, morrem a mãe e o bebê. Assim como num parto pode haver dor, sofrimento, angústia, sabemos que há vida. Deixe-se morrer e dê à luz ao novo você.

• **Lua quadratura Plutão – das 15:22 às 19:16 (exato 17:19)**

Cuidado com o excesso de preocupação com a opinião alheia, pois o que julgam de você não tem equivalência com a realidade. Sofrer e se desesperar para ser compreendido o torna submisso como um escravo.

Lua sextil Sol – das 15:23 às 19:37 (exato 17:30)

Você está cheio de energia, vitalidade e disposição para fazer dessa semana única e incrível. Se der a devida atenção, esse trânsito funciona como uma rega de emergência para os relacionamentos que estão quase morrendo.

DIA 22 DE AGOSTO – TERÇA-FEIRA
⬤ *Nova* ⬤ *em Escorpião*

• **Lua trígono Saturno – das 02:37 às 06:27 (exato 04:32)**

Durante o sono, acontece 1/3 da sua capacidade produtiva, pois é nesse estado em que estamos no mundo da modelação da vida. A vida é multidimensional e acontece no sono, sonho, vigília e presença. Esse aspecto é de produtividade no sono e sonho, portanto esteja atento. Antes de dormir, coloque suas intenções em mente e durma perto de um meio de escrita e lembrança da atividade laboral noturna no mundo da emanação e modelação.

• **Lua quadratura Vênus – das 23:19 às 02:59 de 23/09 (exato 01:09 de 23/08)**

Controle, vaidade, ego, narcisismo, ciúme… Tudo isso pode te levar a conflitos com a pessoa amada. Faça da sua relação um mestre e transforme esses sentimentos, tenha paciência consigo e com os outros. Cada um está vivendo suas próprias lutas.

• **Lua oposição Júpiter – das 23:53 às 03:41 de 23/08 (exato 01:47 de 23/08)**

A ansiedade pode bater na porta nessa noite de sono, portanto não a deixe entrar. Há um sentimento de que você deixou de fazer coisas que deveria, e a mente pode ficar em função do que não foi feito e do que deve ser feito por horas. Atento a isso, organize-se anteriormente, faça uma lista de pendências e no próximo dia você se concentra nelas.

DIA 23 DE AGOSTO – QUARTA-FEIRA
⬤ *Nova* ⬤ *em Escorpião*

Início Mercúrio Retrógrado

Entrada do Sol no Signo de Virgem às 06h01min06seg

• Lua sextil Mercúrio – das 12:11 às 15:55 (exato 14:03)

Se a palavra é de prata o silêncio é de ouro, cabe muito bem quando nos faltam as palavras, cabe quando há excesso de palavras, e precisamos de uma pausa para a realização da síntese e da análise. Use o silêncio!

• Lua oposição Urano – das 14:26 às 18:10 (exato 16:18)

Evite se envolver em conflitos, pois as situações podem sair do controle e tomarem uma proporção totalmente inesperada e descabida. Cuidado com radicalismos.

• Lua trígono Netuno – das 21:42 à 01:23 de 24/08 (exato 23:32)

Excelente noite, com um astral de paz, de leveza. Excelente para estar em volta de pessoas que você precisa ter mais paciência e tolerância, ou que você precisa perdoar, pois você está pronto para isso.

• Lua sextil Marte – das 23:12:04 às 03:04 de 24/08 (exato 01:08 de 24/08)

Aquilo que estava difícil de decidir se torna claro e evidente, e você define suas ações. Essa intuição que pode vir através de sonho, insight ou meditação te dá a coragem de seguir adiante, vá em frente!

DIA 24 DE AGOSTO – QUINTA-FEIRA

☾ *Crescente às 06:57 em 01°00' de Sagitário* ☾ *em Sagitário às 05:07 LFC Início às 02:10 LFC Fim às 05:07*

Mercúrio Retrógrado

Enquanto a Lua estiver em Sagitário, aproveite seu otimismo, espontaneidade, confiança, entusiasmo, generosidade. O impossível é uma questão de opinião, e você está disposto a fazer o que for preciso para ir além dos limites e fronteiras já conhecidos. A vontade é de alargar os horizontes. Favorável a todo tipo de viagem, física, intelectual e astral, desde que elas elevem nosso espírito. Bom momento para dar andamento a tudo que parecer estagnado. A sorte se manifesta para aqueles que têm um alvo.

• Lua sextil Plutão – da 00:19 às 04:00 (exato 02:10)

Sensibilidade e intuição estarão contribuindo para um estado de sono e sonho que podem trazer clareza e conclusão para questões que não estávamos conseguindo elaborar. Podemos entender além do que está sendo posto, e nossa capacidade de transmutação e cura fica totalmente ativada e potente.

• **Lua quadratura Sol – das 04:58 às 08:55 (exato 06:57)**

Excesso de exigências e expectativas podem te deixar muito frustrado. Nem tudo vai sair exatamente como deseja, não conclua o todo pelas partes. Pequenos ajustes e correções podem ser necessários, começar tudo de novo, porque um detalhe não saiu como desejado é irracional.

• **Lua quadratura Saturno – das 10:40 às 14:16 (exato 12:28)**

Seu grau de exigência e idealismo está realmente alto hoje, a consequência natural disso é a irritação, a arrogância e a perda de controle. Cuidado para não magoar as pessoas projetando a sua falta de planejamento, organização, a sua insatisfação nelas para que as coisas não se agravem. Todo projeto deve incluir recursos (tempo, dinheiro, ...) para aquilo que sai fora do previsto.

DIA 25 DE AGOSTO – SEXTA-FEIRA
☾ *Crescente* ☾ *em Sagitário*

Mercúrio Retrógrado

• **Lua trígono Vênus – das 04:43 às 08:09 (exato 06:26)**

A sexta feira inicia com o bom astral nas alturas. Bom para praticar exercícios com o par amoroso. Excelente para se cuidar, fazer massagens, tratamentos de beleza e tudo o que envolva autoestima e autocuidado.

• **Lua quadratura Mercúrio – das 18:00 às 21:25 (exato 19:42)**

Cuidado com mal entendidos; se precisar contar algo sigiloso para alguém seja enfático no pedido de discrição. Na troca de ideias, prefira a argumentação coerente e coesa ao diálogo e não se coloque a defender seus pontos de vista de forma apaixonada e cega.

DIA 26 DE AGOSTO – SÁBADO
☾ *Crescente* ☾ *em Capricórnio às 10:05 LFC Início às 08:55 LFC Fim às 10:05*

Mercúrio Retrógrado

Enquanto a Lua estiver em Capricórnio, cautela, responsabilidade, deveres, comprometimento, conservadorismo, esforço e resultado são as palavras de ordem desse período. Excelente momento para quem precisa de disciplina, determinação e seguir o planejamento. Sua perspectiva é mais austera, realista e pragmática, por isso seus passos são dados conforme você for analisando e se sentindo seguro. Não é um momento de se colocar em risco. Você está mais exigente, por isso seja gentil com as pessoas que o cercam, seja gentil com si mesmo.

- **Lua quadratura Netuno – das 03:06 às 06:31 (exato 04:48)**

A ansiedade pode atrapalhar o seu sono, por isso não deixe de fazer um bom ritual de relaxamento antes de dormir. Anotar as situações que estão te deixando ansioso e se comprometer a enfrentá-las pela manhã pode ser uma boa estratégia para não ficar fantasiando com as soluções e acordar tão exausto que não as consegue colocar em prática.

- **Lua quadratura Marte – das 07:08 às 10:42 (exato 08:55)**

A vontade de fazer um sábado divertido pode ser frustrada pela necessidade de cumprir com os deveres mais básicos, seja sua casa pedindo uma organização ou faxina, seja o trabalho que pede sua atenção.

- **Lua trígono Sol – das 13:49 às 17:26 (exato 15:38)**

Sensação de dever cumprido pode ser tão prazerosa quanto os divertimentos tradicionais. O resultado do seu comprometimento e disciplina são visíveis, e você se sente confortável e seguro.

- **Lua sextil Saturno – das 14:58 às 18:19 (exato 16:38)**

Quando você consegue concretizar algo que parecia difícil, mas foi possível porque se comprometeu, você se sente habilitado para sonhar, pois sabe que seu envolvimento pode levá-lo ao lugar que deseja. Excelente momento para tirar os sonhos do mundo do impossível e dar vida a eles por meio de um planejamento.

DIA 27 DE AGOSTO – DOMINGO
☾ *Crescente* ☾ *em Capricórnio*

Mercúrio Retrógrado

- **Lua trígono Júpiter – das 10:18 às 13:36 (exato 11:57)**

Momento bom para estar sozinho em conexão com sua religião ou com algum estudo que te eleve espiritualmente. Momento em que o Mestre aparece para o aluno que deseja sinceramente o conhecimento.

- **Lua trígono Mercúrio – das 19:25 às 22:35 (exato 21:00)**

Bom momento para organizar a planejar a semana fazendo listas do que deve ser priorizado para que nada importante saia do seu controle.

- **Lua trígono Urano – das 22:44 às 01:58 de 28/04 (exato 00:21 de 28/04)**

Bom momento para surpreender o amor com uma garrafa de vinho ou algo que dê prazer ao casal para aproveitar o restinho de domingo. Há responsabilidade suficiente para curtir sem prejudicar o início da semana.

DIA 28 DE AGOSTO – SEGUNDA-FEIRA
☾ *Crescente* ☾ *em Aquário às 11:31 LFC Início às 08:48 LFC Fim às 11:31*

Mercúrio Retrógrado

Enquanto a Lua estiver em Aquário, terá necessidade de liberdade, inquietação, estamos energizados, com a mente ágil, livre e criativa. Momento bom para buscarmos novas soluções para aquilo que precisamos revolucionar em nossas vidas. Estamos de coração e mente abertos para novas experiências. Você pode se pegar tendo atitudes inconvencionais, isso pode trazer uma sensação de bem-estar. Nem tudo sai como planejado e somos surpreendidos por imprevistos, porém sabemos tirar proveito desses momentos se nos permitirmos entrar no flow desse trânsito. Bom para as atividades místicas e o olhar para o futuro.

• **Lua sextil Netuno – das 04:52 às 08:05 (exato 06:28)**

Sono e sonho abençoados pela inteligência das consciências superiores que nos orientam. Saiba o que pedir de seus Mestres energéticos espirituais, pois eles responderão.

• **Lua conjunção Plutão – das 07:12 às 10:25 (exato 08:48)**

A semana começa com você superdecidido, estratégico e preciso. Cuidado para não fazer cortes onde caberiam ajustes.

• **Lua trígono Marte – das 10:58 às 14:19 (exato 12:39)**

Você é capaz de enfrentar as adversidades com coragem, classe e discrição. Mesmo que haja falta de convergência você sustenta seu ponto de vista com coerência e coesão e não cede em seus limites.

DIA 29 DE AGOSTO – TERÇA-FEIRA
☾ *Crescente* ☾ *em Aquário*

• **Lua oposição Vênus – das 06:22 às 09:29 (exato 07:56)**

Não se comprometa com a opinião do outro a ponto de não se sentir livre para ser você mesmo. Se é capaz de te influenciar a ponto de se sentir inadequado é porque tem alguma emoção que essa pessoa desperta e que você ainda não elaborou. Observe seus sentimentos.

• **Lua quadratura Júpiter – das 10:36 às 13:45 (exato 12:11)**

A verdadeira liberdade é quando a gente é livre da ação violenta dos impulsos instintivos, livre de ideologias condicionantes e de compulsões geradas por gatilhos emocionais. O momento pede bastante cuidado para não descontar as insatisfações na comida ou em qualquer meio de prazer e acabar exagerando.

• **Lua quadratura Urano** – das 22:29 às 01:38 de 30/08 (exato 00:04 de 30/08)

Condicionar seus desejos a contracultura pode ser um ato de resistência, mas também pode ser um aprisionamento. Esteja aberto para seus próprios desejos, mesmo que eles não sejam tão inconvencionais.

DIA 30 DE AGOSTO – QUARTA-FEIRA

○ *Cheia às 22:35 em 07°25' de Peixes* ○ *em Peixes às 10:56 LFC Início às 00:04 LFC Fim às 10:56*

Mercúrio Retrógrado

Enquanto a Lua estiver em Peixes, aumenta a nossa capacidade de assimilação e contemplação. É necessário ter um certo recolhimento, vemos o sentido das coisas. A percepção não é fragmentada, mas sim holográfica, todas as camadas de manifestação estão incluídas em nossa interpretação do que se passa. Há um romantismo e fantasia de viver relações com mais amor e compaixão. O misticismo e a espiritualidade são instrumentos de integração nesse momento.

• **Lua conjunção Saturno** – das 14:59 às 18:06 (exato 16:32)

Não alimente a ideia de que tudo tem que se encaixar e todas as respostas que precisa serão muito intelectivas e lógicas. Há um mistério que talvez você seja incapaz de compreender no momento, por isso, na sua visão, as coisas não fazem sentido algum. Trabalhe com a ideia de que você desconhece muitas variáveis e por isso sua equação não fecha. Acredite, faz mais sentido aceitar o que você desconhece do que tentar desqualificar a razão do que te acontece.

• **Lua oposição Sol** – das 20:54 à 00:16 de 31/08 (exato 22:35)

Esse alinhamento nos traz uma energia que transborda compaixão e servidão. Há uma forte necessidade de isolamento, recolhimento e aprofundamento em si mesmo. Nessa fase, não há excesso de disposição e energia, portanto se economize.

DIA 31 DE AGOSTO – QUINTA-FEIRA

○ *Cheia* ○ *em Peixes*

• **Lua sextil Júpiter** – das 09:49 às 12:59 (exato 11:24)

Excelente para planejar um jantar, o final de semana ou algum momento de idílio e fantasia. Você está romântico e idealiza o bem-estar e o prazer, e pode refinar ao máximo a situação.

• **Lua oposição Mercúrio – das 14:57 às 17:58 (exato 16:28)**

Talvez a burocracia e o excesso de protocolos seja um impasse para você nesse momento. Não adianta brigar com a forma das coisas que são como são, tenha paciência, planeje e organize-se.

• **Lua sextil Urano – das 21:44 à 00:55 de 01/09 (exato 23:19)**

A criatividade pode fazer dessa noite algo inesperado e especial. Aproveite para conhecer algum lugar diferente, saia para jantar com os amigos! Entregue-se a seus sonhos e fantasias, relaxe e perceba que sonhar já dá uma sensação tão gostosa, já nos tira da dureza e dessabores da rotina, vale a pena!

Setembro 2023

Domingo	Segunda-feira	Terça-feira	Quarta-feira	Quinta-feira	Sexta-feira	Sábado
					1 Lua Cheia em Áries às 10:24 LFC 07:35 às 10:24 Mercúrio Retrógrado	**2** ♈ Lua Cheia em Áries Mercúrio Retrógrado
3 ♉ Lua Cheia em Touro às 11:59 LFC 08:56 às 11:59 Mercúrio Retrógrado	**4** ♉ Lua Cheia em Touro Mercúrio Retrógrado	**5** ♊ Lua Cheia em Gêmeos às 17:06 LFC 13:45 às 17:06 Mercúrio Retrógrado	**6** ☽14°03'♊ Lua Minguante às 19:20 Lua em Gêmeos Mercúrio Retrógrado	**7** ♊ Lua Minguante em Gêmeos LFC Início às 19:21 Mercúrio Retrógrado	**8** ♋ Lua Minguante em Câncer às 01:59 LFC Fim 01:59 Mercúrio Retrógrado	**9** Lua Minguante em Câncer Mercúrio Retrógrado
10 ♌ Lua Minguante em Leão às 13:35 LFC 09:47 às 13:35 Mercúrio Retrógrado	**11** Lua Minguante em Leão Mercúrio Retrógrado	**12** Lua Minguante em Leão LFC Início às 12:05 Mercúrio Retrógrado	**13** Lua Minguante em em Virgem às 02:17 LFC Fim 02:17 Mercúrio Retrógrado	**14** ●21°58'♍ Lua Nova às 22:39 em Virgem Mercúrio Retrógrado	**15** ♎ Lua Nova em Libra às 14:44 LFC 10:49 às 14:44 Fim Mercúrio Retrógrado	**16** Lua Nova em Libra
17 Lua Nova em Libra LFC Início às 22:06	**18** ♏ Lua Nova em Escorpião às 01:58 LFC Fim 01:58	**19** Lua Nova em Escorpião	**20** Lua Nova em Sagitário às 11:05 LFC 07:21 às 11:05	**21** ♐ Lua Nova em Sagitário	**22** ☽29°32'♐♑ Lua Crescente às 16:31 em Sagitário Lua em Capricórnio às 17:20 LFC 16:31 às 17:20	**23** Lua Crescente em Capricórnio Entrada do sol no Signo de Libra às 03:49
24 ♒ Lua Crescente em Aquário às 20:29 LFC 17:05 às 20:29	**25** Lua Crescente em Aquário	**26** Lua Crescente em Peixes às 21:17 LFC 09:38 às 21:17	**27** ♓ Lua Crescente em Peixes	**28** ♈ Lua Crescente em Áries às 21:17 LFC 17:57 às 21:17	**29** ○06°00'♈ Lua Cheia às 06:57 em Áries	**30** ♉ Lua Cheia em Touro às 22:17 LFC 18:49 às 22:17

Mandala Lua Cheia Setembro

LUA CHEIA
Dia: 29/09
Hora: 06:57
06°00' de Áries

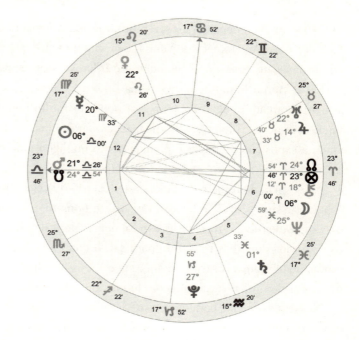

Mandala Lua Nova Setembro

LUA NOVA
Dia: 14/09
Hora: 22:39
21°58' de Virgem

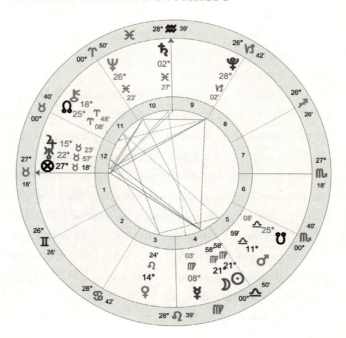

CÉU DO MÊS DE SETEMBRO

O Céu anuncia a chegada de setembro, mês da primavera, com boas novas. Começando pela retomada de Vênus ao movimento direto no dia 03/09, favorecendo o resgate de assuntos financeiros e amorosos que estavam em suspenso.

Sol e Mercúrio também dão as mãos no dia 05/09, trazendo clareza para a mente e maior concentração, o que pode ser muito benéfico para darmos início a negócios e projetos, além de fazer contatos. Uma maior lucidez também ajuda a exposição de ideias e planejamento inteligente de objetivos e metas para o mês.

Na véspera do feriado da Independência (06/09), Sol e Júpiter fazem bom aspecto, o que é uma indicação de sorte e bons momentos para estar com os amigos, estudar, viver novas experiências, além de viajar. Os planos para os próximos dois dias têm tudo para sair a contento. Entusiasmo, alegria e otimismo tendem a contribuir para o sucesso, especialmente se a nossa vitória depender de uma boa relação com figuras de autoridade.

Nesse mesmo dia, começa a fase Minguante da Lua no Signo de Gêmeos, o que é mais um ponto para resolução de pendências e questões ligadas à comunicação e às atividades intelectuais, como provas e concursos.

Quem não for viajar poderá aproveitar a semana para colocar a leitura em dia, terminar projetos escolares ou de trabalho.

E, por falar em atividades intelectuais, a Lua Nova de Virgem chega quase na metade do mês (dia 14/09), trazendo o convite para tirarmos ideias e sonhos da cabeça e colocarmos no papel.

Os projetos e as situações para os quais pudermos dar maior atenção, além de focar detalhamento e planejamento, têm maiores chances de ser bem-sucedidos. Essa é a lunação perfeita para organizar a vida, especialmente a área em que temos o Signo de Virgem no mapa.

Sol e Lua em bom aspecto com Urano também trazem muita criatividade para as questões práticas da vida, nos ajudando a abordar as situações de uma maneira que ainda não tínhamos experimentado. O acaso está a favor de quem se coloca diante das situações com confiança e usando seu poder de persuasão.

E, como uma mudança puxa a outra, esse momento também promete a chegada de muitas novidades, laços e conexões. Se estiver em busca de uma casa, ou querendo mudar alguma coisa no seu espaço doméstico, esse é o momento perfeito para renovação.

Por outro lado, devemos avaliar bem onde estamos colocando energia. Nem todo plano resiste ao campo de batalha – e é isso que Vênus em conflito com Júpiter está tentando nos dizer, e não é de hoje.

A dica é usar a energia de Virgem para ser bem metódico no planejamento, já que essa dupla teima em dizer que não vai ser tão difícil, que não vai custar tanto, e não é bem assim.

Mercúrio, ainda em retrogradação e próximo a uma zona de atrito com Saturno, indica que provavelmente estamos olhando de uma forma mais limitada para as situações, dificultando o encontro da melhor saída.

A boa notícia é que logo depois, no dia 15/09, Mercúrio volta ao seu movimento direto e favorece a retomada de contatos, assinatura de contratos, além de colocar a nossa cabeça para funcionar melhor.

No dia 19/09, Sol faz bom aspecto com Plutão, o que faz deste um momento importante e decisivo para efetuar mudanças significativas na vida. Os próximos dois dias são perfeitos para situações em que é preciso argumentar ou causar impacto por meio de ações e ideias.

A tendência é nos sentirmos com maior energia de liderança, magnetismo pessoal e capacidade de expressão, além de grande poder de recuperação – que pode beneficiar relações, negócios e saúde.

A fase Crescente da lunação de Virgem chega no dia 22/09, em Sagitário, renovando o otimismo e confiança às vésperas do início da primavera que, por sua vez, chega junto com o Sol ao Signo de Libra no dia 23/09. E com a temporada libriana acontecendo até 23/10, temos a oportunidade de partilhar desejos com o mundo ou com as pessoas com quem temos maior afinidade.

É o momento de olhar para o outro se quisermos aprender mais sobre nós mesmos, além de cuidar das nossas relações. Usa bem essa energia quem busca fazer do mundo um lugar mais harmônico, conciliador e bonito de se viver.

No mesmo dia (23/09), Mercúrio volta a se encontrar em sintonia com Júpiter, só que dessa vez o primeiro está em movimento direto – o que pode ajudar a resolver qualquer atrito nas relações ou situações em que seja necessário bom-senso e lucidez para expressar nossas ideias. Essa dupla nos ajuda a falar a palavra certa, para a pessoa certa e na hora certa.

Atividades relacionadas a comunicação, publicação e divulgação estão especialmente favorecidas.

Quem puder fugir para outro lugar, o fim de semana também abençoa as viagens!

E, antes de encerrar o mês, a Lua Cheia em Áries aponta no Céu no dia 29/09, trazendo dinamismo, muita atividade, impulso e disposição – não importa a situação.

O que quer que tenhamos dado início na Lua Nova que precise de um reforço na energia e intenção vai cair como uma luva nessa lunação.

Vênus e Marte em bom aspecto, por um lado, podem trazer sorte nas escolhas – tanto financeiras quanto amorosas. Essa dupla promete acender nossas paixões, juntando a fome com a vontade de comer.

Por outro lado, Vênus e Urano em conflito indicam que o jogo não está ganho e as coisas podem mudar, trazendo oscilações financeiras e reviravoltas amorosas. É bom ter em mente que as fichas estão na mesa, e nos resta saber quem tem coragem de assumir os riscos e pagar para ver.

Posição diária da Lua em setembro

DIA 01 DE SETEMBRO – SEXTA-FEIRA
○ *Cheia* ○ *em Áries às 10:24 LFC Início às 07:35 LFC Fim às 10:24*

Mercúrio Retrógrado

Enquanto a Lua estiver em Áries, ficamos mais audaciosos e destemidos diante de qualquer decisão. É preciso se sentir livre para a conquista de um conforto emocional. Qualquer tipo de dependência pode ser encarado como um obstáculo frente aos desejos. Controle a agressividade para não desencadear um desequilíbrio emocional, que resulte em irritabilidade e consequentemente perda de foco.

• **Lua conjunção Netuno** – das 03:37 às 06:49 (exato 05:13)

A tendência é estarmos mais sensíveis e conectados do que costume. Assim, fique atento aos sonhos, pois esses poderão trazer mensagens reveladoras. Programe-se para acordar mais cedo, não precisando se impor um ritmo acelerado já que a tendência é estarmos menos dispostos. Alimente-se bem e se puder pratique uma atividade que traga equilíbrio emocional. Não é recomendado tomar decisões importantes.

• **Lua sextil Plutão** – das 05:59 às 09:11 (exato 07:35)

Invista em ações, pensamentos e até em palavras que sejam revigorantes, principalmente priorizando situações que pareciam perdidas. Excelente energia para recuperar, revitalizar e reconstruir.

• **Lua oposição Marte – das 14:08 às 17:30 (exato 15:49)**

Evite impor a sua vontade. Use sua capacidade de persuasão antes de sair atropelando quem estiver no seu caminho. Isso vai evitar desafetos que poderão reagir de forma inesperada. Não é dia para incentivar conflitos. Se puder, prefira fazer as coisas sozinho, isso acalmará a sua necessidade de ser o protagonista.

DIA 02 DE SETEMBRO – SÁBADO
○ *Cheia (disseminadora)* ○ *em Áries*

• **Lua trígono Vênus – das 04:40 às 07:57 (exato 06:18)**

Apodere-se das suas qualidades e coloque um sorriso no rosto, pois o dia poderá lhe surpreender positivamente. Cultive a harmonia, estando mais receptivo que o habitual. Momento positivo para investir em acordos que pareciam impossíveis. Ótimo dia para tratamentos estéticos ou mudar o visual.

DIA 03 DE SETEMBRO – DOMINGO
○ *Cheia (disseminadora)* ○ *em Touro às 11:59 LFC Início às 08:56 LFC Fim 11:59*

Mercúrio Retrógrado

Enquanto a Lua estiver em Touro, tendemos a privilegiar ações que nos traga estabilidade e segurança. Excelente momento para analisar os resultados que colheu e o que deu errado. O Signo de Touro tem como característica a paciência e determinação, possuindo uma energia de consolidação. Assim, invista energia naquilo que deu frutos.

• **Lua Plutão – das 07:14 às 10:38 (exato 08:56)**

Esforce-se mais para não fazer uma tempestade num copo d'água. A tendência é que tudo tome proporções maiores do que realmente são. Sentimentos de rejeição e abandono poderão ressurgir, principalmente diante de alguma negação. Não entre na onda dessa energia, evitando confrontos. Não é um bom momento para disputas de território, o melhor deixar passar despercebido.

• **Lua sextil Saturno – das 15:53 às 19:18 (exato 17:35)**

Mire a concretização dos seus objetivos. Não basta querer, é preciso persistência. Organize suas emoções, dominando suas inseguranças a fim de que esteja mais segura e pronta a encarar novos desafios que se apresente. Imponha uma postura aberta a concessões.

DIA 04 DE SETEMBRO – SEGUNDA-FEIRA
○ *Cheia (disseminadora)* ○ *em Touro*

- **Lua trígono Sol** – das 06:19 às 10:05 (exato 08:12)

A semana começará positiva se conseguir manter a harmonia das suas contradições. Cultive a boa vontade, isso fará com que se abram caminhos

- **Lua quadratura Vênus** – das 07:22 às 10:53 (exato 09:08)

Se puder, transfira tarefas chatas ou difíceis de serem realizadas. A tendência é que a frustração surja. Use muito tato nas suas colocações, pois hoje a inclinação é de pouca abertura. Vai ser difícil agradar e ser agradado.

- **Lua trígono Mercúrio** – das 12:56 às 16:14 (exato 14:35)

Na parte da tarde, um canal positivo se abre para o diálogo. Momento para retomar uma negociação ou até abordar qualquer tema polêmico. Exemplificar um assunto poderá ter um efeito surpreendente. Detalhes farão a diferença.

- **Lua conjunção Júpiter** – das 13:19 às 16:51 (exato 15:05)

Use a insatisfação de forma produtiva, do contrário, a tendência é que abuse na alimentação, principalmente na ingestão de doce. Verifique se suas análises não estão sendo superdimensionadas.

DIA 05 DE SETEMBRO – TERÇA-FEIRA

○ *Cheia (disseminadora)* ○ *em Gêmeos às 17:06 LFC Início às 13:45*
LFC Fim às 17:06

Mercúrio Retrógrado

Enquanto a Lua estiver em Gêmeos, ficamos motivados a trocar experiências. As pessoas ficam abertas e a comunicação flui melhor. No entanto, cheque as informações, pois estamos num período de Mercúrio em retrogradação.

- **Lua conjunção Urano** – das 02:39 às 06:15 (exato 04:27)

Pode ser que acorde até se sentindo cansado. Uma noite agitada pode ter sido pouco revigorante, sendo importante respeitar-se diminuindo o ritmo dos seus compromissos. Priorize para não ficar irritado. Esteja pronto para imprevistos.

- **Lua sextil Netuno** – das 09:09 às 12:48 (exato 10:58)

Precisamos aprender a dançar conforme a música. Não é dia para insistir naquilo que não está fluindo. Ouça sua intuição.

- **Lua trígono Plutão** – das 11:56 às 15:35 (exato 13:45)

Energia revigorante, sendo um excelente momento para rever situações perdidas e refazer laços importantes. Invista no que vale a pena recuperar.

- **Lua quadratura Saturno** – das 20:59 à 00:40 de 06/09 (exato 22:49)

Terminaremos o dia exaustos, não deixe assuntos importantes. para a noite. Tente se poupar, fazendo algo que melhore o seu humor.

DIA 06 DE SETEMBRO – QUARTA-FEIRA
☽ Minguante às 19:20 em 14º03' de Gêmeos ☽ em Gêmeos

Mercúrio Retrógrado

• Lua trígono Marte – das 02:46 às 06:42 (exato 04:44)

Equilibre-se emocionalmente a fim de encontrar a melhor forma de agir, apaziguando contrariedades que vem sendo obstáculos para suas conquistas. Momento para colocar na balança os prós e os contras de uma situação.

• Lua sextil Vênus – das 14:12 às 18:00 (exato 16:06)

Estaremos mais abertos quando nos sentirmos de alguma forma prestigiados. Se está querendo algo difícil de alguém, exalte suas qualidades, colocando-o numa posição de destaque. Esse será o caminho que estará mais facilitado.

• Lua quadratura Mercúrio – das 16:00 às 19:31 (exato 17:45)

Opte por críticas construtivas ou, então, releve diante de um resultado positivo se o olhar for menos meticuloso. Não cultive picuinhas, nem dê ouvidos a tudo que se fala. Seja seletivo tanto nas palavras quanto nos pensamentos.

• Lua quadratura Sol – das 17:17 às 21:24 (exato 19:20)

Nem sempre as coisas saem como gostaríamos. Tem hora que é melhor descansar o corpo para que a mente possa encontrar uma nova forma de ver uma situação. Não estimule desavenças.

DIA 07 DE SETEMBRO – QUINTA-FEIRA
☽ Minguante ☽ em Gêmeos LFC Início às 19:21

• Lua quadratura Netuno – das 17:25 às 21:17 (exato 19:21)

Hoje não está favorável para grandes decisões, já que nosso emocional poderá distorcer a visão real de uma situação. Preserve-se, pois poderá facilmente somatizar uma emoção estressante. Poupe-se.

DIA 08 DE SETEMBRO – SEXTA-FEIRA
☽ Minguante ☽ em Câncer às 01:59 LFC Fim 01:59

Mercúrio Retrógrado

Enquanto a Lua estiver em Câncer, tenderemos a ficar mais intimistas, valorizando nossa casa, nossos afetos e aqueles com quem dividimos nossa intimidade. Sinta o ambiente antes de expor-se emocionalmente.

• Lua trígono Saturno – das 05:46 às 09:40 (exato 07:43)

Manhã produtiva, já que emocionalmente estaremos abertos a encarar qualquer tipo de sacrifício em função de um objetivo. Se tiver protelando de realizar algo que não goste, mas tem que ser feito, o momento é esse. Estaremos mais responsáveis e menos propensos à postergação.

• **Lua quadratura Marte** – das 15:28 às 19:38 (exato 17:33)

Diante de qualquer tipo de contrariedade, mantenha a calma. Nem tudo deve ser encarado como pessoal. Releve, pois a tendência será a reatividade.

• **Lua sextil Mercúrio** – das 22:05 à 01:47 de 09/09 (exato 23:56)

Relaxe com um bom papo com amigos com quem confie ou possa dividir intimidades. Hoje, o importante vai ser colocar para fora o que te atormenta. Isso fará com que fique mais leve e consiga se divertir.

DIA 09 DE SETEMBRO – SÁBADO
☽ Minguante (balsâmica) ☽ em Câncer

• **Lua sextil Júpiter** – das 06:38 às 10:37 (exato 08:38)

Tudo é a forma como enxergamos a situação. Tente olhar pelo lado positivo, enchendo-se de otimismo mesmo que as coisas lhe pareçam desfavoráveis. Pode ser que encontre soluções onde menos espera. Esteja atento.

• **Lua sextil Sol** – das 08:38 às 12:58 (exato 10:48)

Se tiver que trabalhar, é um excelente momento para se conectar com soluções criativas. Durante esse período, você estará se sentindo muito bem capacitado para lidar com os desafios. Aproveite e retome situações que foram postergadas.

• **Lua sextil Urano** – das 21:33 à 01:34 de 10/09 (exato 23:33)

Vá se divertir fazendo algo diferente. Uma novidade reacenderá laços emocionais que andam afastados. Se estiver sozinho, saia e tente conhecer novas pessoas. Você poderá se surpreender ao frequentar um lugar novo.

DIA 10 DE SETEMBRO – DOMINGO
☽ Minguante (balsâmica) ☽ em Leão às 13:35 LFC Início às 09:47 LFC Fim 13:35

Mercúrio Retrógrado

Enquanto a Lua estiver em Leão, tenderemos a priorizar nossas vontades, até porque haverá uma grande necessidade de nos agradar. Não que sejamos egoístas, apenas estaremos precisando de mais atenção, carinho e até elogios que venham amenizar nossas inseguranças. Invista no que você tem de melhor.

• **Lua trígono Netuno** – das 04:35 às 08:36 (exato 06:35)

Olhe para a vida com generosidade, exaltando o que ela tem de melhor. Isso amenizará e até curará feridas emocionais, consequências de qualquer sentimento de inferioridade. Pare de reclamar e vá curtir um dia de descanso.

• **Lua oposição Plutão – das 07:46 às 11:47 (exato 09:47)**

Não é o melhor momento para medir força com qualquer um que corte seu caminho, gerando algum tipo de provocação. A melhor resposta é ignorar e sair de fininho. É importante controlar suas reações emocionais e tente não ficar obcecado com um determinado assunto. Acredite que cada coisa tem seu tempo.

DIA 11 DE SETEMBRO – SEGUNDA-FEIRA
☽ *Minguante (balsâmica)* ☽ *em Leão*

Mercúrio Retrógrado

• **Lua sextil Marte – das 06:57 às 11:13 (exato 09:05)**

Teremos um início de semana animado, estando com mais energia para encarar uma rotina de compromissos. Aproveite para dar o pontapé inicial em um assunto que necessita de mais ousadia. Não perca a oportunidade de ser visto como corajoso. Isso resultará numa melhoria na sua autoestima.

• **Lua conjunção Vênus – das 14:27 às 18:35 (exato 16:31)**

Excelente momento para encontros, sejam amorosos ou de negócios. Acordos estarão facilitados, até porque a boa vontade tenderá a reinar mesmo onde há contrariedades. O amor está no ar.

• **Lua quadratura Júpiter – das 18:52 às 22:55 (exato 20:54)**

Às vezes, nossa visão está superavaliada, sendo importante valorizar o que se tem ao alcance. Tome cuidado para não exagerar, achando que nada é suficiente.

DIA 12 DE SETEMBRO – TERÇA-FEIRA
☽ *Minguante (balsâmica)* ☽ *em Leão LFC Início às 12:05*

Mercúrio Retrógrado

• **Lua quadratura Urano – das 10:04 às 14:06 (exato 12:05)**

A intensa velocidade das coisas tenderá a nos impulsionar e a abraçar mais compromissos que na realidade somos capazes de dar conta. Desacelere, principalmente fazendo uma coisa de cada vez. Evite fazer mais de uma coisa ao mesmo tempo, pois poderá resultar até em algum tipo de acidente.

DIA 13 DE SETEMBRO – QUARTA-FEIRA
☽ *Minguante (balsâmica)* ☽ *em Virgem às 02:17 LFC Fim 02:17*

Mercúrio Retrógrado

Enquanto a Lua estiver em Virgem, tenderemos a uma visão mais analítica das situações, fazendo com que nos motivemos a nos capacitar afim de atender uma necessidade que vem atrapalhando a funcionalidade da nossa rotina. Aprimore-se.

• **Lua conjunção Mercúrio – das 17:05 às 21:02 (exato 19:04)**

Vai ser difícil desacelerar no final do dia, até porque, quando acontece uma coisa, atrai outra na mesma proporção. Tente se acalmar, não se deixando dominar por uma ansiedade que lhe obrigue a dar conta de tudo. Vai ser difícil a concentração. Esforce-se mais para manter a atenção naquilo que realmente trará resultados concretos.

DIA 14 DE SETEMBRO – QUINTA-FEIRA
● *Nova às 22:39 em 21°58' de Virgem* ● *em Virgem*

Mercúrio Retrógrado

• **Lua trígono Júpiter – das 07:26 às 11:27 (exato 09:27)**

A Lua Nova simboliza um novo ciclo, no qual a expansão tenderá a ser facilitada se conseguirmos impor um ritmo em que resida a funcionalidade. Não se conquista nada sem empenho, persistência e dominando a prática através da repetição. Aprimore-se.

• **Lua conjunção Sol – das 20:28 à 00:50 de 15/09 (exato 22:39)**

A motivação é um importante instrumento que utilizamos para sair de uma situação de acomodação. Aproveite esse alinhamento dos seus objetivos de vida com sua vontade emocional e promova entendimentos que resultarão em acordos funcionais.

• **Lua trígono Urano – das 22:36 às 02:37 de 15/09 (exato 00:37 de 15/09)**

Inove, tudo tenderá a fluir de forma mais leve. Dificilmente estaremos presos a antigas regras. É hora de ousar e ser quem deseja.

DIA 15 DE SETEMBRO – SEXTA-FEIRA
● *Nova* ● *em Libra às 14:44 LFC Início às 10:49 LFC Fim 14:44*

Fim Mercúrio Retrógrado

Enquanto a Lua estiver em Libra, tenderemos a agir de acordo com a diplomacia, já que nos sentiremos mais receptíveis até com o que é diferente. É tempo de investir na reconciliação, na diplomacia e na cordialidade.

• **Lua oposição Netuno – das 05:29 às 09:29 (exato 07:29)**

Não crie expectativas sem antes averiguar suas verdadeiras possibilidades. Ficará mais difícil ter clareza, não sendo favorável decisões importantes. Espere as ideias clarearem para então decidir por novos rumos.

• **Lua trígono Plutão – das 08:49 às 12:49 (exato 10:49)**

Invista no poder de regeneração emocional, que poderá sarar antigas feridas, retomando relações desgastadas. Tudo pode se transformar, se ambas as partes estiverem abertas a isso. A força do planeta Plutão cura, depois que tudo é digerido através de esclarecimentos verdadeiros frente a erros perdoados.

DIA 16 DE SETEMBRO – SÁBADO
🌑 *Nova* 🌑 *em Libra*

• **Lua conjunção Marte – das 14:46 às 18:57 (exato 16:52)**

Sábado animado e cheio de vitalidade, seja para trabalhar ou até para colocar em ordem sentimentos que andaram meio perdidos. A Lua em Libra nos deixa mais racional, priorizando a cordialidade e o entendimento diante das diferenças. Se estiver muito agitado, vá se exercitar.

• **Lua sextil Vênus – das 18:54 às 22:59 (exato 20:57)**

Invista na beleza física e de alma, em que o que interessa é se deixar conduzir pela sedução diante do prazer de se sentir amado e desejado. Ative o Eros que reside dentro de você.

DIA 17 DE SETEMBRO – DOMINGO
🌑 *Nova* 🌑 *em Libra LFC Início às 22:06*

• **Lua quadratura Plutão – das 20:09 à 00:02 de 18/09 (exato 22:06)**

Não é o melhor momento para tratar de situações que estejam no limite. Opte por outro dia, quando estiver mais calmo e certa de suas decisões. Hoje tudo estará potencializado, as consequências poderão estar subavaliadas. Cuidado.

DIA 18 DE SETEMBRO – SEGUNDA-FEIRA
🌑 *Nova* 🌑 *em Escorpião às 01:58 LFC Fim 01:58*

Enquanto a Lua estiver em Escorpião, há uma maior facilidade para se aprofundar em questões que exijam uma qualidade investigativa. Parece que ficamos com o faro apurado para detectar onde algo não vai bem. Estando mais abertos a recuperar o que ainda tem serventia.

• **Lua trígono Saturno – das 04:22 às 08:14 (exato 06:18)**

Início de semana produtivo, sendo a Lua Nova a fase lunar propícia para fertilizar novos projetos. Foco e persistência deverão ser o combustível para essa segunda-feira cheia de compromissos a serem cumpridos. Hoje os sacrifícios serão encarados como investimentos.

- **Lua sextil Mercúrio – das 16:52 às 20:52 (exato 18:52)**

Sorria e anime-se para dar conta de mais de uma coisa ao mesmo tempo. Não hesite em pedir ajuda a amigos, já que a comunicação estará facilitada para troca de informações. Excelente momento para qualquer tipo de divulgação.

DIA 19 DE SETEMBRO – TERÇA-FEIRA
● Nova ● em Escorpião

- **Lua oposição Júpiter – das 05:21 às 09:09 (exato 07:15)**

Prepare-se para encontrar obstáculos que venham a surgir diante de distorções de julgamentos. Será difícil agradar. Assim, mantenha a calma e tente fazer o seu melhor.

- **Lua quadratura Vênus – das 07:30 às 11:27 (exato 09:28)**

Tente manter a autoestima elevada, mesmo que diante da incompreensão alheia. Hoje, necessitaremos de um esforço maior para conseguirmos agradar o pouco que seja. Não encare isso de forma pessoal. Tem dias que temos que encarar uma situação desfavorável como aprendizado.

- **Lua oposição Urano – das 19:53 às 23:38 (exato 21:46)**

Evite atividades noturnas que aumentem sua ansiedade e nervosismo. Vá fazer uma caminhada ao ar livre. Isso trará uma sensação de liberdade, amenizando um possível estado de sufocamento emocional. Controle-se, preferindo ficar mais sozinho, evitando atitudes grosseiras com aqueles que lhe são mais íntimos.

DIA 20 DE SETEMBRO – QUARTA-FEIRA
● Nova ● em Sagitário às 11:05 LFC Início às 07:21 LFC Fim 11:05

Enquanto a Lua estiver em Sagitário, tendemos a ficar mais otimistas, vislumbrando um futuro promissor, mesmo que o atual momento seja mais limitante. Olhe para frente, estipulando um objetivo a ser cumprido.

- **Lua trígono Netuno – das 02:13 às 05:57 (exato 04:05)**

Não deixe de considerar seus insights. Tenderemos a maior sensibilidade diante de uma visão ampliada de uma situação, o que poderá motivar soluções nunca antes previstas. Exercícios de respiração, yoga e meditação amplificarão essa conexão com seu lado mais criativo.

- **Lua sextil Plutão – das 05:29 às 09:13 (exato 07:21)**

Restaure-se emocionalmente a fim de que se sinta mais forte para encarar desafios na implantação de novos projetos. É o momento de semear, e o solo astral está propício para isso. Não perca tempo.

• **Lua sextil Sol – das 03:45 às 07:47 (exato 05:46)**

Alinhe-se emocionalmente com suas expectativas de vida, vislumbrando novas formas de colocar seus projetos adiante. Hoje invista nas suas capacidades, não deixando de lado a importância de aprimorar o conhecimento.

• **Lua quadratura Saturno – das 13:06 às 16:47 (exato 14:57)**

Sua capacidade poderá ser colocada à prova se não puder atestar concretamente o que vem defendendo. Esteja pronto para encontrar obstáculos no que se propor a realizar. Persistir e não desistir.

DIA 21 DE SETEMBRO – QUINTA-FEIRA
🌑 *Nova* 🌑 *em Sagitário*

• **Lua quadratura Mercúrio – das 04:15 às 08:09 (exato 06:12)**

Será maior o desafio para conseguir se concentrar em uma coisa só. A tendência é que tenhamos de nos desdobrar. Assim, tente priorizar para não perder o foco do que realmente importa.

• **Lua sextil Marte – das 15:17 às 19:05 (exato 17:11)**

À tarde, as energias ficam mais favoráveis para qualquer decisão diante de um novo movimento. Não se acovarde diante de algum obstáculo. A coragem é fundamental para quem ousa seguir seus instintos.

• **Lua trígono Vênus – das 17:32 às 21:17 (exato 19:24)**

Vibre na energia do otimismo e vá se divertir porque a vida não é só trabalho e obrigação. A caminhada é longa e temos que aproveitar enquanto temos sede de viver. Se estiver sozinho, excelente momento para conhecer uma companhia agradável.

DIA 22 DE SETEMBRO – SEXTA-FEIRA
☾ *Crescente às 16:31 em 29°32' de Sagitário* ☾ *em Capricórnio ás 17:20 LFC Início às 16:31 LFC Fim 17:20*

Enquanto a Lua estiver em Capricórnio, ficamos mais produtivos e focados na busca dos objetivos profissionais ou na concretização de metas estipuladas. Aproveite para dar um gás nos seus projetos. Não é hora para descanso. Motive-se.

• **Lua quadratura Netuno – das 08:50 às 12:22 (exato 10:36)**

Comece o dia devagar, respeitando seu corpo físico e seu estado emocional. Estaremos mais suscetíveis a alergias e resfriados. Procure se alimentar melhor e se poupar de uma agenda atribulada. Redobre atenção, pois a tendência é estarmos mais distraídos e suscetíveis a enganos.

• **Lua quadratura Sol – das 14:37 às 18:24 (exato 16:31)**

Não encare as contrariedades de forma arrogante. Mantenha a humildade, procurando tirar o lado bom de qualquer crítica. Isso lhe caracterizará como uma pessoa aberta a outras visões de uma mesma coisa, podendo até amenizar um clima mais pesado.

• **Lua sextil Saturno – das 18:59 às 22:28 (exato 20:43)**

Organizar e planejar um plano de ação para o dia seguinte, incluindo detalhes de prioridades e necessidades de cada atividade, vai favorecer o bom andamento dos projetos.

DIA 23 DE SETEMBRO – SÁBADO
☾ *Crescente* ☾ *em Capricórnio*

Entrada do sol no Signo de Libra às 03h49min47seg
Equinócio de Outono H. Norte Equinócio de Primavera H. Sul

• **Lua trígono Mercúrio – das 13:31 às 17:15 (exato 15:23)**

Estaremos mais motivados ao aprendizado, facilitando os estudos e a memorização. Excelente energia para quem está fazendo algum concurso, provas e até mesmo apresentar um trabalho.

• **Lua trígono Júpiter – das 17:30 às 20:53 (exato 19:12)**

Aproveite a energia expansionista e invista em atividades que amplie seu conhecimento. Excelente momento para viajar, contato com pessoas no exterior e até buscar novos parceiros comerciais no estrangeiro. Não se acomode com o que está ao seu alcance.

DIA 24 DE SETEMBRO – DOMINGO
☾ *Crescente* ☾ *em Aquário às 20:29 LFC Início às 17:05 LFC Fim 20:29*

Enquanto a Lua estiver em Aquário, terá maior disposição para o espírito de convivência em grupo, o trato social e o contato com os amigos do que para os laços íntimos.

• **Lua trígono Urano – 06:46 às 10:07 (exato 08:27)**

Criatividade nas alturas! Uma ideia genial pode atravessar a mente, criando uma alternativa e uma visão totalmente diferente para uma questão antiga que estava pendente.

• **Lua sextil Netuno – 12:22 às 15:42 (exato 14:02)**

Maior solidariedade entre as pessoas permite que contemos com a ajuda delas. Siga o fluxo e a intuição.

• **Lua conjunção Plutão – 15:25 às 18:44 (exato 17:05)**

Período excelente para lidar com situações que exijam determinação e coragem. Vale a pena um mergulho em tarefas que exijam total dedicação.

• **Lua trígono Sol – 21:39 às 01:12 de 25/09 (exato 23:26)**

Vemos com clareza as coisas como são e as aceitamos. Casais que são particularmente diferentes entre si encontram, neste momento, uma facilidade maior de se entenderem e conciliarem suas diferenças.

DIA 25 DE SETEMBRO – SEGUNDA-FEIRA
☾ *Crescente* ☾ *em Aquário*

• **Lua quadratura Júpiter – das 19:11:18 às 22:25 (exato 20:48)**

Tente não se avaliar por baixo. Essa insatisfação momentânea poderá resultar em ações compensatórias, seja na bebida ou na comida. Valorize ao que está no seu alcance.

DIA 26 DE SETEMBRO – TERÇA-FEIRA
☾ *Crescente* ☾ *em Peixes às 21:17 LFC Início às 09:38 LFC Fim às 21:17*

Enquanto a Lua estiver em Peixes, ampliamos nossa visão do todo, como se os detalhes não tivessem tanto importância como antes. Nos tornamos mais sensíveis e empáticos a quem está a nossa volta, deixando de olhar apenas ao que nos diz respeito. Será benéfico investir em causas que amenizem o sofrimento alheio.

• **Lua trígono Marte – das 02:30 às 05:53 (exato 04:12)**

Momento propício para equilibrar as emoções, optando por agir de forma mais diplomática e menos egoísta. Isso fará toda diferença diante de qualquer tipo de contrariedade. Hoje, não será através da imposição que conquistará os objetivos.

• **Lua oposição Vênus – das 04:05 às 07:28 (exato 05:56)**

Mesmo que não esteja se sentindo nos melhores dias, não dá para perder a oportunidade de investir na conclusão dos seus afazeres. Tente não se afetar pelo ambiente, investindo num comportamento cortês, mesmo diante de uma negatividade. Já que será menor a receptividade.

• **Lua quadratura Urano – 08:01 às 11:14 (exato 09:38)**

Acalme-se e tenha as emoções sobre controle. A tendência é que situações novas atropelem seu dia, exigindo maior jogo de cintura e grande agilidade de adequação. Invista numa atitude mais maleável para conter a ansiedade.

• **Lua conjunção Saturno** – das 22:24 às 01:36 de 27/09 (exato 00:00 de 27/09)

Tem dia que parece que carregamos o mundo nas costas, exigindo uma força maior para encarar as responsabilidades. Tente se esquecer dos problemas e ter uma noite de sono revigorante. Amanhã é outro dia.

DIA 27 DE SETEMBRO – QUARTA-FEIRA
☾ *Crescente* ☾*em Peixes*

• **Lua sextil Júpiter** – das 19:10 às 22:21 (exato 20:45)

As oportunidades, muitas vezes, passam desapercebidas por não ousarmos um olhar novo e mais abrangente sobre um antigo assunto. Invista na coragem de fazer diferente. Abra-se.

DIA 28 DE SETEMBRO – QUINTA-FEIRA
☾ *Crescente* ☾*em Áries às 21:17 LFC Início às 17:57 LFC Fim 21:17*

Enquanto a Lua estiver em Áries, ficamos mais corajosos e ousados a agir motivados por nossos desejos. O egoísmo deve ser evitado, sempre equilibrando-se ao entender que a liberdade de um vai até a liberdade do outro. Atire-se, mas meça as consequências dos seus atos.

• **Lua oposição Mercúrio** – da 01:31 às 05:04 (exato 03:18)

A mente cheia pode não permitir o descanso necessário para encarar uma rotina de trabalho. Tente pensar uma coisa de cada vez para não aumentar a ansiedade diante de uma baixa resolutividade. Muitas ideias podem mais atrapalhar do que ajudar.

• **Lua sextil Urano** – das 07:59 às 11:10 (exato 09:35)

Inovar pode ser estimulante, uma vez que vislumbra o novo através da nossa capacidade criativa de encontrar soluções versáteis. Não se prenda apenas no que domina. Informe-se, pesquise, procure quem está um passo a frente de você.

• **Lua conjunção Netuno** – das 13:17 às 16:29 (exato 14:53)

Canalize a sensibilidade para se conectar com seu lado criativo, não deixando que um mar de emoções atrapalhe sua rotina diária. Tente focar numa coisa de cada vez, isso trará maior eficiência e menos dispersão. Um roteiro lhe auxiliará. Organize-se.

Lua sextil Plutão – das 16:21 às 19:33 (exato 17:57)

Energia renovadora lhe motivará a retomar atividades interrompidas e até relações desgastadas. Se está precisando resgatar algo, o dia é hoje.

DIA 29 DE SETEMBRO – SEXTA-FEIRA
○ *Cheia às 06:57 em 06°00' de Áries* ○ *em Áries*

• Lua oposição Sol – das 05:13 às 08:41 (exato 06:57)

Esforce-se para manter a calma diante de qualquer tipo de contrariedade. Use a inteligência emocional para convencer em vez de sair atropelando tudo e todos que se colocarem no seu caminho. Não vá colocar tudo a perder.

DIA 30 DE SETEMBRO – SÁBADO
○ *Cheia* ○ *em Touro às 22:17 LFC Início às 18:49 LFC Fim 22:17*

Enquanto a Lua estiver em Touro, tendemos a priorizar qualquer situação que nos coloque numa zona de conforto, evitando movimentos de mudança. Estimule seu lado amoroso, mimando quem, de alguma forma, alimente sua necessidade de se sentir seguro e amado.

• Lua oposição Marte – das 07:35 às 11:02 (exato 09:19)

Movimente-se sem sair derrubando tudo e todos. Canalize essa energia para se exercitar logo cedo ou para conquistar um novo patamar que lhe remeta algum tipo de segurança.

• Lua trígono Vênus – das 09:23 às 12:52 (exato 11:08)

O que lhe dá prazer poderá ser o grande motivador para enfrentar contratempos ou até mesmo ir a luta para conquistar um amor ou um benefício perdido. Invista no seu poder de sedução, exaltando o que tem de melhor.

• Lua quadratura Plutão – das 17:09 às 20:29 (exato 18:49)

Pare de alimentar sentimentos de perdas, porque todos nós temos nossos dias de fracasso. Não é o melhor momento para brigar contra o mundo. Deixe a poeira abaixar.

• Lua sextil Saturno – das 23:05 às 02:25 de 01/10 (exato 00:45 de 01/10)

Racionalize suas emoções, entendendo que sacrifícios fazem parte da vida e que nem sempre saímos vencedores. A vida é luta e persistência. O importante é saber ter uma postura responsável diante das escolhas. Tem hora que não cabe mais apenas sonhar.

Outubro 2023

Domingo	Segunda-feira	Terça-feira	Quarta-feira	Quinta-feira	Sexta-feira	Sábado
1 — Lua Cheia em Touro	**2** — Lua Cheia em Touro / LFC Início às 22:19	**3** ♊ — Lua Cheia em Gêmeos às 02:02 / LFC Fim 02:02	**4** — Lua Cheia em Gêmeos	**5** ♋ — Lua Cheia em Câncer às 09:31 / LFC 03:34 às 09:31	**6** ☽13°02' ♋ — Lua Minguante às 10:47 / Lua em Câncer	**7** ♌ — Lua Minguante em Leão às 20:24 / LFC 16:11 às 20:24
8 — Lua Minguante em Leão	**9** — Lua Minguante em Leão	**10** — Lua Minguante em Virgem às 09:01 / LFC 06:36 às 09:01	**11** ♍ — Lua Minguante em Virgem	**12** ♎ — Lua Minguante em Libra às 21:21 / LFC 17:10 às 21:21	**13** — Lua Minguante em Libra	**14** ●21°07' ♎ — Lua Nova às 14:55 em Libra / Eclipse Solar Parcial às 15:01 em Libra
15 — Lua Nova em Escorpião às 08:03 / LFC 04:00 às 08:03	**16** ♏ — Lua Nova em Escorpião	**17** ♐ — Lua Nova em Sagitário às 16:36 / LFC 12:43 às 16:36	**18** — Lua Nova em Sagitário	**19** ♑ — Lua Nova em Capricórnio às 22:54 / LFC 16:01 às 22:54	**20** — Lua Nova em Capricórnio	**21** — Lua Nova em Capricórnio
22 ☽28°28' ♑♒ — Lua Crescente às 00:29 em Capricórnio / Lua em Aquário às 03:05 / LFC 03:00 às 03:05	**23** — Lua Crescente em Aquário / LFC Início às 16:04 / Entrada do Sol no Signo de Escorpião às 13:20	**24** ♓ — Lua Crescente em Peixes às 05:32 / LFC Fim 05:32	**25** — Lua Crescente em Peixes	**26** ♈ — Lua Crescente em Áries às 07:01 / LFC 03:38 às 07:01	**27** ♈ — Lua Crescente em Áries	**28** ○05°09' ♉ — Lua Cheia às 17:24 em Touro / Lua em Touro às 08:44 / LFC 05:19 às 08:44 / Eclipse Lunar às 17:15 em Touro
29 — Lua Cheia em Touro	**30** — Lua Cheia em Gêmeos às 12:07 / LFC 08:35 às 12:07	**31** ♊ — Lua Cheia em Gêmeos				

Mandala Lua Cheia Outubro

LUA CHEIA
Dia: 28/10
Hora: 17:24
05°09´ de Touro

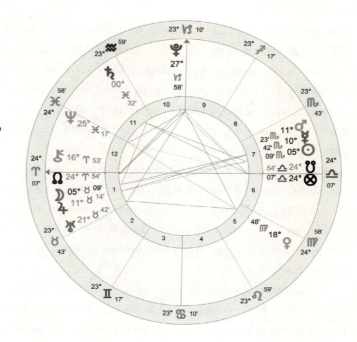

Mandala Lua Nova Outubro

LUA NOVA
Dia: 14/10
Hora: 14:55
21°07' de Libra

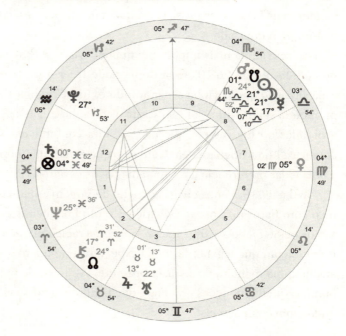

O LIVRO DA LUA 2023   359

CÉU DO MÊS DE OUTUBRO

Outubro começa pegando carona em algumas influências da última Lua Cheia que começou no dia 29/09, uma lunação que pode ser interpretada como uma faca de dois gumes. De um lado, Vênus se harmoniza com Marte, nos ajudando a mirar e apontar em objetivos que estejam bem alinhados com nossos desejos e capacidades. Mas é importante saber que nem todos os alvos poderão ser atingidos em um primeiro momento, afinal, Urano em conflito com Vênus pode mudar o rumo das "balas".

Por isso, é muito importante treinar a pontaria por meio de teste e validação das ideias. No dia 01/10, Mercúrio faz bom aspecto com Urano, mas está em desarmonia com Netuno, indicando que podemos contornar a maior parte dos problemas se pensarmos fora da caixa, mas, de novo, nem todas as soluções que pensamos ou que serviram para outras pessoas irão funcionar para a nossa vida ou naquele momento.

É tudo uma questão de manter o foco na meta principal. Mercúrio e Plutão em sintonia no dia 02/10 prometem nos ajudar na tarefa de eliminar um problema pela raiz, mesmo que seja preciso rever novamente a estratégia.

No dia 05/10, Mercúrio chega ao Signo de Libra, e, até 21 deste mês, somos convidados a argumentar e ponderar, já que as ideias ganham um caráter mais lógico e as pessoas estarão mais dispostas a considerar que toda história tem dois lados.

Isso será ainda mais importante quando Marte e Plutão entrarem em rota de colisão no dia 06/10. Essa dupla pode fazer a gente explodir diante de uma situação que já vinha se agravando (e não é de hoje). Até 10/10, os dias prometem ser de fúria, por isso aceite o conselho e evite confrontos, situações arriscadas ou lugares em que não se sinta confortável. Nesse dia também começa a Lua Minguante em Câncer, o que é mais um motivo para baixarmos a bola e dar preferência aos programas mais caseiros.

No dia 09/10, Vênus chega ao Signo de Virgem em um encontro desarmônico com Saturno, trazendo restrições tanto financeiras quanto amorosas. A Vênus nesse Signo até 07/11 já provoca uma racionalização dos nossos afetos, fazendo com que a gente fique na expectativa de quem quer, dá um jeito ou arruma uma maneira de se fazer presente. No lugar de promessas e palavras bonitas, queremos ações práticas e que facilitem a nossa vida. Nesse período, quem ama comparece.

Por isso, nos próximos dois dias, podemos ficar ainda mais frustrados com um dinheiro que não entra ou com uma pessoa que não está disponível. Um compromisso ou benefício que estávamos desejando também pode ser cancelado. É o momento em que temos que abrir mão de um prazer e encarar a realidade.

O feriado do dia 12/10, por outro lado, marca o ingresso de Marte ao Signo de Escorpião e, até 24/11, ganhamos mais energia e motivação para conquistar tudo aquilo que simboliza poder e sucesso em nosso momento de vida. É um período de força, intensidade e resistência, favorecendo especialmente quem estiver disposto a encarar suas metas com disciplina e profundidade.

Uma boa dica para usar o melhor dessa energia tão potente é encontrar uma válvula de escape saudável, e as atividades físicas são uma boa pedida. A energia contida pode se transformar facilmente em maior agressividade e em tendência a nos sentirmos perseguidos ou tolhidos diante de conflitos.

Marte e Saturno logo depois entram em uma fase de sintonia, favorecendo a tomada de decisões em relação a projetos e situações que já estavam amadurecidos em nossa cabeça. Essa dupla, inclusive, traz mais estrutura para a Lua Nova de Libra, que acontece junto a um eclipse solar no dia 14/10.

Vênus, regente desse Signo, ainda está em rota de conflito com Saturno, mostrando que será preciso passarmos por alguns testes e sacrifícios, mas o mapa da lunação também defende a ideia de que para algo novo acontecer será preciso abrir mão do que ocupa espaço na nossa vida. E a gente não cresce sem desarrumar, sem incomodar ou doer. É mais ou menos esse o recado.

No dia 18/10, Sol e Mercúrio se encontram, ampliando a nossa visão sobre os próximos passos. Na vida cotidiana, esse aspecto beneficia muito a comunicação e a conciliação de ideias, favorecendo relacionamentos e negociações.

Mas essa dupla logo depois entra em atrito com Plutão, no dia 19/10, e aí é como uma nuvem pesada que paira no Céu no final de uma tarde de verão. Vêm raios e trovões por aí, trazendo preocupações para a mente, reatividade nas ações e agressividade nas palavras. Cuidado para não cair em provocações, e muito menos ser aquele que vai cutucar a ferida do outro.

Evite fechar negócios ou discutir qualquer relação nos próximos dois dias.

No dia 20/10, Vênus faz um aspecto harmônico com Júpiter, aliviando a tensão especialmente para quem puder viajar.

De qualquer forma, esse dia pode marcar ganhos e vantagens, inclusive financeiros. Sair da rotina e espairecer tende ajudar a refrescar a mente para a próxima semana.

A Lua começa a sua fase Crescente em Capricórnio no dia 22/10, junto à entrada de Mercúrio no Signo de Escorpião, que, por sua vez, está em ótima sintonia com Saturno.

Esse é um bom momento para tomar decisões importantes e que nos levam a assumir novos compromissos e responsabilidades.

Contra fatos não há argumentos – pense nisso caso ainda precise de provas e definições.

Questões financeiras e profissionais que envolvem planejamento devem ser encaradas com disciplina e sem pressa.

O Sol chega ao Signo de Escorpião no dia 23/10, permanecendo até 21/11. Esse é o melhor momento para transformar comportamentos e se livrar de sentimentos que não cabem mais em nosso momento atual. O que quer que esteja nos segurando, prendendo ou ferindo precisa ser ressignificado.

O Sol também faz bom aspecto com Saturno no mesmo dia, o que nos permite identificar nossas limitações e nos ajuda a dar início às transformações com ordem, disciplina e estrutura. Questões financeiras e profissionais estão especialmente favorecidas entre 23/10 e 25/10.

E o mês de outubro vai chegando ao fim e em grande estilo com a Lua Cheia acompanhada de um eclipse, em Touro.

É um momento no mínimo desafiador – especialmente para aqueles que estão apegados a uma situação que está em transformação.

O eclipse lunar costuma marcar o término ou o ápice de uma questão, e este não será diferente.

No mapa dessa lunação, Mercúrio em conflito com Marte e Júpiter mostra que a tendência é acreditarmos que temos o controle, mas pode ter certeza de que nada será do jeito ou no tempo que achamos que tem que ser.

Marte, também em oposição a Júpiter, indica que precipitamos ou forçamos uma situação além do seu limite, provavelmente porque temos medo de perder. A área da vida ativada pelo eclipse pode indicar assuntos e situações relacionados a esse momento.

A boa notícia é que Vênus e Urano em harmonia no dia 30/10 já podem nos apontar saídas e boas surpresas no pós-eclipse. É a vida se renovando e nos convidando a seguir no mesmo ritmo.

Posição diária da Lua em outubro

DIA 01 DE OUTUBRO – DOMINGO
○ *Cheia* ○ *em Touro*

• **Lua conjunção Júpiter** – das 20:54 à 00:19 de 02/10 (exato 22:36)

Uma mistura de entusiasmo, confiança e otimismo pode tomar conta de você, o que é maravilhoso. Vale apenas ter cautela para evitar cometer certos exageros, principalmente em relação à comida e aos gastos desnecessários. A tendência aqui é de autoindulgência, não queremos saber de limites. Aproveite o dia para estar próximo dos seus afetos e fazer o que dá prazer.

DIA 02 DE OUTUBRO – SEGUNDA-FEIRA
○ *Cheia (disseminadora)* ○ *em Touro LFC Início às 22:19*

• **Lua conjunção Urano** – das 11:12 às 14:42 (exato 12:56)

Imprevistos podem surgir e trazer uma onda de ansiedade. Caso algo não saia como o esperado, mantenha a calma e exerça a sua criatividade traçando outros planos e caminhos. Verá que para tudo tem uma saída e que, muitas vezes, o plano B pode acabar sendo mais interessante do que o original. Deixe fluir.

• **Lua quadratura Vênus** – das 15:14 às 18:59 (exato 17:06)

Hora de exercer a sua capacidade diplomática. Se surgir algum conflito, a melhor estratégia é recuar com delicadeza. Muitas vezes, a sabedoria consiste em esperar o momento certo para agir, seja em uma negociação ou em um relacionamento.

• **Lua sextil Netuno** – das 17:00 às 20:32 (exato 18:46)

As tensões do dia tendem a se arrefecer e a encontrar um caminho onde possam fluir sem a nossa intervenção. É hora de relaxar, tomar um bom banho e deitar com a sensação de que você fez o seu papel e o universo fará o dele. Tudo se ajeitará.

• **Lua trígono Mercúrio** – das 17:39 às 21:42 (exato 19:41)

Se você precisa ter uma conversa importante com alguém, esse pode ser um bom momento. As palavras tendem a fluir com facilidade, proporcionando entendimento entre as partes. Bom para todos os processos que envolvam a mente, o pensamento, a escrita e a comunicação.

• **Lua trígono Plutão** – das 20:32 à 00:06 de 03/10 (exato 22:19)

Essa é uma energia que regenera e revigora, principalmente quando se trata de questões que, por algum motivo, ficaram para trás. Use isso a seu favor, é hora de recuperar aquilo que você julgava perdido, seja um projeto, um amigo que andava distante ou mesmo um problema antigo. Nesses momentos, a gente descobre um enorme poder de transformação.

DIA 03 DE OUTUBRO – TERÇA-FEIRA
○ *Cheia (disseminadora)* ○ *em Gêmeos às 02:02 LFC Fim 02:02*

Enquanto a Lua estiver em Gêmeos, a comunicação estará em alta. Somos invadidos por informações diversas, muita interação, troca e circulação. A mente e o pensamento parecem acelerar as ideias, e ficamos mais abertos à outras opiniões e outras perspectivas. Ficamos mais curiosos e sedentos por novidades. Nos relacionamentos, vale investir em boas conversas, afinal, se "é conversando que a gente se entende", este é um momento ideal para colocar isso em prática.

• **Lua quadratura Saturno – das 02:41 às 06:15 (exato 04:28)**

Essa é uma energia de frustração misturada a um certo pessimismo e desânimo, pois as tarefas parecem ser mais pesadas e exaustivas. Para quem precisa estar alerta e trabalhando durante este período, o melhor a se fazer é não se esforçar demais. Poupe energia e evite contar com o auxílio de outras pessoas.

• **Lua trígono Sol – das 19:04 às 23:02 (exato 21:03)**

Uma dose extra de energia e entusiasmo pode ser a tônica dessa noite. Há uma convergência entre o que sentimos e o que desejamos, e isso facilita bastante as nossas ações e os nossos relacionamentos.

DIA 04 DE OUTUBRO – QUARTA-FEIRA
○ *Cheia (disseminadora)* ○ *em Gêmeos*

• **Lua trígono Marte – das 22:32 às 02:32 de 05/10 (exato 00:32 de 05/10)**

Um final de noite cheio de energia e disposição. Se você estiver em um relacionamento, aproveite para curtir a intimidade com um toque apimentado, isso vai revigorar a relação.

• **Lua quadratura Netuno – das 23:43 às 03:30 de 05/10 (exato 01:36 de 05/10)**

Uma atenção especial às expectativas que podem não se encaixar à realidade. Essa é uma energia de engano e ilusão. Ajuste as suas lentes para que nada fique fora de foco, parecendo ser o que não é.

DIA 05 DE OUTUBRO – QUINTA-FEIRA

○ *Cheia (disseminadora)* ○ *em Câncer às 09:31 LFC Início às 19:46 LFC Início às 03:34 LFC Fim 09:31*

Enquanto a Lua estiver em Câncer, ficamos mais sensíveis e vulneráveis, buscando acolhimento e proteção. A família e os amigos mais próximos tomam uma importância maior, pois nos trazem aquela sensação gostosa de pertencimento. É hora de fortalecermos os laços com aqueles que nos são caros. Aproveite essa energia para cuidar da casa, curtir a família e cozinhar para os amigos.

• **Lua sextil Vênus – da 01:32 às 05:36 (exato 03:34)**

A madrugada promete um sono tranquilo. Uma meditação ou oração antes de dormir reforça um estado de serenidade à alma.

• **Lua quadratura Mercúrio – das 09:19 às 13:46 (exato 11:32)**

O dia já começa agitado, com algumas possibilidades de desentendimentos. As pessoas parecem mais agitadas e com mais pressa. Sabendo disso, saia mais cedo de casa, contorne a impaciência, fale com prudência e calma. Isso evitará transtornos desnecessários.

• **Lua trígono Saturno – das 09:59 às 13:49 (exato 11:54)**

Tudo aquilo que você fizer com comprometimento e dedicação trará bons resultados. Este tende a ser um período de alta produtividade, portanto, aproveite para executar as tarefas que exijam um maior grau de eficácia. Bom também para pensar naqueles seus projetos de médio a longo prazo, você estará mais afinado com todas as realidades possíveis para eles.

DIA 06 DE OUTUBRO – SEXTA-FEIRA

☽ *Minguante às 10:47 em 13º02' de Câncer* ☽ *em Câncer*

• **Lua quadratura Sol – das 08:39 às 12:55 (exato 10:47)**

Uma manhã que tende a trazer alguns obstáculos e dificuldades. As coisas podem não sair de primeira e você ter que empenhar um esforço maior se quiser concluir o que iniciou. Portanto, não faça nada sem um planejamento prévio.

• **Lua sextil Júpiter – das 10:32 às 14:26 (exato 12:29)**

Júpiter chega dando uma força para aliviar o que Saturno fez pesar em suas costas. Mesmo que encontre alguns obstáculos, respire fundo e tente encontrar saídas por onde as coisas possam fluir melhor. Se analisar bem, verá que pode contar com a preciosa ajuda de um colega, um parceiro ou até mesmo do seu chefe. Sintonize com a energia de abundância e otimismo ao seu redor.

DIA 07 DE OUTUBRO – SÁBADO
☽ Minguante ☽ em Leão às 20:24 LFC Início 16:11 LFC Fim 20:24

Enquanto a Lua estiver em Leão, é tempo de celebrar a vida e seus prazeres. Tem uma alegria no ar que contagia, festeja e faz brilhar. Saia, vá a lugares onde você é querido, bem-vindo e reconhecido. Esse será o ponto alto. É hora de se fazer o que gosta, ter satisfação e contentamento na vida. Seja generoso e a vida sorrirá de volta para você. Irradie o seu brilho por onde passar. Só não vale apelar para o drama quando as coisas não saírem do seu gosto.

• **Lua sextil Urano – das 03:23 às 07:20 (exato 05:22)**
A noite pode trazer insights bem interessantes, vale até ter um bloquinho de anotações ao lado da cama.

• **Lua trígono Netuno – das 09:58 às 13:57 (exato 11:58)**
Um bom momento para permitir que as coisas sigam o seu fluxo, sem muita interferência. Deixe a intuição falar mais alto e poderá ter boas surpresas. Pode ser um bom momento para pedir ajuda para concluir uma tarefa.

• **Lua quadratura Marte – das 12:18 às 16:31 (exato 14:24)**
O clima tende a ficar mais acirrado e os humores mais coléricos, portanto, o melhor é não entrar em disputas e brigas. Fique mais recolhido, pense duas vezes antes de agir e não faça nada no impulso. As chances de arrependimento depois são bem grandes.

• **Lua oposição Plutão – das 14:11 às 18:11 (exato 16:11)**
Se alguém for agressivo com você, não revide. Tente contornar as situações de forma pacífica e diplomática. Os ânimos estão bastante alterados e não é um bom momento para embates com ninguém.

DIA 08 DE OUTUBRO – DOMINGO
☽ Minguante ☽ em Leão

• **Lua sextil Mercúrio – das 06:25 às 11:08 (exato 08:46)**
A parte da manhã já começa cheia de informações, contatos e boas ideias. Aproveite este pique para circular, divulgar, trocar e negociar. Pode render bons frutos.

• **Lua quadratura Júpiter – das 21:54 à 01:55 de 09/10 (exato 23:55)**
Evite exageros de qualquer natureza e já conseguirá se preservar de boa parte dos excessos que este trânsito prenuncia. Baixe as suas expectativas e não se empolgue demais com o que não tem, de fato, valor.

DIA 09 DE OUTUBRO – SEGUNDA-FEIRA
☽ *Minguante (balsâmica)* ☽ *em Leão*

• **Lua sextil Sol – da 01:54 às 06:19 (exato 04:07)**
A madrugada entrega bem-estar emocional, proporcionando uma noite amena.

• **Lua quadratura Urano – das 15:34 às 19:36 (exato 17:35)**
Imprevistos podem surgir, atrapalhando a condução dos nossos planos. Nessas horas, o melhor é aceitar e seguir adiante, sem brigar ou forçar nada, caso contrário pode acabar se indispondo com alguém e dificultando ainda mais as coisas. Apenas siga, alterando a rota como der.

DIA 10 DE OUTUBRO – TERÇA-FEIRA
☽ *Minguante (balsâmica)* ☽ *em Virgem às 09:01 LFC Início às 06:36 LFC Fim 09:01*

Enquanto a Lua estiver em Virgem, nosso olhar está mais atento aos detalhes e queremos ver tudo organizado. É hora de cuidar da rotina, da saúde e da alimentação. Ficamos mais seletivos, mais analíticos e exigentes, portanto, queremos que tudo esteja bem feito e bem cuidado. Devemos apenas atentar para o excesso de controle e de crítica.

• **Lua sextil Marte – das 04:27 às 08:45 (exato 06:36)**
Para quem acorda cedo, sentirá que o dia já começa trazendo um pique de energia. Bom para quem pratica uma atividade física logo pela manhã.

• **Lua oposição Saturno – das 09:05 às 13:07 (exato 11:06)**
Alguns empecilhos e dificuldades podem surgir ao longo da manhã, trazendo um certo grau de frustração. Caso isso aconteça, não force muito a barra, pois só trará desgaste e mais frustração.

• **Lua conjunção Vênus – das 09:34 às 13:56 (exato 11:45)**
Vênus vem trazer alívio e suavizar as asperezas de Saturno. Os dois trânsitos acontecem em simultaneidade, sendo assim, melhor evitarmos o que não está favorecido. Vênus favorece os afetos, as parcerias, os encontros e o amor. Sejamos suaves uns com os outros e assim aliviamos os fardos da vida.

DIA 11 DE OUTUBRO – QUARTA-FEIRA
☽ *Minguante (balsâmica)* ☽ *em Virgem*

• **Lua trígono Júpiter – das 10:05 às 14:05 (exato 12:05)**
Uma boa dose de otimismo e confiança trazem vigor a esse final da manhã e início de tarde. Assuntos ligados à área de estudos e conhecimento estarão favorecidos, assim como questões ligadas à justiça.

DIA 12 DE OUTUBRO – QUINTA-FEIRA

☽ *Minguante (balsâmica)* ☽ *em Libra às 21:21 LFC Início às 17:10 LFC Fim 21:21*

Enquanto a Lua estiver em Libra, a diplomacia e a cordialidade estarão em alta. Em todas as relações, a harmonia será um fator de enorme importância. A busca pela imparcialidade estará presente, buscando um ponto de equilíbrio entre as partes. É um bom período para buscarmos colaboração e cooperação, com um sentido de que tudo que se faz em parceria, se faz melhor do que sozinho.

• **Lua trígono Urano – das 04:00 às 08:00 (exato 06:00)**

Logo cedo, somos banhados por uma energia criativa e favorável a inovações. Pode ser um bom momento para buscarmos novas saídas para velhos problemas. Saia do óbvio e encontrará resultados mais satisfatórios.

• **Lua oposição Netuno – das 10:42 às 14:41 (exato 12:42)**

Predisposição a enganos ou confusões. Se puder, evite tarefas que exijam muita atenção e cuidado, pois estamos mais distraídos e com menos capacidade de foco e avaliação. Podemos sentir uma queda de energia e até mesmo uma certa melancolia.

• **Lua trígono Plutão – das 15:10 às 19:09 (exato 17:10)**

Se você sentiu uma queda de energia no ciclo anterior, aqui você recupera o fôlego e segue adiante. Este é um ótimo período para dar cabo àquelas tarefas que exigem mais força e capacidade de superação.

DIA 13 DE OUTUBRO – SEXTA-FEIRA

☽ *Minguante (balsâmica)* ☽ *em Libra*

Hoje a Lua não faz aspecto com outros planetas no Céu. Devemos observar recomendações para a fase e o Signo em que a Lua se encontra.

DIA 14 DE OUTUBRO – SÁBADO

● *Nova às 14:55 em 21°07' de Libra* ● *em Libra*

Eclipse Solar Parcial às 15:01 em 21°08' de Libra

• **Lua conjunção Mercúrio – das 03:40 às 08:14 (exato 05:57)**

Logo cedo sentimos que as ideias estão bem concatenadas e o raciocínio flui naturalmente. É um bom momento para buscar novas informações, escrever ou divulgar o seu produto ou serviço. Falar dos sentimentos também pode ser bom, afinal, o coração e a mente estão sintonizados e palavras não faltarão para descrever o que se passa dentro de você.

• Lua conjunção Sol – das 12:48 às 17:01 (exato 14:55)

Razão e emoção, desejos e sentimentos se alinham para que possamos tirar o maior proveito dessa tarde de sábado. Aproveite para fazer um programa a dois e curtir a presença um do outro, certamente a harmonia envolverá esse encontro.

DIA 15 DE OUTUBRO – DOMINGO
🌑 *Nova* 🌑 *em Escorpião às 08:03 LFC Início às 04:00 LFC Fim 08:03*

Enquanto a Lua estiver em Escorpião, faremos mergulhos mais profundos dentro de nós mesmos, buscando emoções e sentimentos que antes não tínhamos acesso. Tudo se intensifica sob a luz de Escorpião, os amores, os humores, as paixões, os desejos. Podemos reagir de forma mais extrema a tudo que nos toca, afinal, estamos mais sensíveis e sensitivos. Percebemos no ar as energias que nos rodeiam. Vale prestar atenção para não cultivarmos algumas paranoias em relação ao outro, pois muitas das sombras que vemos são reflexos de nós mesmos.

• Lua quadratura Plutão – das 02:05 às 05:56 (exato 04:00)

O sono pode não ser tranquilo, tampouco reparador. Pesadelos podem acontecer durante a noite, revelando um lado sombrio que nos amedronta e inquieta.

• Lua trígono Saturno – das 07:46 às 11:35 (exato 09:41)

O domingo começa trazendo uma energia de disciplina e senso prático. Use isso a seu favor, nem que seja para gastar um tempinho planejando como vai ser a sua semana.

• Lua conjunção Marte – das 10:33 às 14:36 (exato 12:35)

Coragem e ousadia marcam esse período, assim como uma maior disposição física. Que tal fazer uma atividade ao ar livre e queimar essa dose extra de energia à sua disposição?

• Lua sextil Vênus – das 17:47 às 21:54 (exato 19:50)

O dia termina trazendo sensação de suavidade e harmonia. Estamos propensos à acordos e entendimentos, principalmente se agirmos com cordialidade e senso de cooperação. Bom para curtir a dois, ou simplesmente fazer algo prazeroso.

DIA 16 DE OUTURBO – SEGUNDA-FEIRA
🌑 *Nova* 🌑 *em Escorpião*

- **Lua oposição Júpiter – das 06:38 às 10:23 (exato 08:30)**

A manhã é marcada por uma certa desmedida no que concerne às nossas emoções e carências. Podemos não nos sentir abastecidos o suficiente e acabarmos cometendo alguns excessos, como na comida, por exemplo. Outra característica deste período pode ser um otimismo exagerado, que não leva em consideração a realidade como ela é. De qualquer forma, evite excessos, seja de otimismo, seja de carência, seja de gastos. Mantendo o equilíbrio e a prudência, tudo fica bem.

DIA 17 DE OUTUBRO – TERÇA-FEIRA
●*Nova* ● *em Sagitário às 16:36 LFC Início às 12:43 LFC Fim às 16:36*

Enquanto a Lua estiver em Sagitário, sonhamos alto e acreditamos que somos capazes. O otimismo se sobrepõe aos obstáculos e o olhar mira firme o alvo, a meta, seja ela qual for. É hora de alargar os horizontes e desbravar novos territórios, ampliando o seu alcance. Estudos acadêmicos estão favorecidos, assim como questões jurídicas e legais. Sagitário ama viagens e culturas distantes. É, portanto, um ótimo momento para viajar ou planejar aquela viagem dos sonhos.

- **Lua oposição Urano – da 00:09 às 03:52 (exato 02:00)**

A madrugada pode ser agitada e elétrica, prejudicando o sono tranquilo e reparador. Investir em uma meditação antes de deitar pode ser um bom antídoto contra a ansiedade que isso pode gerar.

- **Lua trígono Netuno – das 06:28 às 10:11 (exato 08:19)**

Logo pela manhã, somos abençoados por Netuno, trazendo uma sensação de paz e serenidade. Ficamos mais inspirados e vibramos harmonia e compaixão. A intenção é de fé e cooperação.

- **Lua sextil Plutão – das 10:52 às 14:34 (exato 12:43)**

Um ótimo período para reverter uma situação que parecia perdida. Examine as possibilidades e transforme o que precisa ser transformado, dentro ou fora de você.

- **Lua quadratura Saturno – das 16:11 às 19:52 (exato 18:01)**

Podemos encontrar algumas dificuldades ou empecilhos no caminho. Uma pressão maior tende a recair sobre você nesse período. As exigências parecem crescer e, com elas, pedir mais eficiência, mais dedicação e esforço. Não se sobrecarregue, pois a tendência aqui pode ser de frustração e um certo pessimismo.

DIA 18 DE OUTUBRO – QUARTA-FEIRA
● *Nova* ● *em Sagitário*

• Lua quadratura Vênus – das 06:16 às 10:12 (exato 08:14)

A autoestima pode sofrer um baque no começo da manhã. Um sentimento de inadequação pode comprometer a aceitação ou a valorização do seu trabalho.

DIA 19 DE OUTUBRO – QUINTA-FEIRA
● *Nova* ● *em Capricórnio às 22:54 LFC Início às 16:01 LFC Fim às 22:54*

Enquanto a Lua estiver em Capricórnio, uma certa introspecção emocional pode caracterizar o período. A busca por segurança, estabilidade e comprometimento se tornam, aqui, uma prioridade. Estaremos mais pragmáticos, encarando as situações como elas se apresentam, sem muitos floreios, nem rodeios. Assuntos de trabalho tenderão a ser privilegiados, agindo com mais disciplina e dedicação para realizar os nossos propósitos.

• Lua quadratura Netuno – das 13:05 às 16:39 (exato 14:52)

Se organize de véspera para não se enrolar neste período. A Lua em mal aspecto com Netuno traz confusão e até mesmo preguiça. A energia produtiva tende a cair, assim como a nossa capacidade de concentração e foco. Não é um bom momento para analisar contratos ou fazer reuniões importantes.

• Lua sextil Mercúrio – das 13:22 às 17:26 (exato 15:24)

Mercúrio chega dando uma mãozinha para que Netuno não turve por completo a nossa visão. Caso precise fazer uma reunião importante, redobre a atenção e conseguirá alcançar o resultado esperado.

• Lua sextil Sol – das 14:06 às 17:57 (exato 16:01)

O Sol também traz uma clareza, iluminando o que Netuno tenta encobrir. Seja claro em suas palavras ou atitudes para se certificar de que o que foi dito, ou feito, está claro e corretamente compreendido.

• Lua sextil Saturno – das 22:23 à 01:56 de 20/10 (exato 00:09 de 20/10)

A noite termina com uma sensação de que o dever foi cumprido. As emoções se equilibram e podemos dormir em paz.

DIA 20 DE OUTUBRO – SEXTA-FEIRA
● *Nova* ● *em Capricórnio*

• Lua sextil Marte – das 07:02 às 10:45 (exato 08:54)

A manhã de sexta já começa trazendo boas energias. O aspecto com Marte traz uma dose extra de coragem e autonomia para tomarmos as atitudes necessárias.

• **Lua trígono Vênus** – das 16:05 às 19:51 (exato 17:58)

Momentos de harmonia e satisfação predominam, então que tal um happy hour com os amigos? Vênus vem facilitar os encontros, os afetos, o entendimento e ainda propicia prazer e contentamento.

• **Lua trígono Júpiter** – das 18:45 às 22:13 (exato 20:29)

O clima é de otimismo e fé, diversão e alegria. Aproveite para fazer algo fora do seu circuito habitual. Explore novos lugares e terá boas surpresas.

DIA 21 DE OUTUBRO – SÁBADO
● *Nova* ● *em Capricórnio*

• **Lua trígono Urano** – das 11:37 às 15:03 (exato 13:20)

O momento favorece a criatividade e a inovação. Experimente para fazer coisas novas ou mesmo para inventar um jeito diferente de fazer o que já faz. Urano costuma trazer bons insights e também novidades inesperadas.

• **Lua sextil Netuno** – das 17:34 às 20:59 (exato 19:16)

Um momento de tranquilidade pra suavizar o final do dia e começo da noite de sábado. Um bom período para relaxar ou se entregar a um belo filme, ou livro de romance; garanto que será inspirador.

• **Lua conjunção Plutão** – das 21:49 à 01:15 de 22/10 (exato 23:32)

Hora de se recolher e se preservar. As emoções se intensificam e não é um bom momento para se indispor com ninguém.

• **Lua quadratura Sol** – das 22:38 às 02:19 de 22/10 (exato 00:29 de 22/10)

Esse aspecto reforça ainda mais a possibilidade premente de desarmonia. As emoções estão dissociadas do desejo, levando a um embate. O melhor a fazer é manter a calma, pois tudo passa se soubermos como agir.

DIA 22 DE OUTUBRO – DOMINGO
☾ *Crescente às 00:29 em 28º28' de Capricórnio* ☾ *em Aquário às 03:05*
LFC Início às 03:00 LFC Fim 03:05

Enquanto a Lua estiver em Aquário, o pensamento coletivo prevalecerá. A visão é do todo, do conjunto, e não apenas do nosso universo particular. Estamos mais livres e independentes, menos presos a regras e a padrões estabelecidos. Ficamos mais atentos ao novo, ao tecnológico e de olho no futuro. Este é um período que favorece trabalhos em equipe, é hora de formar o seu time ou se juntar a algum grupo cujos interesses você compartilhe.

• **Lua quadratura Mercúrio – da 01:03 às 04:46 (exato 03:00)**

A madrugada promete uma certa agitação. A mente pode ficar ligada a ponto de comprometer a tranquilidade do sono.

• **Lua quadratura Marte – das 13:34 às 17:07 (exato 15:21)**

Os ânimos estão acirrados, então se prepare para encarar algumas pessoas mais irritadas no decorrer da tarde. Fique na sua e não se indisponha com ninguém. Se puder, queime essa energia fazendo alguma atividade física.

• **Lua quadratura Júpiter – das 21:46 à 01:06 de 23/10 (exato 23:26)**

Excessos e exageros são bem frequentes neste período. Podemos exagerar nas respostas emocionais ou mesmo na avaliação de uma determinada situação. O importante aqui é não tirar os pés do chão para não perder a real perspectiva. Descontar alguma frustração na comida também não é uma boa saída.

DIA 23 DE OUTUBRO – SEGUNDA-FEIRA
☾ *Crescente* ☾ *em Aquário LFC Início às 16:04*

Entrada do Sol no Signo de Escorpião às *13h20min40seg*

• **Lua quadratura Urano – das 14:24 às 17:44 (exato 16:04)**

Imprevistos podem acontecer e nos tirar da rota inicial. Caso isso ocorra, não insista e tente se acalmar. Nessas horas, a irritação só atrapalha. O melhor a fazer é ter jogo de cintura e não ter uma agenda muito apertada, dando espaços para lidar com atrasos, cancelamentos de última hora ou até mesmo mudanças súbitas de plano.

DIA 24 DE OUTUBRO – TERÇA-FEIRA
☾ *Crescente* ☾ *em Peixes às 05:32 LFC Fim 05:32*

Enquanto a Lua estiver em Peixes, podemos ficar mais sensíveis e também mais capazes de perceber as dores e os incômodos do outro. As energias mais sutis que permeiam os ambientes podem ficar mais perceptíveis. É um bom período para recolhermos com um olhar mais introspectivo, buscando a compreensão dos processos internos e, quem sabe, um sentido para a vida? Pode haver, um refinamento das emoções, um ar mais sonhador e até mais romântico e espiritualizado.

• **Lua conjunção Saturno – das 04:54 às 08:13 (exato 06:33)**

A manhã começa trazendo um choque incômodo de realidade, mas como não podemos escapar dos compromissos, o melhor a se fazer é encarar e realizar o que tem de ser feito, sem reclamar.

• **Lua trígono Sol – das 04:57 às 08:31 (exato 06:44)**

O Sol vem nos trazer força e clareza para iniciar mais um dia, que tem tudo para terminar bem. Seguimos com coragem e tudo dará certo.

• **Lua trígono Mercúrio – das 10:04 às 13:48 (8exato 11:56)**

Excelente período para divulgar o seu produto ou o seu serviço. Ative os seus contatos, troque ideias, se informe. A mente estará alerta, a comunicação facilitada e a curiosidade aguçada.

• **Lua trígono Marte – das 18:13 às 21:41 (exato 19:57)**

Energia e coragem estarão à sua disposição. Tome a iniciativa e comece aquilo que você vinha adiando, a energia é de dinamismo e ação, portanto não deixe para amanhã.

• **Lua sextil Júpiter – das 23:18 às 02:34 de 25/10 (exato 00:56 de 25/10)**

A noite termina com um certo clima de otimismo no ar. Veja as coisas por uma perspectiva mais ampla e verá novas possibilidades surgirem.

DIA 25 DE OUTUBRO – QUARTA-FEIRA
☾ *Crescente* ☾ *em Peixes*

• **Lua oposição Vênus – das 05:05 às 08:37 (exato 06:51)**

Um sentimento de insegurança ou inadequação podem nos tirar um pouco do **ânimo** nessa manhã. Não se deixe abater, mantenha a confiança.

• **Lua sextil Urano – das 15:56 às 19:13 – (exato 17:34)**

Fique atento às oportunidades que possam surgir ao longo deste período. Urano sempre traz uma novidade para quem está antenado. Ela pode vir na forma de solução para um antigo problema, um insight criativo ou uma surpresa que você não esperava. Seja como for, o clima tende a ficar mais leve e descontraído.

• **Lua conjunção Netuno – das 21:43 à 01:00 de 26/10 (exato 23:21)**

A noite pode trazer inspiração ou uma certa melancolia. Assistir a um filme de época, com cenas românticas, pode te transportar para outras dimensões. Meditação ou uma boa oração também são indicados.

DIA 26 DE OUTUBRO – QUINTA-FEIRA
☾ *Crescente* ☾ *em Áries às 07:01 LFC Início às 03:38 LFC Fim 07:01*

Enquanto a Lua estiver em Áries, o espírito geral é de luta, coragem e enfrentamento. Vá atrás dos seus propósitos e interesses. Enfrente as batalhas que precisam ser enfrentadas e não deixe para amanhã o que você pode, e deve, fazer hoje. Dessa forma estará aproveitando o fluxo de energia que o Céu nos envia. Só não deixe que a impulsividade prevaleça sobre a razão, desconsiderando os outros ou as condições. De qualquer forma, as ações estão não só valorizadas como favorecidas.

• **Lua sextil Plutão – das 02:00 às 05:17 (exato 03:38)**

A madrugada pode trazer um sono reparador para o organismo como um todo, físico e emocionalmente falando.

DIA 27 DE OUTUBRO – SEXTA-FEIRA
☾ *Crescente* ☾ *em Áries*

Hoje a Lua não faz aspecto com outros planetas no Céu. Devemos observar recomendações para a fase e o Signo em que a Lua se encontra.

DIA 28 DE OUTUBRO – SÁBADO
○ *Cheia às 17:24 em 05º09' de Touro* ○ *em Touro às 08:44 LFC Início às 05:19 LFC Fim 08:44*

Eclipse Lunar às 17:15 em 05º09' de Touro

Enquanto a Lua estiver em Touro, buscamos segurança e de preferência em todas as áreas: material, afetiva, emocional. Não é o novo que nos seduz, mas sim tudo aquilo que já está consolidado. Ficamos mais conservadores e com menos disposição a riscos, afinal, o que está em jogo aqui é a estabilidade. Queremos conforto, coisas boas e belas, o prazer à mesa e, tudo isso, com o mínimo de estresse possível. É hora de simplificar. Este é um período em que as situações tendem a permanecer sem grandes alterações.

• **Lua quadratura Plutão – das 03:39 às 07:00 (exato 05:19)**

A madrugada não traz grandes promessas de um sono reparador. Pelo contrário, pode ser que acordemos com aquela sensação de que não dormimos o bastante.

• **Lua sextil Saturno – das 07:59 às 11:20 (exato 09:39)**

Para compensar o desgaste da noite anterior, contamos com um equilíbrio emocional e uma certa resiliência para enfrentarmos as tarefas da manhã. Com disciplina e autocontrole conseguimos realizar tudo aquilo que nos propomos a fazer.

• **Lua oposição Sol – das 15:35 às 19:12 (exato 17:24)**

Este é um aspecto marcante, pois traz consigo a energia de um eclipse. Vale fazer uma avaliação para perceber o que em sua vida você tenta manter, mesmo não fazendo mais sentido, ou não tendo valor e, por outro lado, o que você precisa desapegar e deixar morrer, para que o novo chegue em seu lugar? Mantenha o que tem dado certo e deixe ir o que não funciona mais. Transformações só podem existir quando se tem espaço ou abertura para acontecer.

DIA 29 DE OUTUBRO – DOMINGO
○ *Cheia* ○ *em Touro*

• **Lua conjunção Júpiter – da 01:55 às 05:17 (exato 03:36)**
Uma sensação de otimismo e bem-estar se contrapõe à uma agitação mental. Uma meditação antes de dormir, ajudará a acalmar os pensamentos.

• **Lua oposição Mercúrio – das 02:05 às 05:55 (exato 04:00)**
A madrugada pode ser agitada, com algumas interrupções no sono. A mente fica em um estado maior de alerta, com pensamentos incessantes.

• **Lua oposição Marte – das 02:42 às 06:17 (exato 04:29)**
Uma inquietação interna poderá fazer com que você perca o sono e pule mais cedo da cama.

• **Lua trígono Vênus – das 16:40 às 20:24 (exato 18:32)**
Momentos de prazer e harmonia vem nos brindar neste fim de tarde e começo da noite de domingo. Aproveite para estar ao lado de quem você gosta e invista em programas agradáveis, de preferência em ambientes bonitos que despertem os sentidos em você.

• **Lua conjunção Urano – das 19:52 às 23:19 (exato 21:35)**
Abra-se para o novo e poderá se surpreender com o que o acaso pode trazer. Deixando fluir, sem muitos planos nem regras, fará com que você se sinta mais leve e mais livre.

DIA 30 DE OUTUBRO – SEGUNDA-FEIRA
○ *Cheia* ○ *em Gêmeos às 12:07 LFC Início às 08:35 LFC Fim 12:07*

Enquanto a Lua estiver em Gêmeos, a curiosidade fica mais aguçada e saímos em busca de informações e interesses diversos. A mente fica favorecida e as ideias fluem com mais facilidade. É tempo de trocar, circular, abrir a cabeça e se comunicar. Divulgue o seu produto, lance suas ideias, interaja com o seu público ou clientela. O comércio fica favorecido, então é um bom momento para impulsionar as suas vendas. As emoções tendem a oscilar com mais facilidade, mas em compensação, conseguimos compreender melhor o que se passa. Fale dos seus sentimentos e será escutado e compreendido.

• **Lua sextil Netuno – das 02:06 às 05:34 (exato 03:50)**

A energia leve e suave de Netuno promete nos trazer um sono tranquilo com a sensação de bons sonhos e bons presságios.

• **Lua trígono Plutão – das 06:50 às 10:20 (exato 08:35)**

A manhã já começa com uma força benéfica de Plutão. Nos sentimos regenerados e prontos para enfrentar dificuldades e obstáculos. Aproveite para encarar aquelas tarefas que estavam deixadas de lado esperando para serem resolvidas.

• **Lua quadratura Saturno – das 11:18 às 14:49 (exato 13:03)**

Se o clima ficar mais tenso, com excesso de cobranças no trabalho, não se assuste. Faça o seu melhor, mesmo que a sensação interna seja de pessimismo e desânimo. Não se force demais, pois ainda podemos ter uma baixa energética, provocando um cansaço maior ou uma sensação de frustração e carência.

DIA 31 DE OUTUBRO – TERÇA-FEIRA
○ *Cheia* ○ *em Gêmeos*

Hoje a Lua não faz aspecto com outros planetas no Céu. Devemos observar recomendações para a fase e o Signo em que a Lua se encontra.

Novembro 2023

Domingo	Segunda-feira	Terça-feira	Quarta-feira	Quinta-feira	Sexta-feira	Sábado
			1 ♋	2	3	4 ♌
			Lua Cheia em Câncer às 18:30 LFC 09:36 às 18:30	Lua Cheia em Câncer	Lua Cheia em Câncer	Lua Cheia em Leão às 04:20 LFC 00:27 às 04:20
5 ☽ 12°39'	6 ♍	7	8	9 ♎	10	11 ♏
Lua Minguante às 05:36 em Leão	Lua Minguante em Virgem às 16:38 LFC 04:25 às 16:38	Lua Minguante em Virgem	Lua Minguante em Virgem	Lua Minguante em Libra às 05:07 LFC 01:54 às 05:07	Lua Minguante em Libra	Lua Minguante em Escorpião às 15:38 LFC 12:05 às 15:38
12	13 ● 20°43' ♏ ♐	14	15	16 ♑	17	18 ♒
Lua Minguante em Escorpião	Lua Nova às 06:27 em Escorpião Lua em Sagitário às 23:22 LFC 20:03 às 23:22	Lua Nova em Sagitário	Lua Nova em Sagitário LFC Início às 19:56	Lua Nova em Capricórnio às 04:41 LFC Fim 04:41	Lua Nova em Capricórnio	Lua Nova em Aquário às 08:27 LFC 05:27 às 08:27
19	20 ☾ 27°50' ♒ ♓	21	22 ♈	23	24 ♉	25
Lua Nova em Aquário	Lua Crescente às 07:49 em Aquário Lua em Peixes às 11:28 LFC 07:49 às 11:28	Lua Crescente em Peixes	Lua Crescente em Áries às 14:19 LFC 12:09 às 14:19 Entrada do Sol no Signo de Sagitário às 11:02	Lua Crescente em Áries	Lua Crescente em Touro às 17:28 LFC 14:40 às 17:28	Lua Crescente em Touro
26 ♊	27 ○ 05°51' ♊	28	29 ♋	30		
Lua Crescente em Gêmeos às 21:39 LFC 18:51 às 21:39	Lua Cheia às 06:16 em Gêmeos	Lua Cheia em Gêmeos LFC Início às 22:02	Lua Cheia em Câncer às 03:53 LFC Fim 03:53	Lua Cheia em Câncer		

Mandala Lua Cheia Novembro

LUA CHEIA
Dia: 27/11
Hora: 06:16
04º51' de Gêmeos

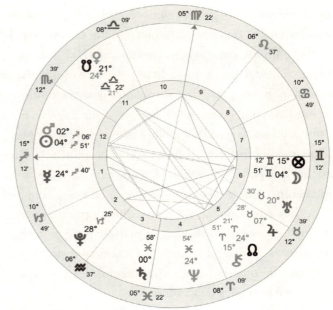

Mandala Lua Nova Novembro

LUA NOVA
Dia: 13/11
Hora: 06:27
20º43' de Escorpião

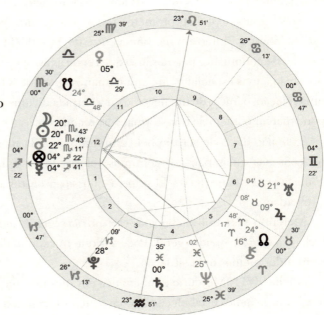

CÉU DO MÊS DE NOVEMBRO

O mês de novembro começa com previsão de "Céu nublado", ainda nos deixando confusos sobre o melhor caminho a seguir depois do eclipse.

Sol e Júpiter em oposição logo no dia 01/11 indicam que podemos subestimar os obstáculos à nossa frente – e, por obstáculos, entenda pessoas ou situações. Estaremos diante de maiores desafios, tendo o nosso "opositor" com as mesmas condições e força de vencer que a nossa, por isso "se não for para brincar de gente grande, é melhor não descer para o play". Questões jurídicas pedem ainda maior preparação sob essa influência. Além disso, essa dupla aponta que podemos desejar algo que está além das nossas possibilidades no momento, o que gera frustração e arranha nossa autoconfiança.

Vênus e Netuno, também em conflito, trazem nuvens de melancolia para o feriado de finados, o que, na prática, pode significar enganos afetivos e financeiros. A tendência aqui é ser atraído por algo que não é real (ou o que é diferente do que estávamos imaginando). É importante ter atenção especial cálculos e previsões financeiras.

No dia 03/11, Mercúrio em desarmonia com Urano também traz alterações no desfecho de situações. Isso significa que um compromisso pode ser desmarcado, uma venda, desfeita ou um combinado, descombinado. Esse clima de desencontro nos deixa ainda mais ansiosos e inseguros em relação ao futuro.

Mas no sábado o Céu promete abrir – pelo menos, no que depender dos astros. Vênus e Plutão em harmonia entre 04/11 e 08/11 nos ajuda a retomar o poder de conquista e persuasão, o que tende a favorecer qualquer aspecto da nossa vida, mas especialmente amor, finanças e saúde. O aprofundamento de uma relação, o início de um negócio ou a entrada de uma pessoa em nossa vida pode marcar o início de transformações, recompensas e resgates importantes.

Esse não deixa de ser um belo empurrão para darmos fim a situações ou relações nas quais não nos sentimos valorizados, e a Lua Minguante que começa em Leão no dia 05/11 reforça a nossa autoestima. É hora de priorizar a felicidade.

Mercúrio e Netuno em bom aspecto no dia seguinte ajudam com inspiração e clareza sobre o quadro geral. Pode ser que um sonho durante a noite ajude a entender melhor uma situação.

No dia 08/11, Mercúrio também fica em sintonia com Plutão, e esse canal direto que estamos estabelecendo com o inconsciente tende a ficar mais poderoso. Durante os próximos dois dias, poderemos usar as palavras para curar, transformar ou persuadir – mas de uma forma inspirada, profunda e harmônica.

É o momento, por exemplo, de mergulhar fundo nas soluções, eliminar problemas, rever posicionamentos ou convencer alguém a mudar de ideia.

Algo importante que estava procurando também pode ser encontrado.

Nesse mesmo dia, Vênus muda para Libra e, até 04/12, ganhamos mais tato e refinamento para os relacionamentos. Durante esse período, a educação, a diplomacia e a gentileza estão em alta, e usa bem essa energia quem se mostra genuinamente interessado no que agrada às pessoas.

No dia 10/11, Mercúrio chega apressado ao Signo de Sagitário, ampliando a nossa mente para novas possibilidades. O problema é que Saturno em Peixes não quer que a gente faça escolhas precipitadas e, nesse dia, coloca empecilhos em soluções e limitações às novas ideias.

Isso tudo acontece às vésperas da Lua Nova em Escorpião, que começa no dia 13/11, mas já influencia nossas vidas alguns dias antes.

Essa é uma informação importante porque, ao mesmo tempo que Saturno tenta nos frear, temos o impulso de quebrar com qualquer tipo de amarra ou limitação.

Sol, Lua e Marte em conflito com Urano no mapa dessa lunação já avisam que algumas situações inesperadas podem atravessar o nosso caminho, nos obrigando a desviar do plano inicial ou resultado desejado. E quanto mais apegados ao controle estivermos, mais iremos sentir a turbulência dos acontecimentos.

"Se sentir que perdeu o controle, lembre-se: você nunca o teve!"

A sorte é que temos, entre outras coisas, Sol e Marte em bom aspecto com Netuno, trazendo energia e inspiração para criar saídas, mesmo em situações inesperadas. Podemos contar também com maior produtividade e capacidade de priorizar o que for mais importante, além de sensibilidade para lidar com os sentimentos e interesses das pessoas à nossa volta.

Mercúrio e Vênus em sintonia também prometem ajudar nas negociações de quem tiver tato com as pessoas e suavidade nas palavras.

Assuntos iniciados sob essa Lua prendem tanto a nossa atenção que não conseguimos sossegar enquanto não terminarmos o que começamos. O Signo de Escorpião libera uma energia de mergulho, portanto, tudo que fizermos nesse período nos toma completamente.

E, ainda que o medo ou as circunstâncias externas nos impeçam de atingir os objetivos que iniciamos na Lua Nova, teremos boas chances de superar obstáculos no dia 20/11, quando chegar a fase crescente da Lua, em Aquário. Nesse dia, além da disposição em experimentar novas soluções, temos uma renovação de energia física e mental, por conta do bom aspecto que Sol e Marte fazem com Plutão.

No dia 22/11, o Sol ingressa em Sagitário e fica até 22/12. Marte chega logo depois ao mesmo Signo (no dia 24/11), ficando até 04/01/24.Nesse período, o princípio da expansão sagitariana fica amplificado, e podemos nos abrir a novas metas e rumos, ao mesmo tempo que viveremos novos desafios. Desafios esses que já poderão logo ser sentidos, afinal, essa dupla que já vem caminhando junta encontra Saturno no caminho.

A desarmonia entre Sol e Saturno entre os dias 22/11 e 24/11 e de Marte com Saturno entre 24/11 e 27/11 provoca uma baixa da energia. Esses podem ser dias em que sentimos mais as críticas e encontramos maior resistência do mundo à nossa vontade individual. O conflito entre Sol, Marte e Saturno ainda estará presente quando chegar a Lua Cheia de Gêmeos, no dia 27/11, e tudo indica que estaremos mais agitados mentalmente do que fisicamente.

Isso porque Mercúrio, regente dessa lunação, está em conflito com Netuno, o que causa dispersão e esquecimento. Além disso, Lua em desarmonia com Saturno nos deixa mais vulneráveis às frustrações e sensíveis a qualquer dificuldade.

Esse não é um bom momento para assumir compromissos, ter conversas importantes ou assinar papéis. A tendência é não dar conta de fazer tudo a que nos propomos, por mais que Sol e Marte juntos no mapa dessa lunação queiram colocar pilha, fazendo a gente acreditar nas mentiras que nossa mente nos conta.

Posição diária da Lua em novembro

DIA 01 DE NOVEMBRO – QUARTA-FEIRA
○ *Cheia (disseminadora)* ○ *em Câncer às 18:30 LFC Início às 09:36*
LFC Fim às 18:30

Enquanto a Lua estiver em Câncer, o gosto será pelo simples, pelo aconchegante e por estar mais em casa. Comida gostosa e companhia de pessoas mais próximas também são coisas boas. Trabalhar em casa é uma ótima opção. Afetos e fotos são muito importantes, e ver álbuns para recordar o passado é algo muito nutritivo. Um curso de culinária gourmet vai ser muito proveitoso, pois melhora a alimentação em casa e é uma ótima opção de trabalho. Decoração voltada à época vintage ou retrô fica ótima.

• **Lua quadratura Vênus – das 02:25 às 06:25 (exato 04:25)**

Ninguém está disponível ou com paciência de interagir e dar uma ajuda. Péssima hora para escrever ou colocar imagens nas redes sociais, pois não vai mostrar a realidade. Também não é hora de falar sobre finanças.

• **Lua quadratura Netuno – das 07:25 às 11:27 (exato 09:36)**

A manhã agora se arrasta com mais dificuldade e desânimo. Resultados de exames podem não ser muito claros, a dica é fazer mais tarde. Seguir receitas e não improvisar é recomendável.

• **Lua trígono Saturno – das 17:36 às 21:20 (exato 19:28)**

Agora o dia rende, dá para fazer programações e uma agenda mais fácil de executar. Também as pessoas estão mais eficientes e profissionais. A execução das tarefas fica bem feita.

DIA 02 DE NOVEMBRO – QUINTA-FEIRA
○ *Cheia (disseminadora)* ○ *em Câncer*

• **Lua trígono Sol – das 11:18 às 15:27 (exato 13:22)**

Parcerias funcionando muito bem, bom para fazer mais trabalhos com pessoas de nossa sintonia. Encontros gostosos e um almoço agradável podem desenrolar assuntos antigos que precisam ser curados.

• **Lua sextil Júpiter – das 12:37 às 16:24 (exato 14:30)**

Boa vontade e generosidade estão muito evidentes e a colaboração está por toda parte. Tornar os espaços mais aconchegantes ajuda muito. O almoço deve ser em um lugar mais íntimo e a comida caseira.

• **Lua trígono Marte – das 20:58 à 01:03 de 03/11 (exato 23:01)**

Atitude gentil marca este momento, aproveitar e chegar mais perto de pessoas amadas é tudo de bom. Dançar e se divertir em um lugar mais aconchegante aumenta a autoestima e aproxima mais.

DIA 03 DE NOVEMBRO – SEXTA-FEIRA
○ *Cheia (disseminadora)* ○ *em Câncer*

• **Lua trígono Mercúrio – das 05:35 às 10:02 (exato 07:48)**

Conectar com as pessoas por meio de um diálogo mais empático e intimista vai dar muito certo. Reuniões agradáveis e com colaboração podem dar um ótimo rendimento. O entendimento entre as pessoas ajuda a aproximá-las ainda mais.

• **Lua sextil Urano – das 09:38 às 13:32 (exato 11:35)**

Muita novidade agita as pessoas e contagia todo o ambiente. A casa fica mais alegre e, no trabalho, as inovações são grandes. Publicações interessantes aproximam as pessoas e tornam a vida mais incrível.

• **Lua sextil Vênus – das 16:39 às 20:58 (exato 18:48)**

Delícia de tarde, boa companhia, momentos inesquecíveis e agradáveis. Sair com quem se ama ou que esteja querendo se aproximar vai dar certo. Cuidar das finanças é bem proveitoso.

• **Lua trígono Netuno – das 16:52 às 20:48 (exato 18:50)**

Inspiração em alta, momento para trabalhar com imagens e vídeos; divulgação nas redes é muito especial. Trabalhar com arte e artesanato é garantido.

• **Lua oposição Plutão – das 22:29 às 02:26 de 03/11 (exato 00:27 de 04/11)**

Não é hora de agir levianamente, ninguém está para brincar. Provocações não podem ser levadas para o lado pessoal, melhor deixar assuntos importantes para outra hora.

DIA 04 DE NOVEMBRO – SÁBADO
○ *Cheia (disseminadora)* ○ *em Leão às 04:20 LFC Início às 00:27*
LFC Fim às 04:20

Enquanto a Lua estiver em Leão, bom para fazer o que se gosta e traz alegria. Shows, cinema e teatro estão em alta nesta fase, junto com a comercialização de produtos ligados ao lazer como equipamentos para filmagem e gravação. Buscar reconhecimento e fama é esperado, pois o momento é de autoconfiança. Buscar diversão e estar em boa companhia faz muito bem à alma. O exagero pode ser um problema, a auto-observação deve ajudar. Dar um trato no visual deixando mais exuberante vai cair bem. Trabalhos ligados a cerimoniais, festas e *personal stylist* podem estar em alta.

• **Lua quadratura Júpiter – das 22:46 às 02:44 de 05/11 (exato 00:45 de 05/11)**

Não adianta forçar a barra, as pessoas e os serviços disponíveis estão deixando a desejar. Melhor mesmo é adiar o programa e ficar em casa. Ver uma boa série sempre é legal, já deixe uma lista pronta, pois se procurar na hora não vai aparecer nada bom.

DIA 05 DE NOVEMBRO – DOMINGO

☽ Minguante às 05:36 em 12º39' de Leão ☽ em Leão

• Lua quadratura Sol – das 03:25 às 07:48 (exato 05:36)

O dia começa com desafios e nada fica claro, não há interação nem interesse. Melhor fazer um exercício leve em um lugar elegante para espairecer.

• Lua quadratura Marte – das 11:51 às 16:08 (exato 13:59)

Seguem as dificuldades de continuar agindo em uma direção e a força contrária dificultando. O cansaço pode ser um desafio para colocar fim nas tarefas. As pessoas não se entendem muito bem e a competição é alta.

• Lua quadratura Urano – das 21:10 à 01:12 de 06/11 (exato 23:11)

Agora a ansiedade atrapalha os planos da saída nesta noite. Muitas interrupções e pessoas desmarcando pode ser difícil sair tranquilamente. Chegar mais cedo nos lugares pode evitar muitas filas.

DIA 06 DE NOVEMBRO – SEGUNDA-FEIRA

☽ Minguante ☽ em Virgem às 16:38 LFC Início às 04:25 LFC Fim às 16:38

Enquanto a Lua estiver em Virgem, quanto mais saudável e natural melhor. Bom tempo para organizar gavetas e pastas no computador. Trabalhar para organizar e melhorar a eficiência dos lugares. Uso de tratamentos mais naturais que incluem terapias complementares dão muito resultado e a medicina tradicional acelera o processo. Check-ups e atividades preventivas ajudam a manter a saúde e o bem-estar. Trabalhos com alimentos orgânicos, sem glúten e sem lactose podem ser bem rentáveis.

• Lua quadratura Mercúrio – das 02:05 às 06:44 (exato 04:25)

O que tem que ser produzido por textos têm baixa qualidade e a dificuldade de encontrar palavras atrasam muito a finalização. Recortar e colar não vai ajudar: a emenda sai pior do que o soneto.

• Lua oposição Saturno – das 15:40 às 19:43 (exato 17:42)

Melhor evitar esperar muito do outro ou que as coisas fluam.

DIA 07 DE NOVEMBRO – TERÇA-FEIRA

☽ Minguante ☽ em Virgem

• Lua trígono Júpiter – das 10:43 às 14:43 (exato 12:43)

A manhã está com aquele jeito de otimismo e confiança que as coisas vão dar certo. Colaboração e generosidade podem acelerar e dar bons resultados em qualquer coisa que se esteja fazendo.

• **Lua sextil Sol – das 21:41 às 02:05 de 08/11 (exato 23:53)**

O final de noite promete ser muito legal. Fazer par com alguém será muito bom. Os encontros tendem a ser animados e alegres, e os lugares cheios de gente interessante e dispostas a interagir. Mesmo ficando em casa é muito gratificante.

DIA 08 DE NOVEMBRO – QUARTA-FEIRA
☽ *Minguante (balsâmica)* ☽ *em Virgem*

• **Lua sextil Marte – das 04:20 às 08:37 (exato 06:28)**

A preparação e a organização do dia estão prometendo ser rápidas e eficientes. Detalhes são levados a sério e com certeza o resultado será benéfico. Uma alimentação mais natural vai cair bem.

• **Lua trígono Urano – das 09:39 às 13:39 (exato 11:39)**

A criatividade anda ao lado da inovação desde engenharia até informática. Novidades e surpresas trazem soluções que ajudam a produtividade e a capacidade de ter critérios mais engajados. Almoçar em um restaurante contemporâneo vai agradar muito.

• **Lua oposição Netuno – das 17:20 às 21:20 (exato 19:20)**

Não dá para confiar em pessoas e informações sem dar aquela checada nas fontes. Tudo pode ser distorcido e levado para um lugar indesejado. Compromissos precisam ser confirmados na última hora para não perder o que foi investido.

• **Lua trígono Plutão – das 23:20 às 03:19 de 09/11 (exato 01:20 de 09/11)**

Sofisticação e uma dose de audácia ajuda muito a aproximação entre as pessoas. Não importa o que se procura nelas, mas sim ter uma atitude, postura e autoestima elevada.

• **Lua sextil Mercúrio – das 23:37 às 04:11 de 09/11 (exato 01:54 de 09/11)**

A conversa é clara e verdadeira e dá para estender a interação, vai longe. Conhecer mais as pessoas é uma forma de aproximação. Fazer trabalhos escritos fica incrível e leva a compreensão para outro nível.

DIA 09 DE NOVEMBRO – QUINTA-FEIRA
☽ *Minguante (balsâmica)* ☽ *em Libra às 05:07 LFC Início às 01:54 LFC Fim às 05:07*

Enquanto a Lua estiver em Libra, elegância e visuais bonitos são muito importantes. Todo tipo de interação social mesmo on-line vai ser fundamental, pois é através de contatos e network que se leva o que está fazendo para outro nível. A diplomacia e a cordialidade são requisitos para todas as operações. Fazer tratamentos estéticos e trabalhar com isso sempre dão bons resultados. Mediação de conflitos é um excelente ramo para prestar serviços e também pode ser uma boa carreira. Outro ramo importante é o de decoração e organização de festas e recepções. A superficialidade é uma característica que precisa de atenção.

• **Lua conjunção Vênus – das 05:11 às 09:33 (exato 07:22)**

A manhã começa com um visual impressionante, aumentando a autoestima e, assim, o dia começa muito bem. A interação entre as pessoas fica muito próxima e essa colaboração acelera e favorece qualquer coisa que se esteja fazendo.

DIA 10 DE NOVEMBRO – SEXTA-FEIRA
☽ Minguante (balsâmica) ☽ em Libra

Hoje a Lua não faz aspecto com outros planetas no Céu. Devemos observar recomendações para a fase e o Signo em que a Lua se encontra.

DIA 11 DE NOVEMBRO – SÁBADO
☽ Minguante (balsâmica) ☽ em Escorpião às 15:38 LFC Início às 12:05
LFC Fim às 15:38

Enquanto a Lua estiver em Escorpião, profundidade é uma forte característica desta fase e não tem meio-termo. Excelente momento para fazer terapias, interpretação de sonhos e estudos metafísicos. Desapego de coisas ou situações que não estão mais sendo necessárias ou produtivas. Refazer, regenerar ou reciclar é a atitude certa nesta fase, então é para dar um trato no visual da casa garimpando em brechós. Trabalhos que envolvam comissões e finanças são uma boa opção.

• **Lua quadratura Plutão – das 10:10 às 14:00 (exato 12:05)**

Não é hora de brincar ou menosprezar a situação. O momento é de atenção e não aceitar provocações. Adiar processos muito importantes para mais tarde pode ser a melhor solução. As pessoas podem ser mais agressivas.

• **Lua trígono Saturno – das 14:48 às 18:37 (exato 16:43)**

A onda é de produtividade e organização. Tudo fica sob controle e a eficiência é comprovada. A segurança nas relações é um resultado do trabalho em conjunto.

DIA 12 DE NOVEMBRO – DOMINGO
☽ *Minguante (balsâmica)* ☽ *em Escorpião*

• **Lua oposição Júpiter – das 07:17 às 11:00 (exato 09:08)**

Todo mundo está com grandes expectativas nesse período, o que tende a atrapalhar a programação, o humor. O melhor é deixar as coisas irem acontecendo.

DIA 13 DE NOVEMBRO – SEGUNDA-FEIRA
● *Nova às 06:27 em 20°43' de Escorpião* ● *em Sagitário às 23:22*
LFC Início às 20:03 LFC Fim às 23:22

Enquanto a Lua estiver em Sagitário, ter metas e objetivos impulsiona essa fase e leva mais longe. Viagens, turismo, aprender línguas estrangeiras é muito importante. Ensinos ligados a especialização, MBA, pós-graduação, enfim, o que aprimora e eleva o nível traz também melhorias financeiras. Quando se mora em outro país, também é legal estar em imersão na cultura e costumes. Fazer negócios com o estrangeiro é bem rentoso. Uma qualidade de Sagitário é ter um foco que dificulta olhar para os aspectos em volta e incluir muitas atividades simultâneas.

• **Lua conjunção Sol – das 04:27 às 08:26 (exato 06:27)**

Estar mais no foco é impossível; a teimosia impede de modular com o que está em volta. Se o objetivo for em conjunto é melhor adiar, pois a tendência é mostrar que se sabe mais que os outros.

• **Lua oposição Urano – das 05:15 às 08:54 (exato 07:05)**

Impaciência, irritabilidade e imprevistos imperam nesse momento. Não conte muito com o certo. Atividades ao ar livre, que relaxam, farão bem.

• **Lua conjunção Marte – das 07:21 às 11:14 (exato 09:18)**

Além da agitação, as pessoas estão mais agressivas. Não cutuque ninguém. Vá com calma, a pressa será a maior inimiga.

• **Lua trígono Netuno – das 12:30 às 16:09 (exato 14:20)**

Agora é hora de ampliar os horizontes e expandir. As ideias arrojadas têm apoio e a inspiração ganha movimento. Otimismo e alegria no ar aproximam as pessoas.

• **Lua sextil Plutão – das 18:13 às 21:52 (exato 20:03)**

Fim de noite com a paixão no ar, muito bom para sair com quem se gosta ou encontrar pessoas interessantes. A conversa é impactante e, muitas vezes, mais apimentada. Melhor beber com moderação.

• **Lua quadratura Saturno** – das 22:38 às 02:16 de 14/11 (exato 00:27 de 14/11)

Melhor encerrar a noitada e descansar, a predisposição a reclamações e críticas é alta. As negociações acabam e cada um tem restrições; entrar em uma discussão agora é perda de tempo. Aliás, perder tempo é o que as pessoas não estão querendo. Pode dar dor de cabeça.

DIA 14 DE NOVEMBRO – TERÇA-FEIRA
⬤ *Nova* ⬤ *em Sagitário*

• **Lua conjunção Mercúrio** – das 09:02 às 13:04 (exato 11:03)

Novos projetos estão a mil, reuniões são produtivas e é preciso focar. Os interesses podem ter várias possibilidades, escolher uma é importante. Sinceridade e clareza podem proporcionar uma experiência de sucesso.

• **Lua sextil Vênus** – das 09:46 às 13:41 (exato 11:44)

A ajuda chega de forma a tornar tudo mais agradável e belo. Cuidados com a aparência e dar um trato no visual e na decoração é fundamental. Olho no olho cria uma atmosfera muito agradável, ir na onda é muito bom.

DIA 15 DE NOVEMBRO – QUARTA-FEIRA
⬤ *Nova* ⬤ *em Sagitário LFC Início às 19:56*

• **Lua quadratura Netuno** – das 18:11 às 21:41 (exato 19:56)

Não dá para ter expectativas, pode não acontecer nada. A primeira impressão que se tem das pessoas pode não ser a real. Para aprofundamentos é preciso conviver mais tempo. Projetos precisam de mais de uma avaliação.

DIA 16 DE NOVEMBRO – QUINTA-FEIRA
⬤ *Nova* ⬤ *em Capricórnio às 04:41 LFC Fim às 04:41*

Enquanto a Lua estiver em Capricórnio, profissionalismo e requinte estão em alta para todas as áreas. Serviço arrojado e bem executado são exigências no ambiente de trabalho, bem como respeito. Na vida social, é importante se levar em conta os contratos e acordos. As relações tendem a ser mais duradouras e estáveis. Projetos a longo prazo recebem muita atenção.

• **Lua sextil Saturno** – das 04:03 às 07:33 (exato 05:48)

Luxo não significa esbanjar e gastar muito. Beleza e classe andam juntas e podem ser usadas em tudo à volta. Começar o dia com requinte pode ser um bom presságio.

• **Lua trígono Júpiter** – das 18:04 às 21:30 (exato 19:47)

Hora apropriada para expandir contatos e relacionamentos, eles tendem a ser estáveis e duradouros. Um bistrô pode ser apropriado, é íntimo e elegante, causa uma ótima impressão.

• **Lua quadratura Vênus** – das 19:22 às 23:09 (exato 21:16)

Medir as atitudes para não parecer deselegante é uma saída para não perder o que você começou e quer preservar. Agir de modo mais austero, preserva a imagem e evita perdas.

DIA 17 DE NOVEMBRO – SEXTA-FEIRA
🌑 *Nova* 🌑 *em Capricórnio*

• **Lua trígono Urano** – das 15:08 às 18:33 (exato 16:50)

Criatividade e praticidade para tudo que for realizar, até para as tarefas mais pesadas, que ficam mais ágeis e rápidas. Tudo rende, e a união das pessoas em prol do coletivo é o que vai dar certo.

• **Lua sextil Netuno** – das 22:09 à 01:34 de 18/11 (exato 23:52)

A noite está destinada a ser muito interessante, com gente especial e muitos lugares incríveis para ir. Arte é um ponto forte para explorar, música e teatro se destacam. Lugares com música ao vivo ficam muito interessantes, e a comida tende a ser incrível.

• **Lua sextil Sol** – das 22:57 às 02:39 de 18/11 (exato 00:48 de 18/11)

Clareza permeia as relações, colaborando com a noite que já está boa. Contatos visuais parecem funcionar melhor que palavras. Ótimo momento também para interagir nas redes sociais e reencontrar amigos.

• **Lua sextil Marte** – das 23:02 às 02:39 de 18/11 (exato 00:51 de 18/11)

Tudo pode ir para um caminho mais quente e apaixonado. A noite pode terminar em um encontro intenso e com muita energia.

DIA 18 DE NOVEMBRO – SÁBADO
🌑 *Nova* 🌑 *em Aquário às 08:27 LFC Início às 05:27 LFC Fim às 08:27*

Enquanto a Lua estiver em Aquário, impulsiona a tomada de decisão com vistas ao coletivo e menos de modo pessoal. Projetos sociais ficam muito favorecidos, assim como serviços públicos. Estudos em alta incluem filosofia, línguas estrangeiras, viagens e religião. Fazer aquela pós-graduação ou terminar o trabalho de conclusão de curso é muito importante. A sabedoria e o conhecimento são recursos importantes e bem remunerados. A impessoalidade não é boa ou ruim, depende onde aplicar. Evitar lugares muito apertados e pessoas sufocantes pode deixar a vida mais solta.

• **Lua conjunção Plutão – das 03:44 às 07:09 (exato 05:27)**

Lidar com emoções conflitantes pode gerar mais ansiedade, portanto muita calma nesta hora. Reserve um tempo para autocuidado em vez de interagir.

• **Lua quadratura Júpiter – das 21:08 à 00:31 de 19/11 (exato 22:49)**

A noite pode provocar insatisfação. A necessidade de expansão e impessoalidade pedem saídas em lugares mais informais e que deixem as pessoas descontraídas.

DIA 19 DE NOVEMBRO – DOMINGO
🌑 *Nova* 🌑 *em Aquário*

• **Lua trígono Vênus – das 03:20 às 07:02 (exato 05:11)**

Madrugada afetuosa e discreta. Encontros especiais acontecem. O sentimento de igualdade e a sensação que tudo é fraternidade é muito forte, os vínculos transcendem. Ótimo momento para posts e respostas nas redes.

• **Lua sextil Mercúrio – das 05:44 às 09:32 (exato 07:38)**

Falar e escrever são atividades de grande fluidez e interatividade. A tecnologia é aliada. Tudo fica bom, e ser mais criativo que o comum vai fazer a diferença. Comunicar o que se pensa é favorável, e as pessoas estão mais receptivas.

• **Lua quadratura Urano – das 18:11 às 21:34 (exato 19:52)**

A criatividade não funciona agora e pode colocar muito a perder. A web pode ter problemas de propagação e é fundamental fazer testes antes de entrar on-line. Ser mais pragmático pode ser um problema, é legal observar e corrigir a rota.

DIA 20 DE NOVEMBRO – SEGUNDA-FEIRA
☽ *Crescente às 07:49 em 27°50' de Aquário* ☽ *em Peixes às 11:28 LFC Início às 07:49 LFC Fim às 11:28*

Enquanto a Lua estiver em Peixes, sentir-se em conexão e empatia com tudo e todos é a vibe dessa fase. Atividades terapêuticas holísticas com óleos essenciais estão com tudo. Cenários em casa com velas, incensos e luzes transportam a consciência para um patamar mais elevado. Trabalhos no campo da psicologia e medicina combinam muito com este período. A comunicação é muito mais visual e musical, não é preciso falar muito. Trabalhos nestas áreas ganham muita expressão. É importante tomar cuidado com a dispersão, para não ficar no "mundo da lua".

• **Lua trígono Marte** – **das 04:51 às 08:25 (exato 06:38)**

Começamos o dia com muita energia, disposição e aquela sensação de que somos capazes de realizar tudo o que decidimos fazer. Aproveite!

• **Lua quadratura Sol** – **das 06:00 às 09:39 (exato 07:49)**

De repente a fluidez se transforma em distanciamento. Se o assunto é trabalho, a falta de colaboração faz com que tudo demore mais e perca o brilho. A insatisfação está presente, se puder é bom adiar o que for possível.

• **Lua conjunção Saturno** – **das 11:02 às 14:26 (exato 12:44)**

A cobrança é alta e tudo parece não atender as expectativas, desde o local à comida. Por isso, deixar tudo agendado e preparado com antecedência evita dores de cabeça e desgastes. A falta de profissionalismo pode gerar inconvenientes e dificultar os improvisos.

• **Lua sextil Júpiter** – **das 23:38 às 03:00 de 21/11 (exato 01:19 de 21/11)**

Final de dia promete expansão e muita sintonia. Achar um lugar para um encontro bem legal vai dar um empurrãozinho e aproximar as pessoas. A linguagem é no olhar e no toque. A injeção de ânimos deixa a noite mais alegre.

DIA 21 DE NOVEMBRO – TERÇA-FEIRA
☾ *Crescente* ☾ *em Peixes*

• **Lua quadratura Mercúrio** – **das 14:22 às 18:08 (exato 16:15)**

O melhor é deixar assuntos importantes para mais tarde ou outro dia, pois as pessoas não estão se entendendo e a comunicação pode estar toda travada, confusa. Se for hora de responder e-mails e redes sociais, é importante fazer várias revisões.

• **Lua sextil Urano** – **das 20:53 à 00:16 de 22/11 (exato 22:34)**

Agora tudo flui e a sintonia está mais fácil. A web está repleta de assuntos interessantes e que alimentam o espírito. Hora de surfar na onda e resolver aquele assunto que está esperando resposta e soluções. A criatividade está em uma dose muito grande.

DIA 22 DE NOVEMBRO – QUARTA-FEIRA
☾ *Crescente* ☾ *em Áries às 14:19 LFC Início às 12:09 LFC Fim às 14:19*

Entrada do Sol no Signo de Sagitário às 11h02min30seg

Enquanto a Lua estiver em Áries, iniciativa e audácia estão sobrando para muita ação. Começar negócios e novos empreendimentos dá muito certo, a fase é de abrir portas. A energia está alta e fazer exercícios é muito fácil, não tem que fazer muito esforço para continuar. Coragem e disposição para dar conta das resistências e tomar decisões rápidas. Ser confiante, franco e verdadeiro é uma forma de direcionar as atitudes para encontrar pessoas ou iniciar uma amizade. Impetuosidade pode causar acidentes, é bom maneirar nos impulsos.

• **Lua conjunção Netuno – das 04:03 às 07:26 (exato 05:44)**

Confusão no ar, melhor saber a opinião de quem entende do assunto que está iniciando. As pessoas podem não passar a imagem correta e depois podem descobrir falhas e, assim, desperdiçar uma grande perda de energia e tempo.

• **Lua sextil Plutão – das 09:46 às 13:10 (exato 11:28)**

Agora as coisas andam com força e direção. A sensação de poder aliado com a sensibilidade pode ajudar tanto a investir no novo como também cortar o que não serve mais. Tudo será feito com muita pressão.

• **Lua trígono Marte – das 10:22 às 13:56 (exato 12:09)**

Mais energia e coragem enchem o ar de otimismo para dar sentido às atividades que estão iniciando. Exercícios físicos estão em alta. A autonomia permite mais liberdade de ação, expansão e muito movimento.

• **Lua trígono Sol – das 12:44 às 16:24 (exato 14:34)**

Clareza e alegria motivam todos em volta e permite que tudo seja contagiado, e ações em todas as áreas disparam. Os relacionamentos são excepcionalmente favoráveis. Auspicioso para tomar iniciativas e convidar alguém para aquele almoço, seguido de uma caminhada em um lugar legal.

DIA 23 DE NOVEMBRO – QUINTA-FEIRA
☾ Crescente ☾ em Áries

• **Lua oposição Vênus – das 18:05 às 21:48 (exato 19:56)**

A situação não está fácil e nossos afetos podem estar fechados para uma interação mais profunda, melhor esperar um pouco. Muitas vezes, menos é mais e agora as pessoas não estão dispostas a cooperar, vai passar.

• **Lua trígono Mercúrio – das 22:58 às 02:45 de 24/11 (exato 00:51 de 24/11)**

Uma conversa olho no olho pode trazer de volta a conexão em tudo que se está investindo, desde amor até trabalho, na verdade tudo é relacionamento. Escrever e postar uma fala clara e direta vai funcionar muito bem.

DIA 24 DE NOVEMBRO – SEXTA-FEIRA
☾ Crescente ☾ em Touro às 17:28 LFC Início às 14:40 LFC Fim às 17:28

Enquanto a Lua estiver em Touro, é importante sentir segurança e conforto. Em casa, com a família e no trabalho aumenta a busca por ser mais conservador e dar continuidade a tudo proposto na fase anterior. O cuidado com as coisas mais práticas, como finanças, é importante e pode ser priorizado. Gosto de comidas, roupas e aparência é muito forte, importante cuidar com os excessos. Aquisição de bens duráveis pode ser uma boa opção, sempre levando em conta o custo/benefício.

• **Lua quadratura Plutão – das 12:57 às 16:23 (exato 14:40)**

O mau humor e a pressão podem atrapalhar o almoço e dificultar tudo que está previsto para a tarde. Os profissionais que vão ser consultados podem não resolver a situação; se for muito importante, é bom não entrar em confronto.

• **Lua sextil Saturno – das 17:16 às 20:42 (exato 18:59)**

Agora tudo está mais normal e organizado. As estruturas de serviço estão bem profissionais, escolher um bom restaurante, confortável e com boa comida garante uma noite dentro das expectativas.

DIA 25 DE NOVEMBRO – SÁBADO
☽ *Crescente* ☽ *em Touro*

• **Lua conjunção Júpiter – das 04:59 às 08:25 (exato 06:42)**

O pragmatismo está forte. Realizar aquele monte de atividades e não deixar para depois é bom. Atividades físicas revigoram a sensação que se pode mais.

DIA 26 DE NOVEMBRO – DOMINGO
☽ *Crescente* ☽ *em Gêmeos às 21:39 LFC Início às 18:51 LFC Fim às 21:39*

Enquanto a Lua estiver em Gêmeos, diversificar e espalhar os assuntos de interesse está por toda a parte; a comunicação e a necessidade de colocar os assuntos em dia é muito importante. Momento ótimo para todo tipo de comunicação, e a internet é muito requisitada. Viajar para um lugar próximo é muito gratificante, pois a saída da rotina ajuda a recarregar as energias. Há muita disposição para fazer diversas coisas em paralelo e aprender assuntos novos, principalmente com atividades manuais. Aumento de renda pode ser possível fazendo um segundo trabalho ao mesmo tempo. O marketing digital está em alta.

• **Lua conjunção Urano – das 03:18 às 06:47 (exato 05:02)**

A agitação está alta que até se perde o sono. Ansiedade pode ser um efeito colateral, e uma ideia é colocar o excesso de energia para trabalhar. Usar as mãos e fazer uma atividade artesanal ajuda muito. Colocar um monte de ideias novas em um papel ou computador pode servir mais tarde em alguma atividade.

• **Lua sextil Netuno – das 10:56 às 14:27 (exato 12:42)**

A energia agora é de calma e inspiração. Para quem trabalha com artes visuais, fotografia e vídeos, o momento é ideal. A comunicação entre as pessoas é fluida e sincera, fazendo com que os laços fiquem mais fortes.

• **Lua trígono Plutão – 17:05 às 20:37 (exato 18:51)**

Aproveitar este momento e acertar o que está pendente e que de alguma forma é desafiador vai dar certo. O poder e o magnetismo pessoal estão em alta, é bom usar para firmar alianças e acordos.

• **Lua quadratura Saturno – das 21:35 às 01:08 de 27/11 (exato 23:22)**

A cobrança é muito grande, palavras podem ser ditas em forma de crítica. É indicado deixar tudo antecipadamente organizado para não colocar tudo a perder. Se estiver só ou sem colaboração, o melhor é fazer um pouco mais de esforço e cumprir os acordos.

• **Lua oposição Marte – das 23:15 às 02:59 de 27/11 (exato 01:07 de 27/11)**

Bate-boca não resolve nada, todos tendem a achar que estão com razão. Atitudes agressivas podem passar dos limites. Manter-se em isenção e evitar tomar decisões a longo prazo é uma atitude muito boa, pode ser que não dê para consertar depois.

DIA 27 DE NOVEMBRO – SEGUNDA-FEIRA
○ *Cheia às 06:16 em 04°51' de Gêmeos* ○ *em Gêmeos*

• **Lua oposição Sol – das 04:20 às 08:11 (exato 06:16)**

Hora muito dispersa e tudo está antagônico, as pessoas estão sem clareza e incapazes de entender o outro. Posições pessoais podem passar dos limites, e a falta de entendimento tende a causar danos nos relacionamentos.

DIA 28 DE NOVEMBRO – TERÇA-FEIRA
○ *Cheia* ○ *em Gêmeos LFC Início às 22:02*

• **Lua trígono Vênus – das 12:53 às 16:54 (exato 14:54)**

Tudo cai bem, desde o cabelo até as roupas, com essa energia os encontros são muito agradáveis. O que precisa ser feito fica muito fácil e a colaboração é certa. Adquirir objetos para arrumar a casa e dar um jeito na decoração vão dar um ar mais agradável e o conforto é certo.

• Lua quadratura Netuno – das 16:39 às 20:19 (exato 18:29)

Tudo está confuso nesse período, e mudar algo no visual pode não dar certo, possivelmente a escolha é muito diferente e pode não combinar. O sonho pode dar errado, pois o que se está esperando não é viável e não pode ser executado. O melhor é estar com as pessoas que se confia para que a noite termine bem.

• Lua oposição Mercúrio – das 20:00 à 00:05 de 29/11 (exato 22:02)

Palavras podem ser distorcidas ou simplesmente entendidas de forma equivocada. Como consertar o que se fala pode ser difícil, a dica é falar menos e ouvir mais. As pessoas também não se expressam bem e é mais seguro evitar confrontos. Ao escrever nas redes sociais, é melhor deixar como rascunho e mandar mais tarde.

DIA 29 DE NOVEMBRO – QUARTA-FEIRA
○ *Cheia* ○ *em Câncer às 03:53 LFC Fim às 03:53*

Enquanto a Lua estiver em Câncer, estar em família e com amigos próximos, saboreando uma deliciosa refeição, é tudo de bom. Nesse dia, estamos mais propensos à intimidade e a sermos mais nostálgicos. Por isso, criar momentos que possam estabelecer laços e vínculos é fundamental. Uma decoração ou look mais retrô ou vintage combina bem com esse momento saudosista. Às vezes, há uma tendência a se querer conduzir os outros, porém é importante saber que essa manipulação não traz bons resultados. Ótima fase negócios em família, na área de nutrição e para cuidar de crianças. Aliás, trabalhar com negócios mais conhecidos e familiares é uma ótima opção se quiser aumentar sua chance de sucesso.

• Lua trígono Saturno – das 03:59 às 07:42 (exato 05:51)

Planejamento e estruturação da agenda da família é bem legal. Com as férias escolares chegando, é uma boa oportunidade de escolher o que fazer. Profissionalismo e cortesia são a tônica na interação no trabalho. Home office dá muito certo.

• Lua sextil Júpiter – das 15:29 às 19:12 (exato 17:21)

Fim de tarde pede uma atividade com a família ou com os amigos, como um lanche gostoso e olhar aqueles álbuns antigos de fotos e arquivos virtuais. Chamadas de vídeo com os entes queridos que estão espalhados pelo mundo faz tudo ficar mais próximo e agradável, e a inclusão de todos aproxima e alimenta a alma.

DIA 30 DE NOVEMBRO – QUINTA-FEIRA
○ *Cheia (disseminadora)* ○ *em Câncer*

• Lua sextil Urano – das 16:24 às 20:14 (exato 18:19)

Todos estão abertos a novidades e inovação, principalmente em lugares de mais intimidade. A tecnologia é muito bem recebida em forma de comunicação à distância. Aproximar os que estão em outros países com tecnologia via web minimiza a saudade.

Dezembro 2023

Domingo	Segunda-feira	Terça-feira	Quarta-feira	Quinta-feira	Sexta-feira	Sábado
					1 ♌	2
					Lua Cheia em Leão às 13:00 LFC 10:06 às 13:00	Lua Cheia em Leão
3	4 ♍	5 ☽ 12°48' ♍	6 ♎	7	8	9 ♏
Lua Cheia em Leão LFC Início às 23:11	Lua Cheia em Virgem às 00:50 LFC Fim 00:50	Lua Minguante às 02:49 em Virgem	Lua Minguante em Libra às 13:34 LFC 10:50 às 13:34	Lua Minguante em Libra	Lua Minguante em Libra LFC Início às 22:05	Lua Minguante em Escorpião às 00:34 LFC Fim 00:34
10	11 ♐	12 ● 20°40' ♐	13 ♑	14	15 ♒	16
Lua Minguante em Escorpião	Lua Minguante em Sagitário às 08:10 LFC 05:57 às 08:10	Lua Nova às 20:32 em Sagitário	Lua Nova em Capricórnio às 12:31 LFC 03:48 às 12:31 Início Mercúrio Retrógrado	Lua Nova em Capricórnio Mercúrio Retrógrado	Lua Nova em Aquário às 14:55 LFC 13:03 às 14:55 Mercúrio Retrógrado	Lua Nova em Aquário Mercúrio Retrógrado
17 ♓	18	19 ☽ 27°35' ♓ ♈	20	21 ♉	22	23
Lua Nova em Peixes às 16:58 LFC 09:03 às 16:58 Mercúrio Retrógrado	Lua Nova em Peixes Mercúrio Retrógrado	Lua Crescente às 15:39 em Peixes Lua em Áries às 19:46 LFC 18:03 às 19:46 Mercúrio Retrógrado	Lua Crescente em Áries Mercúrio Retrógrado	Lua Crescente em Touro às 23:49 LFC 23:46 às 23:49 Mercúrio Retrógrado	Lua Crescente em Touro Mercúrio Retrógrado Entrada do Sol no Signo de Capricórnio às 00:27	Lua Crescente em Touro Mercúrio Retrógrado
24 ♊	25	26 ○ 04°58' ♋	27	28 ♌	29	30
Lua Crescente em Gêmeos às 05:14 LFC 03:39 às 05:14 Mercúrio Retrógrado	Lua Crescente em Gêmeos Mercúrio Retrógrado	Lua Cheia às 21:33 em Câncer Lua em Câncer às 12:14 LFC 04:55 às 12:14 Mercúrio Retrógrado	Lua Cheia em Câncer Mercúrio Retrógrado	Lua Cheia em Leão às 21:22 LFC 19:57 às 21:22 Mercúrio Retrógrado	Lua Cheia em Leão Mercúrio Retrógrado	Lua Cheia em Leão Mercúrio Retrógrado
31 ♍						
Lua Cheia em Virgem às 08:53 LFC 02:18 às 08:53 Mercúrio Retrógrado						

Mandala Lua Cheia Dezembro

LUA CHEIA
Dia: 26/12
Hora: 21:33
04°58' de Câncer

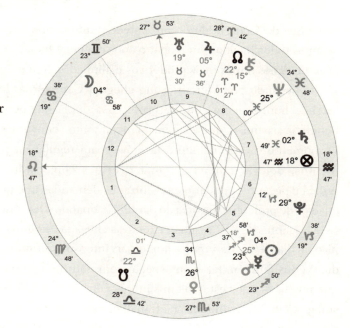

Mandala Lua Nova Dezembro

LUA NOVA
Dia: 12/12
Hora: 20:32
20°40' de Sagitário

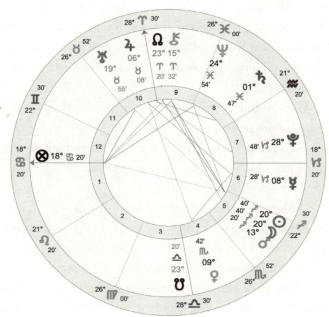

CÉU DO MÊS DE DEZEMBRO

A energia do Céu em dezembro parece muito com a nossa aqui na Terra – estamos todos focados em fechar o ano sem pendências. A boa notícia é que já começamos o mês mais produtivos e alinhados com o que é importante.

Começando por Mercúrio que chega a Capricórnio logo no dia 01/12, fazendo bom aspecto com Saturno. Essa dupla nos deixa mais práticos e beneficia assuntos que exigem planejamento, concentração e disciplina. O momento é especialmente favorável para regularizar papéis, fazer orçamentos, delegar tarefas e tomar decisões com caráter mais definitivo. A dica é pegar o calendário e organizar as demandas que precisam ser despachadas, de preferência, antes do dia 12/12, quando Mercúrio ficará retrógrado.

Mas, antes de isso acontecer, temos a chegada de Vênus ao Signo de Escorpião no dia 04/12, deixando o amor mais intenso, profundo e passional. Nesse dia, Vênus também faz bom aspecto com Saturno e, até 07/12, tudo indica que nossos desejos estarão em sintonia com a realidade, o que nos faz atrair situações mais estruturadas no trabalho, maior controle da vida financeira ou relações que prometem ser mais sólidas. Bem do jeito de que Vênus gosta.

A Lua Minguante começa no dia 05/12, em Virgem. Mais uma ajuda que o Céu está mandando para deixarmos a vida arrumada antes das festas de fim de ano. É recomendável dar preferência a pessoas, projetos e situações que sejam mais simples ou mais possíveis nesse momento. Por isso, fazer listas e planejar agenda promete trazer bons resultados. Conseguimos cumprir tudo o que nos propusemos até o final da semana, inclusive compras de Natal.

Com Netuno retomando o movimento direto no dia 06/12, também seremos mais capazes de enxergar a realidade de maneira mais fiel ao que ela realmente é.

Nesse mesmo dia, Mercúrio e Júpiter em harmonia nos trazem maior jogo de cintura para situações em que precisamos usar nossa inteligência, como testes, comunicação e divulgação.

A última Lua Nova do ano acontece no dia 12/12, em Sagitário – um Signo do elemento fogo e do ritmo mutável. Essa é uma ótima combinação para já plantarmos novas ideias e metas para o próximo ano, afinal, podemos contar com o entusiasmo e a adaptabilidade desse Signo.

Mercúrio e Vênus em harmonia nessa lunação elevam ainda mais o clima de sociabilidade, nos deixando mais animados para planejar, sair, circular e conversar. É importante lembrarmos, no entanto, que no mapa dessa lunação temos Vênus em desarmonia com Júpiter e Mercúrio iniciando o movimento retrógrado, o que nos influencia até a próxima Lua Nova, no dia 11/01/24.

Na prática, podemos sonhar e socializar à vontade, mas devemos ter cuidado e conter a ansiedade em dar passos muito largos nas relações e nos acordos.

Assinaturas de contratos devem ser preferencialmente adiadas para o próximo ano. O mais importante é ter em mente que existe uma grande tendência a embarcarmos em aventuras, gastando o que não temos e seduzindo quem não vale a pena.

Entre os dias 15 e 18/12, Sol e Netuno em rota de colisão nos alertam para a exposição excessiva da nossa presença em lugares muito cheios ou entre pessoas que abusam da nossa boa vontade. A baixa vitalidade pode, inclusive, nos deixar mais propensos a gripes e resfriados.

No dia 19/12, Vênus em oposição a Urano pode corresponder a situações em que o resultado sai bem diferente do esperado, especialmente em relação às finanças e ao amor. Isso quer dizer que a revisão do carro pode custar três vezes mais caro ou o encontro do fim de semana não se dar ao trabalho nem de mandar mensagens no dia seguinte.

Mercúrio e Saturno, que lá no começo do mês estavam em sintonia, retomam o contato no dia 20/12 – só que dessa vez com o primeiro em retrogradação, o que pode indicar que um projeto ou orçamento precisará de revisão.

No dia 22/12, acontece o Solstício de verão no nosso hemisfério com o ingresso do Sol em Capricórnio, o que corresponde aos dias mais longos do que as noites. Bom para fazer planos para o próximo ano, enquanto admiramos o pôr do sol nos finais de tarde. Sol e Saturno em sintonia no mesmo dia ajudam com maior clareza sobre eventuais pontos fracos, falhas ou o que precisamos amadurecer antes de partirmos para a realização.

Mercúrio ainda em movimento retrógrado volta ao Signo de Sagitário no dia 23/12, o que pode significar o retorno de algum assunto ou situação que exigirá retomada antes de seguir em frente nesse processo de amadurecimento.

E, quando Papai Noel chegar, estaremos cercados de influências poderosas emanadas pela Lua Cheia em Câncer, que começa oficialmente no dia 26/12.

A lunação de Câncer marca um tempo especial já que Lua rege esse Signo. É um tempo de muitas emoções e pode-se responder às situações de uma maneira muito mais sensível do que racional, também por conta do encontro entre Mercúrio e Marte no mapa da lunação.

Sol e Lua em harmonia com Júpiter e Saturno indicam que podemos sonhar e realizar o que quer que venha do coração. É o momento de se fortalecer internamente e tomar decisões que tendem a ser realistas, além de podermos contar com a ajuda das pessoas.

Todos estarão mais receptivos, sensíveis, amorosos, protetores e protegidos. E, mesmo que não dê tempo de ver todo mundo durante o Natal, Vênus e Plutão, em sintonia dia 28/12, nos convidam a rever velhos amigos e estreitar laços com pessoas que queremos manter por perto. Mágoas e crises que são curadas podem ser vistas como verdadeiros milagres de Natal.

Para encerrar 2023 com chave de ouro, Vênus chega a Sagitário no dia 29/12, nos convidando a fazer as malas e partir para novas aventuras. No amor, espontaneidade, diversão e aventura pedem passagem. A dica é viva e deixe viver! Feliz 2024!

Posição diária da Lua em dezembro

DIA 01 DE DEZEMBRO – SEXTA-FEIRA

○ *Cheia (disseminadora)* ○ *em Leão às 13:00 LFC início 10:06 LFC Fim às 13:00*

Enquanto a Lua estiver em Leão, há mais brilho, entusiasmo, alegria em tudo o que queremos empreender. E é com essa vibrante energia que ingressamos no último mês do ano. As homenagens, os elogios e as demonstrações de admiração poderão fazer toda a diferença no caso de se querer conquistar alguém. Abuse do brilho, dos gestos largos de generosidade e festeje a vida!

• **Lua trígono Netuno – da 01:08 às 05:00 (exato 03:04)**

Esse aspecto é suave, brando, trazendo um soninho bem gostoso nessa madrugada. Para os notívagos, é um bom momento para as artes, a poesia e para o encantamento com pequenas coisas que nos cercam.

• **Lua quadratura Vênus – das 03:00 às 07:17 (exato 05:08)**

Aqui não é aconselhável ter compromissos desgastantes ou atividades que exijam disciplina ou muito empenho. Será difícil levantar para cumpri-los. Estamos necessitados de conforto emocional e de fazer algo do nosso agrado.

• **Lua oposição Plutão – das 08:09 às 12:03 (exato 10:06)**

Tanto no trabalho como na vida pessoal será importante conter palavras de animosidade. Os ânimos ficam mais exaltados sob essa configuração. Evite entrar em polêmicas, como também bater de frente com figuras de autoridade.

• **Lua trígono Marte – das 21:41 à 01:53 de 02/12 (exato 23:47)**

A noite nos reserva uma ótima energia para se tomar decisões que, rapidamente, apresentarão resultados. Na relação afetiva, de repente poderá haver um "aquecimento" e uma superdisposição para o amor fará essa noite ser especial.

DIA 02 DE DEZEMBRO – SÁBADO
○ *Cheia (disseminadora)* ○ *em Leão*

• **Lua quadratura Júpiter – da 00:46 às 04:41 (exato 02:44)**

Expectativas muito acima da realidade poderão causar frustração. Para os que têm atividades nessas horas, não há disposição para tarefas que demandem muito esforço.

• **Lua trígono Sol – das 06:34 às 10:54 (exato 08:44)**

Excelente energia que beneficia os casais, os pares e os sócios, trazendo muita clareza e entendimento. Há um sentimento gratificante de contentamento pelo que somos. Parece que tudo está no lugar devido e transcorrendo como tem que ser. Isso faz sentir mais integração com a vida e seus movimentos.

DIA 03 DE DEZEMBRO – DOMINGO
○ *Cheia (disseminadora)* ○ *em Leão LFC Início às 23:11*

• **Lua quadratura Urano – das 03:12 às 07:12 (exato 05:12)**

É provável o sono ser interrompido de repente ou haver insônia, trazendo agitação para essa manhã. Compromissos poderão ser adiados em cima da hora e algo não agendado poderá surgir.

• **Lua sextil Vênus – das 20:56 à 01:25 de 04/12 (exato 23:11)**

A noite desse domingo traz oportunidade de afeto, carinho, demonstração de sentimentos e alegria com a pessoa amada. Capriche no visual, abuse do charme e da sedução. Festas e eventos em alta! Quem sabe "pinta" aquele alguém especial?! Vamos trazer para perto de nós quem faz bem.

DIA 04 DE DEZEMBRO – SEGUNDA-FEIRA
○ *Cheia (disseminadora)* ○ *em Virgem às 00:50 LFC Fim à 00:50*

Enquanto a Lua estiver em Virgem, o panorama muda de figura. Em Virgem, a Lua torna as pessoas mais reservadas e avessas às demonstrações esfuziantes de sentimentos, tão apreciadas na Lua em Leão. Ser útil ao outro, ajudar na prática, valerá mais que palavras de amor. Um bom período para trabalhos que requeiram concentração e organização. Excelente, também, para a introdução de hábitos saudáveis na nossa rotina.

• **Lua oposição Saturno – da 01:24 às 05:28 (exato 03:26)**

As preocupações podem invadir nossa mente e causar desconforto emocional, tirando o sono. Devemos nos ater à ideia de que enfrentaremos o que for preciso, porque temos capacidade para isso. E, dessa forma, nos sentiremos mais fortalecidos.

• **Lua trígono Mercúrio – das 04:58 às 09:25 (exato 07:11)**

Esse aspecto ajuda o anterior, trazendo ideias, ativando a mente e nos deixando espertos para procurarmos soluções. Excelente momento para fazer todo o tipo de contato, enviar mensagens, fazer publicações e encontrar as pessoas. As reuniões de trabalho transcorrem a contento, e a pauta fecha com sucesso.

• **Lua trígono Júpiter – das 12:31 às 16:33 (exato 14:32)**

Excelente para um almoço de negócios ou mesmo com pessoas queridas. Há muita positividade no ar e os acordos são fechados, beneficiando ambas as partes. Momento propício para fazer contato com o público e para fazer projetos em maior escala.

• **Lua quadratura Marte – das 13:42 às 18:01 (exato 15:51)**

Importante é não entrar em discussões desnecessárias. Devemos aproveitar a energia anterior para mantermos o bom humor. Dessa forma, evitaremos que uma conduta mais agressiva coloque algo precioso a perder. Um bom momento para extravasar o excesso de energia numa atividade física. No trabalho, será importante alternar as atividades e evitar ficar parado.

DIA 05 DE DEZEMBRO – TERÇA-FEIRA
☽ Minguante às 02:49 em 12°48' de Virgem ☽ em Virgem

• **Lua quadratura Sol – da 00:35 às 05:02 (exato 02:49)**

Entrada da Lua na Fase Minguante. Tempo de introspecção e análise do que foi para nós o ciclo anterior. Horas propícias ao descanso. Devemos poupar energia e não iniciar nenhuma tarefa pesada ou desgastante.

• **Lua trígono Urano – das 15:43 às 19:45 (exato 17:44)**

A tendência aqui é das coisas se desembaraçarem e fluírem como tem que ser. Para isso, devemos adotar uma conduta de desapego e ter uma "carta na manga" para qualquer eventual mudança. Aliás, as mudanças são bem-vindas e trazem um frescor a nossa rotina. Que tal, então, fazer algo diferente do habitual?

DIA 06 DE DEZEMBRO – QUARTA-FEIRA

☽ Minguante ☽ em Libra às 13:34 LFC Início às 10:50 LFC Fim às 13:34

Enquanto a Lua estiver em Libra, as pessoas se tornam mais sociáveis, cordiais e maleáveis. Dia para estarmos cercados de pessoas. Fazer as atividades em companhia dará mais certo do que sozinhos. Momento de maior sensibilidade para a beleza, os bons modos e a etiqueta. Um gesto de diplomacia poderá ser a melhor forma de se conseguir o que se deseja. Festas realizadas terão a característica do bom gosto e do charme.

• **Lua oposição Netuno – da 01:15 às 05:17 (exato 03:16)**

Horas perfeitas para o descanso. Estamos frágeis emocionalmente. Tudo o que nos incomoda e desassossega a alma parecerá mais penoso e mais difícil de lidar. Boas orações, pensamento elevado e meditação poderão ajudar na qualidade do sono, tão vital nesse momento.

• **Lua trígono Plutão – das 08:48 às 12:50 (exato 10:50)**

Pronto, agora contamos com uma energia de restabelecimento das forças e das emoções desgastadas. Excelente para terapias em geral, pois o inconsciente poderá liberar emoções escondidas bem lá no fundo do poço. Mesmo que não se vá à terapia, podemos fazer um mergulho interno e contatar essas emoções incômodas e expurgá-las. Favorece, também, os diagnósticos e as curas.

• **Lua quadratura Mercúrio – das 22:51 às 03:08 de 07/12 (exato 00:59 de 07/12)**

Essa noite não favorece os diálogos sérios. Fica mais difícil nos fazer entender e é possível haver mal entendidos. As emoções podem estar variando e, o que se diz hoje, poderá não valer amanhã. Portanto, é melhor não dar a palavra final.

DIA 07 DE DEZEMBRO – QUINTA-FEIRA

☽ Minguante ☽ em Libra

• **Lua sextil Marte – das 06:08 às 10:22 (exato 08:15)**

Essa manhã chega com fôlego total para tomada de iniciativas e decisões. Agora sim podemos dar a palavra final e resolver de vez a questão. Bom para levantar cedo e colocar tudo que faltava em dia! Aumenta a frequência nas academias e nos lugares abertos para caminhadas e corridas. Favorece, especialmente, os profissionais autônomos.

• **Lua sextil Sol – das 18:27 às 22:45 (exato 20:36)**

O dia começa bem e termina melhor ainda. Há mais clareza sobre tudo o que nos cerca. Há maior entendimento entre as pessoas do sexo oposto, e os casais podem se beneficiar muito dessa energia. Aumenta a percepção sobre o que, de fato, nos faz bem, do que precisamos para ser felizes. Conflitos internos podem ser resolvidos e dúvidas tendem a ser dissipadas pelo bom equilíbrio entre razão e emoção.

DIA 08 DE DEZEMBRO – SEXTA-FEIRA
☽ *Minguante (Balsâmica)* ☽ *em Libra LFC Início às 22:05*

• **Lua quadratura Plutão – das 20:09 à 00:00 de 09/12 (exato 22:05)**

Nessa noite, convém nos abstermos de locais considerados perigosos. Sair nessas horas pode representar algum risco. Devemos evitar contato com pessoas de natureza agressiva e, principalmente, não aceitar provocações. Muito cuidado com a violência no trânsito. Devemos utilizar de diplomacia, aproveitando a Lua ainda em Libra para contornar desavenças no relacionamento.

DIA 09 DE DEZEMBRO – SÁBADO
☽ *Minguante (Balsâmica)* ☽ *em Escorpião à 00:34 LFC Fim à 00:34*

Enquanto a Lua estiver em Escorpião, haverá uma tendência a reações de natureza extrema, do tipo "ou tudo ou nada". As emoções se intensificam, levando a paixões e fortes desejos. A verdade será a grande aliada dessa Lua. Portanto, agir com transparência e franqueza trará ótimos resultados em qualquer tipo de relação. Favorece atividades que lidem com restauração, reabilitação, reformas, reciclagem e toda forma de investigação.

• **Lua trígono Saturno – da 01:38 às 05:28 (exato 03:33)**

Com a consciência tranquila do dever cumprido, podemos ter uma ótima noite. Para os que trabalham nessas horas, haverá energia de produtividade acima da média. Bom uso do tempo garantirá tarefas cumpridas no prazo.

• **Lua conjunção Vênus – das 09:18 às 13:28 (exato 11:23)**

Belíssimo encontro no Céu! Muita disposição afetiva no ar. Sucesso no amor, nos encontros, nas palavras doces e envolventes. Estar com alguém especial e querido trará muita satisfação e prazer. Passar horas fazendo algo de nosso agrado será muito gratificante. Conseguimos tudo o que quisermos usando de charme, alegria e bem-querer.

• **Lua oposição Júpiter – das 10:48 às 14:33 (exato 12:41)**

No caso de um almoço, ou de ir às compras, devemos observar uma tendência a comer e a comprar em excesso. Aumenta a gula e a vontade de consumir além do que necessitamos sem nos darmos conta disso.

• **Lua sextil Mercúrio – 12:48 às 16:44 (exato 14:46)**

Esta tarde está ótima para os encontros em geral. Bom para reunir os amigos mais chegados e com quem temos afinidades para conversar e trocar ideias. Boas informações podem resultar desses bate-papos casuais. Falar de sentimentos com o ser amado, aprofundar esses sentimentos ou dissolver alguma dúvida dará muito certo.

DIA 10 DE DEZEMBRO – DOMINGO
☽ *Minguante (Balsâmica)* ☽ *em Escorpião*

• **Lua oposição Urano – das 12:13 às 15:52 (exato 14:02)**

É bom não ter nada programado para essas horas porque a tendência será tudo sair ao contrário do que se previu. Vamos ter flexibilidade para alterar a agenda e aceitar o fluxo das coisas. Podemos evitar aborrecimento e estresse.

• **Lua trígono Netuno – das 21:09 à 00:46 de 11/12 (exato 22:58)**

Energia suave e de boa vontade entre todos. Estão em alta filmes com boas mensagens, leitura elevada, músicas, dança e tudo o que trouxer bem-estar à alma. Romantismo e encantamento no ar.

DIA 11 DE DEZEMBRO – SEGUNDA-FEIRA
☽ *Minguante (Balsâmica)* ☽ *em Sagitário às 08:10 LFC Início às 05:57 LFC Fim às 08:10*

Enquanto a Lua estiver em Sagitário, um clima de aventura permeará esses dias, fazendo com que as pessoas se lancem mais em seus projetos, com confiança e fé. Aumento da procura pelas grandes viagens, além dos horizontes. Nesses dias, tudo nos parecerá possível, e o coração estará pleno de esperança. É o estado de espírito mais otimista do zodíaco. Podem reunir pessoas de diferentes níveis e com pouco conhecimento entre si, que tudo dará certo, graças à natureza gregária de Sagitário.

• **Lua sextil Plutão – das 04:08 às 07:45 (exato 05:57)**

Contamos com um sono reparador, curador de males tanto físicos quanto emocionais. Vamos aproveitar essas horas para nos refazermos de algo que andou prejudicando a nossa saúde ou abalando nossos sentimentos. Se alguém está lhe deixando "com a pulga atrás da orelha", dedetize e elimine de vez.

• **Lua quadratura Saturno – das 09:25 às 13:00 (exato 11:13)**

As tarefas, os compromissos e as demandas parecerão mais **árduos** e desagradáveis do que na verdade são. Vamos usar de confiança, aproveitando o alto-astral da Lua em Sagitário e vamos nos lançar com fé nos desafios. Veremos como será gratificante saber do que fomos capazes.

DIA 12 DE DEZEMBRO – TERÇA-FEIRA
● *Nova às 20:32 em 20°40' de Sagitário* ● *em Sagitário*

• **Lua conjunção Marte – das 05:14 às 08:56 (exato 07:05)**

Muita gente vai pular da cama bem cedo com vontade de iniciar o dia aproveitando o dinamismo dessa energia. Mas não é aconselhável "ir com muita sede ao pote", pois as reações poderão ser impulsivas ou intempestivas. Há um desassossego em querer resolver tudo de uma vez. Vale a pena colocar um pouco de bom-senso em tudo o que fizer.

• **Lua conjunção Sol – das 18:39 às 22:23 (exato 20:32)**

Aspecto próprio da Lua em sua Fase Nova. Uma intenção, uma palavra, uma ideia terá chance de se materializar na Lua Crescente. Nem tudo será realizado, mas algumas sementes aqui lançadas poderão dar os frutos esperados.

DIA 13 DE DEZEMBRO – QUARTA-FEIRA
● *Nova* ● *em Capricórnio às 12:31 LFC Início às 03:48 LFC Fim às 12:31*

Início Mercúrio Retrógrado

Enquanto a Lua estiver em Capricórnio, prevalece um sentimento geral de responsabilidade e de dever cumprido. Para se conquistar alguém, seja no campo profissional ou amoroso, a melhor forma é demonstrar seriedade e confiabilidade. A produtividade estará em alta, então podemos nos dedicar aos trabalhos e às tarefas mais difíceis, que daremos conta no prazo e na qualidade.

• **Lua quadratura Netuno – das 02:05 às 05:31 (exato 03:48)**

Horas propícias ao sono. Devemos respeitar nosso ritmo biológico e nossas necessidades básicas durante essas horas. Estamos fragilizados e tocados por emoções muito tênues, muito confusas e necessitamos descansar a alma.

• **Lua sextil Saturno – das 13:56 às 17:21 (exato 15:38)**

Tarde de muita produtividade. Podemos dar cabo de trabalhos, tarefas e assuntos com grande assertividade. As emoções se rendem ao bom-senso e agimos de forma prática nas situações em geral. É provável que o que estiver combinado para esse horário se cumpra.

• **Lua trígono Júpiter – das 21:09 à 00:31 de 14/12 (exato 22:50)**

Nessa noite, estaremos envolvidos numa atmosfera de otimismo, pensamentos elevados e generosidade. Podemos contagiar as pessoas com alegria e positivismo. Principalmente se houver alguém precisando dessa força de encorajamento e fé. É um momento em que podemos crer que somos capazes de realizar o que quisermos.

DIA 14 DE DEZEMBRO – QUINTA-FEIRA
● *Nova* ● *em Capricórnio*

Mercúrio Retrógrado

• Lua conjunção Mercúrio – da 01:06 às 04:26 (exato 02:46)

Sob essa configuração, a mente se torna alerta e muitas ideias poderão surgir. Ideal para os notívagos que aproveitam as horas calmas da madrugada para estudar, pesquisar, acessar a internet ou para conversas on-line.

• Lua sextil Vênus – das 06:04 às 09:44 (exato 07:54)

Nessas horas, temos a oportunidade de encontrar ajuda, compreensão e harmonia no trato com o outro. Estamos mais sociáveis. A cortesia e o afeto ganham grande força de expressão. Um café da manhã com alguém especial poderá iluminar o dia!

• Lua trígono Urano – das 20:19 às 23:39 (exato 21:59)

Noite em que podemos apostar na fluidez dos acontecimentos, sem precisar interferir. Tudo tende a caminhar sem embaraços. Ideal para tentarmos algo diferente do habitual. Sair da rotina de algum modo, tentar uma abordagem diferente sobre alguma questão e enxergar uma situação por outro ângulo são atitudes que trarão um novo frescor a vida.

DIA 15 DE DEZEMBRO – SEXTA-FEIRA
● *Nova* ● *em Aquário às 14:55 LFC Início às 13:03 LFC Fim às 14:55*

Mercúrio Retrógrado

Enquanto a Lua estiver em Aquário, tudo se apresenta diferente dos dias anteriores. Considerado um Signo ligado à liberdade, as pessoas agora querem se desgarrar das amarras. Do que prende, do que cerceia. O que sair da norma, da rotina, do convencional cativará o espírito das pessoas. Dias ideais para juntarmos pessoas diferentes entre si, aproveitando a natureza agregadora desse Signo. Será ótimo reservarmos algum espaço no dia para fazermos algo que nunca se faz. Curiosidade ampliada para o que for novo, inédito, inventivo e criativo.

• Lua sextil Netuno – das 04:46 às 08:06 (exato 06:26)

Uma aura de suavidade, encanto, conforto e sutileza permeará esse início de manhã. A sensibilidade está mais aguçada, o que permitirá uma compreensão maior entre as pessoas. Uma coincidência, um encontro ao acaso poderá render bons frutos.

• **Lua conjunção Plutão – das 11:32 às 14:43 (exato 13:03)**

Momento de emoções intensas capazes de nos abalar internamente. Portanto, devemos rever nossas atitudes para que possamos detectar o motivo e tentar resolvê-lo. As consultas, em geral, estão indicadas, pois esse aspecto favorece a observação e o aprofundamento das questões. Aliás, em qualquer setor da vida.

• **Lua quadratura Júpiter – das 23:12 às 02:31 de 16/12 (exato 00:51 de 17/12)**

Aqui pode haver um aumento de apetite. Tanto em ralação a comer e a beber quanto a consumir em compras pela internet. Cuidado especial em relação aos desperdícios. E, também, em relação à saúde, principalmente aqueles que estejam com seus exames alterados. Vamos evitar qualquer tipo de abuso.

DIA 16 DE DEZEMBRO – SÁBADO
● *Nova* ● *em Aquário*

Mercúrio Retrógrado

• **Lua quadratura Vênus – das 12:43 às 16:21 (exato 14:32)**

A vontade de ser mimado e de satisfazer nossas vontades fica bem exacerbada aqui. O que pode levar a um quadro de frustração, caso isso não aconteça. O melhor antídoto é fazer por alguém aquilo que esperávamos dele. Dessa forma, esse sentimento de carência logo se desfaz. Contra indicado ir às compras. Compramos o que não serve ou o que não nos agrada depois.

• **Lua sextil Marte – das 16:06 às 19:37 (exato 17:52)**

Horas em que podemos resolver muita coisa, colocar em dia a pauta e tomar resoluções. Essa tarde promete ação e rendimento. Favorece trabalhos a serem executados com autonomia. Bons negócios podem ser feitos através de uma disposição arrojada de sair na frente e agarrar a oportunidade.

• **Lua quadratura Urano – das 22:13 à 01:33 de 17/12 (exato 23:53)**

Desassossego, nervosismo e impaciência serão a tônica da noite. As pessoas se tornam mais intolerantes a qualquer restrição. Então, a melhor atitude é "viva e deixe viver". Dar liberdade e se permitir liberdade. Não tentar controlar o que não está rolando de acordo com o que queremos, mas sim focar no que podemos fazer para mudar o jogo, no sentido de ter "uma carta na manga" e usar de flexibilidade.

DIA 17 DE DEZEMBRO – DOMINGO

● Nova ● *em Peixes às 16:58 LFC Início às 09:03 LFC Fim às 16:58*

Mercúrio Retrógrado

Enquanto a Lua estiver em Peixes, nos tornamos mais contemplativos, sem nos envolvermos tanto nas situações. A sensibilidade se acentua, beneficiando as artes, os trabalhos com imagem, os shows e espetáculos. Os lugares com água, como praias, cachoeiras etc. serão mais procurados. Atividades ligadas a música e cinema estão favorecidas. Aumenta a necessidade de uma crença, uma fé que nos remeta a um sentido maior da vida.

• **Lua sextil Sol – das 07:15 às 10:51 (exato 09:03)**

Excelente começo de domingo, com os pares Sol e Lua em harmonia! Sob essa configuração, podemos enxergar tudo com mais clareza e discernimento. Estamos mais coesos, mais firmes nos nossos propósitos e de bem com o nosso lado emocional. Favorece reconciliações, encontros e relacionamento afetivo.

• **Lua conjunção Saturno – das 18:50 às 22:12 (exato 20:31)**

Não vamos deixar que as preocupações da segunda-feira comecem a nos rondar nessa noite de domingo. A tendência aqui é para o pensamento negativo. Então, vamos reverter esse processo, pensando em tudo o que poderemos fazer para que tudo dê certo, e certamente, dará.

DIA 18 DE DEZEMBRO – SEGUNDA-FEIRA

● Nova ● *em Peixes*

Mercúrio Retrógrado

• **Lua sextil Júpiter – da 01:08 às 04:29 (exato 02:49)**

Pensamentos positivos, de fé e entusiasmo serão muito bem-vindos nesse comecinho de semana. Aumenta a movimentação em aeroportos e rodoviárias. Idas e vindas a todo o vapor, com a aproximação do Natal.

• **Lua sextil Mercúrio – da 01:45 às 04:55 (exato 03:20)**

Essas horas da madrugada estão propícias aos que tem o hábito de entrar nas redes sociais, nos chats de bate-papo e afins. A comunicação se dá de forma fluida, com bom entendimento entre todos.

• **Lua trígono Vênus – das 19:38 às 23:20 (exato 21:29)**

Com muito carinho, charme e sedução podemos conseguir algo desejado. Planejar um jantar a dois com uma bonita mesa, velas perfumadas, música e flores, aproveitando o clima de magia da Lua em Peixes, dará um toque todo especial a essa noite.

• **Lua quadratura Marte – das 21:10 à 00:45 de 19/12 (exato 22:57)**

A energia aqui é outra. Melhor não tocar em assunto que possa gerar alguma polêmica. Respeitar o espaço do outro é fundamental. Vamos continuar vibrando a energia de amor do aspecto anterior.

DIA 19 DE DEZEMBRO – TERÇA-FEIRA
☾ Crescente às 15:39 em 27°35' de Peixes ☾ em Áries às 19:46 LFC Início às 18:03 LFC Fim às 19:46

Mercúrio Retrógrado

Enquanto a Lua estiver em Áries, tudo se acelera, o tempo passa a ser curto e temos urgência em tudo. As pessoas ficam mais impacientes, filas demoradas e serviços lentos acarretarão irritabilidade. Há, naturalmente, um aumento de coragem para enfrentarmos o que tiver pela frente, com garra e disposição para resolvermos de vez as pendências. No trabalho, podemos aproveitar para executar tarefas arrojadas e de solução rápida. Essa Lua pede maior autonomia em todos os setores da vida, inclusive, no relacionamento afetivo.

• **Lua sextil Urano – da 00:32 às 03:55 (exato 02:14)**

Uma ideia brilhante poderá atravessar a nossa mente. Convém anotar rápido para que não se perca a mensagem. Tem dica boa aí.

• **Lua conjunção Netuno – das 09:24 às 12:49 (exato 11:07)**

Horas de muita preguiça, sonolência e dispersão. Sensibilidade aguçada, sentimentos à flor da pele. Devemos nos abster de compromissos desgastantes, complicados ou que exijam concentração. Ao sair de casa, será conveniente checar o que se precisa levar e ter cuidado com extravios.

• **Lua quadratura Sol – das 13:48 às 17:29 (exato 15:39)**

Esse é o aspecto da Lua entrando em sua Fase Crescente. Não podemos esmorecer, desanimar, nem sair do nosso foco em atingir nossos objetivos. Dias para se correr atrás de nossos intentos. Devemos comparecer, se formos convidados. Marcar presença fará toda a diferença.

• **Lua sextil Plutão – das 16:20 às 19:46 (exato 18:03)**

Excelente horário para qualquer tipo de atividade que envolva cura ou recuperação. Também favorece as arrumações em geral. Abrir gavetas, revirar os armários, cantos e "porões" para separar o que ainda nos serve do que não nos serve. Podemos aproveitar o espírito solidário do Natal e fazermos boas doações com o que não precisamos mais. Essa limpeza repercutirá positivamente no nosso interior, trazendo sensação de leveza.

DIA 20 DE DEZEMBRO – QUARTA-FEIRA
☾ *Crescente* ☾ *em Áries*

Mercúrio Retrógrado

• Lua quadratura Mercúrio – da 01:07 às 04:16 (exato 02:41)

Horas propícias ao descanso da mente. Essa configuração não favorece trabalhos mentais, comunicação, nem conversas importantes. Aqui, o que se diz não é o que a alma sente. Os que trabalham nesse horário devem evitar transmissão de recados, avisos ou notícias importantes. Há tendência à distorção na comunicação.

DIA 21 DE DEZEMBRO – QUINTA-FEIRA
☾ *Crescente* ☾ *em Touro às 23:49 LFC Início às 23:46 LFC Fim às 23:49*

Mercúrio Retrógrado

Enquanto a Lua estiver em Touro, há muita afetividade no ar. As confraternizações de fim de ano deverão ocorrer entre pessoas que tenham intimidade e sentimentos verdadeiros entre si. Haverá muitos abraços e carinho entre todos. Agradar aos sentidos, ao paladar, ao toque físico parecerá vital e reconfortante. Os restaurantes finos, com manobristas, conforto e segurança estarão repletos. Os serviços ligados a moda, a decoração, estética, joias e adornos estão em alta!

• Lua trígono Marte – das 03:32 às 07:13 (exato 05:22)

Os que levantam bem cedo podem se beneficiar dessa potente energia de força e coragem. Ideal para os exercícios físicos de qualquer natureza. O corpo responderá muito bem e o resultado será o aumento de disposição para encararmos o dia.

• Lua quadratura Plutão – das 20:25 às 23:56 (exato 22:10)

Nessa noite, o ideal será evitar lugares desconhecidos, perigosos ou com muita gente. Melhor evitar pessoas transtornadas, multidão e onde haja risco de assalto. Na vida pessoal, haverá uma tendência a se reviver mágoas passadas. E, se esse for o caso, vamos fazer um mergulho no interior e procurar curar essas emoções.

• Lua trígono Sol – das 21:53 à 01:40 de 22/12 (exato 23:46)

A cooperação, em especial nas pessoas de sexo oposto, está ativada. As divergências podem ser apaziguadas, desde que não deixemos que mágoas passadas nos atinjam. É uma boa ocasião para conversar sobre essas emoções, esclarecê-las e colocar um ponto final.

DIA 22 DE DEZEMBRO – SEXTA-FEIRA
☾ *Crescente* ☾ *em Touro*

Mercúrio Retrógrado

Entrada do Sol no Signo de Capricórnio às *00h27min09seg*

* Solstício de Inverno H. Norte – Solstício de Verão H. Sul

• **Lua trígono Mercúrio** – **da 00:45 às 03:56 (exato 02:21)**

Grande procura por sites na internet nessa madrugada. A comunicação se torna fluida. Encontramos informações das quais andávamos procurando. Uma boa ideia poderá surgir na mente.

• **Lua sextil saturno** – **das 02:21 às 05:53 (exato 04:07)**

As emoções estão alinhadas com a razão, por essa razão há maior condição de pensarmos e planejarmos nossas ações com bastante assertividade. As pessoas que trabalham nesse horário podem contar com mais capacidade de produção.

• **Lua conjunção Júpiter** – **das 08:07 às 11:38 (exato 09:53)**

Manhã premiada com muito entusiasmo e otimismo. Temos a sensação de que tudo dará certo e, com esse espírito positivo, podemos ir fundo no que desejamos fazer acontecer. Podemos pedir ajuda e prestar ajuda. As atitudes nobres serão muito favorecidas e trarão recompensa. Um espírito de generosidade permeia a todos.

DIA 23 DE DEZEMBRO – SÁBADO
☾ *Crescente* ☾ *em Touro*

Mercúrio Retrógrado

• **Lua conjunção Urano** – **das 08:46 às 12:20 (exato 10:33)**

Nesta manhã, algo que estava programado poderá sair diferente do esperado ou até mesmo nem vir a acontecer. É preciso ter paciência com esses imprevistos para que não abalem nosso estado de espírito, gerando nervosismo ou ansiedade. Ao sair para as compras, devemos ter cuidado com impulsividade, correria e aumento de tensão. Esse aspecto acelera o ritmo, atuando sobre as emoções.

• **Lua oposição Vênus** – **das 14:05 às 18:01 (exato 16:03)**

Devemos evitar as compras aqui também. Mas, caso seja necessário fazer, muita atenção aos itens que formos adquirir. A tendência é escolher mal, pagar mais caro e errar no gosto. Haverá tendência, também, para consumir mais guloseimas do que o habitual. Olho na balança!

• **Lua sextil Netuno** – das 18:24 às 21:59 (exato 20:11)

Clima de romantismo e aceitação entre todos devido ao aumento da sensibilidade. Coisas podem acontecer ao acaso. Coincidências também. Devemos ir na "onda", deixar o acaso se encarregar de nos trazer boas surpresas.

DIA 24 DE DEZEMBRO – DOMINGO
☾ *Crescente* ☾ *em Gêmeos às 05:14 LFC Início às 03:39 LFC Fim às 05:14*

Mercúrio Retrógrado

Enquanto a Lua estiver em Gêmeos, todos estão mais comunicativos, interagindo e trocando informações com mais facilidade. Excelente para uma véspera de Natal! Ainda dá tempo para fazer convites, combinar a ceia ou os encontros. Haverá um aquecimento no comércio com muitas pessoas comprando o que falta para a grande noite. Podemos aproveitar para fazermos várias coisas ao mesmo tempo. A versatilidade está em alta.

• **Lua trígono Plutão** – da 01:51 às 05:28 (exato 03:39)

Essa madrugada nos traz uma energia poderosa, favorável a reformas e transformações. Ideal, também, para adotar medidas regeneradoras, para quem tem atividade nessas horas. O sono tende a ser profundo e curador. Tanto a nível físico como emocional.

• **Lua quadratura Saturno** – das 08:08 às 11:47 (exato 09:58)

O ideal aqui é deixarmos tudo bem esquematizado e planejado para que não haja um sentimento de "falta isso, falta aquilo". A tendência será privilegiarmos o que ainda está por fazer e as preocupações aumentam. Devemos, então, resolver cada impasse, usando paciência e discernimento.

DIA 25 DE DEZEMBRO – SEGUNDA-FEIRA
☾ *Crescente* ☾ *em Gêmeos*

Mercúrio Retrógrado

• **Lua oposição Marte** – das 21:10 à 01:05 (exato 23:07)

Então é Natal! Essa noite podemos abusar das conversas informais, divertidas e que nos tragam boas ideias ou aprendizado, aproveitando a energia da Lua no Signo de Gêmeos. No entanto, convém observar uma tendência à irritação e ao descontrole emocional. O que, claro, deve ser evitado nessa noite tão especial. Para isso, devemos circular, dançar ou, pelo menos, evitar ficar sentado ou parado muito tempo. Diversificar as atividades também ajuda a não ficar concentrado numa única coisa.

DIA 26 DE DEZEMBRO – TERÇA-FEIRA
○ *Cheia às 21:33 de 04°58' de Câncer* ○ *em Câncer às 12:14 LFC Início às 04:55*
LFC Fim às 12:14

Mercúrio Retrógrado

Enquanto a Lua estiver em Câncer, dias propícios para estarmos com pessoas íntimas e familiares. Estamos sensíveis e à mercê das nossas emoções. As coisas nos afetam e nos sensibilizam em maior proporção. Ótimo período para revermos pessoas queridas que andavam afastadas.

• **Lua quadratura Netuno – da 01:05 às 04:48 (exato 02:57)**

Indisposição para trabalhos pesados. Convém não abusar de bebidas alcoólicas, nem de remédios. A alma aqui requer descanso e acolhimento.

• **Lua oposição Mercúrio – das 03:12 às 06:37 (exato 04:55)**

Os que tiverem trabalho nessas horas poderão sentir mais dificuldade em se concentrar. A mente está sofrendo intervenção das emoções e é mais difícil discernir sobre o que podemos fazer.

• **Lua trígono Saturno – das 15:36 às 19:22 (exato 17:29)**

Temos oportunidade de resolver muita coisa. Sentimos que as emoções se organizam e chegam a um nível administrável. Temos maior capacidade de planejamento e concentração. Conseguimos fazer tudo de acordo para que caiba no nosso espaço, no nosso tempo e no nosso orçamento.

• **Lua oposição Sol – das 19:30 às 23:35 (exato 21:33)**

Esse aspecto corresponde ao apogeu da Lua ingressando em sua Fase Cheia. Os casais com muitas diferenças entre si poderão sentir suas desavenças mais acirradas. Podemos esperar agravamento de crises, inquietação e nervosismo. Por outro lado, há magnetismo no ar, possibilitando encontros físicos e sexuais.

• **Lua sextil Júpiter – das 20:52 à 00:37 de 27/12 (exato 22:45)**

Animação e positividade são a tônica dessa noite. Podemos apostar num espírito confiante de que tudo dará certo frente a algum obstáculo. No relacionamento há maior confiança e generosidade nos vínculos próximos

DIA 27 DE DEZEMBRO – QUARTA-FEIRA
○ *Cheia* ○ *em Câncer*

Mercúrio Retrógrado

• **Lua sextil Urano – das 23:08 às 02:58 de 28/12 (exato 01:03 de 28/12)**

Para quem tem atividades nesse horário a dica é deixar fluir a criatividade. Também, fazer as coisas de modo diferente do habitual, certamente, fará uma diferença positiva. No relacionamento, vale apostar numa abordagem nova, num estímulo novo, numa proposta inusitada. Essa conduta trará novo frescor a relação.

DIA 28 DE DEZEMBRO – QUINTA-FEIRA
○ *Cheia* ○ *em Leão às 21:22 LFC Início às 19:57 LFC Fim 21:22*

Mercúrio Retrógrado

Enquanto a Lua estiver em Leão, dias excelentes para participarmos dos festejos e celebrações de final de ano. As comemorações terão um toque especial de alegria e entusiasmo. Aproveite! É tempo de extroversão, de deixar fluir os sentimentos de forma calorosa, de colocar o coração em tudo o que fizermos. Vamos escolher ficar perto de quem nos admira e nos reconhece como a pessoa especial que somos. É tempo de nos valorizarmos e de valorizar quem merece.

• Lua trígono Netuno – das 09:49 às 13:41 (exato 11:44)

Para os religiosos, essa manhã é propícia a cultos, missas e afins. Tudo o que incite a fé, a generosidade e a boa vontade entre todos será muito produtivo. As campanhas de caridade obtêm sucesso e adesão por parte de todos. Excelente momento para contato com a água. Um banho de mar revitalizará o corpo e terá um efeito do tipo "lavar a alma!".

• Lua trígono Vênus – das 17:03 às 21:21 (exato 19:12)

Momento especial para o relacionamento amoroso. Fazemos acordos e alianças com facilidade. Estamos dispostos a ceder em nome de uma boa convivência. Temos aqui, também, uma ótima oportunidade para fazermos aquelas trocas tão comum de presentes após o Natal. Se houver algo que precise ser trocado, aqui vamos contar com a boa vontade do vendedor e vamos encontrar exatamente o que nos serve.

• Lua oposição Plutão – das 18:00 às 21:57 (exato 19:57)

Humor instável, isso quer dizer que as emoções estarão à flor da pele. Muito cuidado para não entrar em polêmicas que possam despertar lembranças de mágoas passadas em qualquer tipo de relacionamento. Devemos controlar uma tendência a sermos radicais e "cortar o braço numa situação que bastava aparar as unhas".

DIA 29 DE DEZEMBRO – SEXTA-FEIRA
○ *Cheia (disseminadora)* ○ *em Leão*

Mercúrio Retrógrado

• **Lua quadratura Júpiter – das 06:19 às 10:14 (exato 08:17)**

Nessa manhã, devemos prestar atenção para não jogarmos nossas perspectivas lá em cima. Devemos avaliar se o que pretendemos está de acordo com a nossa realidade. Podemos evitar mais frustrações, agindo de acordo com as nossas possibilidades.

DIA 30 DE DEZEMBRO – SÁBADO
○ *Cheia (disseminadora)* ○ *em Leão*

Mercúrio Retrógrado

• **Lua quadratura Urano – das 09:39 às 13:38 (exato 11:38)**

É aconselhável reconfirmar os compromissos dessa manhã, pois podem ocorrer fatos de última hora e será preciso alterar a agenda. Essa configuração pede muito "jogo de cintura" e maleabilidade para resolvermos imprevistos. Fique atento. Ficamos naturalmente mais estressados, e não é hora de pressionar ninguém.

• **Lua trígono Mercúrio – das 16:03 às 19:56 (exato 17:59)**

Excelente momento para fazermos convites e comunicados. Também para as confraternizações de final de ano. Tendência a bares lotados, restaurantes e shoppings. Se há alguém com quem queiramos contatar antes do fim do ano, essas são as horas apropriadas.

DIA 31 DE DEZEMBRO – DOMINGO
○ *Cheia (disseminadora)* ○ *em Virgem às 08:53 LFC Início às 02:18*
LFC Fim às 08:53

Mercúrio Retrógrado

Enquanto a Lua estiver em Virgem, propicia as tão famosas arrumações de final de ano. Fazer uma limpeza geral nos armários, nos papéis, no organismo, na mente e no coração será extremamente gratificante. Excelente para pensarmos nos hábitos e nas atitudes que não queremos levar para o próximo ano. E, dessa forma, enxugar e deixar ir somente o que for de positivo. São dias para deixar de lado as fantasias e os dramas e se ater à realidade.

• **Lua trígono Marte – da 00:09 às 04:26 (exato 02:18)**

O último dia do ano amanhece trazendo horas velozes, de tomadas de decisão, de jogo rápido e muita energia. Favorece os casais com forte atração física. Uma proposta será prontamente aceita. Vale a pena apostar numa atitude arrojada.

• **Lua quadratura Vênus – das 11:07 às 15:37 (exato 13:22)**

Não se aconselha mudanças estéticas, porque podem não agradar depois. Movidos por um sentimento de carência, é recomendável prestarmos atenção a um possível abuso no consumo de bebidas e comidas.

• **Lua oposição Saturno – das 13:21 às 17:25 (exato 15:23)**

Para nos sentirmos mais seguros, podemos aproveitar essas horas de introspecção e fazer um balanço de fim de ano. Anotar tudo o que desejamos realizar de concreto na vida. Também dar uma checada na despensa e conferir todos os itens para essa noite de Réveillon, para que não falte nada de última hora.

• **Lua trígono Júpiter – 18:08 às 22:11 (exato 20:09)**

O ano termina com essa auspiciosa energia de otimismo e fé! Vamos elevar o pensamento e atrair tudo de bom que o universo possa nos oferecer. Atitudes de fraternidade, generosidade e positivismo trarão resultados muito benéficos. É a tão aclamada Lei da Atração!

Que o Ano que se inicia traga muita prosperidade em todos os sentidos e que haja paz para todos os seres da Terra!

ÍNDICE LUNAR DE ATIVIDADES

Consulte os melhores Signos e fases lunares para cada uma das diversas atividades. Se não coincidir o melhor Signo com a melhor fase para determinada atividade, dê preferência à fase.

Os nomes dos aspectos (linha superior) estão abreviados (linha inferior)				
CONJ	SEXL	TRÍG	OPOS	QUADR
CONJUNÇÃO	SEXTIL	TRÍGONO	OPOSIÇÃO	QUADRATURA

SAÚDE	FASE LUNAR	SIGNO LUNAR	ASPECTO DA LUA COM OS PLANETAS
Desintoxicação - Diurese - Eliminação	Ming	Vir. Cap. Esc. Aqu.	Conj, sexl, tríg Mercúrio, Plutão e Saturno
Diagnóstico e exames	Cresc	Vir. Esc.	Conj, sexl, tríg Mercúrio, Plutão
Cirurgia	Ming	* Ver Lua e Cirurgia	Sexl, tríg Marte, Vênus, Plutão
Cicatrização mais rápida	Ming	Esc.	Sexl, tríg Plutão
Cura - restabelecimento	Ming	Esc.	Sexl, tríg Plutão
Abandonar vícios, dependências e hábitos prejudiciais	Ming	Aqu. Esc. Cap.	Conj, sexl, tríg Urano, Plutão, Saturno
Mudar ou corrigir alimentação	Ming. Nova	Vir. Esc.	Conj, sexl, tríg Mercúrio, Plutão
Dieta de emagrecimento	Ming	Ari. Vir. Esc. Cap. Aqu.	Conj, sexl, tríg Marte, Saturno, Urano, Plutão
Dieta para ganhar peso	Cresc Cheia	Tou. Can. Leo. Sag. Pei.	Conj, sexl, tríg Vênus, Júpiter, Sol, Netuno
Tratamentos intensivos	Cresc	Esc.	Sexl, tríg Plutão
Tratamentos alternativos		Aqu. Pei.	Sexl, tríg Urano, Netuno
Tratamento dentário	Ming	Esc. Cap.	Sexl, tríg Plutão, Saturno
Exame de vista	Nova Cresc	Vir. Cap.	Sexl, tríg Plutão, Saturno
Elevar taxas baixas	Cresc	Tou. Can. Sag.	Conj, sexl, tríg Júpiter
Reduzir taxas elevadas	Ming	Vir. Esc. Cap.	Conj, sexl, tríg Plutão, Saturno
Fisioterapia		Cap. Esc. Vir.	Sexl, tríg Plutão, Saturno

ATIVIDADE FÍSICA	FASE LUNAR	SIGNO LUNAR	ASPECTO DA LUA COM OS PLANETAS
Exercícios físicos	Nova Cresc Cheia	Ari. Gem. Sag. Aqu.	Conj, sexl, tríg, quadr Sol, Marte, Júpiter
Competições - Esportes - Maratonas	Nova Cresc	Ari. Sag.	Sexl, tríg Marte, Júpiter
Ganhar massa muscular	Cresc	Ari. Sag.	Sexl, tríg Marte, Júpiter
Condicionamento físico	Cresc	Ari. Sag.	Sexl, tríg Marte, Júpiter
Queimar calorias	Cresc	Ari. Sag.	Quadr, opos Marte
COMPRAS E CONSUMO	**FASE LUNAR**	**SIGNO LUNAR**	**ASPECTO DA LUA COM OS PLANETAS**
Presentes	Cresc Cheia	Tou. Lea. Lib.	Conj, sexl, tríg Vênus
Artigos de luxo	Cresc Cheia	Lea.	Conj, sexl, tríg Vênus, Júpiter
Artigos de beleza, moda e decoração	Nova Cresc	Tou. Lib.	Conj, sexl, tríg Vênus
Cosméticos		Tou. Lib.	Conj, sexl, tríg Vênus, Júpiter
Lingeries		Esc.	Conj, sexl, tríg Plutão, Vênus
Joias - Anéis		Lea.	Conj, sexl, tríg Vênus e Júpiter
Relógios		Cap.	Conj, sexl, tríg Saturno
Pulseiras - Esmaltes		Gem.	Conj, sexl, tríg Mercúrio, Vênus
Cintos - Bolsas - Artigos de couro		Lib. Tou. Cap.	Conj, sexl, tríg Vênus — conj, sexl Saturno
Óculos - Acessórios - Colares - Echarpes		Ari. Lib. Tou.	Conj, sexl, tríg Vênus
Artigos originais		Aqu.	Conj, sexl, tríg Urano
Livros - Papelaria		Gem. Sag.	Conj, sexl, tríg Mercúrio, Júpiter
Equipamentos / telefonia	Nova Cresc	Gem. Vir. Sag. Aqu.	Sexl, tríg Mercúrio, Urano

O LIVRO DA LUA 2023

Delicatessen	Cresc Cheia	Tou. Can. Lea.	Conj, sexl, tríg Vênus
Antiguidades		Can. Esc. Cap.	Conj, sexl, tríg Saturno -sexl, tríg Plutão
Roupas de dormir		Tou. Can. Pei.	Sexl, tríg Vênus, Netuno
Roupas de trabalho		Vir. Cap.	Sexl, tríg Mercúrio, Saturno
Roupas recicladas ou de segunda mão		Esc.	Sexl, tríg Plutão, Saturno
Roupas esportivas - Tênis		Sag. Ari.	Conj, sexl, tríg Júpiter, Marte
Roupas de praia		Pei.	Sexl, tríg Netuno
Roupas combinadas - Conjuntos		Lib.	Conj, sexl, tríg Vênus
Objetos de valor - Bens duráveis	Cresc Cheia	Tou. Lea.	Conj, sexl, tríg Vênus, Júpiter - sexl, tríg Saturno
Carro	Nova Cresc	Ari. Gem. Vir. Sag. Aqu.	Sexl, tríg Mercúrio, Júpiter, Marte, Urano
Adquirir imóvel	Nova Cresc	Tou. Can. Cap.	Sexl, tríg Vênus, Saturno
Pechinchas	Ming	Vir. Cap.	Conj, sexl, tríg Mercúrio, Saturno
Pontas de estoque		Cap.	Conj, sexl, tríg Saturno

COMPRAS PARA O LAR	FASE LUNAR	SIGNO LUNAR	ASPECTO DA LUA COM OS PLANETAS
Artigos domésticos - Cama, mesa e banho	Nova	Tou. Can. Vir. Lib.	Conj, sexl, tríg Vênus, Netuno
Artigos de farmácia — remédios, higiene pessoal		Vir. Esc.	Sexl, tríg Vênus, Plutão, Saturno
Comprar legumes e frutas maduras para consumo imediato	Nova Cresc		
Comprar legumes e frutas maduras para consumo posterior	Ming		
Comprar flores desabrochadas para uso imediato	Nova Cresc		

Comprar flores desabrochadas que duram	Ming		
Comprar legumes, frutas e flores para amadurecimento	Nova Cresc		

SERVIÇOS	FASE LUNAR	SIGNO LUNAR	ASPECTO DA LUA COM OS PLANETAS
Consertos	Cresc	Vir. Cap. Esc.	Sexl, tríg Mercúrio, Saturno, Plutão
Lavanderia	Cresc	Vir. Esc.	Sexl, tríg Mercúrio, Saturno, Plutão
Tingir roupas	Ming	Vir. Esc.	Conj, sexl, tríg Mercúrio, Plutão
Dedetização	Ming	Vir. Esc.	Conj, sexl, tríg Plutão
Delivery	Ming	Tou. Can. Lea.	Sexl, tríg Mercúrio, Vênus, Júpiter
Atendimento rápido, self-service	Nova Cresc	Ari. Aqu.	Sexl, tríg Mercúrio, Marte, Urano

CASA	FASE LUNAR	SIGNO LUNAR	ASPECTO DA LUA COM OS PLANETAS
Mudança de casa	Cresc	Tou. Can.	Conj, sexl, tríg Vênus — sexl,tríg Sol, Mercúrio, Urano
Arrumação - Faxina	Ming	Vir. Esc. Cap.	Conj, sexl, tríg Mercúrio, Saturno, Plutão
Decorar a casa	Cresc	Tou. Lib.	Conj, sexl, tríg Vênus
Obras e reformas	Nova Cresc	Esc. Cap.	Conj, sexl, tríg Saturno, Plutão
Pintura	Ming	Ari. Tou. Lea. Aqu.	Conj, sexl, tríg
Contratar serviços para casa	Ming	Can. Vir. Cap.	Conj, sexl, tríg Mercúrio, Saturno
Limpeza "astral"	Ming	Pei.	Conj, sexl, tríg Plutão, Netuno
Reaver artigos perdidos	Nova Cresc	Esc.	Conj, sexl, tríg Plutão

BELEZA	FASE LUNAR	SIGNO LUNAR	ASPECTO DA LUA COM OS PLANETAS
Corte de cabelo para aumentar volume	Nova para Cresc	Tou. Can. Lea.	
Corte de cabelo para crescimento rápido (fio mais fino)	Cheia	Can. Pei.	
Corte de cabelo para crescimento lento (fio mais grosso)	Ming	Tou. Vir. Esc.	
Corte de cabelo curto	Ming	Vir.	Sexl, tríg Vênus, Mercúrio, Saturno
Manutenção do corte	Ming	Tou. Vir. Esc.	
Tintura de cabelo	Ming	Tou. Lea. Vir. Aqu.	Sexl, tríg Vênus, Mercúrio, Saturno
Depilação	Ming	Esc. Vir.	Sexl, tríg Saturno, Plutão
Hidratação e nutrição da pele	Cheia	Can. Pei.	Conj, sexl, tríg Vênus — sexl, tríg Netuno — opos Sol
Limpeza de pele	Ming	Esc. Vir.	Conj, sexl, tríg Vênus, Plutão — sexl, tríg Saturno, Urano
Tratamento para rejuvenescimento	Ming.	Esc.	Sexl, tríg Marte, Plutão, Vênus
SPA para beleza e relaxamento	Ming	Tou. Lea. Lib.	Conj, sexl, tríg Vênus — sexl, tríg Netuno, Plutão
Drenagem linfática	Ming		
FINANÇAS E NEGÓCIOS	**FASE LUNAR**	**SIGNO LUNAR**	**ASPECTO DA LUA COM OS PLANETAS**
Desfazer contratos	Ming	Vir. Lib. Esc. Cap. Aqu.	Sexl, tríg Mercúrio,Plutão, Saturno, Plutão
Pedir empréstimo	Ming		
Cobrar débitos	Nova Cresc	Ari.	Sexl, tríg Marte, Vênus

Investimentos mais conservadores e de longo prazo	Nova Cresc	Tou. Cap.	Sexl, tríg Vênus, Saturno
Investimentos de risco e de curto prazo	Cresc para Cheia	Ari. Sag. Aqu.	Conj, sexl, tríg Marte, Júpiter, Urano
Seguros	Nova Cresc	Tou. Cap.	Sexl, tríg Vênus, Júpiter, Saturno
Procedimentos jurídicos	Cresc	Lib. Sag.	Conj, sexl, tríg Mercúrio, Vênus, Júpiter
Quitar dívidas	Ming	Vir. Esc. Cap. Aqu.	Sexl, tríg Saturno, Urano, Plutão
Especulação financeira - Apostas - Loteria	Cresc Cheia	Lea. Sag. Pei.	Sexl, tríg Vênus, Júpiter, Sol, Urano, Netuno

PROFISSÃO	FASE LUNAR	SIGNO LUNAR	ASPECTO DA LUA COM OS PLANETAS
Apresentação de ideias e projetos	Cresc	Ari. Gem. Sag. Aqu.	Sexl, tríg Sol, Mercúrio, Urano, Júpiter
Distribuição de tarefas	Cresc	Gem. Vir. Lib.	Conj, sexl, tríg Sol, Marte,Urano, Mercúrio
Contratar e treinar funcionários	Nova Cresc	Vir. Cap. Gem.	Sexl, tríg Mercúrio, Plutão
Procurar emprego	Nova Cresc	Tou. Gem. Sag.	Conj, sexl, tríg Vênus, Mercúrio, Júpiter
Pedir aumento ou adiantamento de salário	Cresc	Tou. Lea. Sag.	Sexl, tríg Sol, Vênus, Júpiter
Dispensar empregados ou serviços	Ming	Esc. Aqu. Cap.	Sexl, tríg Plutão, Urano, Saturno
Procedimentos de controle de qualidade	Cresc	Vir. Cap.	Conj, sexl, tríg Mercúrio, Saturno
Atividades autônomas	Nova	Ari. Aqu.	Conj, sexl, tríg Sol, Marte, Urano, Mercúrio
Atividades em parcerias	Cresc Cheia	Lib.	Sexl, tríg Sol, Vênus

PROCEDIMENTOS	FASE LUNAR	SIGNO LUNAR	ASPECTO DA LUA COM OS PLANETAS
Reuniões de pauta		Gem. Aqu.	Sexl, tríg Mercúrio, Urano
Novos empreendimentos	Nova Cresc	Ari. Can. Cap. Lib. Aqu.	Sexl, tríg Marte, Saturno, Vênus, Urano
Lançar "moda", produtos ou serviços que precisam "pegar"	Cresc Cheia	Pei.	Sexl, tríg Netuno
PROCEDIMENTOS	**FASE LUNAR**	**SIGNO LUNAR**	**ASPECTO DA LUA COM OS PLANETAS**
Tomar providências - Decidir	Cresc Cheia	Ari.	Sexl, tríg Marte
Organização	Ming	Vir. Cap.	Conj, sexl, tríg Mercúrio, Saturno
Estabelecer prazos e orçamentos	Ming	Cap. Vir.	Sexl, tríg Mercúrio, Saturno
Jogar coisas fora - Limpeza de papéis	Ming	Vir. Esc. Cap. Aqu.	Conj, sexl, tríg Mercúrio, Plutão, Saturno, Urano
Envios - Fretes - Transporte - Franquias	Cresc últimos dias Cheia	Gem. Vir. Sag. Pei.	Conj, sexl, tríg Mercúrio, Júpiter- sexl,tríg Netuno
Lidar com burocracia	Ming	Vir. Cap.	Conj, sexl, tríg Mercúrio, Saturno
EVENTOS	**FASE LUNAR**	**SIGNO LUNAR**	**ASPECTO DA LUA COM OS PLANETAS**
Salões - Feiras - Eventos culturais - Festivais	Cresc Cheia	Sag.	Conj, sexl, tríg Júpiter, Vênus
Congressos - Simpósios - Palestras	Cresc Cheia	Gem. Sag.	Conj, sexl, tríg Mercúrio, Júpiter
Noites de autógrafos - Lançamentos - Exposições	Nova Cresc	Gem. Can. Sag. Lib. Lea.	Sexl, tríg Mercúrio, Júpiter, Sol, Vênus
Eventos esportivos	Nova Cresc	Ari. Sag	Conj, sexl, tríg, quadr Sol, Marte, Júpiter
Reunir grande público	Cresc Cheia	Sag. Gem. Can.	Conj, sexl, tríg Júpiter
Reunir público selecionado	Cresc	Lib. Cap.	Sexl, tríg Sol, Saturno

LAZER	FASE LUNAR	SIGNO LUNAR	ASPECTO DA LUA COM OS PLANETAS
Viagem	Cresc	Gem. Sag.	Conj, sexl, tríg Mercúrio, Júpiter - sexl, tríg Netuno
Sair	Cheia	Gem. Lea. Lib. Sag. Aqu.	Conj, sexl, tríg Sol, Mercúrio, Vênus, Júpiter
Bares - Boates - Restaurantes	Cresc Cheia	Gem. Lea. Lib. Sag. Aqu.	Conj, sexl, tríg Vênus, Júpiter, Mercúrio, Urano
Festas	Cresc Cheia	Gem. Leo. Lib. Sag.	Conj, sexl, tríg Vênus, Júpiter — sexl, tríg Netuno
Dança	Cresc Cheia	Lea. Pei.	Sexl, tríg Vênus, Netuno
Cinema - Teatro - Cultura	Cresc Cheia	Gem. Lib. Sag. Aqu. Pei.	Conj, sexl, tríg Mercúrio, Vênus, Júpiter — sexl, tríg. Urano, Netuno
Arte	Cresc Cheia	Tou. Lib. Pei.	Conj, sexl, tríg Vênus, Netuno
Gastronomia	Cresc Cheia	Tou. Can.	Conj, sexl, tríg Vênus, Júpiter
Reunir amigos	Cresc Cheia	Gem. Lib. Sag. Aqu.	Sexl, tríg Mercúrio, Vênus, Júpiter
Curtir a casa ou estar com a família	Ming	Tou. Can.	Conj Vênus — sexl, tríg Saturno
Praia e atividades no mar		Can. Lea. Pei.	Sexl, tríg Sol, Netuno
Atividades ao ar livre - Espaços abertos	Cresc Cheia	Ari. Lea. Sag. Aqu.	Conj, sexl, tríg Marte, Júpiter — sexl, tríg Urano
Contato com a natureza		Tou. Vir. Cap.	Sexl, tríg Vênus, Júpiter, Saturno
Trilhas - Caminhadas - Passeios exóticos	Nova Cresc Cheia	Ari. Sag.	Sexl, tríg Marte, Júpiter, Urano

RELACIONAMENTO	FASE LUNAR	SIGNO LUNAR	ASPECTO DA LUA COM OS PLANETAS
Encontros afetivos	Cresc	Lib. Lea.	Sexl, tríg Sol, Vênus, Marte, Netuno
Promover encontros	Cresc Cheia	Lib. Pei.	Sexl, tríg Sol, Vênus, Mercúrio, Plutão
Estreitar vínculos e laços afetivos	Cresc. Cheia	Can. Pei.	Conj, sexl, tríg Vênus
Erotismo	Cheia	Tou. Esc.	Conj, sexl, tríg Vênus — sexl,tríg Marte, Plutão
Romantismo	Cresc Cheia	Can. Pei.	Conj, sexl, tríg Vênus, Netuno
Início de relacionamentos duradouros	Cresc	Tou. Can. Lea. Cap.	Sexl, tríg Vênus, Saturno
Início de relacionamentos que modificam a pessoa	Ming	Aqu.	Sexl, tríg Urano
Início de relacionamentos em que uma das partes domina	Nova	Ari. Lea.	Conj Sol — conj sexl, tríg Marte
Reconciliação - Conciliação de diferenças	Cresc	Lib. Pei.	Sexl, tríg Vênus Sol, Vênus, Mercúrio, Plutão
Esclarecimento de mal-entendidos	Nova Cresc Cheia	Ari. Gem.	Sexl, tríg Sol, Marte, Mercúrio
Terminar relacionamentos	Ming	Ari. Esc. Aqu.	Sexl, tríg Marte, Saturno, Urano, Plutão
Possibilidade de surgirem crises nos relacionamentos	Cheia	Ari. Esc. Aqu.	Conj, quad Urano, Plutão
Casamento	Cresc	Pei. Tou. Can. Lea. Lib.	Conj, sexl, tríg Vênus -sexl, tríg Sol
GESTAÇÃO	**FASE LUNAR**	**SIGNO LUNAR**	**ASPECTO DA LUA COM OS PLANETAS**
Gestação - Fertilização	Nova Cresc		
Partos mais fáceis	Cresc		Conj, sexl, tríg Júpiter, Vênus – sexl,tríg Sol, Marte e Urano

Precipitação de nascimento	Cheia	Ari. Sag. Aqu.	Conj, sexl, tríg Marte, Urano
Concepção de meninas	Cheia a Nova	Tou. Vir. Cap. Can. Esc. Pei.	
Concepção de meninos	Nova a Cheia	Ari. Lea. Sag. Gem. Lib. Aqu.	
Período fértil: 1ª metade — concepção de meninas		Tou. Vir. Cap. Can. Esc. Pei.	
Período fértil: 2ª metade — concepção de meninos		Ari. Lea. Sag. Gem. Lib. Aqu.	
CULTIVO, PLANTIO E NATUREZA	**FASE LUNAR**	**SIGNO LUNAR**	**ASPECTO DA LUA COM OS PLANETAS**
Capinar e aparar a grama	Ming		
Adubagem	Ming		
Transplantes - Enxertos	Cresc		
Combater pragas	Ming		
Poda	Ming		
Crescimento da parte aérea das plantas	Cresc		
Para o que cresce debaixo da terra	Ming		
Cultivo de ervas medicinais	Ming	Pei.	
Plantio de hortaliças	Ming		
Plantio de Cereais - Frutos - Flores	Cresc		
Acelerar amadurecimento de frutas, legumes e plantas	Cheia		
Acelerar desabrochar dos brotos de flores e plantas	Cheia		
Colher frutos	Ming		
Colheita de frutos suculentos	Cheia		
Colheita de plantas curativas	Cheia		
Aceleração da secagem de produtos e desidratação	Ming	Ari.	
Compota de frutas e legumes	Ming		
Corte de madeira	Ming		
Pesca	Cheia		

SERVIÇOS PROFISSIONAIS DA AUTORA

Mapa Natal: interpretação da carta natal, fornecendo um preciso diagnóstico da sua personalidade.

Trânsito e Progressão: técnica astrológica de previsão com duração para um ano. Deverá ser renovado anualmente.

Revolução Solar: técnica astrológica de previsão a partir do dia de aniversário em cada ano. Recomenda-se fazer um mês antes do aniversário.

Sinastria: estudo de compatibilidade entre duas ou mais pessoas, para se avaliar o grau de afinidade. Indicado para relacionamentos afetivos ou comerciais.

Terapêutica Astrológica: uma série de sessões em que, por intermédio do próprio mapa astral, se levantam questões importantes da personalidade do indivíduo e a forma de melhor superá-las.

Astrologia Eletiva: indicado para a escolha de datas para abertura de negócios, novos empreendimentos, cirurgias etc.

Astrologia Vocacional: indicado para adolescentes em fase de escolha de profissão e para adultos em busca de alternativas. Excelente estudo para adequação entre personalidade, trabalho e profissão.

Astrologia Infantil: indicado para pais, educadores ou profissionais da saúde que queiram conhecer aqueles que estão sob sua responsabilidade.

Astrologia Empresarial: para empresas ou profissionais liberais que queiram delinear os períodos de avanços, estratégias, planejamentos e precauções para seus negócios, formação de equipe e contratação de pessoal.

Astrocartografia e Relocação: nessa técnica, avaliamos os lugares (cidades e países) mais indicados para uma pessoa viver, fazer negócios ou promover uma melhoria na vida pessoal.

Calendário e Guia Astrológico : previsões diárias com interpretações dos principais movimentos planetários para que você programe seu ano inteiro.

Cursos: básico, intermediário, avançado e especialização. Para aqueles que têm interesse no tema e para os que queiram desenvolver uma profissão na área astrológica.

Consultas: presenciais e on-line.

Contatos da autora

Site: www.marciamattos.com
YouTube: Marcia Mattos Astrologia
Instagram: @marciamattosAstrologia
Facebook: Marcia Mattos Astrologia
E-mail: marciamattos1952@gmail.com
WhatsApp cursos: +55 21 96973-0706
WhatsApp consultas: +55 21 96973-0700

Primeira edição (outubro/2022)
Papel de miolo Lux cream 60g
Tipografia Aleo, Restora, Gibson e Fairfield LT Std
Gráfica LIS